CORRESPONDANCE

DE

CHARLES-QUINT

ET

D'ADRIEN VI.

CORRESPONDANCE

DE

CHARLES-QUINT

ET

D'ADRIEN VI,

PUBLIÉE, POUR LA PREMIÈRE FOIS,

PAR

M. GACHARD,

Archiviste général du Royaume, membre de l'Académie et de la Commission royale d'histoire;
de l'Académie impériale des sciences de Vienne; de l'Académie royale des sciences
d'Amsterdam; de l'Académie royale d'histoire de Madrid, etc., etc.

BRUXELLES, GAND ET LEIPZIG,

C. MUQUARDT.

—

1859.

PRÉFACE.

I.

Il y a deux ans, une communication de M. Auguste Scheler, bibliothécaire du Roi, et une notice de M. le Dr F. L. Hoffmann, insérée dans le *Bulletin du Bibliophile belge* (1), appelèrent simultanément l'attention de la Commission royale d'histoire sur un manuscrit de la bibliothèque de Hambourg renfermant la correspondance de Charles-Quint avec Adrien VI, et diverses autres lettres et pièces relatives aux affaires publiques de leur temps (2).

Ce recueil, fait d'après les originaux et les mi-

---

(1) Tome XII (2ᵉ série, t. III), pp. 353-355.
(2) Le titre du manuscrit, tel qu'on le lit sur le 2ᵉ feuillet de garde, et qu'il a été reproduit dans la *Bibliotheca Uffenbachiana*, ainsi que dans la notice de M. Hoffmann, est le suivant : « Adriani

nutes, à Madrid, en 1625, par Lucas Van Torre, qui plus tard devint conseiller et maître de la chambre des comptes de Flandre, à Lille (1), était passé après lui à Gisbert Cuper, d'abord professeur d'histoire au collége de Deventer, puis bourgmestre de cette ville, député de la province d'Overyssel à l'assemblée des états

---

» papae VIⁱ ad Carolum V⁵ᵐ Caesarem et alios principes et mini-
» stros, ejusdemque Caesaris et aliorum ad Adrianum epistolae,
» quibus quis rerum status eo pontifice fuerit facile potest colligi.
» Accedit instructio data Lupo Hurtado, ab Caesare ad Adrianum
» legato, et alia S. R. E. cardinalibus Columnae, Ursino et Cesarino,
» legatis a sacro cardinalium collegio ad Adrianum jam electum in
» papam, et de ejusdem pontificis electione brevis commentarius.
» Ante omnia vero nonnulla quae ad cardinalem Ximenium et illius
» temporis res spectant. »

(1) C'est ce que Van Torre nous apprend lui-même dans une note, ainsi conçue, qui est placée au dernier feuillet de son manuscrit : « Descriptus hic fuit codex ex ipsis originalibus, ut vocant, litteris » summi pontificis et aliorum; Caesaris vero epistolae ex ipsis quas » ipse secretarius prima manu scripserat, et omnes omnino in fascicu- » lum congesserat, qui postea in volumen apte fuerat compactus, ita » ut de fide dubitari non possit. L. T. »

Au bas du 1ᵉʳ feuillet de garde, on lit « E bibliotheca Lucae Torrii » flandri cIɔ Iɔ cxxv. »

Van Torre fut nommé conseiller et maître de la chambre des comptes de Lille, par lettres patentes de Philippe IV du 9 juin 1640. Voyez *la Flandre illustrée*, par DE SEUR, p. 115.

Je me suis vainement adressé, afin d'obtenir quelques détails biographiques sur ce personnage, à M. Le Glay, garde des archives du département du Nord, et à M. le marquis de Godefroy-Ménilglaise. Ni l'un ni l'autre de ces savants, aussi distingués par leur obligeance que par leur érudition, n'ont pu m'en fournir.

Lorsque Miraeus composait la seconde partie de sa *Bibliotheca*

généraux, connu par de nombreux et de solides travaux d'érudition (1).

Cuper ne laissa point de postérité mâle. A sa mort arrivée en 1716, on vendit ses livres. Le manuscrit de Van Torre fut acheté par le célèbre bibliophile Zacharie-Conrad d'Uffenbach, de Francfort-sur-Mein (2).

---

ecclesiastica, Van Torre vivait encore. Le savant doyen d'Anvers s'exprimait ainsi : « Ejusdem Adriani *Epistolae variae* ad Carolum V
» Caesarem, ad Franciscum I^{um} Galliac regem, ad S. R. E. cardinales
» et alios cum sacri tum politici ordinis proceres datae, extant mss.
» apud Ludovicum Torrium, consiliarium regium et magistrum ra-
» tionum Insulis in Gallo-Flandria, ab eodem aliquando, ut spera-
» mus, publicandae. » (*Bibliotheca ecclesiatica*, etc., pars altera, Antwerpiae, 1649, in-fol., p. 15.)

(1) Dans sa lettre VII à l'abbé Bignon, écrite de Deventer, le 25 novembre 1708, Cuper s'exprime ainsi : « . . . . J'ai oublié de vous
» dire, monsieur, que j'ai . . . . . . et entre mes manuscrits, les
» lettres d'Alexandre (*lisez* Adrien) VI et de Charles-Quint, partie
» en latin, partie en italien, quoique je m'imagine presque qu'elles
» ont été imprimées... » (*Lettres de critique, de littérature, d'histoire*, etc., *écrites à divers savants de l'Europe, par feu M. Gisbert Cuper*, etc., Amsterdam, 1755, in-4º, p. 212.)

Le catalogue de la bibliothèque de Cuper, dont la vente se fit le 30 août 1717 et les jours suivants, contient, p. 279, sous le titre de *Libri manuscripti*, in-folio : « Nº 4. Adriani papae VI ad Carolum V
» Caesarem et alios principes ac ministros, ejusdemque Caesaris et
» aliorum ad Adrianum epistolae. » (*Bibliotheca Cuperana*, etc., Daventriae, apud J. Van Wyk, in-12.)

(2) Voyez *Bibliotheca Uffenbachiana manuscripta*, seu Catalogus et recensio MSS. codicum qui in bibliotheca Zachariae Conradi ab Uffenbach Trajecti ad Moenum adservantur et in varias classes distinguuntur, quarum priores Jo. Henric. Maius recensuit, reliquas possessor ipse digessit, Halle, 1720, in-fol., t. II, col. 719-723.

D'Uffenbach, dans ses voyages en Allemagne, aux Pays-Bas, en Angleterre, et au moyen des correspondances qu'il entretenait dans toute l'Europe, s'était créé l'une des plus belles bibliothèques qu'ait jamais possédée un particulier. Devenu, en 1721, membre du sénat et admis ensuite au conseil privé de Francfort, les devoirs que lui imposait cette double charge ne lui permirent plus de consacrer les mêmes soins à ses livres; il résolut alors de les vendre, et il en publia le catalogue dans ce dessein (1). Il n'y avait pas encore donné suite, lorsqu'il mourut le 6 janvier 1734 (2). L'année suivante, Jean-Christophe Wolf, recteur de l'académie et pasteur de l'église de Sainte-Catherine, à Hambourg, se rendit acquéreur de la volumineuse et précieuse collection de lettres que d'Uffenbach avait recueillies; en 1749, son frère, Jean-Chrétien Wolf, devint possesseur à son tour de la plupart des autres manuscrits du savant francfortois. Les deux frères, rivalisant de générosité, léguèrent à leur patrie adoptive toutes les richesses littéraires qu'ils avaient amassées. Le manuscrit de Van Torre en faisait partie : ce fut ainsi qu'il parvint dans la bibliothèque de Hambourg (3).

---

(1) *Bibliotheca Uffenbachiana universalis*, sive Catalogus librorum tam typis quam manu exaratorum quos summo studio collegit Zach. Conr. ab Uffenbach, Francfort, 1729-1731, 4 vol. in-8º.

(2) *Biographie universelle* de Michaud.

(3) *Ibid.* — *Geschichte der Hamburgischen Stadtsbibliothek*, par C. Petersen, Hambourg, 1838, in-8º, pp. 62, 70, 72, 75.

La Commission royale d'histoire a toujours attaché un haut intérêt aux documents qui concernent le règne de Charles-Quint. C'est une des grandes époques des annales de la Belgique et de l'Europe. Elle est grande par les événements qu'elle vit s'accomplir, par les hommes qui y brillèrent dans les conseils, dans les armées, dans la diplomatie; elle l'est surtout par l'imposante figure qui y domine toutes les autres : celle du prince que l'ambassadeur vénitien Nicolo Tiepolo proclamait le plus illustre empereur que la chrétienté eût eu depuis Charlemagne (1).

La correspondance qui lui était signalée devait donc vivement exciter sa curiosité. Elle l'excita d'autant plus qu'on ne connaissait jusqu'ici, des relations de Charles-Quint avec Adrien VI, que le peu qu'on en trouve dans le recueil de M. Lanz (2); que les pièces originales copiées à Madrid, en 1625, par Lucas Van Torre, ont péri, ou du moins qu'on ignore ce qu'elles sont devenues, n'étant pas et n'ayant jamais été conservées dans les archives d'Espagne (3); enfin, que, ni aux archives

---

(1) « . . . . Di un imperatore che, da Carlo Magno in quà, non ha la cristianità avuto, considerata bene ogni qualità sua, il maggiore. » (Relation de Tiepolo, retourné de son ambassade auprès de Charles-Quint, en 1552, dans les *Relazioni degli ambasciatori veneti al Senato*, publiées par M. Albéri, série Ire, t. Ier, p. 34.)

(2) *Correspondenz des Kaisers Karl V*, publiée par le Dr Karl Lanz. Le tome Ier contient une lettre de Charles-Quint à Adrien VI et deux lettres d'Adrien à Charles. Elles seront citées plus loin.

(3) La correspondance de Rome, conservée aux archives royales

ni à la bibliothèque du Vatican, il n'existe rien des papiers secrets et de la correspondance particulière d'Adrien VI (1).

La Commission royale prit la résolution de s'adresser au gouvernement, afin que, par la voie diplomatique, il voulût solliciter du haut Sénat de Hambourg le prêt du manuscrit de Van Torre, ainsi que la faculté de le publier, en tout ou en partie (2).

La Commission comptait sur les dispositions libérales du haut Sénat; l'événement prouva qu'elle n'en avait pas trop présumé. Avec une obligeance, un empressement que les amis de l'histoire ne sauraient assez reconnaître, le manuscrit réclamé fut mis, sans réserve, à la disposition du gouvernement belge (3).

La Commission, après avoir entendu le rapport que je fus chargé de lui faire sur les pièces qui y étaient contenues, décida, réalisant ainsi le vœu formé il y a deux siècles par Miraeus (4), qu'il prendrait place parmi ses publications, et me confia le soin de le mettre en lumière, sauf à élaguer les documents qui

---

de Simancas, ne commence à être suivie qu'à partir de 1529. Voyez les *Bulletins* de la Commission royale d'histoire, 2me série, t. VI, p. 200.

(1) Voyez la notice de M. de Ram, « sur les papiers d'État du pape » Adrien VI et sur son secrétaire Thierri Hezius, » à laquelle nous renvoyons p. 187, note 1.

(2) *Bulletins*, 2me série, t. IX, pp. 9-12.

(3) *Ibid.*, p. 387.

(4) Voyez p. ii, note 1.

seraient d'un trop mince intérêt, ou ne se lieraient pas avec le corps principal du recueil (1).

Van Torre, on l'a vu, n'avait pas copié seulement, à Madrid, la correspondance de Charles-Quint avec Adrien VI, mais il y avait joint nombre d'autres pièces trouvées par lui dans la même liasse. Je fis un choix parmi ces dernières. Aux missives que Charles-Quint et Adrien s'étaient écrites il me parut convenable de réunir les documents qui s'y rattachaient, tels que les lettres du sacré collége et de don Juan Manuel adressées, soit à l'empereur, soit au pape, et *vicissim*; l'instruction des cardinaux députés à Adrien par le sacré collége, pour lui notifier son élection; l'instruction et les rapports du commandeur Lope Hurtado de Mendoça que Charles-Quint dépêcha en Espagne, aussitôt qu'il eut connaissance de l'issue du conclave assemblé à la mort de Léon X; enfin une lettre du seigneur de la Chaulx adressée à Adrien, quelques jours après qu'il eut rempli auprès de lui la mission dont l'empereur l'avait chargé.

Quant aux autres documents, je crus devoir laisser de côté ceux qui concernaient le cardinal Ximenès; la relation, déjà connue (2), du conclave où le cardinal de Tortose fut élevé au trône pontifical; des lettres sans importance du cardinal de Médicis à Charles-Quint;

---

(1) Séance du 16 mars 1857 : *Bulletins*, 2ᵐᵉ série, t. IX, p. 590.
(2) Elle ne diffère, en rien d'essentiel, de la relation publiée par Burmann, *Analecta historica de Hadriano Sexto*, p. 144 et suiv.

quelques pièces concernant l'archevêché de Tolède, etc. Je me contentai d'en extraire une dizaine de lettres écrites par Charles et Adrien à différentes personnes. Je reviendrai plus loin sur celles-ci.

Dans le cours des recherches auxquelles je m'étais livré à Madrid, en 1843, à la bibliothèque de l'Académie royale d'histoire, un manuscrit m'avait particulièrement occupé : c'était un in-folio en papier, couvert de parchemin, ayant 316 feuillets, et intitulé à l'un des feuillets de garde : *Minutas de cartas de negocios de Estado de la Cesarea Magestad, despachadas al duque de Sessa* (1), *su embaxador en corte de Roma, desde el principio de su embaxada, que fué en fin del año de M D XXII, hasta el año de M D XXVI* (2).

Ces minutes de la correspondance de Charles-Quint avec son ambassadeur à Rome étaient, pour la plupart, de la main du secrétaire Francisco de los Covos, qui depuis partagea, avec Nicolas Perrenot de Granvelle, père du cardinal, toute la confiance de l'empereur; quelques-unes étaient écrites par le grand chancelier Mercurino de Gattinara, qui avait revu et corrigé les autres.

Le temps m'avait manqué pour en prendre copie, mais j'en avais fait une analyse assez étendue; je pos-

---

(1) Don Luis de Cordoba, fils ainé du comte de Cabra. Il avait acquis le titre de duc de Sessa, au royaume de Naples, par son mariage avec la fille du grand capitaine.

(2) Il porte dans le catalogue les marques suivantes : *Estante 1°, grada 3ª, A n° 83.*

sédais même quelques extraits textuels des passages les plus importants (1).

Je proposai à la Commission royale de faire suivre de cette analyse et de ces extraits la correspondance de Charles-Quint avec Adrien VI. Il y avait un rapport intime entre les deux correspondances. Les lettres de l'empereur au duc de Sessa servaient à expliquer, à compléter ses lettres au pape. Si elles continuaient après la mort d'Adrien, et jusqu'au moment où Clément VII entra dans la ligue formée contre l'empereur, elles n'en étaient que plus précieuses, puisqu'elles offraient le développement de la politique de Charles-Quint en Italie, à l'une des époques les plus brillantes à la fois et les plus critiques de son règne. Déterminée par ces motifs, la Commission n'hésita point à adopter la proposition que je lui soumettais (2).

Enfin, comme les deux correspondances dont je viens de parler ne faisaient qu'insuffisamment la matière d'un volume, la Commission m'autorisa à y ajouter les lettres *diverses* de Charles-Quint et d'Adrien VI que j'avais tirées du manuscrit de Van Torre, d'autres lettres des mêmes personnages recueillies par moi dans les archives royales de Simancas (3) et la biblio-

---

(1) Dans la lettre que j'écrivis à la Commission, de Simancas, le 28 mars 1844, je l'entretins de ce manuscrit. Voyez les *Bulletins*, 1re série, t. IX, pp. 502-507.

(2) *Bulletins*, 2me série, t. IX, p. 390.

(3) Les archives de Simancas renferment bien d'autres lettres d'Adrien VI ; les rapports du cardinal de Tortose à l'empereur sur la

thèque nationale de Madrid, deux lettres enfin d'Adrien trouvées au Musée Britannique et au Public Record Office, à Londres, par M. Ernest Van Bruyssel, que le gouvernement a chargé d'explorer les archives et les bibliothèques de la Grande-Bretagne (1). La Commission désira même que je me rendisse à Lille, pour y compulser les archives de l'ancienne chambre des comptes de Flandre, où l'on supposait qu'il existait des

---

révolte des communes de Castille y sont tous, ou pour la très-grande majorité du moins, conservés en original. Mais les documents relatifs à cet événement considérable de l'histoire d'Espagne devaient rester en dehors de mes investigations ; ils veulent une publication spéciale, qui appartient aux savants du pays, et à laquelle ils peuvent seuls donner un cachet national. Espérons qu'elle ne se fera pas trop attendre. Si je suis bien renseigné, l'habile archiviste de Simancas, don Manuel Garcia Gonzalez, a, depuis plusieurs années déjà, formé de ces précieux documents un recueil dont il a fait hommage à l'Académie royale d'histoire de Madrid.

On trouvera, à la suite de cette préface, dans l'*Appendice* A, une liste des lettres d'Adrien à Charles-Quint, des années 1519 et 1520, qui existent aux archives de Simancas.

(1) Je m'étais proposé d'abord de placer, parmi les *Lettres diverses*, les lettres de Charles-Quint à Henri VIII et au cardinal Wolsey transcrites aussi à Londres et communiquées à la Commission royale d'histoire par M. Van Bruyssel (voyez *Bulletins*, 2ᵐᵉ série, t. XI, p. 121) ; mais le nombre s'en est tellement augmenté, grâce aux intelligentes recherches et aux envois successifs de M. Van Bruyssel, qu'il m'a fallu renoncer à ce dessein. La correspondance de Charles-Quint avec Henri VIII et Wolsey, par le nombre et par l'importance des pièces dont elle se compose, mérite dès à présent de former la matière d'un volume à part. Je suis persuadé que la Commission royale voudra en faire jouir le public, comme elle l'a fait pour la correspondance de Charles-Quint avec Adrien VI.

lettres écrites par Adrien à Charles-Quint, après son envoi en Espagne, en 1516 (1); mais cette supposition ne se vérifia point. Je ne trouvai à Lille aucune des lettres que j'y cherchais, et il ne paraît pas qu'il y en ait jamais existé. Mes investigations ne furent toutefois pas entièrement sans résultat. Je recueillis, dans les papiers de Marguerite d'Autriche, une lettre autographe qu'Adrien lui écrivit, le 13 juillet 1516, à l'occasion de sa nomination à l'évêché de Tortose (2), et que j'ai également rangée parmi les *Lettres diverses*.

C'est ainsi qu'on trouvera réunies dans ce volume trois séries de documents distinctes par leur origine, mais se rattachant entre elles par les personnages de qui elles émanent, par l'époque à laquelle elles appartiennent, par les événements dont elles traitent.

La première se compose de la *Correspondance de Charles-Quint avec Adrien VI*, depuis l'élévation d'Adrien au souverain pontificat jusqu'à sa mort. Elle consiste en CINQUANTE-SIX pièces.

La deuxième est formée des *Lettres de Charles-Quint au duc de Sessa*, qu'il chargea, au mois de septembre 1522, d'aller remplacer à Rome don Juan Manuel, tombé dans la disgrâce d'Adrien. Ces lettres sont au nombre de CINQUANTE ET UNE, et embrassent les quatre années que dura la mission du duc.

La troisième, sous le titre de *Lettres diverses de*

---

(1) *Bulletins*, 2ᵐᵉ série, t. XI, p. 7.
(2) *Ibid.*, p. 120.

Charles-Quint et d'Adrien VI, en comprend VINGT-SIX, dont la première en date est du 24 avril 1516, et la dernière du 1ᵉʳ septembre 1523.

En somme, nous offrons aux amis des études historiques, dans ce volume, CENT TRENTE-TROIS DOCUMENTS qui voient le jour pour la première fois.

Naguère nous publiions un recueil de lettres sur la fin du règne et de la vie de Charles-Quint (1). Celui que nous mettons en lumière aujourd'hui nous reporte à plus de trente années en arrière. Quelle différence entre les deux époques! La première nous montre un monarque brillant de jeunesse, hardi, entreprenant, heureux dans ses entreprises, triomphant d'une révolte ouverte au sein de ses États, et d'ennemis formidables au dehors; dans la seconde, nous voyons ce même monarque, éprouvé par des revers successifs, ne luttant plus qu'avec peine contre les coups de la fortune, forcé, par des infirmités poignantes, de descendre du trône et d'aller s'ensevelir dans la retraite. Mais l'un et l'autre spectacle est également digne des méditations du philosophe et des études de l'homme d'État.

---

(1) *Retraite et mort de Charles-Quint au monastère de Yuste : Lettres inédites publiées d'après les originaux conservés dans les archives royales de Simancas;* 1854-1855, 2 vol. in-8° et un volume d'introduction.

II.

Quelle part Charles-Quint eut-il à l'élection d'Adrien VI? Quels furent, après cette élection, les rapports qu'il y eut entre le pape et l'empereur, entre l'ancien précepteur et son disciple?

Ces questions intéressent l'histoire générale, mais elles intéressent surtout l'histoire des Pays-Bas : car les Pays-Bas eurent cet insigne honneur de voir à la fois deux de leurs enfants devenus, l'un le chef spirituel de toute la chrétienté, l'autre le représentant le plus élevé en Europe du pouvoir temporel.

Nous allons essayer de les résoudre à l'aide des pièces que renferme ce volume, et de quelques autres documents, imprimés et inédits, qui n'ont pu y trouver place.

Charles-Quint revenait d'Audenarde, où il avait tenu sa cour tandis que le comte de Nassau, son lieutenant, faisait le siége de Tournay; il s'était livré, pendant plusieurs jours, au plaisir de la chasse dans le domaine de Winnendale, appartenant à la maison de Clèves (1), lorsque, en arrivant à Gand, le 16 décembre 1521, il apprit la mort de Léon X. Quoique cet événement fût loin d'être prévu, puisque le pape défunt ne comptait

---

(1) Comptes de la maison de Charles-Quint, conservés aux archives du département du Nord, à Lille.

que quarante-quatre ans, Charles avait pris des engagements éventuels envers le cardinal Wolsey, premier ministre de Henri VIII, qui aspirait à la tiare; il lui avait promis, par ses ambassadeurs, en cas de vacance du siége apostolique (et cette promesse il la lui avait renouvelée dans les conférences de Bruges, au mois d'août précédent), qu'il ne négligerait rien de ce qui dépendrait de lui pour faire tomber sur sa personne le choix du sacré collége. Il avait trop besoin du cardinal, dont l'influence était toute-puissante auprès de Henri VIII, pour lui manquer de parole.

On ne connaît pas les premières instructions que, dans ces circonstances, il donna à don Juan Manuel, son ambassadeur à Rome (1). Celles qu'il fit parvenir à l'évêque de Badajoz, son envoyé à Londres, étaient de nature à satisfaire Wolsey. Elles le chargeaient d'assurer le cardinal qu'il était prêt à s'acquitter de toutes ses promesses, et qu'il n'attendait, pour agir, que d'être

---

(1) D'après sa lettre à don Juan Manuel, du 30 décembre 1521, que cite M. MIGNET, *Rivalité de Charles-Quint et de François Ier*, dans la *Revue des deux Mondes*, xxviiie année, seconde période, t. XIV, p. 649, il paraît qu'il écrivit au sacré collége, et aux cardinaux en particulier, « pour les exhorter à donner à la république chrétienne » le pontife qui paraîtrait lui convenir le mieux, et à placer le gou- » vernail de la barque de saint Pierre, depuis longtemps ballottée » sur les flots de la haute mer, entre les mains d'un pilote qui, par » sa vertu, sa foi, son art et son adresse, sût la tirer du milieu des » tempêtes, et la conduisît enfin au port du salut. »

Cette version concorde tout à fait avec ce que Charles-Quint mandait à Adrien VI, le 9 mars 1522. (Voyez p. 45.)

instruit des intentions définitives du cardinal (1). Il lui confirma ces assurances par une lettre de sa main : « Monsieur le cardinal, mon bon amy, lui écrivit-il, » vous savés les devises que autrefois vous ay tenues » de ce que voudrois faire pour vous. Avisés ce que » pourray, et le me faites savoir, car je m'y emploiray » de très-bon ceur (2). »

Henri VIII, et Wolsey surtout, qui n'était pas sans quelque doute sur la sincérité de l'empereur, reçurent avec une vive satisfaction les communications de l'évêque de Badajoz. Déjà ils connaissaient la mort de Léon X, et Henri avait résolu spontanément d'envoyer un ambassadeur extraordinaire au conclave, afin de lui recommander l'élection du cardinal d'York; il avait fait choix, pour cette mission difficile, de Richard Pace, son premier secrétaire, dont l'habileté et le dévouement lui inspiraient une entière confiance (3). Wolsey témoigna à l'évêque toute la reconnaissance dont il était pénétré envers l'empereur; il s'appliqua à le persuader que, s'il désirait parvenir au suprême pontificat, c'était uniquement dans l'intérêt de leurs deux maîtres; qu'il n'y attachait aucune vue d'ambition per-

---

(1) Lettre du 16 décembre, dans les *Actenstücke und Briefe zur Geschichte Kaiser Karl V*, publiées par le docteur KARL LANZ, Vienne, 1853, in-8°, p. 501.

(2) Lettre datée du 17 décembre, à Gand, conservée en original au Public Record Office, à Londres.

(3) Lettre de l'évêque de Badajoz à l'empereur, du 19 décembre, dans les *Actenstücke*, etc., p. 506.

sonnelle. Il ne lui déguisa pas pourtant qu'il était disposé à sacrifier cent mille ducats, s'il le fallait, pour le succès de son élection. Il voulait même que l'empereur donnât l'ordre à son armée de s'approcher de Rome, afin de contraindre, par la force, le sacré collége à l'élire (1).

Pace, avant de se rendre en Italie, vint trouver l'empereur à Gand, pour lui communiquer ses dépêches et se concerter avec lui. Selon ses instructions, s'il voyait que l'élection du cardinal d'York rencontrât trop d'obstacles, il devait appuyer celle du cardinal de Médicis, ou de tout autre membre du sacré collége qui fût favorable aux deux couronnes. L'empereur lui remit une dépêche pour son ambassadeur à Rome, où il lui recommandait, de la manière la plus pressante, les intérêts de Wolsey (2). Pace lui avait apporté des lettres du cardinal d'York et du roi; il y répondit de sa main : « Vous pouvez estre sehur, man-
» da-t-il au cardinal, qu'il ne sera riens espargné pour
» parvenir à l'effet désiré, et ne m'a point semblé con-
» venable d'escripre en faveur d'aultre que vous, car
» toute mon affection est à vous (3). » La lettre au roi, conçue dans le même sens, renfermait des expressions spécialement propres à flatter le premier ministre (4).

---

(1) Lettre de l'évêque de Badajoz à l'empereur, du 24 décembre, dans les *Actenstücke*, etc., p. 523.

(2) C'est celle du 30 décembre citée par M. Mignet. (Voyez p. xiv, note 1.)

(3) Lettre du 27 décembre, dans les *Actenstücke*, etc., p. 527.

(4) Lettre de la même date, *ibid.*, p. 526.

Quand Pace arriva à Rome, le conclave était fini, et le cardinal de Tortose, Adrien d'Utrecht, appelé à remplacer Léon X (1). Le cardinal Wolsey n'avait réuni que neuf voix. « On le trouva trop jeune, dit » M. Mignet; on le crut disposé à faire des réformes, » et l'on craignit qu'il n'établît en Angleterre le siége » de son pontificat (2). »

La nouvelle de l'élection de son ancien précepteur à la papauté parvint à Charles-Quint le 20 janvier, à Bruxelles. Il était loin de s'y attendre. Ses lettres de Rome ne parlaient que de divisions dans le sacré collége; elles faisaient bien mention d'Adrien, mais en des termes trop vagues pour qu'il y attachât quelque signification (3); elles donnaient à penser, du reste, que le conclave serait d'une longue durée. Nul plus que lui ne devait se féliciter du choix d'un pontife « dont il croyait pouvoir disposer comme d'une per- » sonne nourrie en sa maison, et duquel il avait pris » le peu de lettres et de bonnes mœurs que Dieu lui » avait donné (4). » Il se mit en mesure de profiter de cet événement aussi heureux qu'inattendu. Il était sur le point d'envoyer le seigneur de la Chaulx en Angle-

---

(1) C'est ce qui résulte d'une lettre de l'empereur à ses ambassadeurs en Angleterre, du 21 janvier 1522.

(2) *Rivalité de Charles-Quint et de François Ier*, l. c., p. 624.

(3) Voyez, p. 5, la lettre de don Juan Manuel à l'empereur, du 9 janvier.

(4) Ce sont les propres termes dont il se sert dans une dépêche du 21 janvier à ses ambassadeurs à Londres.

terre et en Portugal pour des affaires importantes : il résolut que la Chaulx (1) passerait par l'Espagne, avec la mission d'y visiter le nouveau pontife. La Chaulx était, après le grand chancelier Gattinara, le ministre le plus en autorité auprès de lui (2). Sa personne devait être particulièrement agréable à Adrien. Ils avaient vécu ensemble, pendant plusieurs années, à la cour et dans la chambre de l'empereur. Ils avaient été adjoints ensemble au cardinal Ximenès pour le gouvernement de l'Espagne, après la mort de Ferdinand le Catholique (3). La meilleure intelligence n'avait jamais cessé d'exister entre eux.

Comme la Chaulx ne pouvait se mettre en route incontinent et qu'il devait s'arrêter en Angleterre, l'empereur fit prendre les devants au commandeur Lope Hurtado de Mendoça, gentilhomme de sa chambre et membre de son conseil. Lope Hurtado était bien connu d'Adrien. Charles-Quint le lui avait envoyé, au mois de septembre 1520, dans une conjoncture délicate : c'était

---

(1) Charles de Poupet, seigneur de la Chaulx, conseiller, chambellan et premier sommelier de corps de l'empereur.

(2) D'Andoins, envoyé par le roi de Navarre à Charles-Quint pour réclamer la restitution de son royaume, lui écrivait de Saragosse, le 17 mai 1518 : « Sire, le roy catholique envoye présentement devers » le roy en poste le sieur de la Chaulx, lequel est le plus principal » homme en authorité autour de son maistre, après monseigneur de » Chièvres et le chancellier. » (*Bulletin du comité historique des monuments écrits de l'histoire de France*, t. II, p. 251.)

On sait que le seigneur de Chièvres était mort à Worms en 1521.

(3) Sandoval, *Historia de Carlos V*, lib. II, § XXXVIII.

lorsque la gravité des événements qui se passaient en Espagne l'avait déterminé à donner pour collègues au cardinal de Tortose, dans la vice-royauté qu'il exerçait seul en son nom, le connétable et l'amiral de Castille (1).

Nous faisons connaître, dans ce volume, l'instruction de Lope Hurtado :

« Vous visiterez Sa Sainteté et vous baiserez ses saints pieds et mains, de notre part — y disait l'empereur; — vous lui témoignerez le grand plaisir que nous avons éprouvé de ce que la main de Dieu a guidé le choix de sa sainte personne pour pasteur et souverain pontife de son Église universelle : car, vu l'expérience que nous avons de sa profonde doctrine et de sa bonté native, nous ne pouvions désirer une élection plus digne, plus convenable au service de Notre-Seigneur, ainsi qu'au bénéfice de son Église universelle et de toute la chrétienté, que celle qui s'est faite par la grâce du Saint-Esprit. Vous lui direz que notre contentement s'accroît, en particulier, de la circonstance qu'après qu'il a plu à Dieu de nous constituer en la dignité impériale, il nous fait la faveur de vouloir que nous recevions la couronne de la main d'une personne, comme Sa Sainteté, avec qui nous avons des relations si intimes, qui est de notre propre nation, qui nous a élevé et instruit dès notre enfance, en nous le don-

---

(1) *Primera parte de los anales de Aragon*, por Bartolomé-Leonardo DE ARGENSOLA, in-fol., 1630, p. 1059 et suiv.

nant aujourd'hui pour vrai et bon père, et pour souverain et universel pasteur de toute la chrétienté...... Nous tenons pour certain que Dieu a fait de sa main cette heureuse élection, afin de nous montrer que sa volonté est d'établir les affaires publiques de la chrétienté, et d'unir ses forces pour l'amplification de notre foi catholique, pour que toutes les erreurs du monde soient punies et redressées, qu'elles se réduisent en la connaissance d'une seule et vraie Église et religion, à la louange et gloire infinie de son saint nom, en prenant Sa Sainteté et nous pour les exécuteurs de ses desseins. »

Lope Hurtado était chargé, après cela, d'assurer le pape que, en tout ce qui se présenterait, de public ou de particulier, l'empereur était déterminé à courir une même fortune avec lui, car il le regardait comme son vrai père et protecteur, et voulait lui être à toujours dévoué et obéissant fils. Il avait à lui annoncer aussi la prochaine venue de M. de la Chaulx, avec des instructions plus amples. Enfin il devait lui offrir la personne, la fortune et les États de l'empereur, en lui disant que les gouverneurs des royaumes d'Espagne avaient reçu l'ordre de le servir en tout, et qu'il pouvait disposer de ces royaumes librement, comme d'une chose qui fût à lui (1).

Cet envoyé de Charles-Quint arriva à Vitoria le 12 février (2). Adrien était informé, depuis trois jours, de

---

(1) Pag. 24-25.
(2) Pag. 51.

son élection (1); la nouvelle lui en avait été transmise par un message du sacré collége, dont était porteur un camérier du cardinal de Santa Cruz (2), qui avait obtenu un sauf-conduit pour traverser la France. Francisco de Silva, que don Juan Manuel lui avait dépêché deux jours après la séparation du conclave, avait été pris en mer par des corsaires français (3).

Quoique né sujet espagnol, Santa Cruz, qui voulait s'attribuer, auprès du nouveau pontife, le principal mérite de son élection, accusait formellement don Juan Manuel, dans une lettre particulière, d'y avoir été opposé. Adrien fut blessé de cette conduite d'un ministre sur le concours duquel il lui semblait qu'il aurait dû compter plus que sur tout autre, et les avertissements trop libres de don Juan Manuel (4), le langage quelque peu hardi dont il usait (5), ne contribuèrent point à

---

(1) Pag. 41 et 254, note 1.
(2) Bernardo Carvajal, évêque de Cartagène, avait été nommé, en 1493, par Innocent VIII, cardinal du titre de Saint-Marcelin et de Saint-Pierre. Il avait, plus tard, échangé ce titre contre celui de Sainte-Croix de Jérusalem, et était devenu évêque d'Ostie. Il était, en 1522, le doyen du sacré collége.
(3) Pag. 6, 62, 265.
(4) Pag. 7, 55.
(5) Pag. 69.

Don Juan Manuel descendait de la maison royale de Castille; il était chevalier de la Toison d'or. Son attachement à l'archiduc Philippe le Beau, père de Charles-Quint, et la faveur dont l'honorait ce prince, lui avaient valu toute sorte de persécutions de la part de Ferdinand le Catholique : il avait dû, après la mort de Philippe le Beau, quitter l'Espagne, et, comme il s'était réfugié aux Pays-Bas, l'archiduchesse

le réhabiliter dans son esprit. En vain l'empereur, lorsqu'il sut ce qui se passait, l'assura que le cardinal de Santa Cruz l'avait trompé; que don Juan Manuel, au moment de l'entrée des cardinaux dans le conclave, les avait engagés à se souvenir de lui, de sa doctrine et de son mérite; que Santa Cruz, loin de seconder son élection, lui avait retiré son vote, quand il s'était aperçu qu'il allait avoir la majorité (1); en vain don Juan Manuel lui protesta qu'il l'avait servi avec zèle, selon les intentions de son maître, et que l'appui de l'empereur non-seulement avait influé sur son élection, mais encore avait empêché qu'elle ne fût révoquée ensuite par les cardinaux du parti français (2) : rien ne put le faire revenir de l'impression défavorable qu'il avait conçue de l'ambassadeur. Sa réponse à Charles-Quint en fournit assez la preuve : « Il nous paraît, lui » dit-il, que vous n'êtes pas bien informé de ce qui

---

Marguerite, à la suggestion de l'empereur Maximilien, excité par le roi Ferdinand, l'avait fait arrêter en 1515, et conduire prisonnier au château de Vilvorde, sans respecter en lui les priviléges dont jouissaient les chevaliers de la Toison d'or. Il n'avait été relâché qu'à la condition de se rendre à la cour de l'empereur. Charles-Quint, lors de son émancipation, s'était empressé de l'appeler auprès de lui; et, devenu roi d'Espagne par la mort de Ferdinand, il lui avait restitué tous ses biens et ses honneurs. Ces faits expliquent, s'ils ne les justifient pas entièrement, les hardiesses de langage de don Juan Manuel.

(1) Lettre du 9 mars 1522, p. 45. Voyez aussi, dans LANZ, *Correspondenz des Kaisers Karl V*, t. Ier, p. 59, sa lettre autographe, en français, du 7 mars.

(2) Pag. 56, 58, 69.

» touche le cardinal de Santa Cruz. Nous connaissons
» très-particulièrement la manière dont il s'est conduit
» lors de notre élection, tant dans le vote qu'ensuite
» lors de l'accès. Nous sommes assuré d'ailleurs que,
» s'il avait dépendu de vous de nous élire, vous n'au-
» riez pas voulu en élire un autre. Mais, quant à vos
» ministres, lorsque V. M. aura vu ce que nous
» écrivent les cardinaux et d'autres personnes qui sont
» intervenues dans cette affaire, elle sera mieux ins-
» truite de la vérité. Au surplus, nous n'y attachons
» pas d'importance : car Dieu sait que nous préfére-
» rions n'avoir pas cette charge sur les épaules (1). »
La conséquence de ce dissentiment fut que, à l'arrivée
du pape à Rome, l'empereur se vit obligé de rappeler
don Juan Manuel.

Adrien n'en accueillit pas moins, avec une satisfaction marquée, le commandeur Lope Hurtado et les compliments ainsi que les offres qu'il était chargé de lui faire. Il le lui témoigna dans les termes les plus expressifs. « Je crois, écrivit Hurtado à l'empereur,
» que, de même que Dieu a accru l'état de Sa Sainteté,
» de même il a accru son amour pour Votre Majesté.
» Elle ne pense à rien, elle ne parle de rien qui lui
» soit propre; elle ne s'occupe que des affaires de
» Votre Altesse, et avec la même sollicitude que
» quand elle était doyen de Louvain. Elle dit que,
» toutes les fois que cela sera nécessaire pour l'hon-

---

(1) Lettre du 5 mai 1522, p. 74.

» neur et l'agrandissement de Votre Majesté, elle sa-
» crifiera non-seulement son état, mais sa personne,
» et que cette volonté, aucune occasion, aucune chose
» ne pourra jamais l'en faire départir (1). »

Dès le 11 février, Adrien avait fait part à l'empereur des nouvelles reçues, par diverses voies, de son élection : « En vérité, lui écrivait-il, je ne m'en réjouis
» pas, car cette charge excède considérablement mes
» petites forces, et je suis dans un âge où l'on a plus
» besoin de jouir de tranquillité et de repos, que
» d'accepter un fardeau si pesant et presque insuppor-
» table. Je crois aussi que mon élection sera peu
» agréable à V. M., non que je pense qu'elle m'aime
» moins aujourd'hui qu'elle ne m'a toujours aimé,
» mais parce que peut-être elle se figurera que ses
» affaires en Espagne souffriront de mon départ pour
» Rome. » Il lui demandait ensuite son avis sur le point de savoir s'il irait en Italie par mer ou par terre, sous un déguisement ou non : il ne croyait pas que les Français fussent assez ennemis du siége apostolique et de l'Église, pour vouloir mettre empêchement à son voyage, d'autant plus qu'il ne leur avait jamais fait de mal (2).

Après qu'il eut vu Lope Hurtado, il adressa une nouvelle lettre à l'empereur : « Je ne m'étonne point,
» lui dit-il, que Votre Majesté se soit réjouie de ma pro-

---

(1) Lettre du 15 février 1522, p. 51.
(2) Pag. 27.

» motion, car il ne saurait me venir d'agrandissement
» qui ne soit plutôt pour Votre Sérénité que pour moi;
» et Votre Altesse peut être persuadée que je resterai
» toujours ferme en ce propos et volonté.... Dieu m'est
» témoin que je me suis occupé des affaires de Votre
» Sérénité et de celles de l'infant, votre frère, avec
» plus de sollicitude que des miennes propres, et cela
» à cause du grand amour que je vous porte à tous
» deux. Quoique la susdite promotion me déplaise, et
» que je voulusse m'excuser d'une si grande charge, vu
» la faiblesse de mon jugement et mon peu de forces,
» puisque le sacré collége, avec tant de conformité,
» m'a élu, sans égard à l'insuffisance de mon mérite,
» je m'efforcerai de l'accepter, avec l'espoir que Dieu
» m'y aidera à faire ce qui conviendra à son saint ser-
» vice, au bien et à la paix de la chrétienté..... (1). »

Le même jour, Adrien écrivit, de sa main, à l'empereur, une autre lettre qui nous manque. C'est à cette lettre que répond celle de Charles-Quint, du 7 mars, qui a été publiée par M. Lanz (2), d'après une copie existante aux archives de Bruxelles. Celle-ci, tout intime et autographe, est en français, la seule langue dont Charles se servît dans ses correspondances personnelles. Elle est infiniment curieuse d'un bout à l'autre; mais, comme elle est imprimée, nous n'en citerons que quelques passages : « ..... De la joye que j'ay eu de

---

(1) Lettre du 15 février 1522, p. 55.
(2) *Correspondenz des Kaisers Karl V*, t. Ier, p. 58.

» vostre élection, — y dit l'empereur à son ancien
» maître — n'est chose nouvelle; mais eust esté desna-
» turel, si aultrement en eusse usé ;.... et me semble
» que, estant le papat en vostre main et l'empire en
» la myenne, est pour faire par ensemble beaucop de
» bonnes et grandes choses, et doibt estre une mesme
» chose et unanime des deux.... » Plus loin, « pour ce
» qu'entre père et filz ne doibt avoir nulle couverture,
» mais déclérer ce que chascun a sur le cœur », il lui
exprime son étonnement de ce qu'on a pu dire qu'il
n'a pas été cause de son élection, et qu'il en a eu plutôt
du regret que de la joie : « Je ne sçauroye croire —
» poursuit-il — qu'ainsi fust, ne que Vostre Saincteté
» deust adjouster foy à une chose si contraire à vérité :
» car, si vous estes bien informé (ce que pourrez estre
» par ceulx qui s'y sont trouvez et qui sçaivent la vé-
» rité), trouverez que la chose est allée aultrement : ce
» que pourrez aussi cognoistre par une responce que
» fut faicte à don Jehan Manuel, mon ambassadeur,
» de par le collége des cardinaulx, qui lui dirent que,
» à ma contemplation, fut faicte l'élection de Vostre
» Saincteté.... Soyez donc asseuré que j'ay esté cause
» de vostre ditte élection, et en ay eu autant plésir et joye
» que si elle m'eust esté donnée avec mon empyre.... »
Il s'appliquait, enfin, à le dissuader de prêter l'oreille
aux ouvertures des Français : « Je supplie à Vostre
» Saincteté — ainsi s'exprimait-il — vous veuillez
» garder de leurs doulces et bonnes parolles, et vous
» souvenir de ce que autrefois m'avez dit, estant vostre
» escolier, qu'est ce que je vois par expérience estre

» véritable, et affin qu'il vous en souvienne, je vous
» réduitz à mémoire, et est que leurs parolles sont
» bonnes et doulces; mais, à la fin, ils ne cherchent
» qu'à tromper et amuser ung chascun. »

Sur ce dernier point, il s'étendait davantage dans une lettre écrite de main de secrétaire : « Que Votre Sain-
» teté, y disait-il, ne pense pas à faire son chemin par
» terre, car les Français ne lui donneront aucune sû-
» reté à laquelle elle se puisse fier. Qu'elle tienne pour
» certain que, si elle mettait le pied en France, elle
» comblerait leurs désirs, et qu'ils en profiteraient pour
» réaliser ce qu'ils projettent à Rome, au très-grand
» scandale de toute la chrétienté. On dit que le roi de
» France envoie en ambassade à Votre Sainteté mon-
» sieur de Paris (1) : ce ne sera pas tant pour la féli-
» citer de son élection, ni pour d'autres fins tendantes
» au bien public de la chrétienté, que pour faire, sous
» ce prétexte, quelque mauvais offices dans mes royau-
» mes, comme Votre Sainteté sait qu'il le tenta autre-
» fois. Je la supplie, par ce motif, d'empêcher que des
» personnes attachées au service du roi de France n'en-
» trent dans mesdits royaumes, sous quelque couleur
» que ce soit, et si, à la réception de cette lettre, elles
» étaient déjà entrées, de les faire retourner tout de
» suite par le chemin le plus court et le plus droit (2). »

Il l'engageait en même temps à hâter son voyage à

---

(1) C'est ce que Lope Hurtado mandait à l'empereur dans sa lettre du 15 février 1522, p. 52.

(2) Lettre du 9 mars, p. 44.

Rome, l'informant qu'il venait de donner des ordres pour que les galères d'Espagne, de Naples et de Sicile se rendissent en diligence à Barcelone, et s'y tinssent à sa disposition (1).

Il insista, dans une lettre postérieure, sur le prompt départ d'Adrien pour l'Italie : « Dieu sait, lui manda-
» t-il, que, de toutes les choses qui pourraient s'offrir
» aujourd'hui, il n'y en aurait aucune que je désirasse
» autant que d'avoir une entrevue avec Votre Sainteté,
» avant qu'elle quittât l'Espagne : car j'y trouverais une
» grande consolation, et je pourrais prendre son con-
» seil comme celui d'un père. Mais la nécessité pu-
» blique est si grande, tout délai apporté au voyage de
» Votre Sainteté entraîne chaque jour tant d'inconvé-
» nients pour le saint-siége et pour nos affaires à tous
» deux, qu'il est très-juste de préférer cet intérêt pu-
» blic, beaucoup plus important, à ma satisfaction par-
» ticulière, d'autant que ce qui ne se fera point dans
» une entrevue, Votre Sainteté peut y suppléer par let-
» tres, m'écrivant son avis et me donnant son conseil
» familièrement, comme un père et comme un maître,
» puisqu'elle est aussi bien informée de mes affaires
» que moi-même, et qu'elle sait que je recevrai en vé-
» ritable fils tout ce qu'elle me dira (2). »

Ici se place, par sa date, la lettre autographe d'Adrien à l'empereur que M. Lanz a également em-

---

(1) Lettre du 9 mars 1522, p. 44.
(2) Lettre du 29 mars, p. 66.

pruntée à nos archives (1). Il s'y réjouit de ce que l'empereur n'a pas oublié « ce que de luy a ouy et apprins
» aux escoles, assavoir : les François estre rices et
» abundans de promesses, belles et doulces parolles,
» mais mesurer l'amitié à leur proffit. » Il s'y explique de plus, en des termes très-catégoriques, sur la part qu'il attribuait à l'empereur dans son élection. Ce passage veut être reproduit tout entier. Voici comme il est conçu : « Je suis plus que certain de la joye
» que avés eu de mon élection à la papalité, et me
» suis tousjours tenu pour asseuré que si, pour vostre
» pure affection et entière amour, vous seul eussiés
» deubt eslire ung pape, vous fussiés incliné vers moy
» et m'eussiés donné vostre vote. Mais je savoie qu'il
» ne convenoit ny à voz affaires ni à la républicque
» christienne que sollicitissiés pour moy, pour ce que
» eussiés solut et enfraint l'amitié avec cestuy qui de
» tous estoit le plus nécessaire aux choses de Italie (2);
» savoie aussi que icelle mon élection vous donneroit
» quelque tristesse et déplaisance, pour le détriment à
» venir ès choses de par deçà à cause de mon absence :
» mais l'excessive et véhémente délectation survenue
» enchassera et expulsera toute tristesse, non-seule-
» ment contraire, mais aussi toute autre quelconque.

(1) Celle du 3 mai 1522, insérée p. 60 du tome Ier de la *Correspondenz des Kaisers Karl V.*

(2) On voit qu'Adrien connaissait, ou qu'il soupçonnait du moins, les engagements pris par l'empereur envers Henri VIII et le cardinal Wolsey.

» Je crois bien toutesfois que, à contemplation de Vostre
» Majesté, comme le sacré colliége des cardinaulx doit
» avoir dit à don Jehan Manuel, j'aye esté esleut, sa-
» chant iceulx cardinaulx moy estre aggréable à Vostre
» Majesté, et jamais n'eussent osé eslire homme mal
» aggréable et à vous et au roy de France. Je suis tou-
» tesfois bien joyeux non estre parvenu à l'élection par
» vos prières, pour la pureté et sincérité que les droits
» divins et humains requièrent en semblables affaires.
» Je vous en sçay néantmoins aussi bon gré, ou meil-
» leur, que si par vostre moyen et prières vous le
» m'eussiez impétré. »

Sur ces entrefaites, la Chaulx arriva à Saragosse, où le pape se trouvait depuis plusieurs semaines. Adrien l'attendait avec impatience (1). Mais la Chaulx n'avait pu quitter les Pays-Bas qu'à la fin de février; il s'était arrêté assez longtemps à la cour de Henri VIII; les vents contraires l'avaient ensuite retenu à Plymouth : il avait donc débarqué, le 20 avril seulement, à Bilbao (2), et il lui avait fallu passer par Vitoria, pour donner connaissance aux vice-rois d'Espagne des points qui les concernaient dans les instructions dont il était porteur.

---

(1) Lettres de Lope Hurtado à l'empereur, des 15 et 28 mars 1522, pp. 48 et 61. — Lettre d'Adrien à Charles-Quint, du 28 mars, p. 59.

(2) Lettres de la Chaulx à l'Empereur, datées du 22 février à Calais, du 10 et du 13 mars à Londres, des 24, 27 mars et 1er avril à Plymouth, et du jour de Pâques à Bilbao. (Arch. du royaume : MS. intitulé *Précis de la correspondance de Charles-Quint, affaires d'Italie et de Portugal*, 1521-1527.)

Dès son arrivée, il se rendit auprès du pape, qui lui fit un accueil plein de bienveillance. Il y retourna le lendemain. Adrien lui dit qu'il avait vivement désiré sa venue, afin d'avoir son avis sur la réponse à faire à une lettre que lui avait écrite le roi de France, réponse qu'il n'avait pu cependant différer jusque-là (1), parce que la durée du sauf-conduit accordé à la personne envoyée par lui vers ce monarque était très-limitée. Il communiqua à la Chaulx ce que le roi lui avait écrit, et ce qu'il avait répondu. La Chaulx inféra de ses discours « qu'il était aussi mauvais Fran-
» çais que qui que ce fût au monde, et qu'il ferait
» pour l'empereur tout ce qu'un père ferait pour son
» fils; » il lui parut même qu'il était désabusé sur le compte du cardinal de Santa Cruz. Le projet d'Adrien était de se faire accompagner, dans son voyage, de 2,000 hommes de troupes seulement; la Chaulx, selon les instructions de l'empereur, le persuada d'en prendre 4,000, qui pouvaient être employés très-utilement en Italie, et de faire courir le bruit qu'ils étaient au nombre de 8,000 ou de 10,000, afin que sa réputation en fût plus grande. Il désirait emmener à Rome quelques évêques d'Espagne : l'empereur avait expressément ordonné à la Chaulx de s'y opposer; mais la Chaulx, sachant la peine que le pape éprouverait, s'il ne pouvait au moins avoir avec lui l'archevêque de Bari et l'évêque de Burgos, ne jugea pas à

---

(1) C'est vraisemblablement celle que nous donnons p. 262.

propos d'y mettre obstacle (1). L'empereur, à qui il en rendit compte, l'approuva, et donna au pape toute latitude à cet égard (2).

Le point principal que la Chaulx avait à négocier avec Adrien VI concernait le traité fait entre l'empereur et son prédécesseur Léon X (3). La Chaulx devait le solliciter avec instance d'y accéder. S'il n'y réussissait pas, et qu'Adrien ne voulût fournir à l'empereur aucun secours d'hommes ni d'argent pour la guerre d'Italie, il lui proposerait une ligue entre lui, l'empereur et le roi d'Angleterre, qui fût défensive pour les choses possédées ou détenues actuellement, et offensive contre tous agresseurs, et même contre les ennemis de la foi. Il lui était recommandé, de plus, de faire en sorte qu'Adrien confirmât, en les étendant, la légation et les facultés que Léon X avait conférées au cardinal Wolsey (4); qu'il rendît à Raphaël de Médicis le gouvernement de Parme et de Plaisance, etc.

Adrien ne s'excusa pas moins de souscrire aux engagements pris par son prédécesseur, que d'entrer dans une ligue avec l'empereur et le roi d'Angleterre. Il ré-

---

(1) Lettre de la Chaulx à l'Empereur, du 9 mai 1522, dans le *Précis de la correspondance de Charles-Quint*, etc., et dans les notes et manuscrits historiques du comte de Wynants, directeur général des archives de Bruxelles, de 1775 à 1794.

(2) Lettre de Charles-Quint à la Chaulx, du 9 juin 1522, *ibid.*

(3) Voyez page 249, note 1.

(4) Instructions de la Chaulx dans le *Précis de la correspondance de Charles-Quint*, etc.

pondit à la Chaulx qu'il ferait plus pour l'empereur, sans traité, que son prédécesseur n'aurait jamais fait; que, d'ailleurs, toutes négociations de ce genre auraient un grand inconvénient, car elles ne pourraient être tellement secrètes que le roi de France ne vînt à les découvrir : ce qui lui rendrait suspecte la médiation du pape. Il se montra disposé à continuer la légation du cardinal d'York en Angleterre, et il la continua en effet pour cinq années, en accordant de plus à Wolsey les fruits échus de l'abbaye de Saint-Albans; mais, malgré tout ce que la Chaulx put lui dire en faveur de Raphaël de Médicis, il refusa de lui rendre le gouvernement de Parme et de Plaisance, se fondant sur ce que cette charge exigeait un homme plus expérimenté qu'il ne l'était (1).

Bien d'autres points furent certainement traités dans les conférences du seigneur de la Chaulx avec Adrien VI. Ainsi ses instructions lui prescrivaient de demander le chapeau de cardinal pour l'évêque de Palencia (2), le patronage de l'évêché de Pampelune pour Charles et ses successeurs, rois de Castille et de Navarre, l'annexion

---

(1) Lettres de la Chaulx à Charles-Quint, des 11, 15, 28 mai 1522, dans le *Précis de la correspondance de Charles-Quint*, etc., et dans les MSS. historiques du comte de Wynants.

Au commencement de l'année suivante, Raphaël de Médicis, que Charles-Quint envoyait en Suisse, périt dans une tempête, en traversant la mer. (MSS. historiques du comte de Wynants.)

(2) Mota, grand aumônier de Charles-Quint.

Ce point tenait particulièrement à cœur à l'empereur; il y revient dans plusieurs de ses lettres.

à la couronne des grandes maîtrises des ordres militaires d'Espagne, la coadjutorerie de l'évêché d'Utrecht en faveur de Charles de Lalaing, l'expédition d'un indult qui donnât à l'empereur le pouvoir de nommer aux dignités ecclésiastiques des Pays-Bas, etc. (1). Mais ce que nous connaissons de ses rapports à Charles-Quint ne nous fournit aucune lumière sur les réponses qu'il obtint du pape quant à ces différents points.

III.

Cependant Charles-Quint, qu'appelaient en Espagne les vœux de la nation et la nécessité d'y restaurer l'autorité royale ébranlée par le soulèvement des *comuneros*, s'était embarqué à Calais le 26 mai. Le même jour il était descendu à Douvres, où l'avait reçu le cardinal Wolsey, accompagné de plusieurs grands personnages d'Angleterre. Le roi en personne était venu l'y trouver le lendemain, et, après deux jours de repos, l'avait conduit successivement à Cantorbéry, à Rochester, à Greenwich (2). Le 6 juin, ils avaient fait ensemble leur entrée à Londres, « non-seulement en
» estat de frères conjoints en ung mesme vouloir,
» mais habillés tous deux d'une parure, et avec toutes
» les cérémonies accoustumées comme si l'empereur

---

(1) Lettres de Charles-Quint à la Chaulx, des 8, 28 mars et 16 avril, dans le *Précis de la correspondance de Charles-Quint*, etc.

(2) Comptes de la maison de Charles-Quint, aux archives de Lille.

» deust estre receu roy d'Angleterre (1). » Ils avaient visité ensuite Richmond, Hamptoncourt, Windsor (2). C'était en ce dernier endroit qu'ils s'étaient liés par de nouveaux traités (3). Les principaux objets qu'avait en vue Charles-Quint étant remplis, il aurait voulu, quelque affectueux que fût l'accueil de Henri VIII, prendre congé de ce prince : il pensait qu'il ne fallait pas être à charge à ses amis; il lui paraissait qu'il n'avait ni honneur ni profit à retirer d'une plus longue demeure en Angleterre; il craignait aussi les chaleurs; enfin il ressentait un très-vif désir de se trouver dans ses royaumes d'Espagne (4). Mais la flotte sur laquelle il devait passer en Castille avec les troupes destinées à former son escorte, n'avait pu encore, faute d'argent, appareiller des ports des Pays-Bas : quel autre parti lui restait-il à prendre que d'accepter, pendant quelque temps de plus, l'hospitalité du monarque, son allié et son futur beau-père? De Windsor ils allèrent à Winchester, où Henri VIII décora l'empereur de l'ordre de

---

(1) Lettre de Charles-Quint au Sr de la Chaulx, du 9 juin 1522, dans les *Bulletins* de la Commission royale d'histoire, 2me série, t. IX, p. 127.

(2) Comptes de la maison de Charles-Quint.

(3) Ces traités annulaient celui de Bruges, qui fut rendu à Henri VIII; il fut même convenu entre Charles-Quint et lui qu'on le brûlerait en présence des ambassadeurs de l'empereur : c'est pourquoi on ne le trouve pas dans les archives. (Note ms. du comte de Wynants, directeur général des archives de Bruxelles, de 1773 à 1794.)

(4) Lettre de Charles-Quint à la duchesse de Savoie, du 22 juin 1522, analysée dans les MSS. historiques du comte de Wynants.

la Jarretière. Là ils se séparèrent : Henri, pour retourner à Windsor, et Charles, pour prendre le chemin de Southampton, où l'attendait le navire qui devait le conduire à sa destination. Il y monta le 6 juillet, dans l'après-midi. Le lendemain matin il leva l'ancre, et, après dix jours d'une navigation heureuse, il débarqua à Santander le 16 (1).

Dans le même temps, Adrien, poursuivant sa route, faisait son entrée à Tarragone. Charles-Quint, le 19 juillet, lui dépêcha le seigneur de Zevenberghe (2), pour lui exprimer le plaisir qu'il aurait à le voir, avant qu'il quittât l'Espagne, et l'intention de se transporter auprès de lui, s'il voulait différer de quelques jours son départ. Zevenberghe le trouva encore à Tarragone.

Adrien n'accepta point la proposition de l'empereur. Il lui répondit de sa main : « J'arions grand désir
» de veoir Vostre Majesté, et n'y a chose, en ce
» monde, de laquelle je prinsissions plus grande con-
» solation : mais, comme je vous aimòns d'amour pa-
» ternel, je désirons plus non avoir icelle consolation
» que mettre vostre personne en aulcung dangier de
» maladie. Le temps est tant chault qu'il est à crain-

---

(1) Comptes de la maison de Charles-Quint. — Journal des voyages de Charles-Quint, par VANDENESSE. — Lettre de l'évêque de Badajoz et du Sr de Pract, ambassadeurs de l'empereur en Angleterre, à la duchesse de Savoie, du 14 juillet 1522, dans les MSS. du comte de Wynants.

(2) Maximilien de Berghes, seigneur de Zevenberghe, chevalier de la Toison d'or, conseiller et chambellan de l'empereur.

» dre que, se vous veniez à diligence, il vous feroit
» mal, et si à communes journées, vous tarderiés beau-
» coup en chemin, et fauldroit fort attarger nostre
» allée à Rome : laquelle chose, comme chascung
» nous escrit, feroit à noz communs négoces et de la
» chrestienté grand dommaige... »

Le seigneur de Zevenberghe avait reçu de l'empereur l'ordre d'insister, auprès du pape, sur la promotion au cardinalat de son grand aumônier (1), de lui demander deux autres chapeaux pour le neveu du seigneur de Montigny, de la maison belge de Lalaing, et le frère du gouverneur de Bresse, de la maison bourguignonne de Gorrevod, et de solliciter de lui quelques autres grâces apostoliques. Zevenberghe ne réussit dans aucune de ces demandes. Adrien écrivit à l'empereur que, s'il pouvait, avec honneur, faire de nouveaux cardinaux, lorsque la multitude de ceux-ci était déjà si grande, jamais il ne les lui refuserait. Il ajouta :
« Nous vous prions que prenés en bonne part si en
» choses non convenables nous ne condescendons du
» tout à voz désirs. Quant au patronage et incorpora-
» tion d'aultres choses pour la coronne, nous ne povons
» absolutement promettre que le ferons ; mais Vostre
» Majesté peult bien asseurément croire que nous pro-
» curerons, et en ce et en aultres choses, son honneur

---

(1) Le lendemain même de la réponse du pape, le 28 juillet, l'évêque de Palencia mourut à Reynoso, où il avait accompagné l'empereur (VANDENESSE, Journal des voyages de Charles-Quint).

» et prouffit, comme nous ferions pour nostre propre
» personne, et ung degré davantaige..... (1). »

On s'étonna généralement, en Europe, qu'Adrien eût éludé l'entrevue désirée par l'empereur (2), et sa conduite en cette occasion donna lieu à toute sorte de commentaires, dont les historiens se sont faits les échos (3). Pourquoi cependant ne pas admettre comme vrais les motifs qu'il énonce lui-même dans sa lettre autographe du 27 juillet, et dans celle du 5 août, en espagnol, que nous donnons en ce volume : « Nous aurions
» vivement désiré, dit-il dans cette dernière, nous en-
» tretenir avec Votre Majesté ; mais les dépêches que
» nous recevons de Rome, de Gênes et des autres
» parties de l'Italie nous effraient tellement, en affir-
» mant que toutes les choses vont à leur ruine, et qu'il
» n'est pas possible d'y remédier sans notre présence,
» que nous n'osons point retarder notre départ. (4). »

Adrien, qui s'était embarqué à Tarragone, mit à la voile, le 7 août, pour l'Italie. Deux jours auparavant, il écrivit à l'empereur une lettre où il lui donnait divers

---

(1) Lettre du 27 juillet, dans Lanz, *Correspondenz des Kaisers Karl V*, t. Ier, p. 63.

(2) « Strana cosa pare ad ognuno che'l papa non habbia voluto aspettar la Maestà Cesarea in Ispagna, perchè troppo indugiava : il che la parte gallica ha per buon segno et spera che questo pontefice non debbia esser partiale. » (Lettre de Girolamo Negro à Marcantonio Micheli, écrite de Rome, le 24 août 1522, dans les *Lettere di principi*, t. Ier, fol. 90 v°.)

(3) Voy. Burmann, *Analecta historica de Hadriano sexto*, p. 117.

(4) Pag. 104.

avis intéressants pour ses affaires. Il l'engageait, entre autres, à s'arranger, au sujet de la Navarre, avec le prince Henri d'Albret, qui était mécontent du roi de France; il lui disait aussi que, selon certaines indications données par le gouverneur de Perpignan, on pourrait facilement s'emparer de Narbonne : « mais, » ajoutait-il, comme il faudrait pour cela employer » la trahison, nous ne voulons point parler de moyens » déshonnêtes (1). »

Après avoir touché à San Esteban, à Monaco, à Savone, Adrien descendit, le 17 août, à Gênes, où il célébra la messe. Une réception magnifique lui fut faite dans cette ville, que sa présence consola du pillage tout récent auquel l'avait livrée le marquis de Pescaire (2). Les deux Adorno, Antoniotto et Girolamo, ne négligèrent rien pour lui en rendre le séjour agréable. Il y reçut la visite du duc de Milan François Sforza, de Prosper Colonna, du marquis de Pescaire, ainsi que d'autres personnages de distinction accourus de divers points de l'Italie, pour lui baiser les pieds (3).

Il reprit la mer le 19, passa par Livourne et Civita Vecchia, où il s'arrêta quelques instants, et, le 28, il débarqua à Ostie, accompagné de huit cardinaux qui

---

(1) Lettre du 5 août 1522, p. 104.

(2) « Il papa, domenica passata, che fu a 17, disse messa in Genova, et racconsolò alquanto quella povera città del sacco et de' danni ricevuti. » (Lettre de Girolamo Negro, citée p. xxxviii, note 2.)

(3) Lettre d'Adrien à Charles-Quint, du 19 août 1522, p. 107. — *Itinerarium Adriani sexti*, apud BURMANNUM.

étaient allés au-devant de lui. Le même jour, il vint coucher à Saint-Paul, hors des portes de Rome. Il fit son entrée dans la ville éternelle le 29, aux acclamations du peuple, dont l'allégresse était inexprimable, et le lendemain il ceignit la triple couronne (1).

Pendant son voyage, Adrien donna plusieurs fois de ses nouvelles à l'empereur (2). Charles-Quint fit dire des prières, dans toute l'Espagne, pour l'heureux succès de sa navigation, et dès qu'il connut son arrivée à Rome, il prescrivit que des actions de grâces solennelles en fussent rendues à Dieu (3).

IV.

Des négociations actives entre le pape et l'empereur suivirent de près le couronnement d'Adrien VI. Elles eurent pour principal objet, de la part du pontife, d'amener Charles-Quint à consentir à la paix ou à une trêve avec le roi de France; de la part de l'empereur, d'attirer Adrien dans une ligue contre ce monarque.

Adrien mettait toute son ambition à rétablir la concorde entre les princes chrétiens (4), afin de réunir

---

(1) *Itinerarium Adriani sexti.* — Lettre de Girolamo Negro à Marcantonio Micheli, écrite de Rome, le 1er septembre 1522, dans les *Lettere di principi*, fol. 91 v°.

(2) Par une lettre écrite de San Esteban, le 14 août, qui nous manque, et par celle du 19 août, datée de Gênes, que nous publions, p. 107.

(3) Lettre de Charles à Adrien, du 7 septembre 1522, p. 112.

(4) « Il papa è inclinatissimo a la pace, » écrivait, le 10 décembre

leurs forces contre les Ottomans, dont la puissance devenait de jour en jour plus formidable. Il venait à peine d'accepter le souverain pontificat qu'il écrivait à l'empereur : « Je prie affectueusement Votre Majesté
» de se montrer disposée à la paix, en accédant à
» toutes les conditions qui seront justes, équitables
» et raisonnables, et, comme acheminement à la paix,
» de souscrire à une trêve d'une ou de deux an-
» nées (1). » Au roi de France il tenait le même lan-
gage, mais il s'appliquait surtout à le désabuser de l'idée que l'affection qu'il portait à l'empereur pourrait le rendre partial à l'égard de celui-ci et injuste envers d'autres (2). On a vu sa réponse à la Chaulx, qui le sollicitait de prendre part à la guerre d'Italie, ou de conclure une ligue avec l'empereur et le roi d'Angle-terre (3). Au moment où il quittait l'Espagne, il expri-mait à Charles-Quint son regret de n'avoir pu conférer avec lui sur ce sujet : « Nous savons, lui disait-il, que
» vous êtes opposé à une trêve aussi bien qu'à la paix,
» parce qu'il vous paraît que la paix ne sera point
» assurée tant qu'on n'aura pas tiré assez de plumes
» au roi de France, et principalement les étrangères,
» pour qu'il ne puisse plus voler à sa guise. Mais
» comme, d'un autre côté, nous envisageons le péril

1522, Girolamo Negro à Marcantonio Micheli. (*Lettere di principi*, fol. 95.)

(1) Lettre du 25 mars 1522, p. 52.
(2) Lettre du 21 avril 1522, p. 266.
(3) Pag. XXXIII.

» que court la chrétienté par la grande et tyrannique
» puissance du Turc, nous trouvons qu'il faut pour-
» voir au danger le plus grave. Si nous gardons et dé-
» fendons les intérêts de notre foi et religion, et si
» nous aimons mieux souffrir quelque préjudice dans
» nos intérêts particuliers, que d'être indifférents au
» dommage de la république chrétienne, Dieu nous
» aidera en tout, et de sa main vaincra les ennemis. »
Il écrivit dans le même sens à Henri VIII et au cardinal Wolsey (1).

Charles-Quint avait constamment protesté de son désir de voir la paix universelle régner dans la chrétienté. Il soutenait que, pour la conserver avec le roi de France, il avait fait tout ce qu'il était possible de faire, même au détriment de sa réputation et de son honneur. Il rappelait au pape que c'était ce roi qui l'avait rompue, en occupant le royaume de Navarre, et en attaquant les Pays-Bas. « Pour repousser ces agres-
» sions, répondait-il à Adrien, nous dûmes nous unir
» et nous liguer avec le sérénissime roi d'Angleterre,
» notre très-cher et très-aimé oncle et frère, à qui l'on
» n'avait pas moins donné qu'à nous de motifs de
» prendre les armes. Cette ligue a été conclue à des
» conditions telles que nous ne pouvons, ni l'un ni
» l'autre, traiter de paix ou de trêve avec les Français,
» sans le commun accord et l'expresse volonté et con-
» sentement de tous deux. Nous avons donc les mains

---

(1) Lettre du 5 août 1522, p. 105.

» liées en cette négociation pour laquelle Votre Sain-
» teté nous écrit : autrement elle peut être assurée
» que non-seulement ce qui concerne cette guerre,
» mais encore tout ce qui touche notre personne, nos
» biens et nos États, nous le remettrions en ses
» mains, pour en disposer librement. Nous supplions
» instamment Votre Sainteté de trouver bon, en im-
» putant la rupture de la paix et les dissensions qu'il
» y a entre les princes chrétiens à celui qu'elle sait en
» être cause, que nous gardions notre foi : l'affection
» que le sérénissime roi d'Angleterre nous porte et
» notre parenté ne nous y obligent pas moins que le
» soin de notre dignité et les engagements que nous
» avons pris. Si le roi de France désire réellement la
» paix ou une trêve, et qu'il propose des conditions
» honnêtes, raisonnables, de nature à satisfaire ledit
» roi et nous, en assurant la pacification et le repos
» de la chrétienté, Votre Sainteté ne doit pas douter
» que nous ne soyons prêts à y entendre (1). »

Charles, le même jour, écrivit de sa main à Adrien VI une lettre qui nous manque, et à laquelle Adrien fit aussi une réponse autographe. Cette réponse est certainement une des pièces les plus remarquables de notre recueil. L'âme d'Adrien y est empreinte tout entière; les sentiments de justice et de charité chrétienne dont il était animé y respirent d'un bout à l'autre. Le pontife témoigne son étonnement qu'on ait

---

(1) Lettre du 7 septembre 1522, p. 113.

pu rapporter à l'empereur qu'il a une égale amitié pour le roi de France et pour lui, et cela parce qu'il a tâché de moyenner la paix entre eux. Quand le Turc, profitant des querelles qui divisent les principaux chefs de la chrétienté, ose envahir le royaume de Hongrie et l'île de Rhodes, est-il bon chrétien, dit-il, celui qui n'y résiste pas de toute sa force? Il voudrait, au prix de son sang, remédier aux maux et aux dangers dont la chrétienté est assaillie; alors il n'en molesterait pas d'autres, en leur demandant aide et secours. « Et, quant à l'amour
» et affection que vous portons, plus grande que à nul
» autre de ce monde, poursuit-il, nous semble que
» nos œuvres passées faictes ès affaires vostres en peu-
» vent estre bon tesmoing à tout le monde; et pour
» ceste cause, sommes suspect aux aultres princes et
» leurs subjects. Pour quoy pensent que vous et vos
» affaires voudrions porter et favoriser, par équité et
» iniquité, contre tous aultres, combien que en cela
» ils soyent bien loing de la vérité : car ne pour nul
» aultre ne pour nous-même ne voudryons faire chose
» qui fût contre Dieu et en charge de nostre conscience.
» Vray est qu'à tous chrestiens portons entier paternel
» amour, et voudryons de tout nostre pouvoir le bien
» et utilité temporelle et spirituelle de tous, et con-
» corder les discordans, comme un bon pape doibt
» faire; mais la tendreté de l'amour qu'avons vers V. M.
» passe beaucoup à tous aultres et passerat tousjours. »
Si l'on voulait lui reprocher de n'avoir pas pris parti pour l'empereur, il répondrait qu'il n'en avait pas le moyen : car, en prenant possession de « ce siége tout

» plein de misères » (il appelait ainsi le trône pontifical), il n'avait trouvé de quoi payer les charges ordinaires de l'Église, mais des dettes infinies, et il n'entendait guère autre chose « que clameurs et lamentations de » pouvres gens et de ceulx qui avoient engagé leurs » offices de quoy ils vivoient, pour le feu pape Léon. » Alors même qu'il serait opulent, il laissait à juger à l'empereur s'il convenait que lui, qui devait travailler à la défense de la chrétienté, la mît en plus grand trouble et danger de se perdre (1).

Adrien ne prétendait pas que l'empereur traitât avec la France sans le concours du roi d'Angleterre ; il savait qu'il était lié par ses engagements envers Henri VIII : il demandait seulement qu'il usât de son influence sur ce monarque, pour le déterminer à accepter au moins une trêve de quelque durée (2). Il avait déjà fait directement dans ce but des démarches auprès de Henri et de Wolsey, en leur envoyant l'évêque d'Astorga (3). Après son arrivée à Rome, il fit partir pour Londres, avec la mission de les renouveler d'une manière plus pressante encore, Bernard Berthold ou Bertholotti, un de ses familiers (4) : c'était le même qui, quelques mois

---

(1) Lettre du 30 septembre 1522, p. 125.
(2) Lettre d'Adrien à Charles, du 16 septembre 1522, p. 116.
(3) Pag. 124.
(4) Le 10 octobre 1522, les ambassadeurs de l'empereur à la cour d'Angleterre lui écrivaient qu'il était arrivé à Londres le nommé » Bernardus Bertholotti, domestique familier du pape, venant de

auparavant, était allé solliciter en France un sauf-conduit pour l'archevêque de Bari, auquel Adrien destinait la nonciature de ce royaume (1). Dans le même temps, il donna l'ordre à son nonce en Espagne de poursuivre vivement, auprès de l'empereur, une décision qui fût conforme à ses désirs (2).

Charles-Quint et Henri VIII se concertaient en ce moment pour envahir la France au nord et au midi; aussi Adrien ne réussit-il pas mieux à Londres qu'à Valladolid. Cependant François Ier venait de lui envoyer le cardinal d'Auch avec les assurances les plus pacifiques (3); ce monarque avait, en outre, fait une démarche qui avait dû lui coûter beaucoup : il avait autorisé l'archevêque de Bari à transmettre, en son nom, des ouvertures de trêve à la cour d'Espagne (4). Dans ces circonstances,

---

» Rome par la France, lequel avoit charge d'aller vers le roi avec
» l'évêque d'Estorghes, son nonce, pour l'engager à faire une
» trêve ou paix, lequel, n'ayant trouvé ledit évêque, avoit été seul
» vers le roi et le légat pour exposer sa charge; que le pape étoit
» merveilleusement incliné à avoir paix ou trêve. » (MSS. historiques du comte de Wynants.)

(1) Pag. 262.

(2) Charles-Quint, le 31 octobre 1522, mandait à ses ambassadeurs en Angleterre « que le nonce du pape étant vers lui, lui avoit fait
» plusieurs remontrances de la part du pape, pour l'engager à faire
» paix ou trêve, disant que son maître avoit envoyé au même effet
» vers le roi d'Angleterre. » (MSS. historiques du comte de Wynants.)

(3) Pag. 140. — Jean de la Trémoille, archevêque d'Auch, avait été nommé par Jules II, en 1507, cardinal du titre de Saint-Martin aux Monts.

(4) Lettre de l'empereur à ses ambassadeurs en Angleterre, du

Adrien crut devoir adresser à l'empereur une nouvelle et énergique remontrance : « Nous nous émerveillons
» extrêmement, lui écrivit-il, que le roi d'Angleterre
» persiste tant à ne vouloir ni paix ni trêve avec le roi
» de France, alors que toute la religion chrétienne,
» spécialement le royaume de Hongrie, l'île de Rhodes
» et plusieurs autres parties de la chrétienté, même
» les royaumes de Naples et de Sicile, sont exposés à
» un si grand péril à cause de ces discordes que, de-
» puis si longtemps, il y a entre vous, qui êtes les chefs
» de la même chrétienté, discordes dans lesquelles
» le féroce tyran turc trouve une aide plus puissante
» que si nous mettions à sa disposition une armée de
» beaucoup de mille hommes...... Certes, les Macha-
» bées défendaient leur religion et la loi de Dieu avec
» un autre zèle, une autre ferveur que nous, en qui il
» paraît qu'il ne reste plus que le nom seul de chré-
» tiens, et très-peu de la vertu qu'exige ce nom,
» puisque nous avons plus de souci de nous venger
» de nos ennemis particuliers que de ceux de Dieu
» et de sa sainte foi, et que, pour accomplir ce désir
» tout temporel, nous mettons toute la république
» chrétienne en danger de se perdre.... (1). »

Dans cette lettre, Adrien semblait s'excuser des égards qu'il avait pour le roi de France. Charles-Quint

---

9 décembre 1522, citée dans les MSS. historiques du comte de Wynants.

(1) Lettre du 16 décembre 1522, p. 139.

lui répliqua : « En vérité, si nous pensions qu'une bonne
» paix et l'union de toutes les forces de la chrétienté
» contre ses communs ennemis pussent résulter de l'in-
» clination que Votre Sainteté témoignerait pour les
» intérêts de la France, nous l'approuverions beau-
» coup : mais il est notoire, et c'est chose très-claire
» et confirmée par l'expérience, que, quand le roi de
» France doutait de votre volonté, et vous soupçonnait
» d'être favorable à nos affaires, comme il était natu-
» rel qu'il le pensât, il offrait de bien meilleures et plus
» honnêtes conditions de paix qu'il ne le fait aujour-
» d'hui. En outre, depuis qu'il a vu que Votre Sainteté
» se montre neutre, et qu'elle le favorise, en ne se joi-
» gnant pas à nous pour la défense et la conservation de
» la Lombardie, il est devenu plus hautain, a proposé
» des conditions de paix hors de toute raison, et, qui
» plus est, il se prépare à passer de nouveau en Italie
» avec toute sa puissance.... Nous ne pouvons laisser
» dès lors de regretter vivement que, pour avoir, avec
» sa bonté naturelle, ajouté foi au langage des Fran-
» çais, couvert du nom de paix afin de cacher de mau-
» vais desseins, Votre Sainteté donne lieu à ce que les
» choses de la république chrétienne soient plus ex-
» posées encore à la guerre et à un péril manifeste, si
» elle conduit la négociation par cette voie : car, très-
» saint père, si Votre Sainteté déclarait ouvertement
» au roi de France, en se fondant sur tous les motifs
» qui doivent l'y porter, qu'elle ne peut, ni le siége
» apostolique, se séparer en aucune manière de nous
» et de la dignité impériale, avec laquelle, selon le

» droit divin et humain, ils doivent être toujours unis,
» ne faire qu'une seule et même chose, et tendre
» aux mêmes fins, et que, si la guerre continuait,
» elle se verrait obligée de nous aider à maintenir
» l'état actuel de l'Italie, en offrant au roi de France,
» comme pasteur et père universel, de s'employer à
» la conclusion de la paix entre nous, il ne faut pas
» douter que ledit roi de France, contraint par la
» nécessité, n'y acquiesçât et ne se contentât de con-
» ditions justes et honnêtes, qui nous satisfissent ainsi
» que le sérénissime roi d'Angleterre..... Nous sup-
» plions Votre Sainteté de considérer tout cela avec
» sa grande prudence, et de prendre de promptes
» mesures pour y pourvoir, avant que les choses en
» viennent à un état qui rendrait le remède très-diffi-
» cile et quasi impossible... (1). »

Avec son ambassadeur, le duc de Sessa, Charles-Quint gardait moins de mesure : « Nous nous éton-
» nons, lui écrivit-il, que S. S. veuille traiter le roi de
» France comme nous, même qu'elle lui soit plus
» favorable, alors que nous sommes pour elle un si
» bon fils et élève que tout le monde pensait que, dès
» son arrivée à Rome, elle embrasserait et traiterait
» nos affaires comme les siennes propres. » Et il le chargeait d'insister auprès du pape pour qu'il entrât dans la ligue défensive de l'Italie (2).

---

(1) Lettre du 10 janvier 1525, p. 148.
(2) Lettre du 10 janvier 1523, p. 170.

Si, à Rome, il courait, sur les dispositions d'Adrien VI pour les Français, des bruits (1) dont l'empereur avait pu s'alarmer et s'offenser, il ne manquait pas de gens qui affirmassent, au contraire, que Charles-Quint était en intelligence secrète avec le saint-père. Ce dernier bruit, l'empereur n'avait garde de le démentir. Il mandait au duc de Sessa : « Il est bien, pour notre ré-
» putation, que les adversaires croient qu'une telle
» intelligence existe entre nous, et qu'ils s'en défient.
» Il faut, par tous bons moyens, les entretenir en ce
» soupçon et l'augmenter même, en sorte que toujours
» ils s'imaginent qu'il y a entre S. S. et nous des prati-
» ques secrètes (2). »

Il y a ici une lacune dans notre Correspondance : trois lettres écrites par le pape à l'empereur, à la date du 16 janvier, nous manquent (3). Par la réponse de Charles-Quint, on peut comprendre que, malgré l'insuccès de ses efforts, Adrien ne se rebutait point dans ses tentatives pour le rétablissement de la paix (4) : nous savons d'ailleurs que, à la même date, il adressait à l'évêque de Badajoz, ambassadeur de l'empereur en

---

(1) *Rivalité de Charles-Quint et de François I*^{er}, par M. MIGNET, dans la *Revue des deux Mondes*, l. c., p. 642.

(2) Lettre du 10 janvier 1523, p. 172.

(3) Voyez, p. 158, le commencement de la lettre de Charles-Quint à Adrien, du 8 février 1523.

(4) L'empereur écrivait à ses ambassadeurs en Angleterre, le 8 février 1523, que le nonce, en présence des ambassadeurs du roi Henri, les avait interpellés tous deux, de la part de S. S., de faire la paix ou une trêve.

Angleterre, des brefs pour le roi Henri et le cardinal Wolsey, qui les exhortaient à prêter l'oreille à un accommodement (1). Charles lui répondit, comme il l'avait fait d'autres fois, qu'il était tout disposé, ainsi que le roi d'Angleterre, à conclure la paix, pourvu que ce fût à des conditions honnêtes et raisonnables. Il reprocha au roi de France d'être prodigue de paroles, mais de ne faire suivre ses démonstrations d'aucun effet. Il lui prêta l'intention de tenir les choses en suspens, et le souverain pontife irrésolu, afin de pouvoir, avec plus d'avantage, rallumer le feu de la guerre en Italie (2). Voulant toutefois donner à Adrien une marque de sa déférence, il envoya au duc de Sessa un pouvoir pour traiter avec les Français, sous la médiation du pape; il y joignit des instructions qui devaient rester secrètes, même pour l'ambassadeur d'Angleterre, et qu'il ne communiquerait au saint-père qu'après que celui-ci lui aurait promis de n'en rien dire à personne (3).

On apprit, dans ce temps-là, que François Ier rassemblait des forces considérables avec lesquelles il se proposait de descendre en Italie. Charles-Quint en tira argument pour accuser le roi de France de mauvaise foi dans les ouvertures de paix qu'il avait faites. Il sollicita Adrien de prendre des mesures énergiques, afin

---

(1) Lettre écrite à l'empereur par ses ambassadeurs en Angleterre, le 5 février 1525, dans les MSS. historiques du comte de Wynants.
(2) Lettre du 8 février 1525, p. 158.
(3) Lettre du 15 février 1525, p. 174.

de résister aux Français; il était d'avis, surtout, que le saint-siége employât contre ces ennemis du repos de la chrétienté les armes spirituelles qui étaient en son pouvoir. Pour lui, il était résolu, s'il le fallait, à aller les combattre en personne (1).

V.

Tandis que les princes de l'Europe occidentale, occupés de leurs rivalités, livrés à leurs querelles et à leurs passions particulières, épuisaient leurs forces dans des luttes acharnées, Rhodes, ce boulevard de la chrétienté, succombait sous les coups de Soliman II; elle n'avait pu échapper à son sort, malgré l'héroïque défense des chevaliers de Saint-Jean de Jérusalem, ayant à leur tête l'illustre Villiers de l'Isle-Adam, leur grand maître (2).

Cette nouvelle porta la douleur et la consternation dans l'âme d'Adrien VI. Les conjonctures étaient graves : les Turcs victorieux pouvaient diriger leurs armes vers l'Italie; les royaumes de Naples et de Sicile n'étaient pas à l'abri de leurs incursions. Le pieux pontife résolut de faire un nouvel et suprême effort pour réconcilier les monarques de France, d'Angleterre et

---

(1) Lettres de Charles-Quint à Adrien, du 16 mars 1523, p. 162, et au duc de Sessa, du même jour, p. 175.

(2) Villiers de l'Isle-Adam capitula le 20 décembre 1522. Soliman II fit son entrée dans Rhodes quelques jours après.

d'Espagne. Il écrivit à François Ier des lettres pressantes, qu'il lui fit remettre par son nonce, l'archevêque de Bari. Le saint-siége n'était pas, en ce moment, représenté à la cour de Londres; il y renvoya Bernard Berthold, avec des messages pour Henri VIII, pour Catherine d'Aragon, son épouse, et pour le cardinal Wolsey (1) : il faisait un appel particulier aux sentiments religieux de la reine Catherine, invoquant auprès d'elle les exemples que lui avaient laissés les rois catholiques, dont elle était issue (2). A Charles-Quint, il adressa un bref et deux lettres dont nous regrettons de ne pouvoir faire connaître le contenu (3). Le collége des cardinaux avait joint ses propres exhortations à celles du saint-père.

Ce qu'Adrien demandait aux trois monarques, c'était d'arrêter toutes hostilités entre eux, et, s'ils ne voulaient pas conclure la paix, de consentir au moins à une trêve de trois ou quatre années; il leur en faisait même le commandement, en vertu de la sainte obédience (4). Ils les engageait ensuite à réunir leurs efforts de manière à équiper une flotte et à lever une armée

---

(1) Lettre écrite à Charles-Quint par le sieur de Praet, son ambassadeur en Angleterre, le 8 mai 1523, aux archives du royaume. Berthold arriva à Londres le 26 mars.

(2) Voyez, p. 272, sa lettre du 23 février.

(3) Ce bref et ces lettres nous manquent, de même que les réponses de l'empereur. Le recueil de Van Torre est très-incomplet pour la correspondance de 1523.

(4) Lettre du sieur de Praet à l'empereur, du 8 mai 1523.

assez puissantes non-seulement pour empêcher l'entrée des Ottomans en Italie, mais encore pour leur enlever leurs conquêtes (1).

François Ier montra d'abord beaucoup de condescendance pour les désirs du souverain pontife (2); mais, quand il fallut en venir au fait, il déclara ne pouvoir consentir à une trêve, surtout de longue durée, car on ne la proposait que pour tenir les Français hors de l'Italie : il était prêt, en revanche, à signer une suspension d'armes de deux mois, laquelle les ambassadeurs résidant à Rome auraient la faculté de prolonger autant qu'ils le jugeraient nécessaire pour la conclusion de la paix (3). Il avait plusieurs motifs d'en agir ainsi. D'abord il espérait que, dans le courant de l'été, les Turcs feraient quelque entreprise sur le royaume de Naples ou sur la Sicile, et que l'empereur se verrait alors dans l'alternative, ou de laisser perdre un de ces royaumes, ou de devoir abandonner la défense de Milan. Ensuite, la suspension d'armes aurait ce résultat, que, pendant l'été, il serait tranquille du côté de l'Angleterre et des Pays-Bas aussi bien que de l'Espagne : ce qui lui laisserait la disposition de toutes ses forces pour passer en Italie dans l'automne ou dans l'hiver,

---

(1) Voyez, p. 176, la lettre de Charles-Quint au duc de Sessa, du 15 avril 1523.

(2) Lettre du sieur de Praet à l'empereur, du 8 mai 1523, aux archives du royaume.

(3) Lettre du sieur de Praet à l'empereur, du 1er juin 1523, *ibid.*

saisons où il n'avait rien à craindre sur ses frontières du nord ni du midi (1).

Adrien VI, voulant rendre Wolsey favorable à ses vues, venait tout récemment de prolonger de cinq autres années sa légation en Angleterre, et de lui faire délivrer, presque sans frais, les bulles de l'évêché de Durham : « vrays moyens pour gaigner son cœur et » amour (2). » Le cardinal ne démentit point l'attente du pape. Par son conseil, le roi d'Angleterre résolut d'envoyer le docteur Clerck à Rome, afin de traiter de la paix ou d'une trêve, conjointement avec le duc de Sessa, ambassadeur de l'empereur. Clerck se mit en route le 13 avril. Un peu plus tard, Henri VIII fit partir pour l'Espagne le sieur de Jerningham (3), l'un des quatre gentilshommes de sa chambre; et qui avait été précédemment son ambassadeur en France : ce diplomate devait remettre à Charles-Quint une copie des brefs que le roi avait reçus de Rome, ainsi que des réponses qu'il y avait faites, et lui communiquer les vues de son maitre sur les négociations qui allaient s'ouvrir. Henri n'entendait pas, en signant une trêve, s'obliger simultanément à payer une contribution quelconque pour la formation d'une armée destinée contre

---

(1) C'est ce que le sieur de Praet écrit à l'empereur, le 1er juin, d'après une communication qu'il avait reçue de l'archevêque de Bari.

(2) Lettre du sieur de Praet à Charles-Quint, du 8 mai 1525, déjà citée.

(3) « Il est honnête homme et très-bien en grâce de son maitre », disait de lui le sieur de Praet, dans sa lettre du 1er juin à l'empereur.

les Turcs; il voulait que ce point fît la matière d'une convention ultérieure (1).

Charles-Quint fut touché, jusqu'au fond de l'âme, de la plaie qui était faite à toute la chrétienté par la perte de Rhodes; il eût voulu, ainsi l'écrivit-il au duc de Sessa, la guérir avec son propre sang (2). Il répondit au pape qu'il était prêt, comme vrai avocat et protecteur du saint-siége et chef temporel de la chrétienté, à employer contre le Turc toutes ses forces, tous ses royaumes, seigneuries et sujets, et à y sacrifier même sa vie; mais il demandait que S. S. lui accordât les grâces qui, en de telles circonstances, ne se refusaient jamais, et que les autres princes chrétiens, chacun selon ses facultés, contribuassent dans cette entreprise par des hommes ou de l'argent (3). Il envoya au duc de Sessa un nouveau pouvoir pour traiter d'une trêve, formulé selon l'intention du pape. Il engagea vivement le roi d'Angleterre à prendre aussi ce parti, en lui faisant remontrer, par ses ambassadeurs, l'impossibilité de soutenir en même temps la guerre contre Soliman II et contre le roi de France (4).

Les instructions que Charles donna au duc de Sessa, et qui sont contenues dans ce volume, déterminaient les

---

(1) Lettres du sieur de Praet à Charles-Quint, du 8 mai et du 1ᵉʳ juin 1523.

(2) Pag. 177.

(3) *Ibid.*

(4) Pag. 178. — Lettre de Charles-Quint à ses ambassadeurs en Angleterre, du 16 avril 1523, dans les MSS. historiques du comte de Wynants.

conditions auxquelles il était autorisé à traiter : c'était que toutes choses restassent, d'un côté et de l'autre, dans l'état où elles se trouveraient au moment de la conclusion de la trêve; que, pendant sa durée, les châteaux de Milan et de Crémone, ainsi que les villes et châteaux de Fontarabie et de Hesdin, fussent remis entre les mains du pape; que, si le roi de France s'y refusait, à moins que la même mesure ne fût prise à l'égard de Tournay, lesdites villes et châteaux demeurassent au moins dans l'état où ils étaient, sans qu'on pût les fortifier ni y mettre gens, artillerie, munitions, vivres, excepté seulement ce qui serait nécessaire de jour en jour à la subsistance des troupes y tenant actuellement garnison; que la trêve fût communicative et marchande; qu'on y comprît tous les confédérés qui seraient nommés de l'une et de l'autre part; que, si l'un des contractants la rompait, tous les autres le tinssent pour ennemi et lui fissent la guerre; que le pape en agît de même; qu'en outre, il procédât contre l'infracteur par censures ecclésiastiques; qu'il fût conservateur et interprète de la trêve; que celle-ci se fît pour trois ans, comme S. S. le demandait, ou pour tel temps qui conviendrait au roi d'Angleterre; que, si les Français ne voulaient consentir à une durée aussi longue, l'ambassadeur s'accommodât à leur désir, pourvu qu'il fût dit, dans le traité, que la trêve durerait autant que la guerre du Turc contre les chrétiens, et six mois après (1).

---

(1) Pag. 178 et 179.

Charles-Quint voulait, de plus, que, pendant la négociation de la trêve, on s'occupât des moyens de conclure une paix universelle entre les chrétiens; qu'on traitât avec les Suisses, pour s'assurer de leur neutralité et même de leur concours; qu'il fût fait une convocation générale des rois, princes et potentats, afin de convenir, d'un commun accord, du secours que chacun d'eux donnerait en gens d'armes, chevau-légers, infanterie, argent, munitions, vivres, etc., et qu'à cet effet le pape accordât la croisade et la perception de la quatrième partie du revenu des bénéfices ecclésiastiques dans toute la chrétienté (1).

Il y avait un point qui importait beaucoup à l'empereur. Par les conventions faites à Windsor l'été précédent, il s'était obligé, sous peine des censures ecclésiastiques, à payer à Henri VIII les pensions que le monarque anglais avait reçues précédemment du roi de France. Ces pensions s'élevaient à 130,000 écus d'or chaque année; c'était une charge écrasante pour son trésor. Au moment où il allait avoir à faire de si grands sacrifices pour la défense de la république chrétienne, il désirait que le payement en fût au moins suspendu. Il chargea le duc de Sessa d'engager, comme de lui-même, le pape à s'interposer auprès du roi d'Angleterre, afin qu'il consentît à cette suspension jusqu'à la conclusion de la paix. Si Henri n'accédait pas à la proposition de Sa Sainteté, ou si elle jugeait qu'il y

---

(1) Pag. 181.

eût de l'inconvénient à la lui faire, il désirait que, par un décret général, rendu de son propre mouvement et certaine science, en forme de constitution, le pape, sans nommer personne, levât toutes censures fulminées contre quelconque roi, prince ou potentat, pour quelque action, obligation ou dette que ce fût, ou qui se pussent fulminer de là en avant, en vertu de quelconques contrats faits entre de tels princes et potentats (1).

C'était bien mal connaître Henri VIII, que de se flatter d'obtenir de lui quelque délai pour le payement des pensions qui lui étaient dues. Les plaintes qu'il ne cessait de faire aux ambassadeurs de Charles-Quint à Londres, de l'irrégularité avec laquelle elles étaient acquittées (2), donnaient assez à comprendre qu'il serait

---

(1) Pag. 179 et 180.
(2) Il disait ces propres paroles au sieur de Praet, resté seul ambassadeur de l'empereur à Londres, après le départ de l'évêque de Badajoz : « Au regard de l'indempnité, aultrefois j'en ay parlé au
» sieur de Badajoz et à vous par ensemble. Et derechef je vous veulx
» bien répéter que m'esbahiz comme l'empereur ne regarde plus près
» à entretenir ce qu'il a promis ; et doibt considérer (veu la guerre
» qu'ay emprinse pour l'amour de luy, et les despens que, à cause
» d'icelle, ay desjà soubstenuz) que au temps présent j'ay affaire de
» mes deniers : car mon peuple est bien adverti que l'empereur me
» doibt ladicte indempnité, et cuyde qu'elle me soit payée : dont
» toutesfois ne me polray ayder pour la guerre, si l'empereur ne m'en
» satisfaict. Et d'abondant les François se pourroient doulloir de moy
» de ce que, par faulte de leur payement, j'aye rompu toutes mes
» alliances avec eulx, et que maintenant, nonobstant que l'empereur
» face le semblable, j'entretiègne son amytié. Pour conclusion, si

intraitable sur cet article. Il le prouva encore mieux, en posant, comme condition *sine qua non* de son consentement à la trêve désirée par le souverain pontife, l'obligation pour le monarque son allié de renouveler envers lui ses engagements de Windsor, et d'y satisfaire avec exactitude, nonobstant la trêve qui serait conclue. Le sieur de Jerningham, envoyé par lui en Espagne, emporta une formule d'acte, conçue en ce sens, qu'il devait faire revêtir du seing et du sceau de l'empereur. Dès que ces formalités auraient été accomplies, il en informerait l'ambassadeur du roi à Rome, qui alors, mais alors seulement, pourrait apposer sa signature au traité (1).

Jusque-là Adrien VI, quelle que fût son affection pour l'empereur, s'était appliqué à tenir la balance égale entre lui et son rival. Aussi, malgré toutes les instances de Charles-Quint (2), s'était-il refusé à don-

---

» j'estoye conseiller d'aulcun prince, je mectroye peyne à luy faire
» entretenir ses promesses et choses traictées. »

Le cardinal Wolsey ne se plaignait pas moins vivement que le roi. Il dit au sieur de Praet qu'il n'y avait personne au monde que cette affaire des pensions touchât plus que lui : car la faute de payement par l'empereur lui avait fait perdre tout son crédit tant auprès du roi, son maître, qu'auprès des seigneurs et gens principaux du royaume, qui avaient été portés à abandonner l'alliance des Français et à accepter celle de l'empereur, sur les assurances données par lui que S. M. I. payerait les sommes convenues avec exactitude. (Lettre du sieur de Praet à l'empereur, du 8 mai 1523, déjà citée.)

(1) Lettre du sieur de Praet à l'empereur, du 1er juin 1523, déjà citée.

(2) Lettres de Charles à Adrien, des 27 septembre 1522 et 10 janvier 1523, pp. 121 et 148.

ner ses pouvoirs à Girolamo Adorno, envoyé par l'empereur à Venise, pour traiter avec la Seigneurie d'une ligue contre les Français. Il ne désapprouvait point la mission d'Adorno; il offrait même d'engager la Seigneurie à s'accommoder avec l'empereur; mais il s'excusait de prendre part à des négociations qui auraient un caractère hostile pour la France : « Nous ne pour-
» rions le faire, répondit-il à l'empereur, sans nous
» montrer partial : ce qui ne convient pas à la chré-
» tienté, ni au remède des besoins auxquels nous ré-
» duisent les infidèles (1). » Un événement assez étrange contribua à le faire pencher du côté des adversaires de François Ier.

Il avait donné sa confiance, en arrivant à Rome, au cardinal de Volterra, de la maison de Soderini (2). Ce cardinal favorisait en secret les vues de la France. Le duc de Sessa, à qui il était suspect, surveillait attentivement ses démarches. Il parvint à faire prendre un messager que Soderini expédiait avec des lettres à la cour de Fontainebleau, et, dans ces lettres, on trouva la preuve d'un complot ourdi pour faire révolter la Sicile contre l'autorité de l'empereur, complot que François Ier était invité à seconder, en envoyant des troupes dans cette île (3).

---

(1) Lettre d'Adrien à Charles, du 31 octobre 1522, p. 130.

(2) Francesco Soderini, florentin, évêque de Volterra. Alexandre VI l'avait nommé, en 1503, cardinal du titre de Sainte-Suzanne. Il mourut en 1524.

(3) Ces détails sont consignés dans la lettre écrite à l'empereur,

Irrité de la conduite déloyale de son ministre, qui soufflait le feu de la guerre, tandis que tous ses efforts tendaient au rétablissement de la paix, Adrien fit jeter en prison le cardinal de Volterra, et lui donna des juges. Mais il n'embrassa pas pour cela ouvertement le parti de l'empereur, ainsi que le prétend un historien (1). Il renouvela, au contraire, ses démarches en Espagne, en France et en Angleterre, pour la conclusion d'une trêve triennale, en les appuyant, comme il l'avait déjà fait, de la menace des censures ecclésiastiques contre le souverain ou les souverains qui ne voudraient pas y entendre (2).

Le principal obstacle au traité poursuivi avec tant d'ardeur par Adrien VI n'avait cessé d'être la prétention, qu'élevait François Ier, d'être remis en possession de Milan, prétention, qui, selon l'observation de M. MIGNET, n'avait aucune chance d'être admise (3).

Ce roi n'en persistait pas moins à y subordonner son consentement à la trêve proposée. Lorsqu'il apprit l'arrestation du cardinal Soderini, il rappela les am-

---

le 1er juin, par le sieur de Praet, qui les tenait du cardinal Wolsey.

(1) SIMONDE DE SISMONDI, *Histoire des Républiques italiennes*, t. VIII, p. 50, édition de la Société typographique belge.

(2) De Pract écrivait à l'empereur, le 12 juin 1525, que le roi d'Angleterre avait reçu un bref du pape par lequel il lui était enjoint de faire une trêve de trois ans, sous peine de censures ecclésiastiques : ce dont ce monarque et le cardinal Wolsey avaient été fort émerveillés.

(3) *Rivalité de Charles-Quint et de François Ier*, l. c., p. 644.

bassadeurs qu'il avait à Rome (1), et retint comme prisonnier le nonce du pape en France, l'archevêque de Bari (2). Il écrivit à Adrien, au sujet des menaces d'excommunication qu'il lui avait faites, une lettre dont les termes étaient pleins de hauteur; il y rappelait avec affectation ce qui était arrivé à Boniface VIII, au commencement du xivme siècle, pour avoir voulu se servir de pareilles armes contre la couronne de France (3).

Charles-Quint et Henri VIII avaient déjà pris leurs mesures pour envahir la France de trois côtés à la fois, dans le courant de l'été; ils ne furent pas fâchés de savoir que François Ier se refusait à un accommodement (4). S'autorisant de ce refus, ils en revinrent à solliciter le pape d'entrer avec eux dans une ligue défensive et offensive qui assurerait l'Italie contre les entreprises des Français, leurs communs ennemis. Le cardinal de Médicis se joignit, pour l'y déterminer, aux ambassadeurs d'Espagne et d'Angleterre.

Adrien répugnait à une démarche aussi décisive.

---

(1) Lettre du sieur de Praet à l'empereur, du 3 juillet 1523, aux archives du royaume.

(2) Lettre de Charles-Quint à Charles de Lannoy, vice-roi de Naples, du 26 août 1523, dans les MSS. historiques du comte de Wynants.

(3) M. MIGNET, *Rivalité de Charles-Quint et de François Ier*, l. c., p. 643.

(4) Lettre de l'empereur au duc de Sessa, du 15 juillet 1523, p. 192.

L'exemple de son prédécesseur, qu'on lui mettait devant les yeux, ne le convainquait pas; il alléguait sa pauvreté, son impuissance (1). Le vice-roi de Naples, Charles de Lannoy, vint alors tout exprès à Rome. Il était grand ami d'Adrien; ils s'étaient connus au temps que l'un et l'autre servaient dans la chambre de Charles-Quint, aux Pays-Bas; l'empereur, en conférant à Lannoy l'importante vice-royauté de Naples, à la mort de don Ramon de Cardona (2), avait eu soin de faire insinuer à Adrien que la certitude de lui être agréable par cette nomination, avait beaucoup influé sur son choix (3).

---

(1) « ..... Sire, le roy et monsieur le légat ont receu lettres du docteur Clerck, leur ambassadeur vers nostre saint-père. Lesdictes lettres contiennent que Sa Saincteté, nonobstant toutes les remonstrances à luy fètes par ledict Clerck, en la présence de monsieur le duc de Sesse et du cardinal de Médicis, et mesmement après avoir veu les povoirs tant de Vostre Majesté que dudict roy d'Angleterre pour la matière de trefve, s'est monstré très-froid et estonné, sans vouloir donner espoir de soy déclairer à l'encontre des François, singulièrement pour la ligue offensive, s'excusant tousjours sur sa povreté, et que de fère du courroucé sans puissance, seroit chose de peu d'effect..... » (Lettre du sieur de Praet à l'empereur, du 5 juillet 1525, déjà citée.)

Le 15 juillet, Adrien adressait encore des brefs à Henri VIII et à Wolsey, pour les exhorter à faire la paix ou une trêve. (Lettre du sieur de Praet à l'empereur, du 9 août 1525, aux archives du royaume.)

(2) A la fin de mars 1522. Les instructions de Lannoy sont du 25 avril suivant. (*Précis de la correspondance de Charles-Quint*, etc.)

(3) Lettre de l'empereur au sieur de la Chaulx, du 28 mars 1522, dans le *Précis de la correspondance de Charles-Quint*, etc.

Les efforts du vice-roi, venant seconder ceux du duc de Sessa et de Jules de Médicis, vainquirent enfin les hésitations et les scrupules du pontife. Le 3 août, il signa une confédération par laquelle il s'engageait, avec l'empereur, le roi d'Angleterre, l'archiduc Ferdinand d'Autriche, le duc de Milan et les républiques de Florence, de Gênes, de Sienne et de Lucques, à pourvoir en commun à la défense de l'Italie. De ces confédérés, les uns devaient fournir des soldats, les autres de l'artillerie et des munitions, les autres enfin de l'argent. L'élection du généralissime de la ligue était abandonnée au pape et à l'empereur (1). Ce fut Charles de Lannoy qu'Adrien VI désigna pour cette charge éminente (2).

Quelques jours auparavant, les négociations entamées par l'empereur avec la république de Venise, pour la détacher de l'alliance française, avaient abouti au résultat qu'il désirait. Le 29 juillet (3), ses ambassadeurs avaient conclu avec la Seigneurie un traité par lequel elle s'obligeait à envoyer au secours du duché

---

(1) SIMONDE DE SISMONDI, *Histoire des républiques italiennes*, t. VIII, p. 53.

(2) SISMONDI se trompe, en attribuant à Prosper Colonna le commandement de l'armée de la ligue. Colonna ne commandait que les troupes espagnoles.

(3) C'est à tort que DARU et quelques autres historiens, d'après lui, donnent à ce traité la date du 28 juin. Celle du 29 juillet est la véritable. Le traité fut publié solennellement à Venise le 15 août. (Voyez *Della vita et delle opere di Andrea Navagero*, par Emanuele Antonio CICOGNA, Venise, 1855, grand in-4º, p. 233.)

de Milan, s'il était attaqué, 800 hommes d'armes, 500 chevau-légers et 6,000 gens de pied italiens, et au secours du royaume de Naples, dans le même cas, mais toutefois si l'attaque venait de quelque puissance chrétienne (car les Vénitiens ne voulaient point prendre d'engagements contre les Turcs), quinze galères bien équipées. La république devait, en outre, payer à l'empereur, dans l'espace de huit ans, 200,000 ducats, à raison de 25,000 ducats par année. De leur côté, Charles-Quint s'obligeait à faire mettre les Vénitiens en possession des châteaux et lieux que l'archiduc Ferdinand, son frère, ne leur avait pas encore restitués, aux termes du traité de Worms, et François Sforza à entretenir dans le duché de Milan, en temps de paix comme en temps de guerre, 500 hommes d'armes, force que l'empereur augmenterait jusqu'à 800 hommes, en y joignant 6,000 fantassins et 500 chevau-légers, en cas d'agression dirigée, soit contre ledit duché, soit contre l'État de Venise (1).

Charles-Quint apprit en même temps ce double triomphe de sa politique. Sa joie en fut extrême. Il envoya à Rome le capitaine Figueroa avec une lettre pour le pape (2), où il lui témoignait sa reconnaissance, l'assurait de son respect filial, protestait de son inaltérable dévouement à sa personne et au saint-siége. Il écrivit à Lannoy qu'il n'oublierait jamais le service qu'il venait de lui rendre. Il le confirma dans la charge

---

(1) *Della vita et delle opere di Andrea Navagero*, etc., p. 174.
(2) C'est encore là une lettre dont nous avons à regretter l'absence.

de capitaine général de la ligue à laquelle le souverain pontife l'avait nommé. Depuis longtemps déjà, il lui avait donné les patentes et les instructions nécessaires pour qu'il remplît, en son nom, le devoir d'obédience envers Adrien; il lui manda de n'en plus différer l'accomplissement (1).

VI.

Nous passerons rapidement en revue les autres affaires qui donnèrent lieu à des négociations ou à des débats entre Charles-Quint et Adrien VI (2).

Par les conventions que l'empereur avait faites avec Léon X, ce pontife s'était engagé à lui accorder la levée, en Espagne, d'une *cruzada* (3), qui rapportait toujours des sommes considérables, et, dans tous ses États, de la quatrième partie des revenus des bénéfices ecclésiastiques. Les premières lettres de Charles-Quint au duc de Sessa lui ordonnèrent de réclamer du nouveau pape la concession de ces deux grâces (4). Adrien y trouvait quelques difficultés quant à la *cruzada*; il craignait

---

(1) Lettre de Charles-Quint à Lannoy, du 26 août 1523, dans les MSS. historiques du comte de Wynants.

(2) Notre honorable confrère à l'Académie et à la Commission royale d'histoire M. DE RAM a rapporté des archives du Vatican une pièce curieuse sur les points qui étaient en négociation ou en débat entre Charles-Quint et Adrien VI; nous la donnons dans l'*Appendice B*.

(3) Bulle accordant des indulgences à ceux qui contribuaient pour la guerre contre les infidèles.

(4) Lettres du 10 janvier 1523, pp. 170 et 172.

surtout qu'elle ne préjudiciât au jubilé qui se devait célébrer à Rome en 1525 (1). L'empereur, pour accélérer la négociation, envoya à la cour pontificale don Gerónimo de Cabanillas, capitaine de sa garde (2). Cet officier s'étant cassé un bras en courant la poste, il fit partir à sa place Claude de Bissy, son grand maréchal des logis. Adrien avait une prédilection marquée pour les gens des Pays-Bas; Bissy était belge : ce fut pour cette raison qu'on le choisit, selon la recommandation du duc de Sessa (3). Le pape accorda enfin l'une et l'autre bulle, mais pour une année seulement; l'empereur avait compté les obtenir pour trois années. Il ne s'en montra pas moins reconnaissant envers le saint-père; mais il fit faire de nouvelles démarches par son ambassadeur, afin que les Pays-Bas, « qui n'étaient point, disait-il, « de la Germanie, mais de la Gaule Belgique, » fussent compris, ainsi que le comté de Bourgogne, dans la bulle du 4me des bénéfices (4). Cette négociation n'était pas terminée au moment de la mort d'Adrien.

Il y avait encore une affaire de la même nature sur laquelle le pape et l'empereur n'étaient pas entièrement d'accord. Au mois de juin 1521, Léon X avait autorisé la prédication, en Espagne, de la bulle pour la fabrique de Saint-Pierre et de Saint-Paul, en attribuant à l'empereur, qui devait les appliquer aux dépenses de

---

(1) Voy. l'*Appendice* B, article xxv.
(2) Lettre du 5 février 1523 au duc de Sessa, p. 173.
(3) Lettre du 15 février 1523 au duc de Sessa, p. 174.
(4) Lettre du 10 juin 1523 au duc de Sessa, p. 190.

la guerre contre les Maures, les émoluments qu'on en retirerait; seulement, 20,000 ducats en étaient réservés pour la chambre apostolique. Léon était revenu depuis sur cette déclaration : par un bref du 14 septembre, il avait attribué aux collecteurs eux-mêmes le produit de la bulle, à la charge de payer 100,000 écus à l'empereur. C'était une perte de plus de 150,000 ducats pour le trésor impérial. Aussi les vice-rois, dès qu'ils eurent connaissance de l'élection d'Adrien, lui demandèrent-ils la révocation du bref de son prédécesseur. Adrien l'accorda sans difficulté; mais il ne se montra disposé à en donner un nouveau qu'à la condition que le tiers du produit de la bulle serait employé aux besoins du saint-siége. Les vice-rois trouvèrent cette condition exorbitante, et ne voulurent point l'accepter. L'empereur pensa comme eux. Adrien tint bon toutefois (1). Enfin Charles-Quint chargea son ambassadeur d'offrir au pape, pour l'expédition du bref, et par manière de composition, une somme qui pouvait s'élever jusqu'à 20,000 ducats (2). Nos lettres ne font pas connaître si cette offre fut acceptée.

Alphonse d'Este, duc de Ferrare, était l'allié de la France. Dans le système politique de Charles-Quint, il importait de le détacher du parti de cette couronne.

---

(1) Lettre de Lope Hurtado à l'empereur, du 15 mars 1522, p. 48. — Lettre d'Adrien à l'empereur, du 25 mars, p. 51. — Lettre d'Adrien aux vice-rois, du 10 mars, et note, p. 259. — *Appendice* B, article XXIV.

(2) Lettre du 10 juin 1523, p. 189.

La chose n'était pas difficile, mais elle dépendait surtout d'Adrien. Que le pape donnât à Alphonse l'investiture du duché de Ferrare et des autres lieux qu'il tenait du saint-siége; qu'il lui restituât Modène, engagée à Léon X, en 1514, par l'empereur Maximilien, pour 40,000 ducats, et Reggio, dont les troupes pontificales s'étaient emparées : à l'instant non-seulement le duc abandonnait la cause de François Ier, mais encore il était prêt à payer une somme considérable et à fournir un secours d'hommes et d'artillerie pour le siége du château de Milan (1).

Charles-Quint engagea vivement le pape à entrer dans ces arrangements (2). Adrien s'en excusa, sur ce qu'ils seraient préjudiciables aux droits de l'Église (3). Il entama néanmoins avec Alphonse d'Este une négociation particulière, à la suite de laquelle il lui donna l'investiture du duché de Ferrare et des terres de Finale et de San-Felice (4). De son côté, l'empereur envoya à Ferrare Girolamo Adorno, qui, le 29 novembre 1522, conclut, en son nom, avec le duc, un traité secret. Ce prince s'y déclarait son vassal, et l'empereur s'engageait à le défendre contre quiconque l'attaquerait,

---

(1) Lettre de Charles-Quint à Adrien, du 27 septembre 1522, p. 121. — Lettre de Girolamo Negro à Marcantonio Micheli, du 10 décembre 1522, dans les *Lettere di principi*, tom. I, fol. 93.

(2) Lettre du 27 septembre mentionnée à la note précédente.

(3) Lettre d'Adrien à l'Empereur, du 31 octobre 1522, p. 150.

(4) Simonde de Sismondi, *Histoire des républiques italiennes*, t. VIII, p. 29.

à lui faire restituer les villes de Modène et de Reggio, ainsi que leurs dépendances, et à lui en donner l'investiture, à la condition que le duc lui payerait 150,000 ducats en différents termes (1).

Ce traité fait, Charles-Quint insista auprès du pape. Il soutenait que, Modène et Reggio étant des cités impériales, engagées seulement au saint-siége, le pape était obligé de les rendre, dès que les 40,000 ducats, prix de cet engagement, lui étaient remboursés; il donnait même à entendre qu'il était en droit de reprendre ces terres, et de s'arranger ensuite avec le duc (2). Adrien prétendait, au contraire, que Modène et Reggio avaient de toute ancienneté appartenu à l'Église; il alléguait des titres authentiques (3); il se prévalait des donations de Pepin et de Charlemagne. Ce dernier argument ne plut pas à Charles-Quint:
« Se prévaloir de titres du temps de Charlemagne,
» écrivait-il à son ambassadeur, paraît chose mal
» séante, puisque, selon l'accord fait avec le pape Léon,
» il serait nécessaire, avant de prendre connaissance de
» tels titres et d'invoquer les droits de l'Église, de re-
» stituer la possession à l'Empire. Que si nous com-
» mencions à discuter les titres anciens de l'Église et

---

(1) *Précis de la correspondance de Charles-Quint*, etc., fol. 37.

(2) Lettres de Charles-Quint à Adrien, du 10 janvier 1522, pp. 146 et 156.

(3) Lettres d'Adrien à Charles, des 31 octobre et 22 novembre 1522, pp. 130 et 137.

» de l'Empire, cela serait de plus grande conséquence,
» et il ne paraît convenable ni à l'Église ni à la chré-
» tienté que pareille discussion soit soulevée en ce
» moment (1). »

Les choses en restèrent là. Alphonse d'Este ne recouvra que plus tard, et par la force des armes, les deux villes dont il avait été dépouillé.

Adrien avait emmené des Pays-Bas en Espagne, et il emmena d'Espagne à Rome, des serviteurs belges ou néerlandais; il avait pour eux beaucoup d'affection (2). Comme ils étaient pauvres (3), il aurait voulu leur assurer après sa mort des moyens d'existence, et il souhaitait de les voir pourvus de bénéfices en Espagne : or, les lois espagnoles exigeaient qu'ils obtinssent pour cela des lettres de naturalisation. Si désireux que fût Charles-Quint de complaire au pape, et quoiqu'il comprît, aussi bien que ses ministres, l'importance de mettre dans ses intérêts des gens investis de toute la confiance d'Adrien (4), il refusa les lettres que le souverain pontife demandait en leur faveur. En

---

(1) Lettre de l'empereur au duc de Sessa, du 15 avril 1523, p. 183.

(2) « A todos los quiere bien, » écrivait Lope Hurtado le 15 mars 1522, p. 49.

(3) « Todos estan pobres ». (*Ibid.*)

(4) Voyez, p. 49, ce que Lope Hurtado écrivait à l'empereur, le 15 mars 1522, sur *Pierre*, camérier, et *François*, échanson d'Adrien, et p. 187, ce que l'empereur lui-même mandait au duc de Sessa, le 21 avril 1523, au sujet de *Thierri Hezius*, secrétaire du pape.

vain Adrien se prévalut de l'exemple du roi de France : l'empereur répondit que le roi de France faisait à cet égard ce qu'il voulait, mais qu'il n'était pas disposé à l'imiter, car les troubles de Castille avaient été occasionnés par des naturalisations semblables (1). On ne saurait blâmer Charles-Quint de ce refus, qui témoignait de sa déférence pour l'opinion de ses peuples. Dans ce moment même, les cortès de Castille, assemblées à Palencia, lui demandaient de ne conférer dorénavant la naturalisation à aucun étranger; elles allaient même plus loin : elles réclamaient la révocation de toutes celles qui avaient été accordées (2).

Les gens d'Église avaient pris une part active à la révolte des communes de Castille, et, entre eux tous, don Antonio de Acuña, évêque de Zamora. Ce prélat, d'un esprit inquiet et turbulent, avait plus d'inclination pour les exercices guerriers que pour les devoirs de son état. Il était allé trouver les *procuradores* réunis en junte à Tordesillas, s'était confédéré avec eux, avait appelé aux armes son clergé et ses diocésains, et avait marché à leur tête contre les troupes royales. Le siége archiépiscopal de Tolède, le plus éminent, le plus riche des Espagnes, était vacant par la mort de Guillaume de Croy; il s'en était fait investir par le

---

(1) Lettres de l'empereur à Lope Hurtado, du 8 mai, et au duc de Sessa, du 10 juin 1523, p. 189.

(2) Lettre de Charles-Quint au duc de Sessa, du 2 août 1523, p. 194.

peuple de cette ville assemblé tumultueusement (1).

Après la défaite des *comuneros* à Villalar, Acuña avait quitté Tolède sous un déguisement, et cherché à se réfugier en France. Il était parvenu presque à la frontière de Castille, vers la Navarre, où il allait rencontrer une armée française, lorsque, près de Logroño, un *alferez* au service de l'empereur le reconnut, l'arrêta et le conduisit prisonnier dans la forteresse de Navarrete, appartenant au duc de Nájera (2). Tout dévoué qu'il fût à son souverain, le duc ne considérait pas comme irrémissibles les fautes dont Acuña s'était rendu coupable : au passage d'Adrien VI par Nájera, lorsqu'il allait s'embarquer en Catalogne, il essaya d'obtenir de lui la mise en liberté de l'évêque; mais Lope Hurtado de Mendoça intervint pour y mettre obstacle (3).

Charles-Quint, étant arrivé en Espagne, ordonna que don Antonio de Acuña fût transféré de la forteresse de Navarrete dans celle de Simancas. Déjà, en vertu d'une bulle de Léon X, les vice-rois avaient fait commencer le procès du prisonnier : à la demande de l'empereur, Adrien VI renouvela la commission de l'archevêque de Grenade et de l'évêque de Ciudad-Rodrigo, délégués du saint-siége pour le jugement de

---

(1) SANDOVAL, *Historia de Carlos V,* liv. VI, § XX, liv. VIII, § XLVI, liv. IX, § XI.

(2) *Ibid.*, liv. IX, § XXVIII.

(3) Lettre de Lope Hurtado à l'empereur, du 28 mars 1522, p. 63.

cette cause, mais sans les autoriser à employer la torture, comme l'empereur le désirait. Charles-Quint chargea le duc de Sessa de réclamer formellement du pape cette autorisation, et de plus, pour les juges ecclésiastiques, le pouvoir de procéder contre l'évêque de Zamora jusqu'à sentence définitive inclusivement. Si le saint-père s'y refusait, il était décidé « à y pour-
» voir autrement, par les meilleurs moyens qu'il juge-
» rait convenir (1). » Nous ne connaissons pas l'accueil qu'Adrien fit à cette prétention de l'empereur. Nous renvoyons, du reste, ceux qu'intéresseraient la procédure intentée à don Antonio de Acuña et la fin tragique de cet évêque, à un livre très-curieux publié, il y a quelques années, par M. Ferrer (2).

Plusieurs des ecclésiastiques compromis dans les troubles de Castille s'étaient réfugiés à Rome, et, dans le nombre, il y en avait qui avaient été nominativement exceptés du pardon accordé par l'empereur. Charles aurait voulu que le pape lui livrât ces derniers, afin qu'ils vinssent se justifier des délits dont on les accusait (3). Adrien n'y consentit pas. Il était prêt à leur donner lui-même des juges (4); mais le droit d'asile

---

(1) Lettre du 10 janvier 1523, au duc de Sessa, p. 171. — *Appendice* B, article VII.

(2) *Historia del levantamiento de las comunidades de Castilla*, 1520-1521; por don Antonio Ferrer del Rio. Madrid, 1850; in-8°.

(3) Lettre du 17 décembre 1522 au duc de Sessa, p. 169. — *Appendice* B, article VI.

(4) Voyez, p. 94, sa lettre du 10 juin 1522 à l'empereur.

était sacré à ses yeux. L'empereur se vit réduit à recommander à ses ministres en Italie d'user de dextérité pour attirer les réfugiés hors de Rome : ils auraient tâché alors de se saisir de leurs personnes, et les auraient envoyés à Naples sous bonne garde (1).

Bien avant qu'Adrien fût élevé au siége pontifical, l'hérésie luthérienne excitait en lui les transports d'une vive indignation. Au moment même où Charles-Quint faisait comparaître Luther devant son tribunal, à Worms, en lui accordant un sauf-conduit dont il se repentit si fort sur la fin de sa vie (2), Adrien lui écrivait pour exciter toutes ses sévérités contre l'audacieux réformateur. Il lui rappelait que Luther avait été condamné par le saint-siége, et que néanmoins il persistait avec obstination à répandre ses erreurs partout, et spécialement en Allemagne : il lui représentait que sa réputation en était atteinte, car on le soupçonnait de ne pas s'opposer avec assez de ferveur à ceux qui attaquaient l'Église. Il le suppliait de montrer, par les effets, à tout le monde qu'il était ennemi des ennemis de Jésus-Christ et de sa sainte foi. Si des raisons quelconques l'empêchaient de châtier lui-même « ce mauvais et pestillent homme », il l'engageait au moins à l'envoyer au saint-père, qui le châtierait selon ses mérites (3).

---

(1) Lettres au duc de Sessa, du 10 janvier 1523, p. 170, et du 10 juin suivant, p. 189.

(2) SANDOVAL, *Historia de Carlos V*, liv. XXXII, § IX.

(3) Lettre du 9 avril 1521, p. 244.

Apprenant, dans l'été de 1523, que des ambassadeurs de la ville libre de Nuremberg étaient venus trouver l'empereur à Valladolid, il lui adressa un bref où il le sollicitait de faire publier de nouveau et observer strictement, en Allemagne, l'édit de condamnation de la doctrine de Luther rendu par lui à la diète de Worms. Charles donna les ordres nécessaires pour que les désirs du pape fussent accomplis (1). Il assura Adrien que non-seulement il ferait observer cet édit, mais qu'il ne négligerait rien auprès des députés que lui enverraient les villes de l'Empire, pour qu'ils ramenassent leurs peuples à la raison (2).

On peut dire que, pendant tout le pontificat d'Adrien VI, les relations entre lui et Charles-Quint furent constamment empreintes d'une affection et d'une confiance mutuelles : le duc de Sessa, qui avait remplacé don Juan Manuel à Rome, contribua à les rendre plus étroites; il avait su captiver la bienveillance du pape (3). Cela n'empêcha point pourtant que des nuages ne s'élevassent quelquefois entre les deux souverains.

Peu de mois après l'arrivée d'Adrien VI à Rome, il se plaignit au duc de Sessa que les négociations de l'em-

---

(1) Lettre du 25 août 1523 au duc de Sessa, p. 195.
(2) Lettre du 22 août 1523, p. 274.
(3) « Il duca de Sessa, solo, qualche fiata mangia col papa », disent, dans leur relation au sénat, les ambassadeurs vénitiens qui allèrent prêter obéissance à Adrien VI, au nom de la république. (*Relazioni degli ambasciatori Veneti al senato*, publiées par M. ALBÈRI, série II, t. III, p. 112.)

pereur avec lui fussent dirigées par ses ministres, sans que sa volonté y fût pour quelque chose. Charles-Quint fut vivement blessé de cette prévention. Il fit répondre au pape que toutes les affaires, et plus particulièrement celles qui concernaient Sa Sainteté, passaient par ses mains; que d'ailleurs les membres de son conseil avaient pour elle le respect auquel ils étaient tenus, qu'ils étaient ses zélés serviteurs, et qu'ils s'efforçaient de resserrer l'union entre eux deux, ainsi que de bien conduire leurs affaires communes. A son tour, il se plaignit des ministres du pape, lesquels cherchaient à persuader à Sa Sainteté qu'elle devait être difficile en ce qui touchait les affaires de l'empereur, parce qu'autrement il ne lui laisserait plus à gouverner que le patrimoine de saint Pierre : « Sa Sainteté, ajoutait-il,
» peut considérer que, si nous visions à la tyrannie,
» nous aurions bien pu l'exercer avant son élection et
» depuis (1). »

Au commencement de 1523, Prosper Colonna, qui commandait l'armée de l'empereur en Lombardie, prit possession d'un lieu du Placentin réputé fief de l'Empire, mais qui, selon les ministres pontificaux, appartenait au saint-siége. Adrien VI menaça des censures et des foudres ecclésiastiques, si on ne le lui restituait pas. Il fallut, pour l'apaiser, que l'empereur promît de faire droit à ses plaintes, au cas qu'elles fussent re-

---

(1) Lettre du 10 janvier 1523, p. 170. — *Appendice* B, art. IX.

connues légitimes, après que la question de souveraineté aurait été éclaircie (1).

Charles-Quint, se fondant sur les dépenses excessives que la guerre et les troubles advenus dans ses royaumes d'Espagne lui avaient occasionnées, ainsi que sur l'état d'épuisement où il avait trouvé ces royaumes, à son avénement, demandait à Adrien VI grâces sur grâces, et ce pontife n'aimait pas à faire des faveurs (2). Il écrivit, à cette occasion, à l'empereur une lettre si crue et si piquante (*muy cruda y tan piquante*) que Charles-Quint ne voulut pas y répondre personnellement, de crainte de se laisser aller à des expressions qui auraient excité encore plus le mécontentement d'Adrien : « ce qui ne convenait ni aux » affaires présentes, ni au bien de la chrétienté. » Il manda au duc de Sessa de répondre pour lui, mais seulement si le pape l'y provoquait : dans le cas contraire, il garderait le silence, « pour ne pas renouveler » ces plaies. » — « Si donc, lui disait-il, Sa Sainteté » vous interpelle là-dessus, vous pourrez, avec le plus de » douceur et de déférence possible, lui dire que nous

---

(1) Lettre de Charles-Quint au duc de Sessa, du 16 mars 1523, p. 175.

(2) « Il quale nelle gratie è parcissimo, » écrivait, en parlant d'Adrien VI, Girolamo Negro à Marcantonio Micheli. (*Lettere di principi*, t. I, fol. 97.) L'ambassadeur vénitien Marco Foscari, écrivant au cardinal Fiesco, disait du même pape : « Vir est sui tenax, in conce- » dendo parcissimus, in recipiendo nullus aut rarissimus. » (*Relazioni degli ambasciatori Veneti*, série II, t. III, p. 125.)

» avons été très-étonné de ce qu'elle nous écrit : car
» nous croyons fermement que, si Sa Sainteté eût
» bien lu et compris nos lettres, elle n'eût pas trouvé
» qu'elles ne sont point mûrement digérées, et ne
» nous eût point fait de telles réponses. Plus Sa Sain-
» teté y pensera, et plus elle se convaincra du respect
» filial et de la grande vénération que nous avons tou-
» jours eue et que nous avons pour elle et pour le
» saint-siége ; plus elle reconnaîtra que nous n'avons
» cessé d'avoir envers tous deux les égards convena-
» bles, ne nous étant jamais émancipé à prendre, de
» notre main, ce que d'autres, qui sont moins que
» nous, prennent de leur propre autorité dans leurs
» royaumes et seigneuries, sans être dans la néces-
» sité où nous nous voyons réduits, et qu'au con-
» traire, comme bon fils de Sa Sainteté et avoué pro-
» tecteur du saint-siége, nous lui avons demandé des
» grâces telles et si justes qu'assurément, en un tel
» cas, elles ne devaient ni se refuser ni se différer (1). »

Ce n'était là toutefois que des querelles insigni-
fiantes, auprès de celles qu'il nous reste à raconter.

Les généraux de l'empereur en Lombardie avaient
cantonné une partie de ses troupes dans les terres de
l'Église, à Parme, à Plaisance, à Reggio ; et, comme
elles étaient mal payées, elles y commettaient toute
sorte de désordres. Adrien VI, sur les doléances de
ses sujets, écrivit à Prosper Colonna et au duc de

---

(1) Lettre du 15 avril 1523, p. 182-185.

Milan, pour qu'ils les en fissent sortir : ils répondirent en alléguant des lettres de don Juan Manuel qui ne le leur permettaient pas (1).

On a vu les sujets de mécontentement qu'Adrien VI croyait avoir déjà contre don Juan Manuel. Ce nouvel acte de l'ambassadeur espagnol lui parut l'effet d'une inimitié déclarée et qui saisissait toutes les occasions de se manifester. Il s'en plaignit amèrement au duc de Sessa et à Lope Hurtado (2); mais il exhala surtout sa mauvaise humeur dans une lettre qu'il adressa à Charles-Quint : « Nous ne saurions croire, y disait-il,
» que don Juan Manuel ait été si téméraire que de
» prendre de semblables mesures sans ordres de Votre
» Majesté ou au moins de votre conseil. Nous ne pou-
» vons imaginer pourquoi don Juan Manuel s'est con-
» duit si âprement *(asperamente)* à notre égard, à
» moins que ce ne soit parce que notre élection lui a
» fait perdre les cent mille ducats que lui avait promis
» un autre pour qui il sollicitait le souverain ponti-
» ficat : mais nous voyons que tout cela n'est pas con-
» forme à l'amour que vous dites nous porter, et que
» les faveurs qu'on nous offre de votre part sont des
» paroles et non des faits, tandis que chaque jour on
» insiste pour que nous vous accordions tout ce que
» vous demandez (3). » Dans d'autres lettres, il lui dé-

---

(1) Lettre d'Adrien à Charles-Quint, du 21 novembre 1522, p. 135.

(2) Pag. 140.

(3) Lettre du 21 novembre 1522, pp. 135-136.

clarait que, si don Juan Manuel était sur le territoire de l'Église, il ne l'en laisserait pas sortir, avant qu'il eût donné satisfaction de sa conduite (1). Il envoya un commissaire spécial à Parme, Plaisance et Reggio, avec des mandements qui enjoignaient aux chefs des troupes impériales, sous peine d'excommunication, d'évacuer les États pontificaux.

A quelque temps de là, don Juan Manuel donna un nouveau et très-grave sujet de plainte au pape. Il avait accordé un sauf-conduit au cardinal d'Auch, envoyé par le roi de France à Rome (2) : sous prétexte que ce sauf-conduit était conditionnel, que le cardinal lui avait fait un faux exposé, en le lui demandant, il fit saisir, près de Livourne, un navire qui portait les bagages et les serviteurs du prélat, et le fit conduire à Gênes (3).

L'indignation d'Adrien VI fut au comble : car le cardinal d'Auch n'était pas seulement un ambassadeur du roi de France et un prince de l'Église, mais il était encore le légat du saint-siége à Avignon. Il somma don Juan Manuel de restituer le navire dont il s'était emparé, et, sur son refus, le frappa des censures ecclésiastiques. Il eut recours en même temps à l'autorité de

---

(1) Lettres du 22 novembre 1522, p. 138, et du 16 décembre, p. 140.

(2) Voy. p. XLVI.

(3) Lettre d'Adrien à Charles-Quint, du 16 décembre 1522, p. 140. — Lettre de Girolamo Negro à Marcantonio Micheli, écrite de Rome, le 10 décembre 1522, dans les *Lettere di principi*, tome I, fol. 92.

l'empereur, à qui il déclara ouvertement que le procédé scandaleux de don Juan Manuel tournerait à sa propre honte, au cas qu'il ne le désavouât point : « Que » Votre Majesté, lui écrivit-il, voie s'il est bien qu'une » telle chose se dissimule, et si elle doit permettre que » des personnages qui occupent un rang aussi élevé » dans l'Église de Dieu, de laquelle je suis le souverain » protecteur, soient traités de la sorte par vos servi- » teurs, et même par les représentants de votre per- » sonne. Que si, comme nous le croyons, de pareilles » choses ne vous paraissent pas convenables, faites » entendre à tout le monde que c'est contre votre vo- » lonté qu'elles ont eu lieu (1)....... »

Charles-Quint, en recevant ces lettres du pape, se trouva dans une assez grande perplexité. Blâmer don Juan Manuel, qui n'avait agi que par zèle pour ses intérêts, eût été une extrémité fâcheuse; d'un autre côté, il importait de calmer le pape, dont le concours lui était si nécessaire dans ses démêlés avec le roi de France. Il répondit à Adrien qu'il éprouvait un vif regret de ce qui se passait à Parme, à Plaisance et à Reggio. Il se défendit d'avoir donné l'ordre à don Juan Manuel, ou à tout autre, de faire la moindre chose au préjudice de l'Église, « dont il avait toujours été et » voulait toujours être le vrai fils et bon protecteur » et défenseur, comme il appartenait à sa dignité. » Il l'assura que, quoique don Juan Manuel, comme son

---

(1) Lettre du 16 décembre 1522, p. 141.

ambassadeur, fût revêtu de ses pleins pouvoirs pour les affaires d'Italie, spécialement en ce qui concernait l'armée de Lombardie, et que Prosper Colonna et les autres chefs de cette armée eussent reçu l'ordre de se régler sur ses instructions, il n'y avait rien, dans ces pouvoirs ni dans ces ordres, qui autorisât à offenser Sa Sainteté et à causer des dommages aux États de l'Église. Il lui exprima des doutes sérieux sur ce qu'on lui avait rapporté des cent mille ducats promis à don Juan Manuel : car, si la chose était vraie, il n'y avait point à hésiter, il fallait qu'ils châtiassent, Sa Sainteté celui qui avait offert la somme, et lui empereur celui qui l'avait acceptée. Il l'engagea à ne point prêter l'oreille à ce que disaient toutes sortes de gens, surtout quand ils ne donnaient pas la preuve de ce qu'ils avançaient. Il ajouta que don Juan, en faisant loger les troupes impériales sur les terres de l'Église, ne pouvait avoir eu l'intention de déplaire à Sa Sainteté, mais qu'il avait voulu principalement soutenir l'armée, pour la conservation et l'avantage commun des États pontificaux et impériaux. « Et, continuait-il, puisque
» lesdites terres ont été conquises et conservées par
» ladite armée pour l'Église, Votre Sainteté, avec sa
» prudence, peut juger si c'était le cas d'aller jusqu'à
» faire une démonstration publique de colère telle
» que d'envoyer un nonce et un commissaire exprès,
» avec des brefs et des provisions apostoliques, pour
» exciter les peuples à faire déloger ladite armée des
» lieux qu'elle a gagnés et défendus au prix de son sang,
» dans l'intérêt de l'Église. Nous la supplions de bien

» réfléchir aux effets que produisent ceux qui conseil-
» lent de telles mesures : car, en faisant connaître ou-
» vertement à tout le monde qu'entre Votre Sainteté
» et nous il n'y a pas l'intelligence et l'union qui con-
» viennent et que la raison veut, elles causent la ruine
» des affaires publiques. Certes, si ceux qui les ont
» conseillées eussent bien considéré ce qui pouvait s'en-
» suivre, au cas que notre armée eût quitté lesdites
» terres, ils en auraient jugé autrement, d'autant plus
» que Parme et Plaisance sont des villes impériales
» annexées depuis peu à l'Église, et sur lesquelles
» Votre Sainteté ne trouvera pas qu'elle ait des droits
» qui préjudicient à l'Empire, comme elle ne trouvera
» pas non plus que, par le traité fait avec le pape
» Léon, de pieuse mémoire, on lui ait donné un droit
» ou un titre nouveau, bien qu'on lui ait assuré d'au-
» tres prééminences et avantages, touchant la distribu-
» tion du sel de l'Église, desquels Votre Sainteté ne
» pourra user qu'en accomplissant entièrement ledit
» traité : ce qu'elle n'a pas fait jusqu'à présent. Lors-
» que Votre Sainteté aura bien pensé à tout cela, elle
» reconnaîtra, avec tout le monde, que la vérité est
» l'opposé de ce qu'on lui donne à entendre, en lui
» disant que ce qu'on lui offre de notre part sont des
» paroles et non des effets : car, certes, c'est par des
» faits, et non par des paroles, que nous avons tou-
» jours accompli, et de tout notre pouvoir, ce que
» nous prescrivaient notre respect filial et l'obligation
» de notre dignité impériale envers Votre Sainteté
» et le saint-siége, comme c'est notoire à tous. Et

» si, comme le dit Votre Sainteté, nous eussions
» permis qu'on endommageât vos terres, et qu'on en
» privât l'Église pour en faire jouir d'autres, les choses
» seraient en des termes différents, et Votre Sainteté
» n'aurait pas à se plaindre du logement de nos gens
» d'armes dans lesdites terres. En vérité, nous sommes
» émerveillé et nous ne savons que penser en voyant
» que, sans tenir compte de notre dévotion, non plus
» que du grand zèle dont nous sommes animé pour
» l'honneur et l'accroissement du saint-siége, Votre
» Sainteté prête l'oreille à des informations sinistres,
» dont le but est de la détourner du chemin qui con-
» vient au bénéfice commun de nos États et de toute
» la chrétienté, et de l'amener à des actes contraires
» à sa bonne nature et à son inclination sainte (1). »

Sur la prise des serviteurs et des bagages du cardinal d'Auch, l'empereur, avant de répondre au pape, voulut avoir des explications de la bouche de don Juan Manuel, qui était en route pour venir à sa cour (2). Quand il les eut obtenues, il ordonna que les personnes et les objets saisis fussent restitués. Il l'annonça à Adrien VI, par l'intermédiaire du duc de Sessa, en lui déclarant que c'était pour lui complaire, et plus par grâce que par obligation qu'il en agissait ainsi, car la prise faite pouvait être regardée comme licite et de bonne guerre. Il se flattait que, de son côté, le saint-

---

(1) Lettre du 10 janvier 1523, pp. 155-156.
(2) Lettre de Charles à Adrien, du 8 février 1523, p. 160.

père, sensible à cette marque de condescendance, ne ferait pas difficulté de lever les censures fulminées contre don Juan Manuel, qui était l'un des principaux membres de son conseil, et des services duquel il ne pouvait se passer : il chargea son ambassadeur de faire auprès de lui des démarches actives dans ce but (1).

Il y a tout lieu de croire qu'Adrien VI, malgré son antipathie invincible pour don Juan Manuel, déféra au désir de l'empereur. Déjà il avait révoqué le monitoire lancé par lui précédemment contre les chefs de l'armée impériale de Lombardie (2).

VII.

Malgré toutes ses répugnances, tous ses scrupules, Adrien VI avait fini par céder aux instances de Charles-Quint; il était entré dans la ligue d'Italie. Mais cette ligue était défensive seulement, et, pour l'exécution de ses projets, l'empereur avait besoin de la rendre offensive : il manda au vice-roi de Naples et au duc de Sessa de « faire l'impossible », afin d'obtenir du pape qu'il consentît à lui donner ce caractère. Il leur recommanda de se servir, auprès du pontife, de tout ce qui pouvait l'irriter contre le roi de France, et en particulier de la détention de l'archevêque de Bari, du mépris avec lequel François Ier avait accueilli les bulles

---

(1) Lettre de Charles-Quint au duc de Sessa, du 15 avril 1523, p. 185.

(2) Pag. 186.

de la trêve triennale, de la lettre arrogante et menaçante qu'il avait écrite à Sa Sainteté (1).

Adrien, cependant, n'était pas destiné à voir les résultats de l'alliance qu'il venait de conclure. Les fatigues que, six années durant, lui avait occasionnées le gouvernement de l'Espagne, et les travaux sans relâche auxquels il se livrait depuis son élection au souverain pontificat, avaient affaibli ses facultés physiques; sa santé était altérée. Déjà, dans le courant de l'été de 1523, il avait éprouvé quelque indisposition (2). Le 4 août, il dit la messe au mont Esquilin, où se célébrait une fête de la Vierge; ensuite il publia solennellement son traité avec l'empereur et le roi d'Angleterre. Après ces deux cérémonies, il se retira, pour dîner, à la villa Mellini. Là il ressentit un mouvement de fièvre auquel ni lui ni ses médecins ne firent beaucoup d'attention d'abord. Le mal ne cessa toutefois d'aller en empirant, sans qu'autour de lui on parût s'en apercevoir, et il rendit le dernier soupir le 14 septembre, le jour même où les Français, traversant le Tessin, allaient commencer une nouvelle campagne dans cette Lombardie qui avait été et devait être pour eux le théâtre de tant de succès et de revers (3).

---

(1) Lettre de l'empereur à Charles de Lannoy, du 26 août 1523, déjà citée.

(2) Lettre de Charles-Quint au duc de Sessa, du 2 août 1523, p. 194.

(3) *Pauli Jovii vita Hadriani VI.* — *Itinerarium Hadriani Sexti.* — Sismondi, *Histoire des républiques italiennes*, t. VIII, p. 39.

Louis Gradenigo, qui était ambassadeur de Venise à Rome, lorsqu'Adrien VI y fut intronisé, fait de lui ce portrait, dans la relation qu'il présenta au sénat, au retour de son ambassade : « Ce pontife mène une vie
» exemplaire et dévote. Chaque jour il dit les heures
» canoniales. Il se lève la nuit pour les matines, puis il
» se recouche. Au point du jour, il sort du lit et dit sa
» messe, ensuite il donne des audiences. Il déjeûne et
» dîne très-sobrement, et l'on assure qu'il ne dépense
» pas plus d'un ducat par repas. Il est de bonne et
» sainte vie; il compte soixante et un ans; il est lent à
» se déterminer. Il procède avec beaucoup de circon-
» spection... Il est savant dans l'Écriture sainte; il parle
» peu; il aime la solitude... La langue latine est celle
» dont il se sert toujours. Il n'a d'intimité avec aucun
» des cardinaux. Son secrétaire et son auditeur ont
» peu de pratique des affaires d'État. Le dataire est
» flamand; il se nomme Guillaume Enckevordt; il est
» évêque de Tortose. Son secrétaire, appelé Thierri (1),
» flamand de nation, et l'auditeur de la chambre, qui
» est Jérôme, évêque de Vico (?), font tout; ils ont un
» grand pouvoir auprès de lui (2). »

---

(1) Thierri Hezius. Voyez p. 187, note 1.

(2) « .... Questo Adriano VI pontefice fa una vita esemplare e devota. Dice ogni giorno le orazioni canoniche; si leva la notte a matutino, e poi torna in letto a riposare; si leva all' aurora e dice la sua messa, poi viene a dare udienza. Desina e cena molto sobriamente, e si dice che spenda un solo ducato per pasto. È uomo di buona e santa vita, d'anni sessant' uno, tardo nelle sue operazioni. Procede

Les ambassadeurs vénitiens (1) qui allèrent prêter obéissance à Adrien, au nom de la république, confirment la plupart de ces détails et en ajoutent d'autres : « Ce pape, disent-ils dans leur rapport, se lève
» longtemps avant le jour pour réciter son office ; puis
» il se recouche jusqu'à l'aurore. Alors il célèbre sa
» messe et reste quelque temps en prière : après quoi
» il fait dire, par son chapelain, une messe à laquelle il
» assiste. Il se laisse voir ensuite, et donne quelques
» audiences ; mais il en est avare, parce qu'il est très-
» irrésolu, à cause du peu d'habitude qu'il a des af-
» faires : il en résulte que, pour quelque chose que ce
» soit, grande ou petite, sa première réponse est : *Vi-*
» *debimus.* Il ne veut demander conseil à aucun car-
» dinal ; il ne se confie même pas au révérendissime
» Campeggi, qui pourtant lui est d'un grand secours :
» aussi les affaires ne s'expédient pas, et tout le monde
» s'en plaint...... Il consacre, chaque jour, un temps
» considérable à l'étude, car il ne se contente pas de

---

con grandi rispetti... È uomo dotto in sacra Scrittura ; parla poco, ed è solitario....... Sempre il papa parla latino, e niun cardinale è suo intrinseco ; ed anche il segretario e l'auditore hanno poca pratica del maneggio delle cose di Stato. Il datario è fiammingo, e si chiama Guglielmo Enchevoir, vescovo Dortosense. Un suo segretario, chiamato Teodorico, di nazione fiammingo, e l'auditore di camera, che è Girolamo vescovo Vigoniense, fanno tutte le faccende e possono assai col pontefice... » (*Relazioni degli ambasciatori veneti al senato*, publiées par M. Alberi, série II, t. III, pp. 74-76.)

(1) Marc Dandolo, Antoine Giustiniano, Louis Mocenigo et Pierre Pesaro.

» lire, mais il veut encore écrire et composer : ce qui
» le détourne des soins qu'il devrait donner au ponti-
» ficat. Le fait est que les messes, les prières, le dé-
» jeûner, la sieste, l'étude, la récitation des offices, le
» souper, absorbent ses journées presque tout entières,
» et lui laissent peu de moments libres pour les au-
» diences. En outre, il y a consistoire ordinaire les
» lundis, mercredis et vendredis, indépendamment
» des congrégations de cardinaux qui sont fréquentes.
» On dit que sa dépense journalière pour sa table est
» d'un ducat, lequel il tire de sa poche chaque soir
» et remet au maître d'hôtel secret, en lui disant :
» *Voilà pour la dépense de demain*. Ses repas con-
» sistent en viande de veau, de bœuf et de poulet; quel-
» quefois il se fait servir un potage épais; les jours
» maigres, il se nourrit de poisson : mais de tout il
» mange modérément. C'est une femme qu'il a amenée
» de son pays qui fait sa cuisine et son lit, et lave son
» linge (1). »

---

(1) « Questo papa si leva molto avanti il giorno; dice il suo uffìcio, e poi se ne ritorna in letto fino all'aurora, e celebra la sua messa, e poi sta qualche ora in orazione; e alquanto dopo, fa dir la messa al suo cappellano, e la ode; dipoi si lascia vedere e dà qualche udienza, nelle quali è assai parco, per essere lui irresoluto molto, per la poca pratica che ha, di modo che in qualunque cosa, o grande o piccola, le sue prime risposte sono queste : *Videbimus*. Nè si vuol consigliare con alcun cardinale, nè fidarsi pure del reverendissimo Campeggio, che lo ajuta assai: sicchè spedisce poche cose, ed ognuno resta malcontento...... Il papa vuole ogni giorno studiare moltissimo, nel quale studio non si contenta solo di leggere, ma vuol scrivere e comporre,

Les Romains n'aimaient pas Adrien VI. La simplicité et l'austérité de ses mœurs, son éloignement pour toute espèce de faste (1), l'ordre qu'il s'appliquait à introduire dans les finances, la justice sévère à laquelle il subordonnait la distribution des bénéfices, ne pouvaient convenir à un peuple habitué au luxe, aux magnificences, aux prodigalités de Léon X. A sa mort, on écrivit sur la porte de son médecin : *Au libérateur de la patrie.*

Sa perte n'en fut pas moins un malheur pour la religion et pour l'État. Rome avait eu des papes turbulents, ambitieux, prodigues, débauchés : il lui fallait

---

e questo lo distrae dalle cure pontificie : sicchè tra le messe, le orazioni, il desinare, il riposare e lo studiare, e il dir l'uffizio e il cenare, occupa gran tempo del giorno, e può dar poca udienza; ed oltre di ciò, ci sono i concistori ordinarii, tre mattine alla settimana, lunedì, mercoledì e venerdì, oltre alcune congregazioni di cardinali che molte fiate si fanno. Pel su vitto, il papa spende, come si disse, un ducato al giorno, che di sua propria mano la sera si trae di tasca e lo dà allo scalco segreto, dicendo : « Spendi per domani. » Il suo vitto consiste in qualche carne di vitello e di manzo e in qualche pollastro; tal fiata minestre grosse, e nelle vigilie pesce, ma tutto parcamente. E gli cucina e gli fa il letto e lava i drappi una femmina condotta seco dal suo paese.... » (*Relazioni degli ambasciatori veneti al senato;* série II, t. III, p. 112.)

(1) Girolamo Negro, dans une lettre du 17 mars 1523 à Marcantonio Micheli, rapporte à ce sujet un trait curieux : « Il pontefice,
» dit-il, è cavalcato hoggi a San Gregorio. Cavalca senza pompa et
» senza far motto a' cardinali, i quali spesso, intendendo il papa
» esser cavalcato, gli corrono dietro in quella guisa che fanno i ser-
» vitori a loro cardinali.... » (*Lettere di principi,* t. I, fol. 95 v°.)

un pontife qui fût ami de la paix, qui ne cherchât pas à s'agrandir aux dépens de ses voisins, qui fermât les plaies de l'État par une administration sage et économe, mais surtout qui donnât l'exemple d'une vie sans tache, et s'efforçât de rétablir la discipline ecclésiastique dans un temps où Luther, par ses prédications et ses écrits, sapait les fondements de l'Église catholique. Toutes ces qualités, Adrien VI les réunissait en sa personne. S'il ne fut pas un grand politique, comme le lui reproche le cardinal Pallavicini, il fut, selon le jugement d'un illustre historien de notre époque, l'un des hommes qui depuis longtemps eussent été les plus dignes d'occuper le saint-siége (1).

Les Romains eux-mêmes ne furent pas longtemps sans le regretter. S'il eût vécu, Rome n'aurait pas eu à subir, quelques années après, ce sac épouvantable où tant d'atrocités, de profanations, de sacriléges furent commis par une soldatesque effrénée, où périrent tant de richesses et de chefs-d'œuvre des arts : car jamais on n'aurait obtenu d'Adrien qu'il s'alliât aux ennemis de son ancien disciple, du prince qui, en l'élevant aux plus hautes dignités de son empire, lui avait frayé les voies du souverain pontificat.

Mars 1859.

---

(1) *Histoire de la papauté pendant les* XVIme *et* XVIIme *siècles;* par M. Ranke, traduite par M. Haiber, t. I, p. 133.

APPENDICES.

APPENDICE A.

(Voy. p. ix, note 3.)

Lettres du Cardinal de Tortose a l'Empereur, conservées dans les Archives royales de Simancas.

I. De Tordesillas, 12 janvier 1520.
II. — 6 février 1520.
III. — 11 février 1520.
IV. — 21 février 1520.
V. — 27 février 1520.
VI. — 7 mars 1520.
VII. — 9 mars 1520.
VIII. — 25 avril 1520, avec des post-dates de Medina del Campo, 1er mai, et de Coca, 6 mai.
IX. De Valladolid, 25 juin 1520.
X. — 30 juin 1520.
XI. — 6 juillet 1520.
XII. — 8 juillet 1520.
XIII. — 10 juillet 1520.
XIV. — 14 juillet 1520.
XV. — 21 juillet 1520.
XVI. — 24 juillet 1520.

XVII.	De Valladolid,	31 juillet	1520.
XVIII.	—	8 août	1520.
XIX.	—	11 août	1520.
XX.	—	12 août	1520.
XXI.	—	24 août	1520.
XXII.	—	31 août	1520.
XXIII.	—	8 septembre	1520.
XXIV.	—	9 septembre	1520.
XXV.	—	14 septembre	1520.
XXVI.	—	25 septembre	1520.
XXVII.	—	1 octobre	1520.
XXVIII.	De Medina de Rioseco,	17 octobre	1520.
XXIX.	—	21 octobre	1520.
XXX.	—	1 novembre	1520.
XXXI.	—	17 novembre	1520.
XXXII.	—	20 novembre	1520.
XXXIII.	—	28 novembre	1520.
XXXIV.	—	6 décembre	1520.
XXXV.	—	6 décembre	1520.
XXXVI.	—	10 décembre	1520.
XXXVII.	—	10 décembre	1520.
XXXVIII.	—	13 décembre	1520.
XXXIX.	—	15 décembre	1520.
XL.	—	16 décembre	1520.
XLI.	—	20 décembre	1520.
XLII.	—	28 décembre	1520.
XLIII.	De Tordesillas,	4 janvier	1521.
XLIV.	—	8 janvier	1521.
XLV.	De Valladolid,	16 janvier	1521.
XLVI.	—	26 janvier	1521.
XLVII.	—	30 janvier	1521.
XLVIII.	—	1 février	1521.
XLIX.	—	12 mars	1521.
L.	—	15 mars	1521.
LI.	—	18 mars	1521.
LII.	—	21 mars	1521.

LIII.	De Valladolid,	28 mars	1521.
LIV.	—	5 avril	1521.
LV.	—	15 avril	1521.
LVI.	De Ségovie,	25 mai	1521.
LVII.	De Santo Domingo de la Calzada,	11 juin	1521.
LVIII.		?	8 juillet 1521.
LIX.	De Logroño,	17 juillet	1521.
LX.	—	25 juillet	1521.
LXI.	—	7 août	1521.
LXII.	—	8 août	1521.
LXIII.	—	14 août	1521.
LXIV.	—	14 août	1521.
LXV.	—	50 août	1521.
LXVI.	De Burgos,	18 septembre	1521.
LXVII.	—	25 septembre	1521.
LXVIII.	—	7 octobre	1521.
LXIX.	De Vitoria,	16 octobre	1521.
LXX.	—	24 octobre	1521.
LXXI.	—	5 novembre	1521.
LXXII.	—	5 décembre	1521.
LXXIII.	—	7 décembre	1521.
LXXIV.	—	7 décembre	1521.
LXXV.	—	12 décembre	1521.

On trouve, dans le même dépôt, les lettres suivantes d'Adrien à différentes personnes :

I. A Lope Hurtado, de Valladolid, 4 septembre 1520.
II. Au même, de Medina de Rioseco, 13 novembre 1520 (avec trois lettres jointes, l'une sans date, l'autre du 21 octobre, la troisième du 31 octobre).
III. Au connétable de Castille, de Medina de Rioseco, 12 décembre 1520.
IV. A l'amiral de Castille, de Tordesillas, 1er février 1521.

APPENDICE B.

(Voy. p. LXVII, note 2.)

Mémorial présenté a Adrien VI par le duc de Sessa, ambassadeur de Charles-Quint a Rome (1).

Lo que de parte de la Magestad Cesarea se refiere, exorta, demanda y suplica á la Sanctidat de Nuestro Señor, es :

1. *Liga.*

Quanto á la liga defenssiva que muchas vezes á Su S.t se ha demandado, dize Su Mag.t que no sabe causa ninguna por donde deva dexar de hacerla, haviendo tantas razones para ello, y seyendo permitida la defenssion de cada uno per derecho divino y humano, y deviendo estar las dignidades del pontificado y sacro imperio siempre unidas, para juntamente obrar sus efectos, y poder dar lumbre á la república christiana, para que con las fuerças spirituales y temporales se resista á toda mala operacion : estando muy claro que por la dignidad imperial toca á Su Mag.t la protection de la sancta sede apostólica, lo qual podria muy mal hazer, recusando Su B.t, como recusa, la dicha liga defensiva puramente, de que no podrá ser notado de parcialidad, ni de otra cosa que no conveniesse á honestidat y buen officio de verdadero, justo y sancto pontifice. Su Mag.t está admirado de lo sobredicho, y mucho mas de hazerle ygual con el rey de Francia, do hai tanta disparidad en perssonas, Estados, fuerças y obras, seyéndole Su Mag.t tan buen hijo y discípulo criado de su mano, que todo el mundo tenia por determinado que puesto en su sancta silla havia de tratar, mirar y defender lo que á Su Mag.t tocasse como lo proprio, y de presente,

---

(1) Cette pièce ne porte pas de date; mais en la comparant avec les lettres de Charles-Quint au duc de Sessa, on reconnait qu'elle doit être de la fin de 1522 ou du commencement de 1523.

con la inresolucion y neutralidad en que Su B.^t está puesto, le disminuye el auctoridat y reputacion, y por consseguiente la suya; se pierden y se resfrian las voluntades y ánimos de los amigos y servidores; ensobervecensse y toman nuevo aliento los de los enemigos y deservidores : con que Su Mag.^t por ninguna manera basta á persuadirsse que esto meramente proceda de su sanct.^{ma} perssona, seyendo inclinado á summo bien, y tan abundantissimo de virtud y bondad. Do ningun mal effecto ha de salir, sino que es invencion se danando spíritu (1) procurando de sembiar mala simiente, con color de bondad, entre las limpias y afectadas voluntades, para produzir perverssos fines, segun claramente se muestra en lo que hazen, induziendo á Su B.^t que esté neutral, para que se descuyde de sostener y defender la libertad de Italia, á que siempre los pontífices, sus predecessores, han tenido grand attencion; poniéndole delante que por esta via vendrá á hazer paz universal, y quietar á la religion christiana, resistir á las fuerzas y potencia del Turco, comun enemigo; enpannando por tal via á Su B.^t para que con tan falsso color facilmente lo reduzgan á obrar contrarios efectos de su condicion y buenos desseos, y en lugar de la dicha paz, abrir camino con que mas se encienda la guerra, y divertir las potencias de los dos para que no puedan soccorrer á la oppression de la christiandat. Que Su B.^t devria tener memoria que nunca por parte de Su Mag.^t se dió ocasion ni principio á la guerra, ántes provocado y injuriado le fué forçoso tomar las armas, para con la ayuda de Dios defender su causa, en que se le ha mostrado favorable por la justificacion della, como se ha visto: sin embargo de lo qual Su Mag.^t no ha dexado de socorrer á la república christiana, y ayudando al ser.^{mo} rey de Hungría con todo el subsidio que el sacro imperio tenia ofrecido para la coronacion de Su Mag.^t, y socorriendo á Rodas en lo que mas se ha podido, assí con mantenimientos del reyno de Nápoles como con tratas y otros derechos libres, el qual socorro fuera muy mayor, si Su S.^t toviera por bien de acudirle con las gracias de la sede apostólica que se le han demandado, en que no ofendia á su sanctissima conciencia ni hazienda, ni eran dignas de negarsse,

---

(1) Ce passage doit avoir été mal copié.

seyendo justas y devidas y para tan sanctos fines y acostumbradas de concederssc. Assimesmo Su B.t sabe bien que Su Mag.t siempre estuvo inclinado á la paz, y que se podiera venir muy mas facilmente á ella, quando á solas con Su Mag.t se havia de tratar, que después de ligado con el ser.mo rey de Inglaterra: do se requiere que las condiciones sean mas largas. También el de Francia veniera en mejores medios quando penssava y tenia por verificado que Su B.t estava inclinado á la empresa y sustentacion de Italia, uniéndosse con Su Mag.t, y demandava otros partidos mas honestos que agora demanda, viendo la inresolucion de Su B.t, y que no concurre con Su Mag.t, se ha ensobervecido y demanda cosas inrazonables y nó justas ni concessibles para el honor y seguridat de Su Mag.t, y en este medio se apareja para turbar á Italia, embiando nuevo exército, de que se espera mayor derramamiento de sangre que el passado. Que si Su B.t se determinasse á la dicha liga defenssiva, declarando resolutamente á Franceses que, por satisfazer á Dios y al mundo, no puede apartarsse, ántes estar junto y unido con Su Mag.t, como ministros ordenados de Dios, y que, passando la guerra adelante, no podrá Su S.t dexar de assistir á la dicha defenssion para que Italia permaneciesse en la libertad que oy está, ofreciéndoles que, queriendo venir el dicho rey de Francia en una buena tregua ó paz con medios justos y honestos, que satisfiziessen á Su Mag.t y al ser.mo rey de Inglaterra, en tal caso Su B.t no faltaria, como buen pastor, de interponer sus partes y auctoridat, y hazer todo lo que conveniesse para atraherlo á buen cumplimiento; lo qual seria mejor medio para venir á la dicha paz ó tregua, y poderse convertir contra los infieles, que no yr por la via que Su S.t ha tomado: de donde se començará nueva dissension, porque, si el rey de Francia viesse ligado á Su S.t con Su Mag.t y con Inglaterra y los otros confederados, no osaria refutar las condiciones que por parte de Su B.t se le propusiessen, como con su mucha prudencia puede muy bien conocer, assi por lo sobredicho, quanto por otras muchas evidentes razones que se podrian dezir. Se suplica á Su B.t no haga dificultad en venir en la dicha liga y declararsse en ella, conssiderando que es el verdadero camino para mejor y mas presto hazer la paz universal tanto desseada y trabajada por Su S.t, y que fuera deste no hai ninguno otro medio, porque el dicho rey de Francia no vernă en cosa buena ni justa, no viendo primero la dicha liga: de quien, passando las cosas al rompimiento que se espera, y no determinándosse Su B^t, podria tener muy mal seguro el estado de la Yglesia, escusándosse, como se escusa, de la protection y defenssion á que Su Mag^t como imperador es obligado.

II. *Ferrara.*

Dize Su Mag^t que en la capitulacion que Su B^t hizo con el duque de Ferrara, haviéndole scripto que no se determinaria sin avisarle, no halla que se incluya Su Mag^t en mas de aquello que no se le pudo quitar, que es reservar el autoridad imperial en lo que el duque de presente possee dependiente del Imperio, y no se vee que por la dicha capitulacion el duque quede obligado de no poder ayudar á Francia con dinero, ántes lo hará siempre, no concertándosse lo de Modena y Rezo, sin lo qual, ahunque á Su B^t parece que tiene al duque bien atado, no se deve comfiar ni tenerlo por seguro. Ya Su Mag^t ha pedido á Su B^t quiera, sacándosse la mayor quantidad que se podiesse, restituirlas al duque, con que se acabaria de atraher mejor á su devocion, y lo que diesse ayudaria á sostener los gastos y cosas que se ofrecen. Que Su S^t sea contento desto, y donde no, ahunque la cosa por esta via se haria con mas auctoridad y seguridad, y Su Mag^t toviera por bueno que el concierto se hiziera por los dos juntamente, ordene que le sean restituidas las dichas tierras, porque son manifestamente del Imperio, dando á Su S^t los quarenta mil ducados por que la Yglesia las tiene empeñadas con pacto *de retrovendendo*, de que Su B^t sea contento de dar breve resolucion, porque, assí como Su Mag^t no querria perjudicar al patrimonio ecclesiástico, ántes augmentarlo y defenderlo, no es justo perder lo que es del sacro imperio.

III. *Verulano* (1).

Pide tambien á Su S^t ordene al Verulano que se concierte con los embaxadores que Su Mag^t embia en Suyça, para que juntos trabajen

---

(1) L'évêque de Veroli. Voy. p. 121.

de reduzir aquella nacion, ó á lo menos para hazerlos neutrales, y que non sirvan á Francia.

IV. *Quexas de los ministros de Su Magᵗ que toman las rentas ecclesiásticas.*

Satisfaze Su Magᵗ á la quexa que Su Bᵗ ha tenido de que sus ministros le tomen en Spaña las entradas de las yglesias vacas, diziendo que, presupuesto que le hoviessen enprestado algun dinero, lo qual seria muy poco, fué por la gran necessidat que Su Magᵗ halló en aquellos reynos, de que Su Bᵗ es buen testigo, y que el dicho emprestido se hizo por los dichos ministros, como dinero buscado entre sus amigos, serviendo á Su Magᵗ, como otros muchos hizieron : lo qual no han de perder, ántes ser muy bien pagados, como es razon. Y en lo que toca á Vargas y....., Su Sᵗ sabe muy bien la forma que en aquellos reynos ha havido para sacar dineros, y quanto de lo que era á su cargo ha quedado por cobrar, de manera que Su Magᵗ no ha podido aprovecharsse despues de su llegada, sino ó de prestado ó á cambio ó á interesse : que de presente haze ver las quentas de todos sus thesoreros, y quedando deudores, luego hará que Su Sᵗ sea satisfecho, y donde no, Su Bᵗ será pagado de lo que se hoviere de la cruzada, que le ha de mandar conceder, por ser la librança mas cierta que se puede hazer.

V. *Infantería.*

Dize Su Magᵗ que seria muy á propósito, assí para la defenssion de Italia como para otras muchas cosas que pueden occurrir, segun la potencia grande de los infieles, que Su Bᵗ entretoviesse la infantería que trajo d'España.

VI. *Comuneros.*

Su Mᵗ está admirado de conssentir Su Bᵗ que los comuneros exceptados en el general perdon que hizo residan en su corte, seyendo tan dignos de castigo, y sabiendo Su Bᵗ que lo merecen; que parece queda auctorisada la maquinacion y maldad que cometieron en persona de Su Bᵗ, estando en el govierno d'España por abssencia de

Su Mag.t, que pide y suplica á Su B.t sea servido permittir que puedan ser tomados, y presos se lleven donde según sus culpas meritamente se castiguen.

VII. *Breve para lo de Çámora.*

Y en lo del obispado de Çámora, mande dar un breve para el arçobispo de Granada y obispo de Ciudat-Rodrigo, juntamente y cada uno por sí, para que entiendan en proceder contra el dicho obispo, y si hallaren indicios suficientes para tortura, procedan á ella conforme á justicia, y la continuen hasta que haia confessado la verdad y purgado los indicios, y para que después puedan proceder á la diffinitiva con execucion y degradacion, con las otras solempnidades que se requieren, porque casos y delictos tan feos no queden impugnidos. Lo qual si Su B.t no hiziesse, Su Mag.t seria forçado proveherlo por los mejores medios que convengan á su servicio, lo que querria escusar, sino que Su B.t lo provea como es razon.

VIII. *Lo de las quexas á lo que se demanda.*

Duele á Su Mag.t de la congoxa que Su S.t muestra en demandarle tantas cosas, porque, bien conssideradas, todas le parecerán justas, honestas y devidas, y dize que por experiencia puede haver visto quan bueno y verdadero hijo le es, y que, si por los grandissimos gastos que con la guerra y turbaciones passadas ha sostenido y sostiene, y por haver hallado aquellos reynos tan exhaustos y llenos de necessidat, no ha podido socorrer como quisiera á la de Su B.t, ahunque no ha faltado en todo lo que le ha sido possible, dando sus galeras y gente para la bienaventurada venida de Su S.t; que Su B.t tenga respecto á la sobrada necessidad en que por los respectos dichos Su Mag.t se halla, y del grand inconviniente que podria succeder, acrecentándogela por dexarle de conceder lo que justamente le ha pedido: que seria dar ocasion de acrecentar las fuerças del enemigo y infieles, y debilitar las de Su Mag.t y de los suyos.

ix. *Los del consejo de Su Magestad.*

Que Su Mag̃ᵗ siente gravemente que Su Bᵗ le repute por descuydado en sus negocios, que piensse que los de su real consejo tengan atrevimiento de praticar en cosa ninguna sin su expressa voluntad, quanto mas en las de Su Bᵗ, que todas passan y han de passar por su mano; de que si al contrario se hiziesse, resultaria grand culpa de Su Magᵗ; que los del dicho su consejo le tienen el acatamiento y obsservancia que son obligados, y son buenos servidores de Su Bᵗ, por serlo de Su Magᵗ, y desscan y procuran la union y conformidad entre los dos, y con toda industria guiar muy bien los negocios comunes; que esto ha dado grand ocasion á Su Magᵗ para penssar que algunas no buenas perssonas induzen á Su Bᵗ en tal penssamiento, persuadiéndole tan bien que deve estar rezio en todo lo que tocare á Su Magᵗ, y porque segun su mucho poder vernia á ocuparle todo su Estado; que puede Su Bᵗ muy bien conssiderar que, si toviera Su Magᵗ fin á Francia (?), lo podiera facilmente hazer ántes de su election y después, lo que se hizo por el contrario; que conociendo Su Bᵗ su intencion y obras, no deve dar oido á cosas de tal qualidad, ántes tener seguridad de los effectos de Su Magᵗ, los quales siempre se han de emplear en beneficio y exaltacion de la sede apostólica, como en lo passado se ha visto por experiencia.

x. *Toledo.*

En lo de la desmembracion del arçobispado de Toledo, dize Su Magᵗ que no se hará, por excusar lo que dello podria resultar, y que, ahunque se hoviera de hazer, no fuera bastante subsidio para sostener y defender el reyno de Granada y las fortalezas y tierras que tiene en Africa.

xi. *Moriana.*

Su Magᵗ pide y suplica á Su Bᵗ sea servido de hazer gracia del capello al obispo de Moriana, hermano del governador de Bressa, su mayordomo mayor, segun que por el papa Julio y Leon le está prometido, pues de tres que Su Magt demandava, se ha extinguido en este solo: lo qu'él estimará en grandissima merced, assí por los muchos méritos del dicho obispo como por los servicios del dicho su mayordomo mayor, y tanbien de mandarle restituir en la iglesia del Burgo de Bressa, de que por el papa Leon fué restituido, á suplicacion y instancia de Su Magt Cesa, como soberano señor de aquella provincia: lo qual no ha venido en execucion, porque el duque de Saboya ha dilatado, á complazencia del rey de Francia que favorece la parte contraria. Pide á Su St quiera confirmar la dicha restitucion, passándola por conssistorio, como el papa Leon lo hizo, y mandarla executar y cumplir con efecto, screviendo un breve al duque de Saboya que assista y favorezca la dicha execucion, por manera que el dicho obispo brevemente obtenga la dicha yglesia y no se le ponga mas delacion en ello.

XII. *Marichal.*

Hazer entender á Su St la muerte del mariscal de Navarra, de que Su Bt es ya imformado.

XIII. *Feria de Leon.*

Dize Su Magt que, por el papa Julio, y ultimamente por el papa Leon de sancta memoria, fué acordado que la feria de Leon de Francia se reduxesse á Geneva en Saboya, dond'ella siempre acostumbró de hazersse, de que largamente está informado monsor de Medice: la execucion de lo qual convernia mucho al beneficio comun de Su St y Su Magt, porque, demás de poner en libertad la negociacion y tratantes della, que los mas son súbditos de la Yglesia y del Imperio y de los otros reynos de Su Magt, debilitarsehan las fuerças del rey de Francia, faltándole este commercio, que seria assegurar del todo las cosas. Como quiera que la mayor parte del interesse tocaria al duque de Saboya, por respecto del dicho rey de Francia, duda de procurarlo él. Su St, como justo príncipe, deve proveher á la restitucion de la dicha feria, mandando con censsuras á todos los tratantes que vayan á celebrarla á Geneva, y proveyendo expressamente en las tierras de la Yglesia que hagan lo mismo, porque assí se hará en las imperiales y en las del patrimonio de Burgoña y Flandes, y se screvirá al duque de Saboya que provea lo mismo.

xiv. *Gattinara.*

Suplica á Su Santidad haya por muy recomendado al prothonotario Gattinara, hermano del gran canceller, assi conservándole en lo que el papa Leon lo tenia, y acrecentándole en mayor beneficio, consíderada la merced que Su Mag^t recebirá y la servitud del dicho gran canceller cerca de Su B^t; y tanbien en lo de la reserva que tenia en Burgoña, y en lo del abbadía de Piñerol, y litigio del abbadya de Sanct Joan de la Peña.

xv. *Don Joan Manuel.*

Que á Su Mag^t le parece que Su Beatitud no tiene razon en estar mal contento de don Joan Manuel, de los officios del qual assi en servicio de Su S^t como de su sancta silla Su Mag^t es buen testigo, y que assi deve contentarsse en que le ponga y use de su conssejo en lo que le pareciere convenyr á su servicio, á que si Su B^t tiene la afection que dize y se crehe, lo ha de mostrar por obras, lo qual se puede juzgar al contrario, viendo las provisiones que Su B^t ha fecho de las cosas de la Yglesia vacantes en las tierras imperiales y de otros súbditos de Su Mag^t, proveyéndola en cardinales franceses y otros deservidores á los quales será forçado negar la posession, como el rey de Francia lo ha fecho, reteniendo los fructos á los servidores de Su Mag^t, en que Su S^t deve proveher dando forma como sean restituidos, ó no proveyendo ninguna de las dichas cosas que assi han vacado y vacaren ecclesiásticas en los dichos sus señorios ó de sus súbditos, porque no se dé causa á desobedecer los mandamientos de Su B^t, á que tan grande respecto Su Mag^t tiene y siempre ha de tener.

xvi. *Coronados.*

Su Mag^t avisa á Su B^t que en el reyno de Nápoles ha crecido mucho el número de los coronados, de que resulta grandissimo inconveniente á la administracion de la justicia; que Su Sᵗ mande dar commission general al arçobispo de Taranto, capellan mayor de aquel reyno, para que, comforme á justicia, segun el mérito de sus culpas, pueda conoscer dellas y castigarlas.

XVII. *La presa del cardenal de Haos* (1).

Y en lo de la presa que hizo don Joan Manuel de la ropa del cardenal de Haos, que fué muy bien, y Su Bᵗ lo deve aprovar, pues Franceses fueron los primeros que tomaron á los que ivan de Roma á servir á Su Sᵗ y assí á otros muchos que d'España han venido, y que esta presa ayudará, siendo como es de buena guerra, á la redempcion de algunos de aquellos.

XVIII. *Roncesvalles.*

Tambien dize Su Magᵗ que, por ser el priorazgo de Roncesvalles beneficio limítropho y en reino contencioso, no es conveniente segun derecho que esté en persona sospechosa y deservidor determinado de Su Magᵗ, como lo es el hijo del marichal de Navarra, mayormente siendo casa de hospetalidat, do es necessario que esté persona calificada; por las razones sobredichas suplica á Su Bᵗ lo mande proveher en maestre Luys Coronel, que será tan benemérito quanto Su Bᵗ mejor conoce.

XIX. *Catania.*

Quanto á lo que los nuncios propusieron á Su Magᵗ de parte de Su Bᵗ, largamente se ha respondido; y en lo del obispado de Catania, dize Su Magᵗ que, quando la letra de Su Bᵗ llegó, lo tenia dado al prothonotario Carazolo, su nuncio, assí por lo que su persona merece como por lo que le sirvió en la election del sacro imperio, y despues á esta sancta silla y á Su Magᵗ juntamente, en lo que con el

---

(1) Le cardinal d'Auch. Voy. p. LXXII.

papa Leon se trató: por lo qual no seria honesto retrocederle la gracia fecha con la penssion ordenada para el doctor Narcis, físico de Su Mag^t, quanto mas que, sabiendo Su S^t la preheminencia grande que en el reyno de Sicilia mas que en todos los otros Su Mag^t tiene, no convernia perjudicarla por ninguna manera; que no crehe que Su S^t se ponga acerca desto en cosa que no se pussieron sus predecessores, mayormente que, por cumplir con el privilegio de alternativa que Su Mag^t tiene dado á los del dicho reyno, será forçoso poner el título en persona natural dél, con penssion de dos mil y quinientos ducados para el dicho prothonotario, y los otros quinientos para el dicho Narcis; que por las dichas causas justissimas no ha podido en este caso Su Mag^t complazer á Su B^t. Suplica á Su S^t quiera hazer la dicha provision conforme á lo dicho.

xx. *Ostia.*

En lo de Ostia, está Su Mag^t maravillado que Su S^t busque color para escusarsse del cardenal de Sancta Cruz, mostrándole tener mas respecto en esto de lo que seria conveniente, ny es menester querer otro expediente de ver lo que conviene á su servicio; que lo que Su S^t haze es dar ánimo á los otros cardenales para tomar audacia, conociendo temor en Su B^t, para demandar otras cosas, ahunque no sean justas, y pretender de salir con ellas, quanto mas que Su S^t ha scripto por dos duplicados breves, haziendo testimonio del mas verdadero servidor de Su Mag^t que ha hallado en todo el collegio, y haviendo quitado la dicha fortaleza al cardenal de Medice, por quien Su Mag^t havia suplicado, parecería que hoviesse conssentido en la dicha toma. Y porque deste negocio no podria Su Mag^t consseguir honrra ninguna, le supplica le haya por escusado en esto.

xxi. *Mantua.*

Supplica Su Mag^t á Su B^t haya por muy recomendado al marqués de Mantua y á sus cosas, de manera que siempre se consserve en la devocion de Su S^t y de Su Mag^t, como oy está, mandándole sostener en lo que solia en tiempo del papa Leon.

XXII. *Fructos de las yglesias nombradas.*

Que Su Mag.t tiene ya nombradas perssonas dignas para todas las yglesias vacas en Spaña, y algunas dellas haun no se han presentado á Su B.t, por concordar cosas, que primero es necessario que Su S.t mande que en los fructos y rentas de las dichas yglesias no se intrometa su nuncio, desd'el dia que Su Mag.t señaló las dichas perssonas. Y porque seria perjuizio que se pagassen las penssiones á Sanct Joan, que no vien á gozar de los fructos sino mucho mas adelante, pide á Su S.t que ordene que las dichas pagas comiencen desde Navidat.

XXIII. *Quarta parte.*

Su Mag.t suplica á Su B.t que, consscidcrando las grandes necessidades en que está por la guerra continua que ha tenido, le conceda la quarta parte de los beneficios de todos sus reynos, como por el papa Leon le estava concedido, sin haver tan legittima causa quanto de presente hay para la defenssion de la república christiana contra la potencia del enemigo común della, sin la qual gracia y las otras que á S. S.t demanda, se podria muy mal prevaler: que no convernia á la bondat natural de Su S.t, ni al honor ni auctoridat de su dignidat, hazer en esto alguna dificultad, por ser tan necessario.

XXIV. XX^m. *ducados de la bula de Sanct Pedro.*

Tan bien supplica á Su S.t se contente con los veinte mil ducados que se le dieron para su venida de la bula de Sanct Pedro, y no quiera hablar en la tercia parte de la dicha bula, porque, ahunque Su Mag.t lo permittiesse, Su S.t no gelo devria aconssejar, por la mala consscquencia que en aquellos reynos se seguiria, quanto mas estando fecha la composicion con el papa Leon y seyendo pagado lo que con él se acordó, por haver Su S.t mudado el concierto que estava fecho con los ministros de la cruzada y bula de Sanct Pedro, dexando la cruzada á parte con las sinistras informaciones que le dieron por retratar el primero assiento, como Su S.t lo retrató, se halla, en lugar de mejoría, haversse perdido ciento y sessenta mil ducados, segun parece por el memorial que con esta va : lo qual no es justo ni Su B.t lo deve pedir ni demandar, por non introduzir costumbre tan grave en aquellos reynos.

xxv. *Cruzada.*

Tambien suplica á Su S.t quiera conceder la cruzada general en todos sus reynos, la qual no es menos forçosa que necessaria, porque, como está dicho, sin ella se vernia á perder todo lo que Su Mag.t tiene ganado de los infieles y en fronteras dellos; que las escusas que Su S.t ha dado negándola, non son suficientes : la primera, que dura la cruzada que el papa le concedió por todo este presente año, de que Su S.t no está bien informado, porque después de la muerte del dicho papa Leon no se ha usado ni aprovechado della; la que Su S.t concediesse perjudicaría al jubileo de Roma del año de XXV, Su S.t se puede bien informar que no haze ningun daño ni perjuizio, y assi en los años passados de los jubileos se halla haver cruzada en Spaña y no revocarsse por los pontífices, sus predecessores, como Su S.t podrá ver por la fé y testimonio que aquí va : de manera que Su B.t no tiene causa para negarla, seyendo tan evidentes y justas las que hai para concederla, quanto mas con las novedades que se esperan, y conociendo que este es el principal subssidio para soccorrer á la república christiana y poder resistir al Turco, y el peligro manifiesto en que están los reynos de Nápoles y Sicilia : de que resulta tener Su B.t poca seguridad en Roma, lo qual seria daño irreparable en toda la christiandat. Que Su S.t no deve escusarsse de lo que sus predecessores acostumbraron conceder sin haver tan legittimas causas, porque, no concediéndogelo, segun está dicho, assí la cruzada como la quarta parte de beneficios y lo de la bula de Sanct Pedro, Su Mag.t no podria ni ternia con que ofender ni resistir al comun enemigo de la república christiana, y le seria justa desculpa para con Dios y con el mundo; y para mas justificar la demanda de Su Mag.t, verá Su S.t el memorial de las necessidades que hai de la dicha composicion, y tanbien de algunos cabos que es menester añadir en las bulas passadas. Pide y supplica á Su S.t que brevemente sea contento de despachar la dicha cruzada, como siempre se ha hecho y en el dicho memorial se contiene, para que desde luego Su Mag^t vea el aparecho que puede hazer contra los infieles : certificando y prometiendo que todo lo que desto perveniere se distribuirá y gastará en la dicha defenssion y empresa. Y reconocida por Su S^t la mucha necessidat de Su Mag^t para socorrer á toda la república christiana, le suplica le haga gracia de la composicion que se suele hazer de la dicha bula, y quando por la que Su B^t tiene no fuesse possible, se contente de llevar la quantidat que se ha acostumbrado, lo qual se podrá acordar con el duque de Sessa.

xxvi. *Maestrazgos.*

Assimismo suplica á Su S^t que, teniendo consideracion, como perssona por cuyas manos ha passado, quanto inconveniente es no estar unidos los maestrazgos de las órdenes de Sanctiago, Calátrava y Alcántara y la administracion dellos á la corona real de Castilla, y quanto esto importa á la quietud y perpetua tranquilidat de aquellos reynos, sea servido de hazer la dicha union, dando á los decendientes y successores de Su Mag^t en aquellos reynos la dicha administracion perpetua, conforme á lo que Su S^t scrivió á Su Mag^t y al quondam su confessor, pues no hai agora menor causa para hazerlo que entonces havia, ni los cardenales pueden contrariarlo, teniendo Su B^t voluntad para ello, y siendo cosa tan justificada.

xxvii. *Pamplona.*

Item, suplica á Su B^t le conceda el *jus patronatus* de la iglesia de Pamplona, pues conoce quan necessario es para la conservacion del reyno de Navarra que aquella yglesia esté siempre en persona confidente.

xxviii. *Ver la instruction.*

Mas supplica á Su B^t quiera ver la instruction que el virey de Nápoles traxo para, juntamente con don Joan Manuel, negociar con

Su B¹, y concederle lo que por ello le suplica, y tanbien los otros negocios particulares que á Su B¹ ha embiado á pedir, pues todo es tan justificado y cabe la gracia que Su S¹ hiziere en la obediencia filial que Su Mag¹ siempre le ha tenido y tiene, y grandissima anxia y voluntad de su exaltacion, descansso y contentamiento.

CORRESPONDANCE
DE
CHARLES-QUINT
AVEC
ADRIEN VI.

CORRESPONDANCE

DE

CHARLES-QUINT

AVEC

ADRIEN VI.

I.

LE SACRÉ COLLÉGE A CHARLES-QUINT.

Il lui annonce la mort de Léon X.

Rome, 2 décembre 1521.

Sacra Caesarea Majestas, miseratione divina episcopi, presbyteri, diaconi, sacrosanctae Romanae ecclesiae cardinales, Majestati Vestrae felicitatem et sinceram in Domino charitatem. Non sine gravi animi nostri dolore facimus certiorem Majestatem Vestram, felicis recordationis, Leonem papam X, sacrosanctae universalis ecclesiae pastorem, nocte praeterita ex hac vita migrasse (1). Cujus mors hoc praesertim tempore universae chri-

---

(1) Léon X était mort la veille, 1ᵉʳ décembre. Il n'avait que quarante-quatre ans.

stianae reipublicae incommoda, nobis vero, qui tanto parente ac pastore orbati sumus, luctuosa fuit; nec dubitamus eandem Majestatem Vestram pari nobiscum dolore hunc acerbissimum casum defleturam, quum recordabitur quanto eam ille affectu et benevolentia prosequeretur, quantisque conjunctionis vinculis hoc ipso tempore adjungeretur. Tamen et Majestatem Tuam et nos ipsos, quando Altissimo placuit, de hoc summo moerore consolari, et Dei voluntati acquiescere debemus. Illud vero Majestatem Vestram pro nostro officio enixe oramus, et in Domino supplicamus, ut hanc sacrosanctam sedem ejusque jura solito suo defensoris atque advocati clypeo protegere non desistat, suoque favore ubique tueatur, necnon universae christianitati pacem et concordiam semper utilem, nunc ob imminentes Turcas etiam necessariam, procurare et parare dignetur. Quod etsi eandem Majestatem Vestram pro sua bonitate et consuetudine facturam non ambigimus, tamen, quia hoc tempore maxime necessarium id videmus, maxime etiam oramus. Nos autem, quantum Dei inspiratione assequi poterimus, de utili ac salubri toti christiano gregi pastore providere curabimus. Valeat diutissime ac felicissime, atque ad vota augeatur eadem Majestas Vestra, cui nosmet ipsos ac sacrosanctam Romanam ecclesiam devote commendamus.

Romae, die iiª decembris M.D.XXI, sub sigillo nostrorum trium in ordine priorum.

Caesareae Vestrae Majestatis devotissimi,
　　Episcopi, Presbyteri, Diaconi, sacrosanctae
　　　Romanae Ecclesiae Cardinales.

　　　　　　　　　　　　　　　Blosius.

II.

LE SACRÉ COLLÉGE A ADRIEN VI.

Il l'informe de son élection, lui annonce l'envoi de trois cardinaux pour la lui notifier et recevoir son acte d'acceptation; le prie de venir le plus tôt possible à Rome, etc.

Rome, 9 janvier 1522.

Miseratione divina episcopi, presbyteri et diaconi, sacrosanctae Romanae ecclesiae cardinales, reverendissimo in Christo patri, domino Adriano, tituli Sanctorum Joannis et Pauli sacrosanctae Romanae ecclesiae presbytero, cardinali Dertusensi, confratri et collegae nostro charissimo, in Romanum pontificem nominato, salutem et sinceram in Domino caritatem. Hodie de mane, hora circiter decima octava, nos omnes et singuli sacrosanctae Romanae ecclesiae cardinales Romae existentes, uno aegroto, qui conclave ob aegritudinem exiverat, excepto, in palatio apostolico et in conclavi reclusi, ac post missam Spiritus Sancti qualibet die in capella conclavis celebrari solitam, celebratam in ipsa capella congregati, et in scrutinio in ordine undecimo, ac die post obitum Leonis pape X trigesima nona, Reverendissimam Dominationem Vestram, ob ejus aetatem, prudentiam, sanctitatem et excellentem doctrinam, et in rebus agendis longam experientiam, in Romanum pontificem et universalis ecclesiae pastorem, Spiritu Sancto cooperante, cum universali populi et cleri Romani laetitia ac plausu, elegimus. Quod Reverendissimae Dominationi Vestrae illico significandum duximus, ut, sicut universali ecclesiae et christiano orbi de tam sancta electione hic gratulati fuimus, sic etiam per nostras litteras ei gratulemur, quod sane facimus, omni cum reverentia, ex cordis affectu. Mox vero ad eandem Reverendissimam Dominationem Vestram tres sacrosanctae Romanae ecclesiae cardinales, nostri sacri collegii legatos, de more et juxta sanctorum patrum instituta, mittemus, ad intimandum Reverendissimae Dominationi Vestrae electionem de se factam, ac ejus acceptationem et consensum recipiendum. Itaque Reverendissimam Dominationem Vestram rogamus, ut pro celeriori hujus rei tantae et tam importantis expeditione, ac ut Italiae, totius urbis Romae, Romanae curiae et Status ecclesiastici, qui per sedis vacationem turbatus est, tranquillitati et quieti succurratur, ac multae sanguinis effusioni, propter longiorem ejusdem Reverendissimae Dominationis Vestrae absentiam imminenti et facile occursurae, obvietur, eadem Reverendissima Dominatio Vestra, quam citius et commodius poterit, Italiae appropinquet, ut ei quam celerrime legati nostri occurrant. Interim vero nos, sicuti hactenus post sedis vacationem fecimus, urbem Romam ac sacrosanctae Romanae ecclesiae Statum, usque ad Reverendissimae Dominationis Vestrae acceptationem electionis et ad urbem adventum, gubernabimus, ac pro ejusdem Reverendissimae Dominationis Vestrae incolumitate et prospero itinere Deum rogabimus, ut Reverendissima Dominatio Vestra, quam absentem et non petentem tam concorditer et cupide elegimus, etiam praesentem et incolumem videamus, fruamur ac de more adoremus. Quare Reverendissimam Dominationem Vestram iterum rogamus, ut, quam citius poterit, electione in manibus nostrorum legatorum per eam acceptata, Romam se conferat, ac quieti populorum in Italia tumultuantium succurrat, et suam sponsam suosque electores et creaturas invisat, ac Romanae curiae et populo speratum et exoptatum Christi vicarium videndum et adorandum exhibeat. Et interim illam obnixe rogamus, ut, pro conservatione canonicarum sanctionum et consuetudinum hujus sacrosanctae sedis, legatos nostros expectet, nec aliquid pro pontifice agere velit, quousque legati praedicti nostri instrumentum electionis solemniter et in scriptis praesentaverint, ac ipsa in manibus legatorum eorundem electionem acceptaverit, ut est moris. Quod et Reverendissimam Dominationem Vestram, pro ejus sanctitate et bonitate ac ceremoniarum pontificalium observatione, facturam speramus et confidimus. Reliqua agent nostro nomine cum Reverendissima Dominatione Vestra legati nostri praedicti, quos quantocius ad illam destinabimus.

Datum Romae, in palatio apostolico et ex conclavi, die nona mensis januarii M. D. XXII, sub nostrorum trium in ordine priorum sigillis.

III.

DON JUAN MANUEL (1) A CHARLES-QUINT.

Il lui annonce l'élection du cardinal de Tortose au souverain pontificat. — Il croit qu'elle est bonne pour Dieu et pour l'Empereur. — Il ne négligera rien de ce qu'il y a à faire pour la venue du nouveau pape, et pendant son absence.— Il envoie des personnes en Espagne, par mer et par terre, pour donner avis à S. S. de la faveur que Dieu lui a faite, par le moyen de l'Empereur.

Rome, 9 janvier 1522.

Ya screví à Vuestra Alteza como, aunque estava ausente el cardenal de Tortosa, no estava fuera de mi memoria, para ponelle en la destos cardenales, y la differencia que entre ellos huvo; y, por algunas buenas maneras que en ello se tuvo, ha querido Dios ponelle el pontificado en las manos, y es publicado papa. De que creo que Dios será servido, y Vuestra Alteza assimismo; y yo estoy muy contento dello por estas dos cosas. Y por no detener esta nueva, no responderé à la carta de 25 del passado, sino con otra posta que luego irá. Y de lo que se ha de hazer para la venida del nuevo papa, y durante su ausencia, no perderé cuydado, assi como no le he perdido en todo lo que he podido servir à Vuestra Alteza. De lo qual le suplico, quanto puedo, que esté satisfecho de mí : que esto me será todo conten-

---

(1) Ambassadeur de l'Empereur à Rome.

tamiento, remitiendo lo demás á su clemencia. Yo embio personas de recaudo, por mar, y aun creo que por tierra, à Spaña, avisando al nuevo papa del bien que Dios le ha fecho, por favor de Vuestra Alteza.

De Roma, 9 de enero 1522.

IV.

DON JUAN MANUEL A ADRIEN VI.

Il lui envoie don Francisco de Silva, pour lui annoncer son élection. — Des trente-huit cardinaux qui ont pris part au vote, il y en a eu très-peu qui ne lui ont pas donné leur voix. — L'Empereur l'a favorisé, et lui, don Juan Manuel, est un de ceux qui se sont le plus réjouis du résultat du conclave. — Le zèle dont il est animé pour le service de S. S. l'engage à lui faire parvenir divers avertissements.

Rome, 11 janvier 1522.

Annuncio vobis gaudium magnum. A 9 deste mes de enero, ántes de mediodia, en el cónclavi donde estava el sacro collegio, fué elegida vuestra sanctissima persona en sumo pontifice, y de treinta y ocho votos que dentro avia faltaron muy pocos, assi que fué su sancta election no solo en concordia de los necessarios, mas sobraron votos. Háse mostrado Dios justo y favorable á vuestra sanctissima persona, y lo mismo hizo la Magestad Cesarea con su favor. De estos dos ha de reconocer el sumo beneficio : á los quales no dubdo sino que les servirá y gradecerá como gelo deve, especialmente conformándose la voluntad de César con la divina, tanto quanto otra humana es possible conformarse. De mí, su pobre siervo, no quiero dezir otra cosa, sino que soy uno de los que mas se han alegrado desta bienaventurada creacion. Embio esta nueva á Vuestra Santidad con don Francisco de Silva, suplicándole humilmente le aya por encomendado, el qual assimismo le dará otra carta mia, en que digo mi pobre parecer en algunas cosas (1), movido de gran desseo de su servicio. Y si resciviere algunas letras mias en favor de los que las llevan, sepa Vuestra Santidad que no es por le importunar, mas por no me poder escusar; pero ninguna dellas es ni será fuera de razon, á todo mi parecer, ni por interesse mio. La Santidad, etc.

A xi de enero 1522.

V.

AVERTISSEMENTS DE DON JUAN MANUEL POUR ADRIEN VI.

Il engage le pape à passer aux Pays-Bas, et à venir de là, par l'Allemagne, en Italie ; si S. S. n'est pas de cet avis, elle pourrait s'embarquer à Barcelone. — Il conseille au pape de ne signer aucunes provisions de grâce ou de justice jusqu'à la prise de possession du siége pontifical; de nommer toutefois le cardinal de Médicis son légat à Rome, et les cardinaux de Sion, de Valle et Campeggio dans diverses parties d'Italie; de faire en Espagne, avant son départ, ce qui pourra être avantageux au service de l'Empereur; de donner l'office de dataire au protonotaire Enckevort, et celui de trésorier à l'évêque d'Algher; de se tenir en garde contre les suppliques que le sacré collége et d'autres lui feront présenter ; de ne pas conférer d'investitures, de capitaineries, de lieutenances ; de faire faire un anneau du Pécheur et ce qui est nécessaire pour l'expédition des bulles ; enfin de prendre le nom d'Adrien VI.

Rome, 11 janvier 1522.

Lo que me parece de acordar á Vuestra Beatitud, como su pobre servidor, por algun poco de conocimiento que desta corte tengo, es lo siguiente :

Que pues no se halla lexos de la mar, y no le han de faltar naves y gente, y será venido el buen tiempo para navegar, que Vuestra Santidad deve passar á Flandes, por la brevedad y seguridad del camino, y por escusar infinitos enojos y costas que se pueden seguir por tierra. Y de Flandes hasta aqui se puede venir

---

(1) C'est le mémoire qui suit.

todo por su casa y por buenas posadas y camino, y ganar la nacion alemana, que es tan gran cosa como sabe. Y quando esto no pareciere á Vuestra Santidad, puede venirse á embarcar á Barcelona, y de allí acá, que no es mucho viaje.

Assimismo, que Vuestra Santidad escuse de signar y proveer muchas cosas que le suplicarán, exorbitantes; y si las cumple por ventura, se arrepentirá, y en caso que no las cumpla, contraviene á lo que ha concedido: quanto mas que, fasta aver acceptado el pontificado por la órden acostumbrada, no se suele usar de hazer despachos de gracias ni de justicia. Y como quiera que Vuestra Santidad sea mayor papa que los passados, porque junto con el pontificado tiene el Imperio y los otros reynos del rey, será muy loada la humildad, que en la verdad no es agena de Vuestra Santidad.

Ay algunas provisiones que no se pueden escusar, assí como legado en Roma, y otros dos legados para la guerra que el rey de Francia haze á las cosas de la Yglesia, ansí en Lombardía como en la Romania y en la Marca, que otros sus ministros hazen á la Yglesia. Para en Roma, lo mejor es hazer caveça de monsignor de Medicis, porque puede y vale, y se ha mostrado por Vuestra Santidad y por el Emperador; y para en las otras partes, los cardenales de Sion, de la Vala y Campejo creo que harian assaz al propósito.

Antes que Vuestra Santidad parta dessos reynos, puede hazer en ellos assaz cosas, sin contravenir á lo que tengo dicho, que á la Magestad del rey y á la patria serian provechosas, de las quales creo será avisado de Su Magestad; y pienso yo que con gran plazer recivirá el aviso, para ponellas en obra, pues que no han de ser fuera de honestad.

Del officio del datario me parece á mí que Vuestra Santidad devria proveer al protonotario Enckefort, por ser sufficiente para ello, y por lo que ha servido; y el officio de thesorero, que diz que vale setecientos ducados al año, al obispo de Alguer, porque, demás de aver servido, puede en aquello bien servir á Vuestra Santidad, aunque á él no le viene otra renta, sino los dichos setecientos ducados, porque no entra en su poder ningun dinero, sino es como vehedor.

Y dévese guardar Vuestra Santidad de supplicationes que por parte del collegio y otras personas particulares le darán, porque yo le certifico que rescivirá engaño en lo que desta manera hiziere. Y otrotanto digo en las investiduras y confirmaciones, porque seria hazer lo que por Vuestra Beatitud no se deve conceder, haziendo por los enemigos de la Yglesia, y dexando de hazer por los servidores della. Y otrotanto digo en lo de las capitanias y tenencias de guarda : que para todo esso hallará personas aquí, á quien se deve rogar con ello, por muchos respetos, y lo otro le seria costoso y enojoso, y causaria inconvenientes. Y los despachos que Vuestra Santidad hiziere, deve Vuestra Santidad mandar endereçar acá á persona fiable, y mandar hazer pocos breves y bulla ninguna. Yo me he querido informar de personas muy sufficientes, y son de parecer que una letra que el collegio ha escrito á Vuestra Santidad (1), no consultada conmigo, cuyo traslado aquí va, basta para poder acceptar el pontificado, y proveer á las cosas mas necessarias, como serian las legacias que tengo dicho. Y los Romanos y los officiales de la corte lo dessean, y yo hago que procuren lo que acerca desto le dirá el dicho don Francisco.

Vuestra Santidad deve mandar hazer luego un annulo Piscatoris, y lo que es menester para plomar las bullas, en el qual diz que de una parte ha de aver las caveças de san Pedro y san Paulo, y de la otra nada, hasta ser coronado. Y á mi parecer deve tomar el propio nombre que tiene, y dezir Adriano sexto, pues que de este nombre ha avido singulares pontifices, y el primero deste nombre tomó la empresa contra el Turco, como espero que Vuestra Santidad la tomará, con ayuda de Dios y del Emperador, nuestro señor.

A xi de enero 1522.

---

(1) Il veut probablement parler de la lettre du 9 janvier, insérée p. 3.

VI.

INSTRUCTIONS DU SACRÉ COLLÉGE POUR LES CARDINAUX CO-
LONNA, DES URSINS ET CÉSARIN, ENVOYÉS A ADRIEN VI, EN
ESPAGNE.

Elles contiennent une explication très-détaillée des dispositions qu'ils ont à faire pour leur voyage, ainsi que du langage et de la conduite à tenir par eux avec le nouveau pape.

Rome, 19 janvier 1522.

In Dei Omnipotentis nomine. Amen. Die xix januarii anno M.D.XXII.

Instructiones sacri collegii cardinalium pro reverendissimis dominis sacrosanctae Romanae ecclesiae cardinalibus de Columna, de Ursinis, de Caesarinis, legatis mittendis ad reverendissimum in Christo patrem et dominum dominum Adrianum, tituli Sanctorum Joannis et Pauli presbyterum, cardinalem Dertusensem, in Romanum pontificem nominatum, in partibus Hispaniae constitutum, ad praesentandum eidem electionem de ipso factam, et reducendum ad Urbem, et reliqua eisdem commissa exequendum.

In primis, sint memores reverendissimi domini, attenta damnosa et periculosa absentia Romani pontificis ab Urbe, quod multi sint anni quod similis electio in Urbe non fuit celebrata de absente, cum omni sollicitatione, diligentia et celeritate arripere iter versus Hispaniam, per mare vel per terram, prout eis tutius videtur, cum utili et expeditiva comitiva non numerosa et minori numero officialium quam fieri possit, ne videatur, propter absentiam multorum officialium Romanae curiae, curia Romana deserta, ac satisfiat curiae et Romanis, et eidem electo tollatur occasio differendi, ad hoc ut cum celeritate perveniant ad personam praefati electi, quem reperient forsan appropinquatum

Italiae ad hunc effectum, quia sic fuit praemonitus per nuntios sacri collegii, ut celerius expediantur et possint ad Urbem cum conducere, ubi Romani pontificis sedes est, praesertim cum publice dicatur aliquos sollicitatores ad eundem, cum legatis curiae, cum fasciculis supplicationum, esse praeparatos, de materiis gravibus et exorbitantibus quae in curia debent expediri.

Item, praeterea portare ex Urbe omnia necessaria ad usum Romani pontificis, unacum sacrista et magistro ceremoniarum juniori.

Item, cum vestibus foderatis et simplicibus, albis biretis, caligis sotularibus, cum cruce aurea, biretis capuciis, manto seu pallio, cruce, campanella, cappellis sericeis, capsa corporis Christi, chinea alba cum suis ornamentis, et aliis descriptis per praedictos sacristam et clericum ceremonialium, et equis sive mulabus cum ornamentis solitis, et lectica, si haberi poterint, nec tamen cum multa supellectile et pompa, cum tutius sit cum in Urbe desiderare quam secum habere tunc.

Item, annulum Piscatoris sine litteris nominis sui, quas ibidem poni faciet, ut habeat modum scribendi juxta stylum et consuetudinem pontificum, postquam sibi nomen assumpserit, ut solet de more fieri in principio pontificatus.

Item, portare instrumentum solemne in membrana, cum sigillis collegii, vel uno majori, electionis factae de ipso per sacrum collegium cardinalium, subscriptum manu domini magistri ceremoniarum vel amborum, quod, antequam mittatur, debet videri et corrigi per alios dominos cardinales a sacro collegio deputandos, ut sit in forma et habeat clausulas necessarias, cum materia sit nova et magnae importantiae ac periculi, similiter mandatum solemne sacri collegii, manu Blosii, in personam cardinalium legatorum, ad praesentandum sibi electionem et reliqua.

Item, declarent si debent praefati reverendissimi domini legati portare crucem more aliorum praelatorum, et tunc provideatur de illa vel illis, prout creditur fore faciendum, cum sint legati apostolicae sedis et Romanam ecclesiam repraesentent.

Item, quot officiales curiae secum ducere debeant, et unum qui serviat pro secretario pontificis ad brevia scribenda, videlicet Carpentoractensem, Sadoletum vel Papurutium, qui omnino est iturus, et Pimpinellum, secretarium reverendissimi domini de Columna, qui est doctus vir.

Item, cum primum felicibus auspiciis pervenerint ad praesentiam nominati Romani pontificis, sint reverendissimi domini memores salutare Reverendissimam Dominationem Suam, omni cum modestia et reverentia ac ceremoniis solitis, nomine sacri collegii, et congratulari cum eo de electione ad summum pontificatum facta; et habita oratione latina per reverendissimum dominum cardinalem de Columna, qui est caput legationis, accommodata et brevi continenti effectum legationis eorum ad Suam Dominationem Reverendissimam, deinde repraesentare eidem, et in praesentia plurium praelatorum et baronum ac personarum egregiarum, numerum decem excedentium, instrumentum praedictum electionis de eo factae, cum mandato commissionis collegii ad hoc faciendum, et requirere Dominationem Suam, cum omni instantia et humilitate et efficacia, ut illam electionem de se factam per sacrum senatum, divina gratia et Spiritu Sancto operante, ad totius christianae religionis decorem et salutem Romanaeque ecclesiae necessitatem, per omnes reverendissimos dominos cardinales unanimiter et concorditer, acceptare et ratam et gratam habere, et eidem suum consensum praestare velit, dato etiam, si in continenti respondere nollet, totius diei illius spatio, si voluerit, quout, Deo operante, credendum est ipsum facturum esse, acceptante et annuente, cum solemni notariorum rogatione, et per instrumentum desuper conficiendum in solemni forma, requirat quod Sua Sanctitas faciat et praestet consensum, cum professione per sacra concilia ordinata et per antiquos patres praestari solita : cujus forma praestabitur per vos, et in fine praesentis instrumenti scripta est. Quo praestito, reverendissimi domini legati, eo induto et ornato per sacristam vel magistrum aut clericum ceremoniarum vestibus ac indumentis papalibus, et bireto ac rochetto et calceamentis, cum cruce aurea, et capucio seu moretta, cum omni humilitate, reverentia ac submissione, venerentur et adorent eum ut pontificem et verum Christi vicarium et Petri successorem, eique sanctissimos pedes deosculentur, reverentiam et obedientiam consuetam Romanis pontificibus exhibere, tam proprio quam totius collegii nomine, exhibeant, praestent et faciant, eumque ut Romanum pontificem et papam salutent, et sanctissimum nominent. De quibus actibus solemniter exhibitis, et in praesentia plurium nobilium personarum, instrumentum et instrumenta fieri faciant in forma valida. Si vero electus non acceptaverit electionem, per conveniens temporis spatium expectatus, vel expresse, quod Deus avertat, renunciaverit, hoc statim sacro collegio significabunt cum diligentia, ut ad alterius electionem procedatur.

Item, post pedum oscula, vel sequenti die, prout eorum Reverendissimis Dominationibus videbitur expediens, commendent Suae Sanctitati Romanam ecclesiam, sponsam suam, extra Urbem, augustissimam pontificum sedem veram, et universum sacrum collegium reverendissimorum dominorum cardinalium, exponentes eidem pro veritate sedem electionis suae, tanta concordia et animorum alacritate, Spiritu Sancto operante, factam de persona Suae Sanctitatis extra collegium in tam longinquis partibus existente, quod ad praesens est refertum tot insignibus partibus et reverendissimis dominis, aetate, maturitate, doctrina, rerum agendarum experientia clarissimis, sanctitate vitae pollentibus, qui pontificatu digni ab universo orbe judicarentur : quibus tamen omnibus posthabitis, divino afflatu patres inspirati oculos in personam ipsius dirigentes, ob ipsius sanctitatem, sapientiam, doctrinam, experientiam et ceteras innumeras virtutes ipsum in Romanum pontificem elegerunt, cum firma intentione et certa spe quod Sua Sanctitas statim, audito novo suae felicissimae electionis, ad hanc almam Urbem, sedem unicam Romanorum pontificum, sine mora esset ventura; et cum sit pastor universalis dominici gregis, ita omnes nationes christianas et earum principes diligat, qualiter praeteritorum temporum et servitiorum oblitus, cum a collegio solum electus fuerit, Spiritu Sancto inspirante, absque alicujus privati vel principis consideratione; et propterea, ut tanta expectatio praefatae Suae Sanctitatis conceptae opinioni respondeat, et non frustetur effectu, et ad consolationem reverendissimorum patrum sacri senatus, curiae Urbis officialium et pro reparatione ruinae totius ecclesiastici Status, quae propter ejus absentiam et exitiorum et malorum audaciam diversimode patitur et in periculo manifesto consistit, ac etiam ut bellis et hostium furori, qui continuo nos et ecclesiasticum Statum turbare, invadere et vexare non cessant, aliquis finis imponatur, et pax fieri possit, interventu Suae Sanctitatis, et etiam ut infidelium immanitati, qui cervicibus nostris minantur, occurri possit, etiam multis aliis inexcogitabilibus causis et rationibus, orare, rogare, hortari, et advoluti pedibus Suae Sanctitatis impetrare ab ipso, ut, omnibus aliis praemissis, nihil aliud Sanctitas Sua pro nunc cogitet, operetur et nitatur, moliatur et provideat, quam suum ad Urbem adventum. Hoc sancta Romana ecclesia supplex exorat; hoc patres omnes, obortis lachrimis, in eorum fidei et observantiae erga Sanctitatem Suam implemento et premio in terram prostrati, requirunt et exoptant; hoc idem Urbs alma, ob domini sui absentiam moerens ac tristis et gemebunda, suspirat; hoc universa curia et ecclesiae Status pro sua conservatione ab eorum patre, duce et pastore, requirunt; hoc postremo pro officii pastoralis debito Sanctitas Sua facere tenetur et debet, ne christianus sanguis effundatur, et christianorum religio periclitetur, sed a tam imminente periculo liberetur ejus praesentia : quod facere Sanctitas Sua debet, ne tanta spes de eo concepta evanescat, cum in extremo die judicii de hoc Deo rationem redditurus est.

Sint insuper reverendissimi domini legati memores, hanc esse suae legationis summam, hoc a patribus desiderari, ut omni die et hora, si fieri possit, quousque Sua Sanctitas iter arripiat ad Urbem veniendi, per mare vel terram, prout commodius fieri poterit, ad Suae Sanctitatis memoriam reducant, cum ex hoc salus totius Ecclesiae pendeat, ut Vestrae Reverendissimae Dominationes noverunt, et patres quiescunt in eorum fide et diligentia, et eos abunde facturos sperant, et universa curia et Romanus populus.

Etiam sint memores reverendissimi domini legati, cum omni modestia rogare et hortari Sanctitatem Suam, ut ab omnibus concernentibus apostolicae sedis negotia et pontificale officium et creationem cardinalium et confirmationem gestorum per Leonem X pontificem maximum, felicis recordationis, vel aliter, et a concessione terrarum vel confirmatione alienationum, vel officiorum aut conductorum reformatione, abstineat, usque quo Urbem applicuerit, et intellexerit omnia, ne contingat ejus Beatitudinem decipi, et ea concedere quae postmodum re bene intellecta esset negatura, salvis indulgentiis et aliis levibus gratiis per Sanctitatem Suam per iter concedi solitis.

Similiter a signatura capitulorum, usque quo ad Urbem pervenerit, abstineat, cum hic omnia melius fieri valeant.

Sint tamen memores commendare reverendissimos dominos qui suae electioni praesentes fuerunt, pro laudabili consuetudine quoad castra et terras in gubernium eis concessas ad vitam, et officia habita ad annum, quae sunt exilia, et pro expensis coronationis Suae Sanctitatis, daturque pro honore Suae Sanctitatis et utilitate curiae Romanae, ut illas confirmare dignetur, et gesta per sacrum collegium approbare, et deputati ab ipsis, vacante sede et post electionem de ipso factam, ante acceptationem bona fide faciant, et facta sint pro necessitate electionis et custodiae Urbis et etiam totius ecclesiastici Status.

Item, operare cum Sua Sanctitate, ut omnia ordinata per sacrum collegium pro administratione justitiae et rotae et auditoris causarum exercitio ratificare et approbare dignetur, et statim hoc per proprios nuncios significare per brevia Suae Sanctitatis, Romanisque et cardinalibus scribere, et adventum suum, quanto celerius fieri poterit, polliceri, quod erit ad magnam consolationem afflictae Urbis propter ipsius absentiam.

Deinde hortari Sanctitatem Suam, ut abstineat a creatione legatorum in Urbe usque ad ejus adventum, ex quo per collegium datus est bonus ordo per tres cardinales mense quolibet deputatos, quos pro tempore absentiae legatos deputare poterit, vel illorum electionem collegio committat, et super omnia abstineat a creatione personarum quae Urbis et senatus quietem turbare possent, et Romanae urbi ac patribus gratae non essent. Quia si hoc fieret, posset esse causa gravis scandali et majoris laboris Suae Sanctitati. Et statim post acceptationem et consensum praestitum, provideat de authoritate danda deputatis nomine Sanctitatis Suae per collegium, et alios quorum gesta non aliter valerent.

Praeterea sint memores reverendissimi domini, ne omittant quod, his peractis et obedientia exhibita Sanctitati novi pontificis, duobus ex ipsis cum Sua Sanctitate remanentibus, et cum comitantibus usque ad Urbem, unum ex ipsis duobus ultimis legatis, prout inter eos convenerint, si eis videbitur expedire, alias per aliquem probum virum vel praelatum, cum omni celeritate remittant ad Urbem, cum instrumentis rerum gestarum, et approbatione et ratificatione et informatione omnium gestorum, usque ad diem recessus sui, quia erit hoc ad magnum gaudium et consolationem sacri senatus, Romanae curiae et officialium et populi Romani, et cum authoritate gerendorum, per brevia Suae Sanctitatis videlicet constituendo eosdem cardinales qui sunt a collegio deputati, legatos, vel prout eis melius videbitur.

Expeditis tamen prius aliquibus nunciis, qui celerius veniant per postas et cum diligentia cum brevibus superius narratis, ut celerior notitia praemissorum habeatur.

Alii vero duo reverendissimi domini legati, vel tres, si quis ex ipsis non veniat, Sanctitati Suae continuam societatem teneant, nec eam dimittant, donec ad Urbem Sanctitatem Suam adduxerint, quod nunquam operari desinant, donec voti compotes nos fecerint, eosque videre simul valeamus in Urbe.

Sint praeterea reverendissimi domini memores, pro eorum modestia et integritate, nihil petere pro se vel pro aliis attinentibus vel servitoribus suis aut amicis a sanctissimo domino nostro, vel gratias impetrare, nisi prius expeditis omnibus supradictis publicis negotiis et legatione eis commissa, et tunc modeste et temperanter pro seipsis tantum et prout eorum modestiae videbitur, ut appareat eorum Dominationibus Reverendissimis, hoc legationis munus suscepisse, magis ex publica causa, ut veros cardinales et probos decet, non ex privata utilitate, et ne videantur haec quae pro aliis ipsi nomine sacri collegii perhibituri sunt ne concedantur, per seipsos obtinuisse et petiisse, vel pro suis.

Ultimo, non omittant rogare Sanctitatem Suam et coinducere ad mittendam aliquam summam pecuniarum, reducendam ex donatione vel fructibus ecclesiarum vacantium, vel spoliis illarum quae sedis apostolicae sunt ad viginti quinque, ad minus pro necessitatibus Ecclesiae et stipendio militum Ecclesiae, Statumque ecclesiasticum defendendum : quibus pro extrema paupertate Ecclesiae his temporibus ex Urbe subveniri non potest, prout Reverendissimis Vestris Dominationibus est notissimum, quae unacum ceteris laborant ad reperiendum pecuniam pro eorum itinere necessariam.

Reliqua prudentiae, sapientiae, fidei et bonitati Vestrarum Reverendissimarum Dominationum, quae in facto erunt, relinquantur, prout reverendissimi domini cardinales firmiter sperant facturos, et in eorum opinione ac sufficientia et virtute quiescunt.

Ultimo, non omittant commendare reverendissimi domini sanctissimo domino nostro custodiam palatii Helvetiorum antiquam, per Romanos pontifices teneri solitam, et quae ad praesens servit, ob ipsorum fidelitatem, fortitudinem et virtutem, inconcussam fidem et confoederationem cum Romana ecclesia et fidelitatis experimenta, in vocationibus apostolicae sedis ostensa saepius, quod Sanctitas Sua dignetur illam refirmare in eorum stipendiis, unacum reliquis equorum quinquaginta custodiae veteris.

Nec omittendum censetur praemonere Sanctitatem Suam, ut diligenter animadverti mandet et revideri computa et rationes domini Vianessi, nuncii apostolici in partibus Hispaniae, propter varias intelligentias quas habet cum aliquibus curialibus et amicis suis, qui etiam dicuntur sibi scripsisse ex Urbe, statim post Leonis obitum, per nuncium proprium, et monuisse et instruxisse eum, quid sit facturus de illis redditibus et spoliis, quae dicuntur esse in magna et notabili quantitate, et ex illis poterit exigi notabilis summa pecuniarum pro necessitatibus Sanctitatis Suae et profectionis suae et apostolicae sedis, quae reperitur ad praesens in magna paupertate et indigentia.

Ulterius, non tradatur oblivioni, quod fiat mandatum in forma valida, nomine collegii, in personam reverendissimorum dominorum legatorum, ad praesentandum electionem et operandum accessum ad Urbem cum omnibus dependentibus, manu Blosii, secretarii collegii, in solemni forma, ut supra dictum fuit, et illud secum portare possint : quod mandatum habeat clausulam, quod, quando tres non possint simul hoc facere, propter infirmitatem vel alia impedimenta, alii hoc possint expedire, vel alius, prout est de more in hiis actis periculosis, et moram, id est dilationem, non expectantibus.

Forma praestandi consensus et professionis per ipsum electum fiendae. Hoc est videlicet :

Ego Adrianus, electus in papam, Omnipotenti Deo, cujus Ecclesiam suo praesidio regendam suscipio, et beato Petro, apostolorum principi, corde et ore confiteor, quoad in hac fragili vita fuero, me firmiter tenere et credere fidem catholicam, secundum traditionem sacrorum evangeliorum et aliorum sanctorum patrum ab ecclesia probatorum, maxime autem sanctorum octo conciliorum, videlicet primi Niceni, secundi Constantinopolitani, tertii Ephesini, quarti Calchedonensis, quinti et sexti item Constantinopolitani, septimi item Niceni, octavi Constantinopolitani, necnon Lateranensis, Lugdunensis, Viennensis, Constantiensis, item Lateranensis novissimi, generalium conciliorum, et illam fidem usque ad unum apicem immutabilem inviolatamque servare, et usque ad vitam et sanguinem confirmare, ritumque pariter sacramentorum ecclesiasticorum Ecclesiae traditum commode prosequi et observare. Polliceor etiam fideliter laborare pro tuitione fidei catholicae, et extirpatione haeresum et errorum, praesertim novissime exortorum in Germaniae partibus, reformatione horum, pace in populo christiano et inter christianos principes componenda et efficaciter procuranda, pastoralis officii debito ut teneor, et pro expeditione contra infideles ineunda. Juro etiam atque profiteor saluberrimam (?) sacri collegii continuare, juxta sanctorum patrum instituta, et prout Ecclesiae et christianae religioni et reverendissimis dominis cardinalibus visum fuerit expedire, et Romanam curiam non transferre a loco ubi nunc est, sine expresso cardinalium consensu. Hanc autem professionem mea manu suscripsi, et ea Omnipotenti Deo, cui redditurus sum in die tremendi judicii de hoc et cunctis meis operibus rationem, pura mente et sincero corde, et in fide veri et boni pontificis offero; et si opus fuerit in publico consistorio repetere, repetam. Ego Adrianus, episcopus universalis ecclesiae, electioni de mea persona factae, de divina miseratione confisus, in Dei timore, cum debita humilitate consentio, eamque, licet immeritus, omni meliori modo accepto, praecedente professione et promissione pie habitis.

VII.

DON JUAN MANUEL A CHARLES-QUINT.

(Extrait.)

Il s'offre à aller en Espagne, pour traiter avec le pape les affaires qui importent au service de l'Empereur. — Il est d'avis que S. S. envoie des nonces en Angleterre et en Suisse, pour travailler contre les Français, et qu'ils soient désignés à S. S. par l'Empereur lui-même; que l'argent dont S. S. aura besoin lui soit fourni par le roi de Portugal; que des navires soient promptement mis à sa disposition, pour son passage en Italie. — Prétentions des cardinaux et d'autres personnes qui se rendent en Espagne, ou y envoient des agents. — Observations sur les cardinaux Césarin, Colonna et Médicis. — Don Juan Manuel est d'avis qu'aucun prélat espagnol n'accompagne le pape en Italie, et que ceux qui sont à Rome soient rappelés en Espagne. — Galères et galiotes du pape : leur nombre et leur état. — L'ambassadeur voudrait que l'Empereur fit venir S. S. en Flandre. — Mécontentement que cette élection a causé aux Français.

Rome, 20 janvier 1522.

—

. . . .

Lo que me parece que Vuestra Magestad deve mandar proveer con el papa es lo siguiente. Que Vuestra Magestad embie á Spaña para avisar á Su Santidad de muchas cosas nuevas y viejas que conviene avisalle : creo que ay arta necessidad para ello, y deve escojer personas sufficientes, para negociar con Su Santidad no solo las cosas de Vuestra Magestad, mas las del papa, y començar á preocupar los lugares en los officios, para que no se pueda hazer nada sin ellos. Pero Vuestra Magestad ha de mirar que no se engañe en las personas, porque estas se han de fundar solo en servir á Vuestra Magestad, y no en otra cosa, y no creo que hallará muchos destos, y supplicará à Vuestra Magestad mucha gente que ponga alli al uno y no al otro. Y Vuestra Magestad deve estar puesto en esto que digo, y muy determinado.

Y pareciendo á Vuestra Magestad que yo podré mas servir, yendo á Spaña á ablar al papa, que en estar aquí, yo iré allá con muy buena voluntad, pudiendo ser á tiempo, con condicion que, partido el papa de allá, yo me pueda quedar; que para tornar con él no iria, aunque el papa me diesse quanto me puede dar. Y esto de mi ida no lo digo porque yo lo supiesse hazer mejor ni aun tambien como otro, mas por estar algo informado destas cosas, y ganarse acá que estos cardenales [no] pensasen, como piensan, que estoy aquí para quitarles toda la jurisdicion para Vuestra Alteza : bien sé yo que á los cardenales y otros officiales que allá irán no les plazeria que yo partiesse.

El papa devria embiar luego dos nuncios : uno á Inglatierra á quexarse de los Franceses, que hazen guerra á las cosas de la Yglesia, y a pedille ayuda al rey para defendella, y otro á los Suyços, pidiéndoles lo mismo, y que no diessen gente á Franceses, y que el papa quiere tratalles muy bien. Estos nuncios deven ser hombres que lo sepan bien hazer, en especial el de Suyços; y si acá se huviesse de proveer, yo sé quien serviria bien en ello : pero Vuestra Magestad los deve nombrar. Y porque el papa avrá menester dineros para muchas cosas, y el rey de Portugal no gelo negará, devria hazer Vuestra Magestad que gelo pidiesse, y que se gaste en lo que fuere servicio de Su Santidad y de Vuestra Magestad. Y mande Vuestra Magestad luego proveer de naves para la venida del papa, porque en ninguna manera venga por tierra; y yo creo que el rey de Portugal le requerirá de passallo con su armada.

De acá van cardenales y otras personas con intencion de ganar al papa y de hazelle hazer cosas que no cumplen; y por esto conviene estorvallo toda cosa que no sea buena, y la mejor que él puede hazer es no fazer nada fasta venir acá, y venir presto, porque los que no quieren el servicio de Vuestra Magestad publican que no ha de venir. No sé como hará el cardenal Cesarino en lo de Pamplona, mas figúraseme que Vuestra Magestad le devria dar algo, porque dexasse aquello, y es buena persona, y el Coluna amenaza de poner á pleyto.

Conviene que el papa esté bien avisado de todo. Todos los que no van al papa embian personas suyas, y cada uno quiere que crea Su Santidad que él le hizo papa, y artos destos lo estorvaron, y aun algunos lloraron de pesar. Y á mi ver se devria determinar Vuestra Magestad de nunca dar obispado á hombre que esté en esta corte, y puede dar pensiones á los que le sirven y han servido. Y meto en este cuento al cardenal de Medicis, aunque se assentó con él lo que Vuestra Magestad save, que él, como buen servidor de Vuestra Magestad, pienso yo que lo tomará por bien. Y deve assimismo mandar Vuestra Magestad expressamente que ningun perlado spañol venga con el papa, porque es cosa de no creer lo que se pierde en estos obispados. Y tambien devria mandar, como otras vezes he dicho, yr allá los perlados que aquí están sus súbditos, y agora era proprio tiempo, que no avria quien rogasse por ellos; y el obispo de Çaragosa de Sicilia nunca ha querido yr á Sicilia, ni á la corte de Vuestra Magestad.

El papa tiene dos galeras mal en órden, y dos galeones muy escogidos y bien adereçados. Seria bien que Su Santidad mandasse á ellos y á ellas que se juntassen con las galeras de Vuestra Magestad, para guardar la costa romana y de Nápoles y Sicilia de Turcos; mas seria necessario poner en las galeras y galeones buenos capitanes, súbditos de Vuestra Magestad, y aquí ay dos dellos bien sufficientes, y de allá pueden venir los otros; y seria bueno para uno el comendador Loaysa, y aun creo que Figueroa para el otro, aunque no save tanto de mar.

Las cosas que Vuestra Magestad havia gana se procurassen con el papa Leon, y todas las otras que le pareciere, agora tiene tiempo de mandarlas negociar en Spaña con el papa Adriano, y hágale venir á Flandes, para que ay se hagan, y despues no terná dél ni de otro papa necessitad. Y la clergía de Castilla le dará harto dinero por negociacion que yo screví á Vuestra Magestad, y mi intencion era que con sus dineros se hiziessen las otras cosas de Vuestra Magestad. Yo pienso que el papa será bueno y conocido á Vuestra Magestad como la razon lo quiere; pero con todo será bien tomar dél lo que se pudiere.

Crea Vuestra Magestad que los Franceses tienen esta nueva por tan mala como nunca la huvieron en su vida, y assí todos los que no son buenos servidores de Vuestra Magestad. Sospecho que el rey de Francia embiará embaxadores al papa, y soy de opinion que Vuestra Magestad deve mandar que no les dexen entrar en Spaña, porque, quanto mas se dilatare la intelligencia dellos con el papa, tanto será mejor. Vuestra Magestad me perdone, porque, aunque conosco que mi opinion haze poco al caso, no puedo suffrirme de no dezir lo que se me figura que es vuestro servicio.

No ablo en las galeras y galeones del papa traer acá à Su Santidad, porque este tiempo de invierno es muy contrario à ellas, y á lo que puede succeder de los Turcos; y seria bien que Vuestra Magestad mandasse se acaven con priessa las que se están haziendo en Nápoles, para que se puedan servir dellas.

Roma, 20 de enero 1522.

VIII.

INSTRUCTION DE CHARLES-QUINT A LOPE HURTADO DE MENDOÇA, ENVOYÉ VERS ADRIEN VI, EN ESPAGNE.

Il visitera S. S. de la part de l'Empereur, lui exprimera la joie qu'il a éprouvée de son élection, l'assurera qu'il est déterminé de courir la même fortune que lui, le tenant pour son vrai père et protecteur, et étant son fils très-obéissant. — Il lui annoncera l'arrivée prochaine de M. de la Chaulx, que l'Empereur a choisi, sachant que sa personne ne sera pas moins agréable au pape qu'elle ne l'est à lui-même.

Sans date (25 janvier 1522).

Instruction de lo que vos, Lope Hurtado, del nuestro consejo, aveys de hazer con nuestro muy sancto padre, llegado que fueredes en España, donde os embiamos, para que de nuestra parte visiteys á Su Beatitud, congratulándonos de su felice election al sumo pontificado.

Primeramente, llevays una carta de nuestra mano para Su Santidad, en vuestra creencia; visitareysle de la nuestra parte, besándole sus sanctos piés y manos; diciéndole, en virtud de ella, que, demás del gozo grande que avemos recevido de aver Dios guiado de su mano la election de su santa persona en pastor y pontífice sumo de su universal yglesia, porque, [con] la experiencia que tenemos de su gran dotrina y bondad natural, no podiamos dessear election mas digna, al propósito para lo que cumple al servicio de Nuestro Señor é al beneficio universal de su universal yglesia y de toda la christiandad, que es tal que por la gracia del Spíritu Sancto se ha hecho, en nuestra particularidad nos acrecienta el contentamiento grandemente el ver que, después de aver placido á Nuestro Señor de constituyrnos en esta dignidad imperial, nos haga tanta merced de aver ordenado que recivamos la corona de la mano de persona tan íntima á nos, de nuestra propia nacion, é que dende nuestra niñez nos a criado é instituydo, y tenga tan grande y verdadero amor á nuestra persona, como de Su Beatitud, dándonosle agora por verdadero y buen padre nuestro, y sumo é universal pastor de toda la christiandad : por lo qual damos á la divina bondad tantas y tan infinitas gracias como podemos, teniendo por cierto que ha hecho de su mano esta felice election, sin poder hazer en ello otra cosa entendimientos humanos, para darnos señal que su voluntad es establecer y assentar las cosas públicas de la christiandad, y unir sus fuerças para la amplificacion de nuestra cathólica fe, que todos los errores del mundo sean criminados y emendados, y se reduzgan en verdadero conocimiento de una sola y verdadera yglesia y religion, á loor y gloria infinita de su santo nombre, tomando á Su Beatitud y á nos por ministros para la execucion y cumplimiento de ello.

En lo qual, y en todo lo que se offrezca, assí público como particular, certificareys á Su Santidad, de nuestra parte, que assí estaremos y estamos determinados de correr una misma fortuna con él, teniéndole por verdadero padre y protector nuestro, y siéndole muy cierto y obediente fijo perpetuamente : lo que, demás de [la] observancia que á aquella santa silla se deve, me será inclinacion natural, por la criança é disciplina que de su santa persona tenemos, como siempre lo verá por las obras, y lo savrá mas largamente por monsieur de la Chaulx, nuestro primero faturbier (?) y del nuestro secreto consejo, que, como persona de Su Beatitud é nuestro, é muy accepta á entrambos, le mandaremos despachar luego para Su Santidad, porque solamente vays vos por visitarle de nuestra parte, congratulándonos quanto podemos de [que] esta sancta election é digna de su sancta persona se ha hecho : á la qual offrecereys nuestra persona, fortunas y Estados, diziéndole que mandamos á los governadores de aquellos reynos que le sirvan en todo, y disponga de ellos, á órden y dispusicion de Su Beatitud, libremente como de cosa propia suya, siéndole nos discipulo é hijo muy obediente é verdadero.

IX.

ADRIEN VI A CHARLES-QUINT.

Il a appris, par diverses voies, son élection au souverain pontificat. — Il ne s'en réjouit pas, cette charge étant au-dessus de ses forces, et il croit qu'elle sera également peu agréable à l'Empereur, pour le préjudice que ses affaires en Espagne pourront en recevoir. — Il désire savoir de l'Empereur s'il doit aller à Rome par mer ou par terre, et sous un déguisement ou non, bien qu'il ne croie pas que les Français veuillent entraver son voyage. — Pratiques de Henri d'Albret pour se créer des partisans en Navarre : proposition qu'il a faite au connétable. — Nécessité de la venue de l'Empereur en Espagne. — La reine doña Juana. — Le comte de Haro. — Le connétable et l'amiral de Castille. — Le licencié Alarcon. — L'alcade Çarate. — La ville de Ponferrada, l'évêque d'Astorga et le docteur Pedro Gonzalès Manso. — Demande d'une lettre gracieuse pour l'évêque d'Avila.

Vitoria, 11 février 1522.

Sacra Cesarea Real Magestad, después de aver scrito ahora postreramente á Vuestra Alteza por cartas mias de 15 y 17 del passado, ha venido nueva acá, por diversas cartas assí de Roma como de Genoa, Lion y de otras partes, que el collegio de los cardenales, á mí que soy el menor dellos, stando tan lexos y ausente de Roma, me han eligido por summo pontífice. De lo qual en verdad no me alegro, por exceder este cargo en grande manera mis pocas fuerças, y star yo en edad que [de] aquí adelante mas requiere reposo y descanso, que recivir tan grandissima y cási importable carga á cuestas. Y tambien es á creer que Vuestra Magestad poco plazer terná desta mi election, no porque piense que me quiere menos agora de lo que siempre me ha querido ántes, porque quiçá se le figurará que sus cosas de acá podrán recivir algun daño ó mengua con mi yda para Roma, como por fuerça presto avrá de ser, para que el Yglesia, mi sposa, por falta de pastor no reciva los mismos inconvenientes ó semejantes que acá han succedido por larga ausencia de Vuestra Magestad, aunque de mi presta partida no deve dolerse mucho Vuestra Magestad, porque, luego como serán venidas las cartas del collegio, que, segun dizen, se detienen en Genoa, con el que las trae, por la tempestad de la mar, y quando ya será notoria á todos la eleccion fecha, no se podrá escusar que no me tengan todos, é yo con ellos, por papa: lo qual hasta aquí no he fecho, ni lo entiendo de hazer, hasta la venida de las dichas cartas; y por conseguiente no podré yo buenamente mas firmar ni usar de officio de governador. Estas cosas he avisado hazer saver á Vuestra Magestad, para que piense y me scriva, por qué via le parece que aya de partir para Roma, si por mar ó por tierra, ó si descuvierto ó en ábito dissimulado. Yo creo que los Franceses no son tan enemigos de la sede apostólica y del Yglesia, ni tan olvidados de la virtud, que me quisiessen dar empacho en mi viaje, que seria á grande injuria de la religion christiana, y á su perpetua disfamia, mayormente no les aviendo yo jamás fecho cosa mala, á bien que sé que ellos algunas vezes en sus cosas suelen mas tener ojo á lo provechoso que á lo honesto, y que miran poco á la honestidad, quando parece ser contra su provecho. Yo, donde quiera que estuviere, siempre travajaré con toda voluntad y diligencia, como hasta agora he fecho, para que las cosas de Vuestra Magestad se hagan como conviniere y cumpliere al servicio de Dios y ensalçamiento de la sancta fe cathólica, y al de Vuestra Magestad y su imperio, como es razon y sele deve.

Acá avemos entendido que don Enrique de Labrit travaja en ganarse las dos parcialidades de Navarra, y porque ha atraydo á sí la de los Agramonteses, como siempre lo fué, procura agora en aver la de los Beamonteses; y como el condestable de Navarra es el principal dellos, lleva el dicho don Enrique un medio para esto, en sacar casamiento de una hermana suya con el hijo mayorazgo del dicho condestable. Y aunque él es muy fiel, y se amuestra con toda fidelidad en servicio de Vuestra Magestad, y se ha escrito sobre esto al conde de Miranda, conviene que Vuestra Magestad mande escrivir al mesmo condestable una carta muy graciosa y con muchos offrecimientos, diziéndole entre otras cosas que en ninguna manera entienda casar su hijo mayor, sin que Vuestra Alteza lo sepa primero, y que Vuestra Magestad le quiere casar y acrecentarle en todo lo que buenamente se pudiere. Esto cumple que Vuestra Alteza mande despachar con toda brevedad.

Después de scripto lo susodicho, reciví la carta de Vuestra Alteza de 11 de diziembre, y he visto la otra general que venia para los otros governadores y para mí. Y quanto á mí scrivir, crea Vuestra Magestad que estoy siempre vigil en escrivirle las mas vezes que me es possible, segun que por muchas mias que he scrito con Barzena y con otros avrá visto. En lo de la sustentacion de lo de acá, sea Vuestra Alteza cierto que me esfuerço en todo lo que puedo, y que el verdadero remedio y seguridad de todo es la presta venida de Vuestra Magestad.

En lo del embiar de las naves para su real venida se entenderá; pero mire Vuestra Magestad que lo que en ello gastaremos nos faltará acá para lo del exército.

La reyna nuestra señora está aun en Tordesillas, y entendemos en lo que acerca della manda Vuestra Alteza, á bien que no stá acordado lo que se ha de hazer: pero, si stuviessemos mas cerca de aquel lugar, mas facilmente se podria espedir y concluyr el negocio. Lo que Vuestra Magestad diz que ha mandado proveer en lo que toca al confessor y á la costurera, ha sido muy bien fecho, que en verdad ambos sirven bien á Su Alteza y á la señora infante.

Al conde de Haro se librará lo de su salario del tiempo que tuvo la capitanía general, como Vuestra Alteza lo manda.

Al condestable y admirante ablo continuamente, y procuro que en lo que toca á los negocios dellos speren la venida de Vuestra Magestad. El admirante ha ya aceptado la cédula de los diez mil maravedís de su salario por lo de la governacion, que en verdad no ha sido poco acavarlo con él, segun la determinacion que tenia en pedir mas. Y assí sera escusado que se provea allá en lo que acerca desto screví.

Lo que toca al licenciado Alarcon, he scripto á Vuestra Magestad por muchas. Suplico à Vuestra Alteza mande que se despache, que pará esto no ay suspension, y Vuestra Magestad será servido, aunque él reciva merced, é yo la recivo, porque sé lo que ha servido.

Tambien suplico à Vuestra Alteza mande despachar el assiento del capellan, que el guardian, confessor de la reyna nuestra [señora], pide que se mude de un criado suyo en otro.

Por otras cartas le tengo scrito à Vuestra Magestad como el alcalde Çarate ha servido en todas las cosas contra los de la comunidad, por que Vuestra Alteza le deve hazer muchas mercedes, porque, demás de averle saqueado y quemado una casa que tenia, ha recevido otros daños y gastos. Agora en la ciudad de Cordoa falleció Pedro de Hozes, scrivano del consejo y pregonero mayor de la dicha ciudad, y por su fin y muerte le hemos fecho merced del dicho officio de scrivano de consejo y pregonero mayor, por la voluntad de Vuestra Magestad: por que le suplico me haga esta merced que sele dé, ca por los servicios que él ha fecho, esta y mucho mas merece.

A las otras cosas particulares reciviré merced que Vuestra Alteza me mande responder con la primera posta, como me lo ha mandado screvir.

Quando Vuestra Cesarea Magestad partió de Valladolid para la Coruña, passó por la villa de Ponferrada, la qual no tiene tierra ni vassallos, y el obispo de Astorga tiene al rededor della trecientos vassallos, pocos menos, que son de su yglesia; y suplicó à Vuestra Magestad le hiziesse merced de darle el abadía de Santa Martha, que está en el dicho obispado y es del doctor Pero Gonzales Manso, del vuestro consejo en la general inquisicion, y que él daria los dichos vasallos para Ponferrada, y que al dicho doctor le podria hazer merced de la equivalencia de la dicha abadía en alguna renta de lo que pertenece á su real presentacion ó nominacion; y desto mandó Vuestra Real Magestad que se reciviesse informacion, la qual se recivió, y se embió al obispo de Palencia. Parece que conviene mucho, y es de gran importancia para el servicio de Vuestra Alteza, porque en aquella tierra, con hartas leguas al rededor, no tiene otra villa ni tierra de la corona real, y el dicho doctor Manso es buen letrado y muy leal servidor de Vuestra Magestad, persona en quien se empleará bien la merced que sele hiziere, y tiene calidad para servir en lo que fuere mandado por Vuestra Alteza. Cuya vida y real stado Nuestro Señor luengamente guarde con toda prosperidad.

En Victoria, á 11 de hebrero 1522.

Acá he entendido que ay fama que Vuestra Magestad ha dado la fortaleza de la Puente del Langosto, y que dello se podria recrecer muchos inconvenientes. Vuestra Alteza lo mande ver, y por merced avisarme de lo cierto dello: y crea que á esto no me mueve otro respeto sino el servicio de Vuestra Magestad y paz destos reynos.

Todavía suplico á Vuestra Alteza que mande screvir graciosamente al obispo de Avila, ca cierto en todo se ha mostrado y muestra muy buen servidor de Vuestra Alteza, como por otras le he scrito. Datum ut supra.

Vostre très-humble serviteur,

A. CARDINALIS DERTUSENSIS.

X.

LOPE DE HURTADO DE MENDOÇA A CHARLES-QUINT.

Son arrivée à Vitoria. — Satisfaction qu'en montre le pape. — Désir qu'avait S. S. de connaitre la volonté de l'Empereur ; approbation qu'elle donne à tout ce que Mendoça lui a dit de la part de S. M. — Le pape ne s'occupe pas de ses affaires, mais de celles de l'Empereur, dont il parle avec le même zèle, avec le même amour que quand il était doyen de Louvain ; il dit qu'il sacrifiera toujours son état et sa personne pour les intérêts de S. M. — Envoi de l'évêque de Paris à S. S. par le roi de France. — Impression produite sur les Français par la perte de Tournay.

Vitoria, 15 février 1522.

A doce del presente llegué en esta corte. Ya Su Santidad savia la nueva de su eleccion, y estava aguardando cada hora criado de Vuestra Magestad : que mostró mas contentamiento con mi venida que de la nueva de su eleccion, á lo que dizen, porque no podria creer Vuestra Magestad el plazer que tenia del que Vuestra Magestad avia avido, y de la gloria que Vuestra Magestad avia dado á Dios por la nueva de su eleccion, y de las grandes fiestas y alegrías que avia mandado hazer. Estava tan ganoso de saver la voluntad de Vuestra Magestad, que ya se le tardava mucho su venida. Todo lo que Vuestra Magestad a hecho, y embiado á dezir por mí, a parecido mucho bien á Su Beatitud, y lo que embió á mandar á los governadores; y de la venida de mussiur de Laxao, huelga mucho : espérale con gran voluntad. Parece que, como Dios le ha acrecentado el estado, que asi ha hecho la voluntad en querer mas á Vuestra Magestad. No piensa ni abla en cosa suya, sino en las de Vuestra Alteza, con tanto cuydado y amor como quando era dean de Lovayna; y dize Su Santidad que no su estado pero su persona martirizará, siempre que sea menester, para la onra y acrecentamiento de Vuestra Magestad, y que esta voluntad ninguno tiempo ni cosa gela podrá quitar. En todas las cosas destos reynos entiende, como siendo governador; en todo muestra voluntad de verdadero padre, como lo deve á Vuestra Magestad. Lo demás sabrá Vuestra Magestad de la carta de Su Santidad.

De lo destos reynos no digo nada, porque hasta agora no me he embaraçado sino en el despacho de Su Santidad. Con otra posta escriviré á Vuestra Magestad de lo que entendiere que sea su servicio. Los governadores responden á Vuestra Magestad, y á mí no se me remiten en nada.

El papa tiene nueva que el rey de Francia le embia al obispo de Paris : dizen que es ya llegado en Bayona. Dize este del cardenal de Sancta Cruz que le dezian que desseava mucho la paz, aunque no tiene necessidad della, porque le jurava que veynte mil Suyços baxavan en Italia en su favor, y que sus reynos selos pagavan por tres meses : agora deve querer hablar á Su Santidad en la paz, porque tiene necessidad della. Dizen que le dezian que de la pérdida de Tornay (1) no se le dava nada, porque le era muy costosa y enojosa. Su Santidad le vuelve á despachar por Francia y por la corte de Vuestra Magestad. Guarde Nuestro Señor su Sacra y Cesarea Magestad.

Victoria, 15 de hebrero 1522.

De Vuestra Magestad vasallo y servidor,
que sus muy reales piés besa,

LOPE HURTADO.

---

(1) Cette ville était tombée au pouvoir de l'Empereur, le 1ᵉʳ décembre 1521.

XI.

ADRIEN VI A CHARLES-QUINT.

Il a reçu, par Lope de Hurtado, sa lettre du 25 janvier. — Il le remercie de ses félicitations et de ses offres. — Il l'assure que sa volonté sera toujours de contribuer à l'accroissement de sa grandeur. — Il prend Dieu à témoin qu'il s'est occupé des affaires de l'Empereur et de l'infant, son frère, avec plus de zèle encore que des siennes propres. — Il acceptera le souverain pontificat, quoiqu'il eût voulu s'en excuser, trouvant cette charge au-dessus de ses forces. — Il n'entend toutefois en exercer les pouvoirs qu'après l'arrivée des trois cardinaux envoyés par le sacré collége. — Il se montre favorablement disposé pour le cardinal de Médicis, le marquis de Mantoue, l'évêque de Capoue, Juan Mateo de Gibertis, le frère du chancelier Gattinara, etc. — Il laissera dans sa charge le protonotaire Marino Carracciolo, nonce aux Pays-Bas. — Il ne fera aucun changement à Rome jusqu'à son arrivée dans cette ville. — Il demande, pour le grand commandeur de Castille, la lieutenance des trois ordres militaires de Saint-Jacques, Calatrava et Alcantara. — Il prie l'Empereur de faire venir à Barcelone ses galères de Naples. — Il sollicite des lettres de rémission en faveur de don Pedro Lasso de la Vega et du bachelier de Guadalajara, à raison de la part qu'ils ont prise aux troubles passés. — Il lui recommande l'évêque d'Astorga et le licencié Alarcon.

Vitoria, 15 février 1522.

—

Serenissimo é invictissimo principe, mi muy amado hijo, con Lope Hurtado recivi la carta de Vuestra Serenidad de 25 del passado, el qual me abló largamente lo que por la creencia le mandó, y agradéscole mucho lo que por ella me scrive acerca la asumpcion del pontificado en mi persona, y los offrecimientos que me haze, lo qual todo, à mas que procede de su grande humanidad y de la mucha benignidad y benivolencia que siempre me ha mostrado, parece bien que le mueve à ello el grande zelo que tiene al servicio de Dios y à la reformacion de su universal Yglesia. Y cierto no me maravillo que Vuestra Magestad se aya alegrado desta promocion, ca no me puede venir acrecentamiento alguno que no sea mas de Vuestra Serenidad que propio mio. Y assí puede creer Vuestra Alteza que ha de guardar y tener en mi este firme propósito y voluntad, y que me le ha de hallar muy aparejada para la obra, como es razon y se le deve.

De los negocios de Vuestra Serenidad y del infante, vuestro hermano, Dios me es testigo que he tenido mas entrañable cuydado que no de los propios mios, por lo mucho que á los dos amo. Y aunque de la susodicha creacion me desplaze, y quisiesse escusar esta tan gran carga, por ser, como es, inportable á mi flaco juicio y pocas fuerças, como quiera que mis méritos sean pocos, pues el parecer de los del sacro collegio con tanta conformidad ha sido fundado en la dicha eleccion, esforçármehe de aceptarla, con sperança que Dios me guiará con ella en procurar lo que fuere su sancto servicio, bien y paz de la christiandad. Y á bien que ahora tengo el poder de pontifice, no quiero ni entiendo de exercerle hasta que lleguen adónde yo stuviere los tres cardenales que por parte del sacro collegio vienen, ca assi me lo ha scritto y rogado con toda instancia el mesmo collegio ¡Plega á la divina bontad de me endreçar en todo como es menester, y ordenar las cosas de manera que se pueda extirpar la secta mahometana, y reduzir los infieles á nuestra santa fe!

En lo que toca al cardenal de Medicis, crea Vuestra Serenidad que por muchas causas le he de assistir en todo, y que mucho mas me ha de mover á ello la intercession de Vuestra Magestad, pensando que lo que por él hiziere, reputará Vuestra Serenidad á su propria persona, como lo scrive.

El marqués de Mantua me ha sido encommendado por muchos, pero, por lo mucho que diz que ha servido á la sede apostólica y á Vuestra Magestad, entiendo de hazer por él y averle en special proteccion.

Por el obispo de Capua y Juan Matheo de Gibertis miraré con mucha voluntad; y si el mismo Gibertis se ha obligado por la sede apostólica, razon es que por ello entrevenga la misma sede apostólica, y gelo satisfaga, quando huviere algo en los cofres apostólicos, los quales se dize están del todo vazios.

Del protonotario Marino Caracciolo, nuncio apostólico, que allá reside, no entiendo de hazer mudança, por los respetos que Vuestra Magestad scrive.

Al hermano de su canchiller (1) miraré de hazer todo buen tratamiento, assí por respeto de Vuestra Magestad como por el mucho amor que al mismo canciller tengo.

A Gerónimo Rorario terné en special commendacion.

En lo de Constantino, capitan que fué de la guardia del papa Leon, mi predecessor, de pia memoria, crea Vuestra Magestad que, ántes que yo llegue á Roma, no haré mudança de ningun officio, y que entonces tan poco se hará, sin que para ello aya justa causa.

Lo de las scrivanías del thesorero Luys Sanchez toca á justicia: yo haré por él de buena voluntad *sine partis injuria*.

No ay otra cosa que responder á la susodicha carta é instruccion que el mismo Lope Hurtado traxo. Lo demás que toca á estos reynos, verá Vuestra Magestad por las cartas del admirante y del condestable.

Ha de saver Vuestra Alteza que vaca por mi eleccion al sumo pontificado la lugartenencia de las tres órdenes militares de Santiago, Calatrava y Alcantara, en la qual me parece que deve succeder el commendador mayor de Castilla, assí por ser vuestro tan buen servidor y por su mucha habilidad y esperiencia, como porque el rey cathólico le proveyó del mismo cargo quando passó á Nápoles, y lo governó tambien como á todos es notorio, y tambien porque no ay otro que como él pudiesse tener esta governacion. Y assí ruego á Vuestra Alteza, le mande proveer, y luego, porque es necessario para vuestro servicio y bien de las órdenes.

Vuestra Magestad save quanto cumple mi presta yda á Roma, y como están las cosas de Francia, y la mucha necessidad que tengo de sus galeras de Nápoles, para en seguridad y compañia

---

(1) Bartholomé Gattinara.

de mi persona: muy affectuosamente ruego á Vuestra Alteza que con toda la presteza que fuere possible mande proveer en que las dichas galeras se vengan á Barcelona, que yo creo que, por presto que vengan, ya me hallarán en aquella ciudad, en la qual las aguardaré.

Mucho ruego á Vuestra Magestad me embie perdon para don Pedro Lasso de la Vega, y para el bachiller de Guadalajara, de todo lo passado, ca yo les he prometido de instar sobre ello á Vuestra Magestad, y ántes que me parta destos reynos, querria en verdad que estos dos quedasen libros y perdonados: que cierto, aunque en lo passado erraron mucho, se reduzieron al servicio de Vuestra Magestad, quando las cosas de la communidad ivan mas prósperas, y entonces pudieran hazer grandissimo daño, y, con la mucha confiança que tuvieron en los offrecimientos que los hizimos, ellos se reduzieron al servicio de Vuestra Magestad, y en lo que han podido, cierto han emendado las faltas passadas. Y assí desseo que, por medio é intercession mia, los dichos don Pedro Lasso y bachiller de Guadalajara alcanzassen perdon, y que por mi mano se les diesse la provision que Vuestra Magestad mandare despachar sobre esto, y que no lo remita Vuestra Alteza, para quando venga, para mas brevedad de la expedicion della.

Ya se acordará Vuestra Magestad como por otra le screvi de quan fielmente le sirvió el obispo de Astorga en la casa del infante, vuestro hermano. Y porque parece que al mismo obispo se le hizo alguna afrenta en el destierro de la dicha casa, querria yo mucho que, en reparo y socorro de la onra y provecho deste obispo, que Vuestra Magestad tuviesse memoria dél en alguna destas vacantes, con que pueda sostenerse honesta y honradamente, como lo merece y se le deve. Y assí lo ruego á Vuestra Alteza, y que tambien se acuerde de mandar despachar el negocio del licenciado Alarcon, del qual podrá informar el secretario Covos á Vuestra Magestad, cuya vida y real stado Nuestro Señor luengamente guarde con toda prosperidad á su santo servicio.

De Victoria, á 15 de hebrero 1522.

Post-data. A lo demás me remito á lo que Vuestra Alteza verá por carta del dicho Lope Hurtado. Datum ut supra.

Sacrae Majestatis Tuae,
Excepta dignitatis ratione, servitor et pater,

A. ELECTUS PONTIFEX ROMANUS.

XII.

ADRIEN VI A CHARLES-QUINT.

Son élection à la papauté rendant vacante la charge d'inquisiteur général des royaumes de Castille, il propose à l'Empereur, pour cette charge, le général de l'ordre des Prêcheurs, l'archevêque de Santiago, l'évêque de Cordoue, ou l'évêque de Lugo. — Il l'engage à hâter son arrivée en Espagne, afin qu'il puisse le voir, avant son départ pour l'Italie. — Soumission de Tolède : grands services rendus par l'archevêque de Bari, qui prit part au dernier combat livré dans cette ville, et resta armé plus de vingt heures. — Galéasse détenue à Saint-Sébastien. — Recommandations en faveur de l'évêque d'Astorga et de don Alonso de la Cueva.

Vitoria, 19 février 1522.

Serenissimo é invictissimo príncipe, mi muy amado hijo, á 15 del presente screví ahora postreramente á Vuestra Serenidad, en respuesta del despacho que traxo Lope Hurtado; y no hallándome después con otras de Vuestra Magestad, diré por esta lo que se me offrece.

Ya vee Vuestra Serenidad que por esta eleccion de mi persona en el pontificado conviene proveer de inquisidor general de estos reynos; y aviendo yo pensado en estos dias con toda vigilancia en la buena provision deste cargo, se me ha acordado que cumpliria para ello el general de la órden de los predicadores, el qual me parece muy buen religioso, y zeloso del servicio de Dios, y persona de letras y de buena y recta consciencia; y allende desto creo que no se podria hallar otro mejor para ello en estos reynos. Pero no embargante todas estas calidades, no me he determinado de proveer el dicho cargo, sin saver primero la voluntad de Vuestra Serenidad. Y assí le ruego y exorto que luego me responda acerca desto; y en caso que no le pareciesse bien esta provision, me scriva y nombre Vuestra Serenidad para el dicho cargo otra persona recta y qual convenga al descargo de vuestra consciencia y de la mia. Tambien he pensado para esto en el arzobispo de Santiago, y en el obispo de Cordoa, y en el obispo de Lugo, los quales me parecen todos muy buenos para la onra y autoridad deste santo officio. Vuestra Serenidad lo vea, y escoja alguno, para que, savida vuestra determinacion, se cumpla luego acá, con la presteza necessaria. Y piense que á esto no se ha de tener respeto á otra cosa sino á lo del servicio de Dios y á la buena defension y ençalçamiento de nuestra santa fe.

Vuestra Magestad save que para lo de Italia no me podré detener mucho acá; y cierto, si me voy en vuestra ausencia, temo y rezelo que, ántes que Vuestra Magestad venga, todo lo destos reynos será perdido. Y para esto conviene que Vuestra Magestad ponga por obra su venida con toda la presteza que le fuere posible, para que de palabra le pueda hazer relacion de muchas cosas que he visto y savido, y tambien informarle de lo que cumple al bien suyo y de sus reynos y á la buena gobernacion dellos.

Ahora, por gracia de Dios, lo de Toledo stá assentado, como por otra mia avrá visto Vuestra Magestad, en lo qual cierto la presencia y buena industria y diligencia del arzobispo de Bari ha mucho aprovechado y fecho grandissimo fruto. Y en assosegar la dicha ciudad, el dicho arzobispo se ha visto en mucha afrenta y en infinitos peligros, y á mas desto se ha havido de armar algunas vezes, y al postrero conbate que huvieron dentro de la misma ciudad, salió este arzobispo con su cossalete á cuestas y spada en la mano, y diz que aquella vez stuvo armado mas de veinte oras: por lo qual y por lo demás cierto se le deve toda gratificacion. Y como quiera que Toledo stá assentado, crea Vuestra Magestad que, para conservar aquello y todos estos reynos, y para que no se altere lo concertado, y por lo que tengo dicho, cumple en grande manera vuestra presta venida.

A lo que le tengo scritto de la galeaza que stá detenida en San Sebastian, es menester y será bien que Vuestra Magestad mande responder luego su determinada voluntad de lo que se avrá de hazer della.

Mucho ruego à Vuestra Magestad, tenga memoria del obispo de Astorga en la una destas vacantes, como por otra le he scritto (1), y que tambien tenga por encommendado à don Alonso de la Cueva, que tanto le ha servido en todo. Guarde Dios la vida y real stado de Vuestra Magestad, con toda prosperidad, à su santo servicio. De Victoria, à 19 de hebrero 1522.

Sacrae Majestatis Tuae,
Salva dignitate, servitor et pater,
A. ELECTUS PONTIFEX ROMANUS.

XIII.

ADRIEN VI A CHARLES-QUINT.

Nouvelles diverses de France: dispositions hostiles des Français. — Danger qu'il y aurait à dégarnir l'Espagne de troupes, pour les envoyer aux Pays-Bas. — Nécessités que souffrent le Guipuscoa et la Navarre. — Dépenses faites à Pampelune et à Saint-Sébastien, pour la fortification de ces deux places. — Depuis le 9 février, où il a reçu les lettres du sacré collége sur son élection, il a cessé de prendre part au gouvernement de l'Espagne. — Dès le mois d'octobre, il avait mandé le général de l'ordre de Saint-Dominique, pour présider le conseil de l'inquisition à sa place, les affaires de l'État ne lui laissant pas le loisir de le faire lui-même.

Vitoria, 20 février 1522.

Serenissimo é invictissimo principe, mi muy amado hijo, á 15 y 19 del presente le tengo scritto largamente, como al recevir

---

(1) Voy. p. 56.

desta havrá visto Vuestra Magestad. Después se ha savido acá por spías lo siguiente:

Que el admirante de Francia murió subitamente, oy hay diez y seis dias, estando comiendo, y que parió la reyna de Francia un hijo, oy ay diez y ocho dias, y que hizieron su compadre al embaxador suyço, y que el dicho embaxador offreció al rey de Francia diez y siete mil Suyços para su servicio; y que moss^r de Borbon viene por capitan general á Bayona, y que trae seyscientas lanças gruessas, y que hazian el aposiento dellas á gran priessa en Bayona y su comarca; y que tienen y traen á Bayona muy muchos bastimentos, y que esta spia los vió ocularmente; y que hazen gente en la comarca de Bayona el señor de Samper y otros gentiles hombres;

Otrosí, que dan gran priesa en la armada de mar que hazen en la Rochela, y que es la fama della contra Guipuscoa; y que vienen seys mil Alemanes á esta frontera de Bayona, demás de los otros que ántes estavan en ella; y que publican rompimiento de guerra contra Ingleses, y que ya hazen toma de bienes dellos; y que dizen los Franceses que ya stan contentos que yo sea papa, porque speran de mi que haré pazes, las quales desean. Tambien dizen que dan mucha priesa en hazer isla á Fuentarabía, y que á la fortaleza de Ayrun han puesto por la parte de dentro sobre puntales, á fin que, si fuere exército de Spaña, la derriven, y que, si no va, la sostengan para guarda del passo de ay, y que á don Enrique de Labrit (1) sirven sus tierras de Bearn con seyte mil ballesteros pagados por quatro meses, y que él les suelta sus rentas que allí tiene deste año.

Visto lo susodicho, me parece que, si estos quatro mil soldados manda Vuestra Magestad yr allá, faltarán acá no solamente dineros, pero tambien gente: ca tanta necessidad ay de pan en Guipuzcoa y Navarra, y tanta difficultad de proveerse de otras partes de Castilla, por la distancia y por los malos caminos y por la

---

(1) Henri d'Albret.

careza de pan, que mucho temo que, si los Franceses vinieren con grande armada, tomaran todo lo que quisieren.

Ya por otras le he scrito que, si esta armada se fuesse allá, que avria acá falta de lo necessario; y cierto, quanto mas lo pienso, mas allo aver acertado en ello. Acá se gastan muchos dineros en Pamplona y en Sant-Sebastian sin fruto, y creo que desde enero fasta agora avemos gastado sessenta mil ducados, y aun cási no tenemos nada, ni pólvora, ni pan, ni artillería.

Desde 9 deste, despues de recevidas las cartas del sacro collegio sobre mi eleccion, huve de dexar la governacion, porque segun al parecer de todos no conviene que entienda yo mas en el firmar, y tambien, por los negocios del pontificado, á penas lo podria hazer.

En el mes de otubre llamé al general de la órden de Santo Domingo, para que presidiesse en el santo officio de la santa inquisicion, á fin que no se dilatasse la expedicion de los negocios del dicho santo officio, en los quales yo no podia entender como era razon, por el cargo que tenia de la governacion. Y assi será bien que Vuestra Magestad provea en lo de inquisidor general, como sele tengo scritto con don Alonso de la Cueva. Cuya vida y real stado Nuestro Señor guarde con toda prosperidad. En Victoria, á xx de hebrero 1522.

Iste qui est vester et suus,

A. ELECTUS PONTIFEX ROMANUS.

XIV.

ADRIEN VI A CHARLES-QUINT.

Il attend les trois cardinaux que lui a envoyés le sacré collége. — Il écrit à ce collége et à diverses personnes d'Italie; et, comme le chemin de France n'est pas sûr, il envoie ses lettres à son nonce près l'Empereur. — Il prie l'Empereur de les faire parvenir à Rome, et il l'engage à y joindre des lettres de lui, afin qu'il en résulte un meilleur effet pour tous deux.

Vitoria, 26 février 1522.

Serenissimo é invictissimo príncipe, mi muy amado hijo, ahora postreramente he scrito á Vuestra Magestad como al recevir desta habrá visto. Acá stamos sperando á los tres cardenales que vienen por parte del sacro collegio de los cardenales, y aun no savemos si vienen por mar, o por tierra con salvoconducto del rey de Francia. Y como las cosas de Italia son de la calidad que Vuestra Serenidad save, mientras que en estos reynos me detuviere, me doy toda priesa en screvir al dicho collegio y á otras personas y partes particulares; y con el recelo que tenemos que este postrero despacho que hemos embiado por Francia passe seguro, va ahora lo duplicado dél por essa via, en el qual ay cartas para el mismo collegio y para otros particulares. Y todo se remite á mi nuncio, segun allá lo podrá saver Vuestra Magestad: á la qual ruego, quan affectuosamente puedo, que luego lo mande embiar, y tambien que Vuestra Magestad vea allá lo que se deve proveer y screvir por su parte, y que todo vaya junto, para que aproveche mas á vuestro stado y al nuestro. Guarde Nuestro Señor á Vuestra Serenidad con toda prosperidad á su sancto servicio. De Victoria, á 26 de hebrero 1522.

Caesareae Majestatis Vestrae,
Salva dignitatis ratione, servitor et pater,

A. ELECTUS PONTIFEX ROMANUS.

XV.

CHARLES-QUINT A ADRIEN VI.

Réponse à sa lettre du 15 février. — Il le sollicite avec instance de hâter son départ pour Rome : déjà il a écrit aux capitaines de ses galères de Naples et de Sicile de se rendre en toute diligence à Barcelone, afin de se mettre à sa disposition. — Il détourne Adrien de prendre son chemin par la France : s'il le faisait, il donnerait occasion aux Français de parvenir à leurs fins, au grand scandale de la chrétienté. — Le roi de France lui envoie l'évêque de Paris, moins pour le féliciter que pour faire quelque mauvais office en Espagne : aussi l'Empereur le supplie de ne laisser entrer dans ses royaumes aucun envoyé français, et si déjà il en était entré, de leur donner congé incontinent, afin qu'ils s'en retournent par le plus court chemin. — Allégations inexactes du cardinal de Santa Cruz au sujet de l'élection d'Adrien. La vérité est que, de la part de l'Empereur, aucune personne particulière ne fut désignée au choix du sacré collège et des cardinaux, mais que don Juan Manuel, son ambassadeur, avant qu'ils entrassent en conclave, les invita à se ressouvenir de l'autorité, du mérite et de la doctrine d'Adrien. Charles invoque à cet égard le témoignage du protonotaire Enckevort. — Il assure Adrien que don Juan Manuel lui est tout dévoué. — Réclamation du canton de Zurich, pour la solde des 3,000 Suisses qui, au temps de la mort de Léon X, étaient au service de l'État de l'Église.

Bruxelles, 9 mars 1522.

—

Muy sancto padre y señor reverendissimo, la carta de Vuestra Beatitud de los 15 de hebrero reciví con grande desseo que tenia de saver de su sancta persona, porque, después de su bienaventurada eleccion, no avia savido cosa alguna fasta agora, de que estava con mucho cuydado; y me he alegrado summamente de su buena disposicion de salud, la qual plazerá á Nuestro Señor de continuarle con mucho acrecentamiento de felice vida.

Por el commendador Lope Hurtado, y después por muss^r de Latxaut (1) que está en camino, tengo dicho á Vuestra Santidad

---

(1) La Chaulx.

que para el bien de las cosas conviene haver grande celeridad en su ida en Roma : por lo qual y por el estado en que agora están las cosas de Italia, como quiera que sabe Dios querria ver á Vuestra Beatitud y descansar mis cosas con él como con verdadero padre, scrivo agora al dicho muss.^r de Laxaut mi resoluto parecer acerca de todo ello. Suplícole quan humilmente puedo que por el bien de las cosas le plega ponerlo assí por obra : que luego que reciví su carta, mandé despachar una posta, ordenando á don Juan (1) y á los visoreyes de Nápoles y Sicilia y á los capitanes de nuestras galeras que, vista la presente, se despachen y hagan su camino á Barcelóna con gran diligencia. Y no piense en hazer su camino por tierra en ninguna manera, porque ninguna seguridad le darán los Franceses que sea firme, y tenga por cierto que poner el pié en Francia Vuestra Santidad, seria haver ellos su optado, para que en Roma se passe á los que dessean y ponen en plática, en muy grande escándalo de toda la christiandad. El rey de Francia, diz que embia por su embaxador á Vuestra Santidad á moss.^r de Paris, y no será tanto por congratularse de su felice eleccion ni por otros fines del buen público de la christiandad, como por hazer con este color algun mal officio en essos mis reynos, como Vuestra Beatitud save que lo tentó en las cosas passadas. Ya vee el estado dellos y el daño grande que desto podria seguirse. Yo le suplico que, pues la partida de Vuestra Santidad es tan breve, le plegue desviar que personas del dicho rey de Francia no entren en los dichos mis reynos, con color ninguno. Y si, quando reciviere esta, fueren entrados, lo que no creo, provea en despedirlas luego, para que se vuelvan por el camino mas corto y mas derecho, porque de otra cosa podria seguírseme grande inconveniente, y soy cierto que no me lo dessea Vuestra Santidad.

    El cardenal de Sancta Cruz entre los otros ha embiado hombre á Vuestra Beatitud á fazer officio contrario de la verdad y no con-

---

(1) Don Juan Manuel.

veniente á su dignidad, ni á lo que él es obligado, como, despues de llegado el hombre de don Juan, lo havrá Vuestra Beatitud entendido, y tambien por moss^r de Laxaut de que llegare, como quiera que sin prueba alguna destas (1), era de creer que el dicho cardenal no era parte para hazer pontifice á Vuestra Beatitud, como se lo quiere persuadir. Y es la verdad que por nuestra parte nunca se nombró persona al collegio ni á cardenales particularmente para que la elegiessen, sino que scrivimos confortándolos en que fuesse persona qual conviniesse al bien de aquella silla y de toda la christiandad, como lo verá por el traslado de nuestra carta que va con esta. Y particularizando con ellos don Juan en la plática desto, ántes que entrassen en conclavi, les dixo que en respeto de los cardenales ausentes se acordassen de la autoridad, méritos y doctrina de vuestra sancta persona, que siendo palabras públicas estas, no eran de hombre que en lo secreto no ablasse mas estrechamente á este propósito, lo que se parece por el fruto de su eleccion; la qual el cardenal de Sancta Cruz, que dice que principalmente fué causa della, quando vino á apretarse, quiso estorvar porque, aviendo dado su voto, lo retrató, por desviar el acceso que los otros cardenales le davan. Y por el protonotario Ecenfort será Vuestra Santidad informado del respeto que el collegio de los cardenales dixo en su presencia que avia tenido en eligirle. De lo qual y de la razon que ay para tener á Vuestra Beatitud por propicio en mis cosas, se puede buenamente juzgar el officio que mis ministros avrán fecho en esta su eleccion. Este cardenal y algunos otros que llevan su camino han despues fecho y fazen officios que les hazen testigos de las intenciones que entonces tuvieron y tienen agora. Y Vuestra Beatitud entre los otros lo conocerá, principalmente en sus cosas y de su silla, y mucho mas quanto menos accelerare su ida, que por moss^r de Laxaut y Lope Hurtado y don Juan, que tambien gelo scrivirá, savrá particularmente como passan las

---

(1) Ce passage est peu intelligible, et parait avoir été altéré par le copiste.

cosas en Roma y en Italia después de su eleccion. Y como quiera que lo que don Juan ha fecho y faze para el remedio dello sea como nuestro ministro, y por la gran parte que nos cave de lo que toca á Vuestra Beatitud, tenga por cierto que en su particularidad le es en mucho cargo, y que le merece muy bien la gran   (1) que le hiciere : de lo qual le he yo sido y soy buen testigo, y Vuestra Santidad lo verá por las obras suyas.

El canton de Surich en Suyça dice que se le deve por la sede apostólica cierta parte del sueldo de tres mill Suyços que estuvieron en la guarda y defension del Stado de la Yglesia, al tiempo que falleció el papa Leon, de santa memoria. Estos han sido siempre devotos y muy observantes de aquella sancta silla y al sacro imperio. Suplico á Vuestra Beatitud que los aya por muy encomendados, y que en esta su pretension (2), por manera que tengan razon de contentarse. Nuestro Señor, etc. Brusselas, á 9 de março 1522.

---

(1) Ce blanc est dans le registre.
(2) *Sic* dans le registre; il doit manquer quelques mots ici.

XVI.

LOPE HURTADO DE MENDOÇA A CHARLES-QUINT.

Le pape, voyant que la venue des cardinaux tardait, a accepté l'élection par acte devant notaire et témoins, qu'il a envoyé à Rome, et il a fait dire aux cardinaux qu'ils ne viennent pas, s'ils ne sont partis à l'arrivée de son messager, parce qu'il se met en route. — Il a, en effet, quitté Vitoria le 12 mars. — Il vient de donner des ordres pour qu'on lui envoie ses galères. — Il est peiné du retard qu'il y a dans l'arrivée de La Chaulx. — Navires et soldats dont il se propose de se faire accompagner dans sa traversée en Italie. — Bulle de Saint-Pierre réformée dans l'intérêt de l'Empereur. — Besoins d'argent du pape. — Confiance particulière qu'il témoigne à l'évêque de Burgos. — Mendoça engage l'Empereur à écrire à don Juan Manuel, pour qu'il s'efforce de se rendre favorable Enckevort, car le pape n'est pas content de lui au sujet de l'élection. — Adrien a pris pour entendre aux dépenses de sa maison l'archidiacre de Tortose. Pour son service personnel, il conserve ses anciens domestiques qu'il aime tous, et en particulier Pierre, son premier valet de chambre. — Parmi les gens qui l'entourent, il n'en manque pas qui lui conseillent de rester neutre entre l'Empereur et la France. Mendoça engage Charles-Quint à gagner, par des pensions et des présents, ces serviteurs du pape, qui sont tous pauvres, spécialement François, son échanson, qui ne le quitte la nuit ni le jour. — Il lui recommande d'écrire fréquemment à Adrien, de le faire honorer par ses vice-rois d'Espagne, et de faire en sorte que ses galères arrivent avant les autres à Barcelone. — Le pape part, le 17, de Santo Domingo pour Logroño.

Santo Domingo, 15 mars 1522.

De todo lo que se ha ofrecido después que vine, que me parecia cosa que convenia ser avisado Vuestra Magestad cerca de las cosas del papa, lo he hecho con un correo que partió, llegado yo, y después con don Alonso de la Cueva y don Filippe de Castilla, como se avrá visto quando llegue esta. Lo que después se offrece es :

Que Su Santidad, viendo que la venida de los cardenales se tardava, acordó de acetar la eleccion por auto ante notario y testigos, y de embiar este testimonio al consejo, y escrivilles su yda. Y a mandado que los cardenales no vengan si, quando su mensagero llegue, no fueren partidos, y porque la tengan por mas certa, salió ántes de lo que tenia acordado de Victoria, que fué á doze deste. Embian con este despacho al criado del cardenal, Vique: parte oy de aqui á embarcarse en Barcelona, que por tierra teme que no le dexen passar, porque ha sido avisado Su Santidad que un correo que despachó por la via de Narbona, guiado á monsur de Tornoy, que lo llevaron á la corte de Francia, partió antes que el criado de Santa Cruz. Embia con este á dar priessa en la venida de sus galeras, y háme dicho Su Santidad que luego mandará despachar posta para Vuestra Magestad con el despacho que este lleva duplicado, y avisará á Vuestra Alteza de su partida y la armada que entiende llevar. Tiene pena de tardar tanto Laxao, é yo cuydado. Dios le trayga en salvamiento. En llegando no parará hasta Barcelona.

Ha concertado Su Beatitud de llevar veinte galeras y la galeaça de Venecianos que estava embargada y dos carracas y algunas naos. Cuéntanse desta manera quatro galeras suyas y un galeon, siete galeras de Vuestra Magestad que mandará venir de Nápoles, y las quatro de don Juan de Velasco que los governadores han proveydo para que vayan. Ha scritto á Genoa por otras quatro con las dos carracas. Lleva mil y quinientos soldados sin los passageros, que se haze cuenta de mil. Para esta gente ha mandado hazer vituallas, y en todo manda dar priessa. Muere por llegar en Roma. Ha hecho capitan de su armada al conde don Hernando: creo que será provechoso para las cosas de Italia, porque allá tiene mucha reputacion.

El papa fué avisado que en la bula de San Pedro no se avia hecho el assiento que era razon, y que Vuestra Magestad avia recivido gran daño, y mandólo ver, y hallóse que era ansi. Tornó á concertarse de nuevo, y ha avido grandes revueltas. En fin se ha hecho de manera que Vuestra Magestad gana mas de docientos y cinquenta mil ducados, y que será pagado mejor que ántes.

El papa me ha dicho que para su armada, que le costará mucho, y para sus necesitades, que quiere tomar algo: no sé lo que será; pienso que no mucho. Pues él lo ha de tomar, bien será que Vuestra Magestad se lo embie á offrecer. Al obispo de Burgos ha mandado entender en esto de la cruzada y en lo de su armada, y Su Santidad le muestra mucha voluntad. Él travaja de servir, y le ha dado algunas cosas, y temo que le ha puesto en tomar parte de la cruzada: no sé si me engaño. Está mas adelante que todos con Su Santidad acá, y en Roma Eckenfort. Deve Vuestra Magestad embiar á mandar á don Juan (1) que procure de contentalle, para quando el papa llegue, porque le informe de la verdad; y aun no se quiere satisfacer dél cerca de su eleccion. Ha tomado para maestro de su casa al archediano de Tortosa, que es un hombre viejo, y cuerdo y onrado, á lo que parece. Este entiende en todas las cosas de hazienda. En servicio de su persona tiene los que ántes, y á todos los quiere bien, especial á Pedro su camarero, y este es arta parte con Su Santidad. No falta quien dize á estos que el papa se deve mostrar neutral para hazer lo que cumple á Su Santidad y á ellos. Porque no vayan con esta opinion en Roma, pienso que seria bien que Vuestra Magestad á los que son de la Yglesia les diesse algo, diziendo que es de lo que tenia para dar al papa, y á los legos alguna manera de assientos ó dineros, porque todos están pobres, y con qualquiera lazeria se contentarian. Y háme hablado en esto Francisco, que le sirve de copero y de todas las cosas, y duerme en su cámara; quiérele muy bien. Seria provechoso que este se tuviesse por criado de Vuestra Magestad, para avisar de algunas cosas, porque de dia ni de noche no dexa al papa.

Vuestra Magestad siempre deve mandar despachar postas para el papa, requiriéndole de lo que quiere, y escrivir para sus visoreyes de todos estos reynos para que le sirvan, y deve mandar, si es possible, que las galeras de Vuestra Magestad vengan ántes que no otras, porque vea el cuydado que Vuestra Alteza tiene de Su Santidad, que es necessario; y mande Vuestra Magestad vengan bien proveydas de biscocho, porque acá con gran travajo se

---

(1) Don Juan Manuel.

puede aver el bastimiento que es razon para su armada, etc. El papa parte de aqui á 17 deste mes, y va á Logroño. Guarde Nuestro Señor la muy real persona y stado de Vuestra Magestad. De Sancto Domingo, á 15 de março 1522.

De Vuestra Magestad vassallo y servidor,
que sus muy reales piés y manos besa,

LOPE HURTADO.

XVII.

ADRIEN VI A CHARLES-QUINT.

Révocation qu'il a faite d'un bref de Léon X relatif aux émoluments de la bulle de Saint-Pierre, lequel était préjudiciable à l'Empereur. — Après avoir attendu La Chaulx à Vitoria jusqu'au 12 mars, il a quitté cette ville, pour se diriger, à petites journées, vers Barcelone. — A propos d'une galéasse vénitienne détenue à Saint-Sébastien, il se plaint des gouverneurs d'Espagne, qui montrent peu d'égards pour le siége apostolique et pour lui. — Son intention étant de consacrer tous ses soins à l'établissement de la paix entre les princes chrétiens, afin de pouvoir mieux résister aux Turcs, il prie l'Empereur d'y concourir, en adhérant à des conditions justes et raisonnables, et, en attendant qu'on puisse convenir d'une paix ferme et stable, de consentir à une trêve d'un ou deux ans. Il enverra pour le même objet, de Saragosse, une personne expresse au roi de France. — Le vice-roi de Naples étant mort, il propose, pour le remplacer, le duc de Najera, dont il fait un grand éloge : par là cesseront les inimitiés qu'il y a entre l'amiral et le connétable, d'une part, ledit duc et ses adhérents, de l'autre, et qui troublent la tranquillité de l'Espagne. — La place de trésorier de la maison de la contractacion des Indes étant vacante, il conseille à l'Empereur de donner à l'évêque de Burgos le pouvoir d'y nommer. — Affaire du licencié Alarcon. — L'évêque de Lugo, que l'Empereur a fait président de la chancellerie de Grenade, ne peut supporter le climat de ce pays; par sa science et par son zèle pour le service de Dieu, il serait propre à remplir la charge d'inquisiteur général, mais l'archevêque de Santiago la remplirait avec plus d'autorité et y serait mieux vu. Le général de l'ordre des Prêcheurs est aussi très-zélé pour la foi. L'Empereur connait l'évêque de Cordoue. Adrien fait des vœux pour qu'il choisisse entre eux celui qui convient le mieux à ce saint office : car la plus grande partie de sa prospérité en dépend.

Alfaro, 25 mars 1522.

Serenissimo é invictissimo principe, mi muy amado hijo, hallando á Vuestra Serenidad muy engañado por los thesoreros de la cruzada y de la bulla de San Pedro de Roma, porque, ocho ó nueve dias ántes de julio, fué impetrada la bulla de papa Leon mi predecessor, de pia memoria, por la qual dió á Vuestra Magestad todos los emolumentos que vendrian de la predicacion de la bulla de la fabrica de San Pedro y San Paulo para hazer guerra á los infieles de Africa, para la qual se dezia que Vuestra Magestad ya hazia armada, y que poco después, es á saver á quatorze del mes de setiembre del mismo año, el mismo papa Leon, annulando la dicha bulla, declaró que su intencion era y de nuevo concedió que todos aquellos emolumentos se diessen á Alonso Gutierrez y á Hernando de Spinosa y á Rodrigo Ponce, y que de tal manera se les otorgó que no serian obligados dar quenta ni á Vuestra Magestad ni á él ni á sus successores; é yo, veyendo esta absordidad y grande desórden, que lo que al principio era dado á Vuestra Magestad para obra tan sancta contra infieles procuraron que le fuesse quitado y concedido á ellos, y no para guerra contra infieles, ántes para sus propias utilidades, subornando ellos á vuestro embaxador de Roma con mil ducados, y al cardenal de Sanctayquatro con otros mil, y á muchos otros, de los quales ay algunos que no stan lexos de Vuestra Serenidad, revoqué aquel breve del papa Leon, y de nuevo, donde no aviades de haver destos thesoreros sino la tercia parte juxta el concierto fecho, yo quise que llevassedes dos tercias partes, y que la otra se guardasse y applicasse á la sede apostólica, la qual al presente stá en muy grandissimas necessidades; y no piense Vuestra Magestad ser obligado á guardar aquellos conciertos fechos con los dichos thesoreros, porque les impide nuestra revocacion. Y tambien; porque ellos no guardaron lo que en nombre de Vuestra Magestad se concluyó entre ellos y los governadores en la ciudad de Burgos, como manifiestamente os lo haré declarar con instrumentos y autos públicos sobre ello fechos, los quales están en las manos del secretario Juan de Vozmediano, acordé de hazer saver esto á Vuestra Magestad, para que, si por ventura, ó por los governadores ó por los thesoreros, se le scriviesse alguna sinistra informacion, sepays la verdad de todo ello como ha passado.

A treze de hebrero reciví las postreras cartas que tengo de Vuestra Serenidad con Lope Hurtado, el qual nos dió sperança de la venida de Lassao, que fuera dentro de cinco ó seys dias después de la llegada del mismo Hurtado, y stuvimos en Vitoria sperándole hasta los doze del presente, y dende entonces á poco á poco empeçamos nuestro camino á Barcelona, para que de nuestra yda á aquella ciudad se aconsolasse Italia, y tambien para que iendo assi á passo á passo, sperassemos desta manera la venida del dicho Lassao. Y como desseassemos la seguridad en la mar contra la tempesta, entendiendo que la galeaça veneciana que stá detenida en San Sebastian es tan segura en la mar que ni carraca ni galeras se pueden con esto igualar con ella, avemos desseado mucho hazer conducta de ella, como de fecho se hizo por quatro meses, mayormente porque entendimos de Lope Hurtado y de otros que Vuestra Serenidad avia tratado con Venecianos, y mandado dar cartas á que el patron fuesse relaxado con su galeaça y hazienda, aunque las cartas no han aun venido. Los governadores han fecho sobre esto difficultad, diziendo que no querian por seguridad mia dexar esta galeaça, sin que primero huviessen para ello cartas ó otra aparencia de la voluntad de Vuestra Magestad: yo he embiado Lope Hurtado á ellos, intimándoles que sobre esto yo contentaria á Vuestra Magestad. No se save lo que harán, que cierto harto poco favor amuestran á las cosas de la sede apostólica; de mi persona callo. Unos dizen que ellos querrian por via indirecta impedir mi passada á Italia, la qual es tan necessaria á Vuestra Magestad y á la conservacion de sus cosas quanto á la sede apostólica.

Yo entiendo de procurar con grande estudio la paz entre los principes christianos, para que con ella podamos resistir á los Turcos, y no se sufran tan grandes daños á la christiandad. Affectuosamente ruego á Vuestra Magestad haya por bien de mostrar á esto toda voluntad, y adherirse para ello á todas las condiciones que fueren justas, equas y razonables, y, para que se pueda concertar paz firme, consentays á treguas de uno ó dos años, para que con este medio se procure y lleguemos á la total paz:

ca dende Çaragoça acuerdo de embiar persona propria al rey de Francia para esto mismo, el qual entiendo que stá inclinado á paz, segun de palabra me lo ha embiado á dezir, para la necessidad y utilidad de la christiandad. Si los governadores no se determinaren de dexarme la galeaça, tomado salvoconducto del rey, me encomendaré á Dios y á la fortuna de la mar con otras naves.

Entendido avemos ser fallecido el visorey de Nápoles, é yo, viendo la disposicion destos reynos en que al presente stán, y las aviertas enemistades que son entre el almirante y condestable de una parte, y el duque de Nájera y sus adherientes de la otra, me ha parecido que no solamente será útil, mas aun es necessario para la paz y tranquillidad de los dichos reynos, sacar al dicho duque de ellos con causa honesta y con honra y sin afrenta dél, el qual cierto ha sido y es fidelissimo servidor de Vuestra Magestad, y siempre ha tenido mas respeto á la virtud y honestidad que á lo que cumplia á su ganancia y provecho. Y assí me pareceria muy bien se le diesse la lugartenencia ó visoreynado de Nápoles, lo qual soy cierto que aceptaria con gracia, y serviria con ello fidelissimamente á Vuestra Magestad; y con esto governando bien aquel reyno, cierto no seria poco el bien y provecho que de ello redundaria á la sede apostólica. Y en verdad, allende de otros respetos, deve Vuestra Magestad ahora mas amar y abraçar al dicho duque, siendo, como ha sido, echado del reyno de Navarra sin culpa, porque de ántes con sobrada fidelidad embió gente y armas para destruir y allanar las comunidades. Y después, quando pidió que se le embiasse la dicha gente y armas que avia embiado, huvo tanta dilacion en socorrerle della y de lo necessario, que le fué forçado dexar aquel reyno á los enemigos.

Entre las otras cosas de acá que me parecen que deven star siempre bien proveydas, es lo que toca á la casa de la contractacion de las Indias, porque de la buena órden y fidelidad que allí huviere resulta mucha parte del buen govierno de aquel señorío y de la seguridad de las rentas de Vuestra Magestad de aquellas partes. Y porque agora stá vaco el officio de thesorero de aquella casa, me parece que Vuestra Magestad deve proveer en aquel cargo persona idonea, el qual para su servicio y para el bien de la casa conviene; y porque no se podria esto mejor proveer que cometiéndolo al obispo de Burgos, para que él provea en aquel cargo tal persona, pues tiene mas esperiencia en las cosas de las Indias y de aquella casa, y tiene el desseo que Vuestra Magestad save de le servir en ello, y para que vuestra hazienda sté á recaudo, Vuestra Serenidad le deve screvir luego sobre ello, embiándole esta commission, assí porque la casa no sté sin official, como porque es assí menester, segun la confusion de libranças que sobre ella dan al presente, unas contra otras, que tienen la casa adeudada y sin el crédito que solia tener : y esto conviene mucho al servicio de Vuestra Magestad mandeys proveer luego como he dicho.

Mucho ruego á Vuestra Serenidad mande que se despache el negocio del licenciado Alarcon, de lo qual os he scritto algunas vezes, y diz que tiene la suplicacion el secretario Covos.

El obispo de Lugo, al qual proveystes de presidente en la chancelleria de Grenada, es venido acá, y ha padecido en aquel reyno tan grandes enfermedades que cási todos no tenian sperança de su vida, ni tan poco ahora parece que podria vivir mucho, si volviesse á Grenada y no mudasse de lugar. Él es hombre muy docto, y bien sincero en servicio de Vuestra Serenidad, y algo rezio: lo qual algunas vezes conviene mucho que assí lo sean, para lo que conviene en el assiento de las revueltas. Por otras he scritto á Vuestra Magestad que es menester proveer de inquisidor general, para al qual officio, assí por sus letras y por el zelo que tiene al servicio de Dios, parece que es muy idoneo: pero el arzobispo de Santiago, por razon de su dignidad, parece de mas autoridad y ser mas acepto á muchos. Tambien es muy zeloso de nuestra sancta fe el general de la órden de los predicadores, al qual le hé encommendado por otra. Del obispo de Cordoa, Vuestra Serenidad ha visto y sperimentado su buen zelo! Plegue á Dios de alumbrar á Vuestra Magestad en escoger el mas apto é idoneo para este sancto officio, y no tengays en poco esta provision, que cierto la mayor parte de vuestra prosperidad, quanto á lo de vuestra ánima y al mundo, depiende dello!

Guarde Nuestro Señor á Vuestra Serenidad á su sancto servicio. De Alfaro, á 25 de março de 1522.

Sacrae Majestatis Tuae,
Salva dignitatis ratione, servitor deditissimus,

A. EPISCOPUS SANCTAE ROMANAE ECCLESIAE.

XVIII.

DON JUAN MANUEL A ADRIEN VI.

Après lui avoir déclaré qu'il lui parlera en chrétien, qui ne veut rien de lui et n'a rien voulu de son prédécesseur, il lui dit que les lettres qu'il a envoyées à Rome ont produit un fâcheux effet, qu'il paraît ignorer les cardinaux qui l'ont servi et sont disposés à le servir, qu'il donne créance aux incapables et à des gens qui le servent mal. — Il ajoute qu'après Dieu, l'Empereur seul l'a fait pape, et entre dans quelques détails à ce sujet. — Il nomme les cardinaux qui se sont montrés contraires à Adrien, jusqu'à tâcher, après son élection, de faire un nouveau pape, avec l'appui de la France, et ceux qui lui sont dévoués. — Il lui fait connaître que plus de 300,000 ducats de meubles lui ont été volés, et impute d'autres méfaits au collège des cardinaux, dont il s'étonne que S. S. ait approuvé les actes. — Il lui rappelle les propositions qu'il lui a soumises précédemment pour le gouvernement de Rome et des autres terres de l'Église. — Il l'engage à ne pas se laisser gouverner par les cardinaux, auxquels il ne doit rien, et à fermer l'oreille à ceux qui lui conseillent la neutralité. — Il lui annonce le prochain départ des galères pour Barcelone. — Il voulait quitter l'Italie; mais les ordres exprès de l'Empereur l'obligent de rester à Rome jusqu'à l'arrivée de S. S. — Le sacré collège a contremandé le départ des cardinaux qui devaient se rendre auprès d'Adrien; ceux-ci s'en consolent, ayant en leur bourse 10,000 ducats qu'ils ont reçus pour les frais du voyage. — Succès des affaires de Lombardie. — Non-seulement c'est l'Empereur qui a fait Adrien pape, mais encore c'est lui qui a empêché qu'on ne revînt sur son élection; S. S. ne peut donc avoir de fils plus obéissant et plus dévoué.

Rome, 26 mars 1522.

Por otras dos letras, tal la una como la otra escrittas á 23 y 25 deste, hize saver á Vuestra Santitad en claro las vezes que le tengo scritto por mar y por tierra, y las desdichas que en ello han entrevenido. Bien creo que entre ellas avrán havido recaudo algunas letras : assi que por esta solamente diré en suma lo que tengo por mas sustancial. Recívalo Vuestra Santidad como de hombre christiano que no quiere nada de vos, ni lo ha querido del papa passado, que pudiera aver assaz. Digo que acá da inreputacion á Vuestra Santidad las letras que ha scritto, y peor ha sido las creencias segun de quien las ha fiado, porque parece que ignora los cardenales que le an servido y son para servirle, y da crédito á los inhábiles y malos servidores de Vuestra Santidad, y de quien acá se haze burla, y no sin causa, como Vuestra Santidad lo verá, si el Espíritu Sancto le avriere los ojos, quando acá venga : do conocerá que, después de Dios, solo el rey os ha hecho papa, porque os nombró estando ausente, y sus servidores cardenales estuvieron juntos y unidos con el cardenal de Medicis para hazeros espaldas ; y todos los otros que dieron votos á Vuestra Santidad, fué pensando que los que digo no tenian tal intencion ; y assi descargando aquel nublado de los vuestros, causó una agua limpia y saludable, causada no solo de ántes de entrar en el conclave, mas con letras que entraron estando en el dicho conclave por el Emperador, y ninguno de los otros fué parte para hazer bien. Y algunos de los cardenales á quien diz que Vuestra Santidad quiere dar crédito, procuraron de hazer todo el mal del mundo, y después de la eleccion han procurado de hazer nuevo papa con favor de Francia. Y para ello estavan y están juntos los cardenales de Volterra, Columna y Ursino, Ancona, Flisco, Come, Cavallon, Monte de los frayles de la Minerva y Araceli, Grassis, Grimano, Cornaro : dexo de dezir de Sancta Cruz y Vith, Trano, Pisano, porque, aunque no tienen buena voluntad, no hazen al caso. Y los que mas son cordiales de Vuestra Santidad son Medicis, y La Valle, y Sion, y Campegio, y Cesarino, y todos los otros Florentinis, y Cesis, y Farnesis. Y Vuestra Santidad hallará que está robado en mas de trezientos mil ducados de muebles, y procuran se pierdan los lugares de la Yglesia y vengan en manos de Franceses, y que se pierda vuestra jurisdiccion y que se venga en poder del collegio, al qual diz que Vuestra Santidad escrive que aprueva lo que ha hecho; y esto da ánimo á los que han hecho mal, y á los que lo quisieren hazer. No sé lo que a movido á ello á Vuestra Santidad; pero sé que no ha sido lo que le deviera mover, ablando humilmente y con reverencia, por lo que devo al servicio de la Yglesia, y al de vuestra sanctissima persona en especial. Y si Vuestra Santidad huviere de dilatar algo su partida, ya le he scritto lo que me parece que deve hazer de los legados, y con gran diligencia, para en Roma á Medicis, y en la guerra á Sion, y en las otras tierras de la Yglesia La Valle y Campegio. Acá se dize que hazen entender á Vuestra Santidad que le es muy necessario governarse por los cardenales, y mostrarse neutral á todos los principes. Vuestra Santidad tenga por cierto que no teneys nada del collegio de los cardenales, en general ni en particular, y que la neutralidad procuró con grande instancia el papa Leon: mas los Franceses tratavan de la manera la Yglesia y á su persona que no fué possible suffrirlo; ántes fué necessario, por salir del cautiverio de Francia, juntarse con el rey, como verdadero protector de la Yglesia y hombre de quien se podia fiar. Sepa Vuestra Santidad que los Turcos arman por tierra y por mar con grandissima manera, y se teme de los de la tierra en Ungria, y de los de la mar se teme en Apulla y en Sicilia y en Ancona, tierra de la Yglesia. Y porque esto se ha de saver presto, y importa lo que save Vuestra Santidad, se han detenido las galeras para vuestra bienaventurada venida: pero yo las embiaré muy presto, si alguna grandissima causa no lo impide, porque sé que Vuestra Santidad se terná por mas servida de tal detenimiento que de la ida de las galeras, pues puede tambien venir en naves tan á su seguridad y plazer; mas yo espero que muy ayna se savrá esto, y partirán con diligencia las dichas galeras á Barcelona, adónde podrán llegar allí ántes que llegue Vuestra Santidad. Yo fuera partido de Italia, sino porque el rey estrechamente me ha mandado que espere aqui á Vuestra Santidad; y como sea llegada, me partiré; y el rey proveerá en las cosas de acá como cumple al servicio de Vuestra Santidad y al suyo.

Los legados que avian de yr á Vuestra Santidad ya el collegio tiene determinado que no vayan, y ellos lo recivirán en paciencia, pues que tienen en su bolsa diez mil ducados que les dieron para el camino: pero con todo me dize Cesarino que se irá para Vuestra Santidad, legado ó no legado, y por cierto es un hombre de bien, mas no sé si el collegio le dará licencia. Las cosas de Lombardía van prósperas á Vuestra Santidad y al rey, y lo que tiene Vuestra Santidad en Lombardía ya estava en poder de sus contrarios, si la gente del rey no la defendiese: y no lo digo á Vuestra Santidad solamente porque soy vassallo y servidor del rey, mas por dezir verdad. Y no es menor verdad que no solo hizo el rey á Vuestra Santidad papa, mas que ha sido y es causa que no se a desfecho: assí que ellos que á Vuestra Santidad tentan de apartarle del rey, quieren destruyr la Yglesia y á Vuestra Santidad y á su gratitud. Háganlo por falta de saber ó por sobra de malicia, que bien conocido es que no podeys tener mayor ni menor ni mas obediente hijo que el Emperador. Dexada la deuda y lo que él ha hecho por Vuestra Santidad, no será pequeña causa para mas amarle y servirle, porque cada dia lo veemos en las cosas inferiores. De Roma, á 26 de março aº 1522.

XIX.

ADRIEN VI A CHARLES-QUINT.

Il lui envoie des lettres pour les Suisses sur des affaires qui regardent le service de l'Empereur et le bien de la chrétienté; il le prie de les faire parvenir le plus tôt possible à leur destination. — Il est arrivé ce jour à Pedrola, et compte entrer à Saragosse le lendemain. — Il s'étonne, ainsi que ceux de sa suite, du retard de l'arrivée de La Chaulx.

Pedrola, 28 mars 1522.

Serenissimo é invictissimo principe, mi muy amado hijo, desde Alfaro tengo agora postreramente scritto á Vuestra Magestad, como al recivir desta avrá visto. Con esta le embio unas cartas para los Suyços sobre cosas que cumplen á vuestro servicio, y al bien de la christiandad. Muy affectuosamente ruego á Vuestra Serenidad que con el primero correo que para allá se despachare las mandeys embiar á buen recaudo : que por lo que importan, reciviré en la buena y presta direccion dellas singular gracia y plazer. Yo he llegado hoy en este lugar, y entiendo mañana, plaziendo á Dios, entrar en Çaragoça, y dende allá proseguir nuestro camino. Y cierto todos stamos maravillados de la tardanza de Lassao, segun que Lope Hurtado nos dixo que avia de venir presto. Guiele Nuestro Señor, el qual guarde á Vuestra Magestad luengamente y á su sancto servicio. De Pedrola, á 28 de março 1522.

Sacrae Majestatis Tuae,
Salva dignitatis ratione, servitor deditissimus,

A. Episcopus Sanctae Romanae Ecclesiae.

XX.

LOPE HURTADO DE MENDOÇA A CHARLES-QUINT.

Continuation du voyage du pape, qui est attendu le 29 mars à Saragosse, où l'on présume qu'il s'arrêtera plusieurs jours. — Honneurs qui lui sont rendus partout, et dont il se montre satisfait. — Désir qu'il a de l'arrivée de M. de La Chaulx. — Discussions qui se sont élevées entre lui et les vice-rois de Castille, et qui lui ont laissé une fâcheuse impression. — Mendoça engage l'Empereur à écrire à tous les vice-rois de ses royaumes d'Espagne, pour leur ordonner de faire ce qui peut être agréable à S. S.—Dispositions du pape touchant la *cruzada*, dont il a nommé commissaire général l'évêque de Lugo, qui était président de Grenade. — Sauf-conduit demandé par le pape au roi de France pour l'archevêque de Bari, qu'il désire envoyer à l'Empereur. — Autre demande au même souverain, relative à des gentilshommes espagnols détenus à Marseille. — L'évêque de Scala, envoyé au pape par le sacré collége, arrive à Logroño, après avoir été détenu en France; nouvelles qu'il donne de ce pays. — Lettres écrites de Rome à S. S., pour qu'elle ne nomme point son légat le cardinal de Médicis. — Le duc de Najera veut obtenir du pape la mise en liberté de l'évêque de Zamora, qu'il tient prisonnier en la forteresse de Navarrete; Mendoça s'y oppose. — Arrivée à Pedrola de don Alonso Tellez : but supposé de ce voyage. — Nouvelles de la déroute des Français en Italie et de la mort de Lautrec; contentement qu'elles causent au pape. — Relations de S. S. avec l'évêque de Burgos. — Rapport qui lui sont faits touchant le cardinal de Santa Cruz et don Juan Manuel. — Démarches des cardinaux pour qu'elle fasse restituer à Santa Cruz la forteresse d'Ostie : elle s'en excuse. — Envoi de don Pedro Manrique au comté de Roussillon avec 200 lances et le titre de capitaine général : mauvais effet que produit cette mesure.

Pedrola, 28 mars 1522.

A 15 del presente screví á Vuestra Magestad sobre la carta con don Pedro Velez, porque ya don Felippe era ido. Con la presente embio la copia. Lo que después ay que dezir [es] que Su Santidad continua su camino. Llegará para Çaragoça á 29 deste mes. Tiénenle gran recivimiento, y en todos los lugares que ha passado le han hecho todos servicio : de que Su Santidad iva contento. Yva con pensamiento de tener la semana sancta en Monserrate. Hánle dicho que en Barcelona mueren : creo que se deterná algun dia en Çaragoça, fasta ser informado de la verdad. Plegue á Dios que traya á monsur de Laxao, porque le alcance allí: arto lo dessea Su Santidad, y tenemos gran temor, segun lo que tarda, no le aya acontecido algun desastre.

Los governadores y todos quedaron mal contentos con la partida del papa, y quedaron quexosos porque no les dió lo que le suplicavan, que eran mas cosas que las que Vuestra Magestad le pedia; y de aquí ha venido á haver gana de hazerle desabrimiento. El papa, por el nuevo assiento de la cruzada, y por el tiempo que alarga, y para sus necessitades y armada, queria tomar el tercio de lo que valiesse. Los visoreyes embiaron á dezir muchas cosas, por una instruccion, á Su Beatitud, y entre las otras un capítulo que dezian que no permitirian predicar la cruzada, si Su Santidad huviesse de llevar el tercio. Desto reciviò pena, y les respondió con passion. Juntamente con esto no le quisieron dar la galeaça hasta que viniesse mandamiento de Vuestra Magestad. Tornó á recivir mas enojo, y mandóme volver á mi de Calahorra á los governadores, y assi ellos hizieron de la galeaça lo que el papa mandava, y en lo de la cruzada embiáronle á desculparse. Yo les dixe quanto servirian á Vuestra Magestad en contentar á Su Santidad en todo lo que quisiesse. Dizen que assi lo harán. Como Su Santidad se acuerda de las cosas passadas, y ellos quedan como he dicho, pienso que podrán mal serville de manera que sea contento; y por esto seria bien que Vuestra Magestad les embie siempre á mandar que tengan mucho cuydado de serville; y assimismo se deve screvir á los otros visoreyes destos reynos, y mande Vuestra Magestad que se me embien las copias de lo que se les embiare á mandar, para que las muestre á Su Santidad.

Sobre lo de la cruzada, después que yo vine de Victoria, les ha escritto que no le hablen mas sobre ella, porque Su Santidad hará lo que Vuestra Magestad quisiere. De los cien mil ducados que queria, que dizen que seria la tercia parte, el obispo de Burgos me ha dicho que lo haria por ochenta mil, y pienso que tomará lo que Vuestra Magestad scriviere á Su Beatidud. Ha hecho commissario de ella al obispo de Lugo, que' estava presidente de Granada. Dizen que el obispo no quiere tornar mas á Granada. Háme dicho Su Beatitud que ha escritto á Vuestra Alteza sobre tanto que yo estava en Victoria. Vuestra Magestad le deve scrivir mostrando enojo de lo que los governadores han hecho. Hablé á Su Santidad para que escriviesse á Suiços y al marqués de Mantua la priesa que se dava en su camino, porque me [pareció] que importava. La copia de sus cartas embio á Vuestra Magestad con la presente.

Su Santidad despacha una posta al rey de Francia, pidiéndole salvoconducto para sobre (1) al arçobispo de Bari á hablarle, y para que desde allí passe á Vuestra Magestad el arçobispo. Glo (2) que quiere commençar negociacion de paz. Vuestra Magestad vea lo que es servido, y mande lo que en esto aga. Tambien le scrive, pidiéndole que suelte á don Francisco de Silva, el que embiava don Juan Manuel con la nueva de la eleccion, y á otros cavalleros españoles que están presos en Marsella, porque los tomó un cosario sobre la mar.

El obispo de Escalas, que era el principal mensagero que embió el collegio, llegó á Logroño. Hánle detenido en Francia; en fin el rey de Francia mandó que le dexassen passar. Entendido he que de Roma han embiado á supplicar á Su Santidad algunos cardenales y otras personas que no haga legado á Medicis. Su Santidad está determinado de no hazer ninguno hasta que vaya. Dize el obispo que en todo Languedoc no tiene el rey de Francia hombre de guerra. Labra á mucha priessa la fortaleza de Narbona, y fortalece el lugar. Quitó la governacion de allí á monsur de Tornoy, y dize que la dió al senescal de Carcassona. Arma muchas galeras fray Bernardino en Marsella : pienso que hará gran daño por aquellas partes de Cataluña y Valencia. ¡ Quiera Dios que no emprenda de passar á poniente, como hizo la otra guerra!

---

(1) Ce blanc est dans le registre.
(2) *Sic* dans le registre; il faut probablement lire *creo.*

El papa vino por Nájera, y el duque tenia al obispo de Çamora en la fortaleza de Navarrete, y supplicóle la libertad del obispo juntamente con don Diego Osorio su hermano, y travajó que el papa le viesse en Navarrete. Su Santidad con importunidades lo avia concedido. Yo le suppliqué que no lo hiziesse, y ablé al obispo de Burgos para que tambien se lo supplicasse, y assí Su Santidad no le vió. El duque tiene por muy liviano su delito, y pienso que importunará mucho al papa. Vuestra Magestad deve embiar á supplicarle lo que quiere que haga, y al duque que le tenga á buen recaudo, porque en este tiempo seria gran daño, si se soltasse.

Don Alonso Tellez es venido aqui, y tambien dezian que venia el marqués á Çaragoça. Ahora ay alguna duda, porque se le a muerto su hija la duquesa de Arcos. Dizen que entre otras cosas que quieren procurar con Su Santidad, que apruebe el adelantamiento de Çarçola que hizo la yglesia de Toledo. Yo he supplicado á Su Santidad en este caso no haga nada sin dar parte á Vuestra Magestad. Háme dicho Su Santidad que no le han dicho nada, pero, aunque se lo digan, no le hará. Vuestra Magestad escriva lo que es servido.

Por via de Sant Sebastian se ha dicho como los Franceses son rotos otra vez en Italia, y muerto monsur de Lotrech. ¡ Quiera Dios que sea cierto! Su Santidad ha mostrado contentamiento.

Al obispo de Burgos parece que cada dia le tiene el papa mas voluntad, y él tiene mas cuydado de servirle y contentar á los Suyços (1). Todos dizen que deve tener fin á capello. Creo que el obispo ha aprovechado para que el papa no vaya tan bien con Santa Cruz, porque ya le tiene por algo francés, y el obispo de Escalas le ha dicho que Sancta Cruz le quitó su voto, y tambien le ha dicho que don Juan Manuel nunca le quiso nombrar, por estar tan de Sion fiado de su eleccion. Y quantos de allá le escriven y vienen, le han dicho esto, y assí lo tiene por cierto.

---

(1) *Sic* dans le registre; il faut probablement lire *suyos*.

Los cardenales embiaron á supplicar al papa mandasse restituyr al cardenal de Sancta Cruz la fortaleza de Ostia, que dizen que es de su obispado, con el criado suyo que truxo la nueva de su eleccion, por tenerla Medicis. El papa lo puso por via de negociacion, pues aquella fortaleza importa tanto. Vuestra Magestad deve escrivir á Su Santidad lo que será bien que haga, que pienso que avrá tiempo para ello, aunque por parte de Sancta Cruz le dan arta priessa.

Los visoreyes han acordado de embiar á don Pedro Manrique, con docientas lanzas, por capitan general al condado de Rosellon y con sueldo de capitan. Dizen que en Cataluña les pesa, y al duque de Cardona, y que será mejor provision embiar las lanças á la frontera, porque quando necessidad hubiera, fuera el duque, ó otra persona de mas calidad, que, aunque don Pedro es buen cavallero, tiene poca hazienda; y escysaran aquella costa, pues ay tanta necessidad. Guarde, etc. De Pedrola, á 28 de março 1522.

XXI.

CHARLES-QUINT A ADRIEN VI.

Il a reçu ses lettres des 19 et 20 février. — Les personnes que le pape lui a désignées pour la place d'inquisiteur général en sont toutes dignes; mais il a dit à M. de La Chaulx son avis à cet égard, et son confesseur, ainsi que l'évêque de Palencia, en écrivent à S. S. Il attendra la réponse de S. S., pour prendre une résolution définitive. — Dieu sait combien il eût souhaité avoir une entrevue avec elle, avant qu'elle partît pour Rome; mais si elle retardait son départ, il en résulterait de si grands inconvénients pour le saint-siège et pour leurs intérêts communs, qu'il ne saurait trop l'engager à le hâter. Elle pourra suppléer à cette entrevue, en lui donnant ses conseils familièrement et librement « comme père » et comme maître, » puisqu'elle est aussi bien informée de ses affaires que lui-même, et lui les recevra « comme un vrai fils. » — Il est très-satisfait de l'archevêque de Bari. — Il écrit aux gouverneurs de Castille de se servir d'un autre prétexte pour détenir la galéasse vénitienne : la conduite de la république envers lui et envers le saint-siège ne mérite aucun égard. — Il est tout disposé à gratifier, à l'occasion, l'évêque d'Astorga et don Alonso de la Cueva que le pape lui a recommandés. — Il doute de la mort de l'amiral de France. — Les nouvelles des dispositions hostiles des Français lui font hâter les préparatifs de son départ : il insiste sur l'envoi des 4,000 hommes de pied qu'il a demandés. — Il trouve très-juste le motif pour lequel S. S. a cessé de s'occuper du gouvernement de l'Espagne; mais ce n'en est pas un pour qu'elle cesse de commander dans tous ses royaumes et États, qu'elle doit regarder toujours comme s'ils lui appartenaient. — Le connétable et l'amiral de Navarre. — L'évêque d'Astorga. — L'évêque d'Avila. — Le licencié Alarcon. — Le domestique du confesseur de la reine. — Don Pedro Lasso. — Le bachelier de Guadalajara. — L'Empereur s'en remet à tout ce que diront à Sa Sainteté M. de La Chaulx, pendant qu'il sera auprès d'elle, et depuis, le commandeur Lope Hurtado. — *P.-S.* Il insiste pour que le pape donne le chapeau à l'évêque de Palencia.

Bruxelles, 29 mars 1522.

Muy sancto padre, recevido he dos cartas de Vuestra Santidad, de los 19 y 20 del passado; y muestra bien su amor paternal en el cuydado que tiene de mis cosas y respeto á lo de mi reputacion y autoridad, acerca de la provision de inquisidor general dessos reynos : todo lo qual conforma con lo que yo espero de Vuestra Beatitud, y lo merece mi filial devocion y observancia.

Las personas que para esto me nombra son todas dignas, pero yo dixe á monsur de Laxaulx acerca dello mi parecer, y agora le scriven sobre lo mismo mi confessor y el obispo de Palencia, del mi consejo; y desseo tener respuesta á esto de Vuestra Beatitud, ántes que se haga la provision. Supplícole que tenga por bien que se dilate hasta entonces, que le escriviré resolutamente lo que en ello desseo.

Vérme con Vuestra Beatitud ántes de su partida para su silla, save Dios que desseo mas que otra cosa ninguna de las que ahora podrian offrecerse, porque me compliria mucho para mi consolacion, y para tomar su consejo en mis cosas, como de padre. Pero la necessidad pública es tan grande, y la dilacion de su yda trae de cada dia tanto inconveniente á aquella sancta silla y á las cosas comunes de entrambos á dos, como lo savrá por monsur de Laxaulx, que es muy justo preponer esto público y mas importante á mi particularidad, quanto mas que lo que con la vista no se hiziere, podrá suplir Vuestra Santidad, por me hazer singular beneficio, con cartas, scriviéndome su parecer y consejo familiarmente, como padre y maestro, quitado á parte lo de su dignidad, como agora lo haze, pues por la esperiencia está tambien informado de mis cosas como yo, y podrá libremente dezirme lo que en ellas me conviniere hazer ; y save que tomaré yo todo lo que me dixere como verdadero hijo. Lo qual le supplico quanto puedo que haga conmigo siempre; y su partida sea con celeridad : que no se le puedo encarecer la necessitad grande que ay de ella, demás de lo que le scrive Enckefort.

Del arzobispo de Barri me tengo por bien servido, y la recommendacion de Vuestra Santidad le crecerá el mérito para con mas voluntad gratificarle. Y en mi partida de aquí pongo muy grand diligencia, por la necessidad que Vuestra Santidad me scrive que ay della.

En lo de la galeaça de Venecianos, scrivo á los governadores que tomen otra occasion para deternerla todavía, sin enbargo de la cédula que se les ha presentado : que certificole que los officios que aquella república haze á la silla apostólica y á mí no merecen buen tratamiento, ántes todo lo contrario; y quanto mas va, mas crecen en mal hazer, como lo verá agora specialmente por unos traslados de cartas que embio á monsur de Laxaulx.

Al obispo de Astorga y á don Alonso de la Cueva avré por encomendados; y ofreciéndose occasion de poderlos gratificar, sea Vuestra Santidad cierto que la emplearé en ellos todo lo que buenamente pudiere.

Del fallecimiento del almirante de Francia no tengo aquí nueva : que si fuesse verdad, lo sabriamos; y quanto al apercevimiento que hazen Franceses para en esta frontera, por ello y por las otras cosas dessos reynos Vuestra Santidad save me doy mas priessa en mi partida. Los quatro mil infantes es menester que vengan en todo caso, porque son para assegurar las mares con la otra armada, y pone (*sic*) el serenissimo rey de Inglatierra conforme al tratado que tengo con él, al qual no puedo faltar en ninguna manera. Esto ayudará á lo dessas fronteras, porque es para mi camino, que con él se proveerá mejor á la defension dellas, y á la ofension de los enemigos. Supplicole que por su parte dé mucha priessa en el despacho desta armada, si Vuestra Beatitud no fuere partido quando esta llegare.

La causa porque ha dexado [de] entender en la governacion del reyno es muy justa, aunque no lo seria para dexar de mandar en ellos y en todas mis fortunas (*sic*) y Estados, como en cosa propia : que esto siempre lo ha de hazer y hallarlo á tan cierto como lo de su propia silla apostólica.

Téngole en singular beneficio el aviso que me dió por otra carta de lo del condestable de Navarra, al qual scrivo con esta posta conforme al consejo de Vuestra Beatitud. Que aya acceptado el almirante el salario, héme holgado mucho, y parece muy bien lo que me scrive de dar al obispo de Astorga la abadía de Sancta Martha por los vassallos de Pont-Ferrara, dando recompensa al doctor Manso, y assi entenderé en el assiento dél luego que fuere llegado en essos reynos, plaziendo á Dios. De la fortaleza de Langosto no he hecho provision alguna, y al obispo de Avila scrivo conforme á lo que me dize Vuestra Beatitud, que en verdad me ha muy bien servido y sirve; y assí es muy justo que él lo conosca en lo que le tocare. Al licenciado Alarcon tengo por buen servidor, y sé que ha hecho officio de tal, assí en lo que se ha offrecido en essos reynos como en avisar acá de todo lo que convenia; y con mi presencia miraré en gratificalle en lo que buenamente se pudiere hazer.

El assiento del criado del confessor de la reyna mi señora se ha fecho. En lo del alcalde Çarate no he proveydo de aquellos officios que pide, y dilatárseha esta provision y las otras hasta mi yda, que con la presencia se hagan mejor; y por lo que el alcalde me ha servido, y Vuestra Santidad lo encommenda, me acordaré dél, para hazerle merced.

Quanto á lo de don Pedro Lasso y del bachiller de Guadalajara, sea Vuestra Santidad cierto que mi desseo es complazer y servirle en todo. A monsur de Laxaulx se scrive acerca desto, el qual, mientras ay estuviere, y despues dél partido el commendador Lope Hurtado, le ablarán en todo mas largamente, y assí me remito á ellos.

Guarde Nuestro Señor y prospere luengamente su muy sancta persona, etc.

Lo del capelo del obispo de Palencia le supplico que no aya por mal que le sollicite por quantas le scriva, porque es cosa que cumple á mi servicio. Guarde, etc. De Brusselas, á 29 de março 1522.

XXII.

DON JUAN MANUEL A ADRIEN VI.

On lui a dit que S. S. est mécontente de lui ; comme il ne s'agit que de sa personne, il ne se plaindra pas, et il s'en remet à la vérité. Mais il lui importe d'établir que c'est à l'Empereur seul qu'elle doit son élection : c'est l'Empereur qui la fit nommer avant que les cardinaux entrassent dans le conclave, chose non usitée à l'égard des absents; c'est lui encore dont l'autorité, après l'élection faite, empêcha qu'elle ne fût annulée, comme le voulaient les cardinaux du parti français. — Ceux qui tiennent un autre langage, ou ne savent pas comment les choses se sont passées, ou regardent le pape, quoique savant, comme neuf en cette matière, ou sont animés de mauvaises intentions, ou pour le moins sont fort légers. — Il n'ignore point qu'il y en a bien peu qui diraient la vérité sur des choses qu'on ne leur demande pas, surtout lorsqu'elle doit être désagréable; mais il veut être de ce petit nombre : d'ailleurs, des inconvénients pourraient résulter pour le saint-siége de l'opinion erronée où le souverain pontife serait à cet égard. — Il prie S. S. de lui pardonner sa franchise; il n'aspire pas à avoir du crédit auprès d'elle, pour en obtenir des faveurs; il renonce à celles-ci. — Il suppliera aussi l'Empereur de l'excuser : car il sait que S. M. I. ne veut pas qu'on dise à S. S. des choses dont elle n'ait lieu d'être satisfaite : mais il met son devoir avant tout. — En résumé, il tient S. S. pour si sage et si raisonnable, qu'il espère qu'elle lui saura gré de tout ce qu'il vient de lui écrire.

Rome, 21 avril 1522.

—

Hánme dicho que Vuestra Santidad está mal satisfecho de mí; y como en toda cosa mia va poco, pássome por esto, remitiéndome á la verdad. Mas yo creo que Dios no se contentará que Vuestra Santidad dexe de reconocer el beneficio recivido del Emperador en vuestra creacion, porque, aunque Dios lo aya querido, no se podia hazer en hombre sino por mano de hombres; y assí quiso que el rey solo lo causasse, como se hizo, y no cupo en ello otro milagro ni otro amigo fuera ni dentro del conclave, sino Su Magestad, que le hizo nombrar ántes de entrar en él, cosa non usada con los ausentes; y executáronlo sus buenos amigos y servidores cardenales, ayudando desde fuera del conclave, y el autoridad de Su Magestad hechó el sello á lo que su voluntad assí commençó. Y los que assí no lo dizen, ó no lo saven, ó les mueve tener á Vuestra Santidad, aunque sabio, por nuevo en esto, ó porque tienen ó tuvieron otras intenciones dañadas, ó á lo menos son muy livianos. Y no fué menos obra del rey, que después de hecho esto no se deshiziese, en ausencia de Vuestra Santidad, procurándolo cardenales con espaldas de Franceses. Bien sé yo, muy sancto padre, que ay muy pocos que dixessen la verdad que no les preguntan, ni piensan ser grata en tal caso: mas yo quiero ser de los pocos, y no encubrilla á otro, quanto mas á Vuestra Santidad, en especial que, quando esta mala informacion fuesse adelante en su opinion, claro está quanto á Dios desplazeria este nombre que á Vuestra Santidad daria la gente, y el inconveniente que á la sede apostólica se seguiria, porque, aunque el rey os aya hecho sin vos, no puede salvar vuestra honra, estado y reputacion sin vos. Y sepa Vuestra Santidad que, fuera de los cardenales que digo, no le dieron los otros el voto sino creyendo que no avia de aver effeto, ó visto que no podian hazer otra cosa. Y doliéndome yo de lo que se podria seguir, no puedo sufrir de ablar de otra manera: mas espero en la misericordia de Dios que él alumbrará á Vuestra Santidad á ver y entender la verdad, por lo que en ella va á la Yglesia y á Vuestra Santidad, á cuyos méritos creo que la Divina Magestad terná assimismo respeto. Y Vuestra Santidad perdone que yo able claro, pues ablo lo cierto, y soy testigo de vista en este caso. Y porque no quiero tener crédito con Vuestra Santidad por recivir sus mercedes, por esta las renuncio. Y tambien me mande Vuestra Santidad perdonar, porque, estando las cosas en los términos que están, y hallándome aquí, sino mi pobre parecer (1), puesto que siempre sirvo en lo que puedo; y déxolo de dezir, porque me certifican que no seré creydo, y tambien porque pienso que micer Guillelmo Inckefort no dexará de dezir lo ne-

---

(1) Quelques mots doivent manquer ici.

cessario. Y aunque he supplicado á Vuestra Santidad de lo que he dicho, creo que con mas causa lo devo supplicar al rey, porque sé que no quiere que á Vuestra Santidad se diga cosa de que no aya de recivir mucho plazer : pero yo pospongo á ambos *por hazer mi dever, como quiera que tengo á Vuestra Santidad por tan savio y razonable que me terná en servicio quanto aquí digo.* Y esto me consuela en que caerá en entender quien son los que allá an ydo á informarle, y quien los embió, y quien lo aprueva, y quien lo entiende, y quanto son servidores ó deservidores de Vuestra Santidad, y como se toma acá lo que de allá ha venido fasta agora, porque da señal de descontentamiento terrible, y, á quanto yo creo, sin culpa de Vuestra Santidad. De Roma, á 21 de abril 1522.

XXIII.

ADRIEN VI À CHARLES-QUINT.

Il a reçu, le 10 avril, cinq lettres de l'Empereur : l'une de sa main, du 7 mars, deux du 8, une du 10, et la dernière du 29 du même mois. — Il se réjouit de la bonne santé de l'Empereur. — Il reconnaît qu'il lui importe d'accélérer son voyage : s'il s'est arrêté à Vitoria, c'était pour y attendre M. de La Chaulx, qui vient seulement d'arriver à Saragosse. — Il sera obligé de séjourner en cette ville, à cause de la pénurie de vivres qui se fait sentir à Barcelone et dans toute la Catalogne. — Il s'embarquera aussitôt que la flotte qui doit le transporter sera pourvue des choses nécessaires. — Il avait compté sur les galères de Naples et de Sicile ; mais il a appris, par une lettre du sacré collège, que don Juan Manuel ne veut pas les laisser partir, disant qu'elles doivent rester pour la garde de ces royaumes. Il en éprouve un vif déplaisir. — Nécessité de la venue de l'Empereur en Espagne. — Regrets d'Adrien de ne pouvoir conférer avec lui, avant son départ pour Rome. — Il a renoncé à passer par la France : sauf-conduit insuffisant que le roi a envoyé pour son nonce. — L'Empereur ne paraît pas avoir été bien informé en ce qui concerne le cardinal de Santa Cruz ; Adrien connaît particulièrement la manière dont ce cardinal s'est conduit lors de son élection. — Il est bien certain, d'ailleurs, que, s'il avait été au pouvoir de l'Empereur de faire élire qui il aurait voulu, il n'aurait pas porté son choix sur un autre que lui : mais, quant à ses ministres, il n'en a pas été de même, comme il s'en convaincra par les lettres de cardinaux et d'autres personnes. — Il fera droit à la prétention du canton de Zurich, en tout ce qu'elle aura de fondé. — Il a ordonné que la pension de 10,000 ducats pour le cardinal de Médicis sur l'archevêché de Tolède soit assignée par un bref, comme l'Empereur le demande, quoiqu'une bulle eût été nécessaire pour cela. — Galéasse vénitienne. — Mort de l'amiral de France. — La Chaulx a sollicité les gouverneurs pour l'envoi des 4,000 hommes d'infanterie désirés par l'Empereur. — Il a entretenu le pape touchant la charge d'inquisiteur général; Adrien en écrira à l'Empereur, à qui il recommande le docteur Manso pour un évêché. — Don Pedro Lasso de la Vega et le bachelier de Guadalajara. — Adrien recommande pour l'évêché de Tortose le protonotaire Enckevort, qui a servi l'Empereur pendant plusieurs années sans salaire. — Il se plaint de la difficulté qu'a faite don Francisco de Mendoça, de lui délivrer l'argent des fruits et rentes de l'archevêché de Tolède, *sede vacante*, qui sont dus à la chambre apostolique, suivant ce qui s'est pratiqué sous la reine Isabelle et le roi Ferdinand. — Mort du grand commandeur de Calatrava : recommandation en faveur de don Hernando de Silva. — Services rendus à l'Empereur par le comte de Haro. — P.-S. — Recommandations en faveur de l'évêque d'Astorga pour l'évêché de Pampelune. — Quelques nobles de Portugal cherchent à persuader leur roi de s'unir avec le roi de France, sur le fondement que l'Empereur fait peu de cas de lui. D'autres, plus prudents, lui représentent que ses prédécesseurs se sont bien trouvés de l'alliance avec la Castille, et l'engagent à demander la main de l'infante doña Catalina. — Adrien est d'avis que l'Empereur lui accorde l'infante, et qu'il charge sans délai La Chaulx de négocier cette affaire; il ne voit pas d'autre moyen d'empêcher une ligue entre le Portugal et la France. L'Empereur pourra contenter le duc de Saxe, en donnant en mariage à son neveu la reine douairière de Portugal. — Arrivée à Saragosse d'un gentilhomme du duc d'Urbin, qui a apporté à Adrien des nouvelles de son maître, a fait acte d'obédience et lui a promis fidélité, en son nom. — L'ambassadeur d'Angleterre et un envoyé du duc de Savoie ont également fait acte d'obédience envers lui, et il a reçu aussi la visite d'un ambassadeur du roi de Portugal, qui l'a félicité de la part de ce monarque.

Saragosse, 5 mai 1522.

Serenissimo é invictissimo principe, nuestro muy amado hijo, á 10 del passado recivimos cinco cartas vuestras, la una de vuestra mano, de 7 (1), las dos de 8, y la otra de 10, y la postrera de 29 de março, à las quales se responderá por esta à lo necessario.

---

(1) Cette lettre autographe de Charles-Quint du 7 mars a été donnée par le docteur Lanz, dans la *Correspondenz des Kaisers Karl V*, t. I, p. 58.

Huvimos gran plazer de saver de vuestra persona, porque después que Lope Hurtado vino, no avíamos savido cosa alguna fasta agora, de que stavamos con cuydado, y hémosnos sumamente alegrado de vuestra buena dispusicion de salud, que plega Dios sea por muchos años, con el acrecentamiento que desseays.

Quanto á lo de nuestra presta yda á Roma, conocemos bien lo mucho que importa y es necessaria la celeridad de ella; y como quiera que en estos dias passados nos detuvimos en Victoria, sperando la venida de mosur de Laxao, pues tanto se detenia, nos partimos de allá à los 12 de março, y pensando que nos alcanzaria luego, nos venimos á poco á poco, como por otras os lo avemos scritto. Y agora ha llegado acá Laxao, y nos detenemos en esta ciudad, por la mucha falta que en Barcelona y en todo aquel principado de Cataluña ay de bastimientos, specialmente de trigos, que no se pueden aver sino con grandissimo travajo: en lo qual se pone toda diligencia, para que, proveydo que sea para nuestra armada, podamos continuar y acelerar nuestro camino, aunque ahora se nos ha offrecido un nuevo cuydado, porque á 12 del passado recevimos cartas del sacro collegio de los cardenales, de 18 de março, en que nos scriven como avian ablado á don Juan Manuel sobre la venida de las galeras de Nápoles y Sicilia, y dizen que les a respondido que aquellas son muy necessarias para la guarda y defension de aquellas mares, y que por agora no convenia embiárnoslas: lo que cierto nos desplaze mucho, porque hazíamos cuenta y teníamos sperança de ellas, y vemos la grand falta que nos harán, y que se avrá de entender en remediarla, aunque no sin mucha fatiga. Y para que mas particularmente veays lo que acerca desto nos scrive el dicho collegio, os embiamos con esta traslado del capítulo tocante á ello.

En lo de vuestra venida, os dezimos que no es menos necessaria para estos reynos que la nuestra à Roma; y save Dios quanto querríamos véros ántes de nuestra salida de Spaña, por lo que cumple á vuestra utilidad y al buen assiento y conservacion de vuestro Stado, que aunque lo descansamos con Laxao, aprovechara mucho vuestra presencia acá para que os lo pudiessemos mas particularmente dezir ahora.

Lo de nuestro camino por tierra de Francia vemos bien que no conviene, y tambien creemos que no seria necessario prevemir el atajo de la venida del embaxador de Francia, porque un correo que nos ha venido de Roma passó por Francia, y diz que el rey le mandó dar salvoconducto para al nuncio que aora avemos de embiarle, el qual salvoconducto ha venido insuficiente; y assí le tornamos á embiar un correo nuestro á Lion, adónde el mismo rey stá.

En lo del cardenal de Sancta Cruz no nos parece que stays informado de lo cierto, porque el criado suyo que nos vino con un despacho no fué de su parte, sino de la del sacro collegio. En lo demás ha mucho que avemos savido particularmente la manera que huvo el dicho cardenal en nuestra eleccion, assí en el voto como después en lo del accesso. Y aunque acerca desto ay opiniones, soy bien cierto que de vuestra voluntad, si pudiérades con vuestro medio hazer la eleccion en nuestra persona, que no la quisiérades para otro: mas quanto á vuestros ministros, después que Vuestra Magestad aya oydo lo que nos scriven los cardenales y otros que trataron este negocio, mas facilmente conocerá la verdad. Pero no curaremos dello, que Dios save que querríamos mas star libre desta carga que con ella.

En lo que el canton de Surich diz que se le deve por la sede apostólica cierta parte del sueldo de tres mil Suyços, querríamos bien saver quanta es la suma, para screvir acerca de ella á los que tienen cargo de la hazienda de la cámara apostólica, á que lo provean en todo lo que es justo.

Lo de la pension de los diez mil ducados para al cardenal de Medicis sobre lo del arzobispado de Toledo, aunque era menester que aquello se despachasse por bulla, lo mandamos despachar por breve y conforme á vuestra voluntad, que cierto de todo el acrecentamiento del dicho cardenal holgaremos mucho.

En lo de la galeaça veneciana no nos parece que es menester ablar mas; que ya, segun entendemos, es yda.

Lo que os scrivimos del fallecimiento del admirante de Francia avíamos savido por una spía que entonces vino de Francia, y parécenos que ha sido lo contrario de lo que acerca desto nos dixeron.

Sobre los quatro mil infantes que se os han de embiar, ya nos ha dicho Laxao que lo a sollicitado con los governadores; y cierto la presteza dello cumple por los respetos que scrivís.

A Juan Matheo Giberto ternemos por encommendado en todo lo que buenamente ser pudiere.

En lo del cargo de inquisidor general nos ha hablado Laxao, y muy presto, plaziendo á Dios, os scriviremos nuestro parecer acerca dello. Pero todavía os rogamos tengays memoria del doctor Manso para alguna yglesia, como os lo avemos scrito por otras.

A Laxao hemos dicho los servicios de don Pedro Lasso de la Vega y los del bachiller de Guadalajara. Todo lo mire Vuestra Serenidad muy bien, que ya diximos al mismo Laxao las causas que nos movieron á interceder é instar al perdon destos dos.

Sobre lo del obispado de Tortosa nos scrive Vuestra Magestad que no proveamos hasta que sepamos vuestra voluntad; y pues soy certificado y visteis por obras la grande fidelidad, experiencia y virtud y rectitud del protonotario Enkevort, mucho rogamos y exortamos á Vuestra Serenidad querays que aya el mismo Enkevort el dicho obispado, que ya veys que os a servido muchos años sin salario ni otros provechos algunos, aunque no sin mucho travajo, y quanta razon es que sea gratificado de alguna parte de sus servicios; y á mas desto a de creer Vuestra Magestad que esta provision será recta, y que á todos parecerá buena.

Don Francisco de Mendoça ha puesto alguna difficultad en darnos los dineros de los frutos y rentas del arzobispado de Toledo, *sede vacante*, devidos á la cámara apostólica, lo qual no se solia escusar en tiempo de la reyna doña Isabel y del rey cathólico, de pia memoria, ni aun agora en vuestro tiempo, pues si en nos se huviesse de hazer en vuestros dias novedad, y peor que con los otros pontifices nuestros predecessores, ya podeys pensar quanta razon teníamos de sentirlo y maravillarnos dello, y que nuestros servicios, quando eramos *in minoribus*, no os lo merecerian. Pero, no embargante la difficultad que el don Francisco ponia en esto, segun dicho es, él nos libra lo que en aquel arçobispado se deve á la cámara apostólica, con offrecimiento que le hemos fecho que Vuestra Magestad terná por bien y grato todo lo que por esta razon nos diere. Y assí os rogamos gelo scrivays conforme á esto, y nos respondays sobre ello de vuestra voluntad.

Entendido avemos que el commendador mayor de Calatrava es muerto; y pues Vuestra Magestad save lo mucho que don Fernando de Silva os ha servido, y tiene las encommiendas de Otos y de Guadalherza que valen quatro mil ducados, singular plazer receviremos que, renunciando estas dos encommiendas el dicho don Hernando á quien fuere vuestra voluntad, le presenteys y nombreys á la dicha encommienda mayor. Y en caso que quisiessedes darla á don Garcia de Padilla, sea la clavería para al dicho don Hernando, con retencion enpero de Otos; y si acordassedes de dar la misma encommienda mayor á vuestro visorey Juan de la Nuza, tambien nos hareys gran plazer de dar los mil ducados que diz que tiene el dicho Juan de la Nuza en la mesa de Calatrava, al dicho don Hernando de Silva : que cierto, á mas de teneros lo bien servido y merecido, se le deve por los muchos robos y daños que hizieron los de Toledo. Y assí os rogamos lo mireys y lo hagays con el dicho don Hernando como es razon, y que á esto nos respondays.

El conde de Haro ha bien servido à Vuestra Magestad en lo passado, y no con poco gasto y travajo de su persona y hazienda : será bien que Vuestra Serenidad tenga memoria de sus servicios en todo lo justo y honesto, en lo qual reciviré plazer, y que entienda el conde que os lo he scrito como se le deve.

Guarde Nuestro Señor á Vuestra Magestad á su sancto servicio. De Çaragoça, á 5 de mayo 1522.

Sacrae Majestatis Tuae,
Salva dignitatis ratione, servitor deditissimus,
A. EPISCOPUS SANCTAE ROMANAE ECCLESIAE.

Posdata. Ya he scritto á Vuestra Magestad con quanta fidelidad os ha servido el obispo de Astorga, y cierto en las revueltas passadas pocos de su manera y profession tuvieron la constancia que él en vuestro servicio. Y porque parece que en cosas de armas y de guerra tiene alguna experiencia, y la yglesia de Pamplona staria y cabria bien en su persona, y tiene necessidad aquel lugar de obispo que allí resida, y dándose al dicho obispo esta yglesia, seria la gracia exemplar para otros á bien servir, nos parece que convendria por muchos respetos que la huviese; y assí os ruego lo mireys bien, y visto que sea, segun dicho es, á esto nos respondays de vuestra voluntad.

Quanto oydo avemos que en Portugal algunos nobles persuaden al rey que, porque parece que Vuestra Magestad le tiene en poco, por lo que dizen que se ha tratado entre Vuestra Magestad y el rey de Inglatierra sobre el matrimonio, y que con esto la infanta de Portugal queda sin matrimonio conveniente, que tambien el de Portugal no deve curarse de vos, y que se confedere con el rey de Francia, como los Franceses lo requieren, algunos otros mas prudentes persuaden al rey que assi como sus próximos predecessores se juntaron á Castilla para seguridad de su Stado, y les succedió bien, que tambien él se confedere con Vuestra Magestad, casándose con la infanta doña Catherina, vuestra hermana: pero, de qualquier manera que sea, no veo que podreys detener al rey de Portugal de la liga con Francia, sin que le hagays cierto del matrimonio con la dicha infanta doña Catherina. Creed que no se contentarán con offrecimientos generales. Por otra os hemos scritto que, si pudiéredes, con scrivir al duque de Saxonia, dando á su sobrino en matrimonio la reyna de Portugal, vuestra hermana (1), que todo podreys hazer honestamente, segun dicho es, embiando con presteza mandamiento á Laxao que procure el matrimonio del rey de Portugal y la infanta doña Catarina: que otramente temo que avreys presto nueva que este rey se avrá casado con vuestra prima sposa en Francia,

---

(1) Éléonore, sœur de Charles-Quint, avait épousé, en 1519, Emmanuel, roi de Portugal, qui mourut le 13 décembre 1521.

lo qual á mi parecer seria en mucho daño vuestro, por muchas causas que de la otra carta nuestra facilmente podreys alcançar. Datum ut supra.

Idem qui supra. A.

Después desto scritto, á 6 deste, nos a venido un gentilhombre que nos a embiado el duque de Urbino con cartas del sacro collegio y de algunos cardenales, por el qual nos ha significado que, llamado por el pueblo de su ducado de Urbino, ha cobrado aquel Stado de Urbino, excepto algunos lugares que nuestro predecessor, de pia memoria, papa Leo les avia anexado á la señoría de Florencia, los quales hubiera facilmente cobrado á fuerça de armas, si no pensara que nos enojaríamos dello, y tambien con su pueblo defiende en utilidad nuestra á la ciudad de Arimini, y a fecho paz con el cardenal de Medicis, para que con esto cessasse turbacion en las tierras de la Yglesia. Juntamente con esto, nos ha prestado la obediencia, y prometido guardarnos toda fidelidad, y tambien dixo que dos vezes le fueron embiados dineros á su casa de parte del rey de Francia, y los recusó tomar. Todo lo qual acordé de significar á Vuestra Magestad, para que entendays en [que] stado stán las cosas de la Yglesia, y cierto desto ni cosa de creer (1) que el cardenal de Medicis se aya juntado con los Franceses, ni que tan presto se aya de juntar. Sobre esto con la presente tengo scritto lo que avreys ya visto.

A 7 del presente, el embaxador de Inglatierra nos dió la obediencia, y tambien en el mismo dia nos vino otro embaxador por el rey de Portugal, pero no para mas de visitarnos por parte del dicho rey de Portugal, aunque lo hizo con mucha congratulacion. Antes de todo esto nos vino uno por parte del duque de Savoya, y nos prestó la obediencia (2).

Idem qui supra. A.

---

(1) Ce passage doit avoir été altéré par le copiste.

(2) En même temps que cette lettre, Adrien en écrivit une à l'Empereur, en français et de sa main, que le docteur Lanz a aussi publiée dans la *Correspondenz des Kaisers Karl V*, t. I, p. 60.

XXIV.

ADRIEN VI A CHARLES-QUINT.

Le grand commandeur de Calatrava étant mort, il lui demande cette dignité pour Juan de la Nuça, vice-roi d'Aragon, qui a rendu à sa couronne de nombreux et d'importants services, qui est l'un des deux plus anciens de l'ordre, et qui est doué d'expérience et de vertu. — Il désirerait recevoir la nomination de la Nuça avant de quitter l'Espagne. — Il a, par un bref, défendu à tous les membres de l'ordre de procéder à l'élection d'un grand commandeur.

Saragosse, 6 mai 1522.

Sacra Cesarea Magestad, aunque los servicios que allá y acá mossen Juan de la Nuça, vuestro visorey de Aragon, ha hecho á vuestra corona real son tantos y tales que sin él pedirlas Vuestra Magestad le deva hazer grandes mercedes, por quitar la duda que no estar presente allá le dañara, nos ha parecido escrivir esta carta á Vuestra Cesarea Magestad, para hazerle saver como el commendador mayor de Calatrava es muerto, y para pedirle nos otorgue y dé esta dignidad para el dicho vuestro visorey. Vuestra Cesarea Magestad no nos la niegue, porque si á nos fuera de proveer, por lo que á vos y al cathólico rey vuestro agüelo, de gloriosa memoria, fidelísimamente ha servido y sirve, ya se le huviéramos dado, aunque mas fuera, porque cave en él muy bien, y tiene voluntad para serviros con ello, y abilidad y autoridad para saverlo hazer; y allende desto por la propia órden suya se le deve, porque él es uno de los dos mas ancianos della, y de tanta experiencia y virtud quanta Vuestra Cesarea Magestad save. Prometiósele la clavería y no se le dió. Agora es tiempo de satisfazerle mejor, porque después ha servido acá, teniendo este reyno que Vuestra Magestad le encommendó, en tiempo de tantos bolicios y turbaciones de España, en tanta paz, que solo por esto se le deve eso y mucho mas, si bien se piensa el gran provecho que, por causa de tener en sosiego este reyno, á los otros reynos de la corona de Castilla y de Aragon se siguió. Nos avemos embiado á mandar á todas las personas de la órden, por nuestro breve apostólico, so ciertas penas y censuras, que no procedan á eleccion de commendador mayor por tres meses. Vuestra Cesarea Magestad cumpla esto por nuestro amor sin ningun impedimiento: que si alguno por alguna parte se pusiesse, nos lo suppliremos, para que Vuestra Cesarea Magestad nos otorgue esta gracia y cumpla con este cavallero; que nos somos testigo de los grandes servicios que ha hecho y haze, y esperamos que hará otros muchos, teniendo con que mas poderos servir. Y porque nos, ántes que destos reynos salgamos, le queríamos commençar á pagar el buen recivimiento y servicios que en este vuestro reyno nos ha hecho, Vuestra Cesarea Magestad por nuestra contemplacion le embie esta merced, la qual sin duda esperamos, por ser cosa muy justa, y él la tiene ya por suya, por ser nos quien la pedimos, y Vuestra Cesarea Magestad el que la ha de dar. A la qual Nuestro Señor guarde, etc.

De Çaragoça, á 6 de mayo de 1522.

Subscriptum manu propria: Sire, ayés souvenance des promesses que par plusieurs fois luy avés faict. Certes il mérite non-seulement ceste, mais aultre provision major.

Sacrae Majestatis Tuae,
Salva dignitatis ratione, servitor deditissimus,

A. EPISCOPUS SANCTAE ROMANAE ECCLESIAE.

XXV.

ADRIEN VI A DON JUAN MANUEL.

Il a reçu ses lettres du 25 et du 29 mars, et l'en remercie. — Ce qu'il lui écrit, les conseils qu'il lui donne, témoignent de sa grande prudence et du zèle qui l'anime pour le service de Dieu et du siége apostolique. Il y aura tout l'égard convenable. — Il n'ignore pas les pratiques de certains cardinaux : il remédiera à tout, à son arrivée à Rome. — Il le prie, en attendant, de continuer ses bons offices pour que la justice soit favorisée et les armes défendues. — Il charge Enckevort de lui parler sur les autres choses. — Il finit en le remerciant de la diligence qu'il met dans l'envoi des galères.

Saragosse, 17 mai 1522.

A. PP. VI.

Dilecte fili, nobilis vir, recevimos dos cartas vuestras, la una de 25 y la otra de 29 de março, con lo añadido del primero del passado, y vimos largamente lo que por ellas nos scrivis, lo qual nos ha parecido bien, y os agradecemos los consejos que en todo nos days : que cierto passays por todo cuerdamente, y parece bien que procede de vuestra grande prudencia y del entero zelo que teneys al servicio de Dios y de la santa sede apostólica; y assí podeys creer que miraremos en todo como conviniere, aunque bien savemos los diversos studios que los cardenales tienen, y que algunos dellos se arrepienten de lo que han hecho, y que, si viessen medios para revocar aquello, que lo harian : de lo qual os succede gran travajo. Y assí speramos que con nuestra llegada á essa ciudad, que mediante la gracia de Dios será tan presto que no será menester, todo esto se remediará y se proveerá en el buen assiento dello, como cumpliere al servicio de Nuestro Señor y bien y paz de la christiandad, que es lo que mas desseamos; y entretanto que nos llegamos allá, por nuestro amor, que no canseys ni dexeys de hazer en todo vuestro buen officio, assi en favorecer la justicia y en procurar que no sea agraviada, y juntamente con Ascanio Colonna hazer que las armas sean vedadas, como en todo lo demás que viéredes convenirnos, como de vuestra nobleza se spera, que bien podeys pensar que de todo ello ternemos el recuerdo que fuere razon, para os lo agradecer en lo justo y honesto.

Sobre las otras cosas os hablará Enckevort : mucho os rogamos que le deys entero crédito á lo que acerca dellas os dixiere de nuestra parte.

Somos á 17 de mayo en Çaragoça, y lo susodicho es triplicado de otra. Y despues havemos savido la diligencia que teneys en el embiar de las galeras, lo qual os agradesco mucho, y assi os rogamos la continueys, como lo confiamos, que ya veys la necessidad que tenemos dellas, certificándoos que toda la buena obra que en la presteza dello hiziéredes no quedará olvidada.

A. Episcopus Sanctae Romanae Ecclesiae.

XXVI.

ADRIEN VI AU SACRÉ COLLÉGE (1).

Il expose en détail aux cardinaux les causes qui ont retardé et retardent encore son arrivée en Italie, et leur recommande le bon gouvernement des États de l'Église.

Saragosse, 19 mai 1522.

Venerabiles fratres nostri, salutem et apostolicam benedictionem. Quinta hujus mensis dedimus litteras ad Circumspectiones

---

(1) Le manuscrit de Hambourg contient une lettre de la même date, écrite par Adrien VI au sénat et au peuple romain, et qui a pour objet aussi de leur expliquer le retardement de son arrivée en Italie.

Vestras, quas et paucis post diebus replicatas alia via misimus, quibus eisdem Circumspectionibus Vestris gratias egimus ob conceptam de incolumitate nostra laetitiam, et supplicationes ea de causa istic publice privatimque celebratas. Explicavimus item quod molestum nobis fuerat urbis Romae curiaeque romanae ac Status Ecclesiae totiusque Italiae perturbationem intelligere, et quod nobis non minus ardens esset desiderium quam Circumspectionibus Vestris istuc celerrime advolandi, eamque ob causam post biduum vel triduum Barchinonem versus iter arripere decrevisse, quae summatim repetere volumus, si forte litterae ipsae propter viarum discrimina intercidissent. Nunc vero causam explicabimus cur discessum nostrum ex hac urbe usque modo distulerimus. Igitur cum, praemissis sarcinis jam, quasi pridem in itinere posituri essemus, et Barchinone commeatus, qui nobis et iis qui nos sequuntur in paucos dies, quibus ibidem, interea dum naves per nos conductae ex diversis stationibus in unum congregarentur, sufficere poterant, paratas haberemus, et illa de qua nobis transeundum erat, praemissis magnae authoritatis viris, id ipsum providissemus, ecce significatur nobis utramque civitatem peste laborare; sumus coacti, mutato proposito, ne scilicet propter nostrum et nostrorum periculum contracta a classe labe etiam Italia inficeretur, alium locum portumque minime infectum quaerere, quo praemissis commeatibus pro morula paucorum dierum, quibus naves ex diversis locis conveniant, statim nos conferre, et inde quoad primum trajicere possimus, videre possint, ex hiis et aliis quae prius scripsimus, Circumspectiones Vestrae, quod varia se nobis post cognitam nostram electionem impedimenta obtulerunt, quae impatientissimum desiderium nostrum Italiam et urbem Romam adeundi retardarunt. Nam ut omittamus quod dilectos filios nostros legatos, a sacro collegio vestro designatos ut ad nos venirent, per multos dies expectavimus, primum fefellit nos spes quam de capitaneo galeatiae Venetorum certissimam conceperamus, cujus navis quamdiu in portu quodam Cantabriae ex mandato viceregis Castellae detineretur, nec modum videret quo, nisi sub umbra nostra, relaxari posset, promisit ille nobis usum navis suae ad iter nostrum, jamque quatuor mensium stipendium a thesaurariis nostris acceperat; at ubi a filio nostro Carolo Romanorum rege in imperatorem electo intellexit, se non declaratum hostem, et alia via quam per obsequium nostrum evadere posse, omnem spem nostram quam in eo collocaveramus destituit, ac redditis quae acceperat, iter quo voluit et prout ei placuit, arripuit. Insuper polliciti fuerant nobis mercatores genuenses caracas et alias quasdam naves suas ex Genua absque omni dubitatione brevissime ad nos venturas. Sed postea in locum navium litterae allatae sunt, significantes non potuisse illas mitti sine expresso carissimi in Christo filii nostri, regis christianissimi, assensu. Quid dicemus de triremibus et galeone Ecclesiae, necnon de illis dicti electi imperatoris quae Neapoli et Siciliae inserviunt, quas ipsemet imperator electus non semel scripsit se jussisse illico ad nos deduci; ut reputaremus nos illas et alteras Ecclesiae ac nostris quasi in manibus tenere. Ad haec accessit quod ex illis ipsis navibus, quas, spe nostra in omnibus supradictis delusi, nobis hinc inde in portibus Hispaniae provideramus, paucae vel potius nullae nobis remansurae erant propter trajectionem dicti imperatoris electi simul fere cum nostra concurrentem, nisi ipse filiali sua erga nos pietate nobis bonum earum numerum reliquisset, quae ejus mandato detentae sunt, ac jussae nobis potius quam Suae Majestati inservire, cui propter alia ingentia merita etiam hanc gratiam sedes apostolica non parvam debet. Ecce igitur difficultates quae nobis in profectionis nostrae molimine et in conquirendis tam commeatibus, propter penuriam hujus anni, quam navigiis, propter causas quas diximus, omni ex parte contigerunt; neque enim absque justa classe nos mari committere consilium fuit, ne, si quid forte sinistri accideret, quod tum ex communi omnium judicio, tum ex prudentibus Circumspectionum Vestrarum litteris, et praevidere et praecavere monemur, dum praesentibus malis studemus occurrere, in graviora, quod Deus avertat, incidamus. Sed placuit Deo ut, tam summa nostra diligentia quam memorati imperatoris et quorundam hic magnatum ac potentum ope, obstacula quae nos hucusque remorata sunt prope omnino superaverimus, nec quidquam obstiturum speremus, cum in portum venerimus, quod Deo adjuvante brevissime venturum est, quominus illico possimus vela ventis dare : ad quod unum, utpote ad id quod pectori nostro potissimum insidet, singulis horis omnes diligentiae atque industriae nostrae nervos intendimus. Interea Circumspectiones Vestras maximo hortamur affectu et in Domino rogamus, ut memores dignitatum atque officii sui, prout veros Ecclesiae cardinales decet, concordibus ipsi primum inter se animis, Urbis et universae ditionis nostrae paci ac tranquillitati pro virili studeant, prout litteris suis se facturas pollicentur, militum et conscriptionem, de qua ad nos fama pervenit, nisi quatenus nostris et Ecclesiae rebus necessaria sit, in terris nostris fieri prohibeant, populos nostros sua dexteritate et solita prudentia refrenent, et ad unitatem caritatemque attrahant, eidemque absentiam hanc nostram, quae, Deo dante, brevior quam credi possit futura est, quandoquidem non voluntaria sit sed necessaria, aequo animo ferant, proque compertissimo habeant nos ad dignitatem sanctae sedis et catholicae ecclesiae, cui nos licet indignos divina providentia per vestram electionem praefecit, hanc vitam ubique quidem et semper exponere paratos, sed nunc omnes cogitationes nostras ad hunc quasi scopum dirigere, ut jucundissimo et optatissimo sponsae nostrae et Circumspectionum Vestrarum adspectu citissime perfruamur : quo scilicet possimus et afflictis rebus cum Dei adjutorio utroque consilio succurrere, et Circumspectionibus Vestris, tum ob istam unanimem nostri electionem, tum ob res in nostra absentia bene gubernatas, si non pro meritis saltem pro virili, nostram gratiam coram referre. Reliqua quae scribenda erant dilectus filius Guillelmus de Enckevort, notarius et procurator noster, cui prolixe scribimus, Circumspectionibus Vestris plenius referet, cui eandem quam nobis habituri essetis fidem adhiberi cupimus. Datum Caesaraugustae, sub annulo piscatoris, die 19 maii 1522, suscepti a nobis apostolatus officii anno primo.

XXVII.

LE SEIGNEUR DE LA CHAULX A ADRIEN VI.

Bonnes nouvelles d'Italie. — La Chaulx engage le pape à envoyer des ordres à Rome pour que les Suisses soient remerciés, encouragés et bénits en son nom, et même à leur écrire directement. — Il lui représente que jamais il ne trouvera une occasion plus propice d'empêcher que les Français ne lui fassent dire messe « comme à prestre simple. » — Il s'excuse de lui parler aussi franchement; mais la vérité et l'intérêt de S. S. sont ses seuls mobiles. — Il lui fait entendre qu'avec les 6,000 Allemands que l'Empereur emmènera en Espagne, il saura mettre les Français à la raison.

Sans date (.. mai 1522?).

———

Très-sainct père, si très-humblement que puis à vostre bonne grâce me recommande. Moy estant mercredy dernier en une venta, à 4 lieues de Logroño, vint un courrier qui m'apporta aulcunes lettres, entre lesquelles l'on m'escripvoit que Vostre Saincteté m'envoyoit les bonnes nouvelles venues d'Italie, pour les dire aux seigneurs vice-rois; mais je ne receus lettres ni nouvelles de Vostre Saincteté : bien trouvay-je une vostre lettre adressante ausdits seigneurs vice-roys, laquelle je délivray audit courrier pour la leur porter, et lequel trouva le S^r admirante à Logroño, vers qui je fus le soir au souper, qui me compta lesdictes nouvelles, que je prie Dieu estre vrayes, et je croys que si sont-elles, pour deux raisons : l'une, pour ce que j'ay sceu en ce lieu que Nicolas de Grimaldo a eu lettres de Gennes assés conformes audictes nouvelles; l'aultre, que le S^r connestable aussy a eu nouvelles de don Bertrand de la Cueva qui est à Saint-Sébastien, qui contiènent qu'il y a eu quelque rencontre entre les gens de l'Empereur et ceulx du roy de France en Italie, et que ceulx de l'Empereur ont eu du meilleur; et puisqu'en France dient telle chose, faict à croire qu'il en soit plus qu'il ne dient.

Or, je loue Dieu qu'ainsi soit, car, si les Suysses seulement soyent retirés, je tiens les Françoys trop foibles pour soutenir le fais.

Il me semble que devriés escrire à diligence à Rome, donnant charge à qu'il vous plairat, soit à l'evesque de Veroli ou aultre, que, si ainsi est que lesdicts Suisses se soient retirés ou départis des Françoys, les en remercier de vostre part, leur donnant à entendre qu'en ce ils ont faict comme bons enfans de l'Église, non vouloir assister ceulx qui avoient entreprins sur le patrimoine d'elle, et les priant demourer en leur tel bon propos, et leur donnant élection, bénédiction et tous les honneurs qu'ils sçauroient oyr. Et s'il plaisoit à Vostre Béatitude leur escrire une bonne lettre, contenant en substance ce que dict est, et remettant le surplus à celuy qu'il vous plairoit nommer en la charge, il me semble qu'encore vauldroit-il mieux; ou, si aussi vous plaict et mieux semble, pouvés envoyer deux lettres, l'une seulement crédenciale et l'aultre contenant ce que dict est, remettant à celuy à qui les adresserés de s'en ayder selon qu'il verra les choses estre disposées. Je fusse bien d'advis que n'en escripvissiés plus ouvertement de cest affaire, ne fust que encoires jusques icy n'avez volu vous déclarer que vos gens ne se meslent de ceste guerre, bien qu'avez bonne cause de ce faire : car vous estes bien adverti de deux qui ont marché avec les Bentivolies vers Boloigne, qu'est terre d'élection, et si sçavés que ce qui meut le pape Léon fut pour l'emprinse faicte par les François sur la ville de Sène, dont tout le débat s'est ensuyvi.

Je vous escris mon petit advis, que je voudrois trouvassés si bon que de quelque chose il vous puisse servir et à l'Empereur. Je ne sçay, si vous failliez à ce coup, cy jamais vous trouverés temps plus propice de garder que les Françoys vous veuillent faire dire messe comme à prestre simple : à quoy maintenant pourrés facilement obvier, en seulement gaignant les Suysses par bonnes lettres, et au besoing ne devriés rien espargnier à leur donner de vostre part; et je ne fais doubte que l'Empereur, de la sienne, ne s'y fauldra, et non fera (sic) le roy d'Angleterre, comme je le crois : car, si la guerre est ouverte, comme l'on dict, en Escosse, chascun sçayt bien ce n'est sinon le duc d'Albanie qui la luy faict, mais le roy de France.

Je vous supplie, très-sainct père, si oyres Vostre Sainteté avoit desjà despesché pour Rome celuy qu'à mon partement deviés despescher, ne laissés de incontinent encor envoyer à toute diligence celle part : car, cependant que tel fer se trouveroit chaux, seroit requis d'estre batu; car perte d'un jour en tels affaires est aulcune fois la perdition du toutage, et au pis venir ne se peut en ce perdre que la despense du courrier. L'affaire est grand et de grande importance : par quoy ne fais doubte que le sçaurés bien considérer et y pourveoir, dont pour la fin de ceste article vous supplie. Il ne souffit point de dire que vous deffenderés les prés de vostre Église : car, si vous attendiez que celuy qui sera assailly et qui faillit à son entreprinse se puist faire fort et reprendre alliance (1), ne doubte point qu'il ne vous faudrat pas, et que le pourroit mener jusques à la raison. Vous le lui pourrés garder telle qu'il le devroit avoir selon Dieu et conscience, rendant à un chascun le sien. Et si vous escrips de cest affaire plus avant qu'il ne m'apertiendroit, vous suplie me le pardonner et prendre de bonne part : car je ne vous cuyde escrirre que vérité, et chose qui vous touche et à mon maistre, lequel luy estre par deçà, à ce qu'en puis entendre, n'aura faulte de rien, car avec les six mil Allemans qu'il amènera il trouvera argent et gens pour faire une telle alerme en France, que ceulx qui ont jusques icy troublé la chrestienté seroient tous ayses de vivre en paix avec leurs voisins, et jusques ils ayent une fois esté bien à la raison, jamais ne se fera chose qui vaille contre les ennemis de nostre saincte foy. Je ne me puis oster de ce propos, pour ce qu'il me semble que il est heure de y besoingner, ou jamais non.

---

(1) Cette lettre paraît avoir été mal copiée en plusieurs endroits; mais nous ne pouvons que la donner telle quelle.

XXVIII.

CHARLES-QUINT A ADRIEN VI.

Il a reçu sa lettre du 5 mai. — Il s'est réjoui de l'arrivée de la Chaulx, qui aura été auprès de S. S. l'interprète de sa dévotion et de son respect filial envers elle. — Il l'assure que ses galères de Naples et de Sicile seront à temps à Barcelone pour la servir : don Juan Manuel, qu'on a accusé à tort de s'être opposé à leur envoi, s'est employé pour qu'elles soient accompagnées de celles de l'Église ; mais, en cela et en d'autres choses importantes pour le service de S. S., il a trouvé peu de bonne volonté dans certains cardinaux. — Il ne dira rien de son voyage en Espagne, puisqu'il est en chemin pour s'y rendre. — Il sait gré à S. S. des renseignements qu'elle a demandés au sujet du cardinal de Médicis, avant de lui faire délivrer le bref des 10,000 ducats, renseignements que don Juan Manuel lui aurait donnés mieux que personne ; mais la conduite de ce cardinal rend ces renseignements inutiles, et il prie S. S. de lui faire remettre le bref, s'il ne l'a déjà. Il a toujours tenu le cardinal pour son bon ami, et il prie S. S. d'avoir en recommandation sa personne et ses affaires. — Quand il sera en Espagne, il verra ce qu'il pourra faire pour Enckevort, soit en le nommant à l'évêché de Tortose, soit en lui donnant autre chose, de manière à contenter S. S. — Bien que ses besoins soient grands, il écrit à don Francisco de Mendoça, pour approuver ce qu'il a fait, d'après les ordres de S. S., relativement aux fruits de l'archevêché de Tolède. — Il regrette de ne pouvoir conférer la grande commanderie de Calatrava à don Hernando de Silva : cette charge doit se conférer par élection ; s'il faisait autrement, il mécontenterait les membres de l'ordre, et même tout le royaume. — Il connaît les services du comte de Haro, et la recommandation de S. S. ne peut qu'augmenter sa bienveillance pour ce seigneur. — Il sait aussi que l'évêque d'Astorga l'a très-bien servi ; il a la meilleure volonté de le gratifier : mais l'évêché de Pampelune est déjà promis au cardinal Césarin, qui a bien mérité du siège apostolique et à qui S. S. a des obligations. — Il trouve très-bon le conseil de S. S. en ce qui concerne le Portugal. Dès qu'il sera arrivé en Espagne, il s'occupera de cette affaire, comme il l'écrit plus longuement à M. de la Chaulx, qui en rendra compte à S. S.

Londres, 9 juin 1522.

Muy santo padre y señor reverendissimo, por cierto tenemos que, con su amor paternal que nos tiene, se alegra summamente en recivir cartas nuestras y saver de nuestra persona, como nos lo scrive por lo suya que avemos recivido de 5 de mayo, y parécenos que no se recive con ello engaño por nadie. De la llegada del señor de Lacaulx á Vuestra Santidad nos avemos alegrado summamente, por el qual avrá entendido nuestra devocion y observancia de verdadero fijo que á Vuestra Santidad tenemos. En lo de nuestras galeras de Nápoles y Sicilia no tenga duda que llegarán á buen tiempo para servirle; y assí lo hiziessen en todo los que scrivieron á Vuestra Beatitud que don Juan Manuel escusava de embiallas. Y Dios save, y nos lo savemos, y Vuestra Santidad lo savrá, si el dicho don Juan les ha sollicitado á ellos el despacho de las de la Yglesia, para que vayan con ellas, y otras cosas de vuestro servicio no poco importantes, y el poco cuydado que mucha parte de aquellos cardenales a tenido y tiene dello. Y pluguiese á Dios que no lo tuviessen de desserviros. Pero plazerále de llevar presto con bien á Vuestra Beatitud en su silla, y conocer aviertamente las intenciones de las obras de los unos y de los otros en lo passado y en lo porveñir; y assí lo remitimos á ello.

En lo de la nuestra ida á essos reynos no ay mas que dezir, pues que hazemos el camino, sino supplicar á Nuestro Señor que nos lleve á buen salvamiento.

Al cardenal de Medicis avemos siempre tenido y tenemos por buen amigo, porque lo ha mostrado y muestra por obras. Tenemos á Vuestra Beatitud en singular beneficio la diligencia que mandó hazer ántes que se le diesse el despacho de los diez mil ducados, de lo qual le huviera informado mejor que nadie don Juan Manuel, nuestro embaxador; pero los officios del cardenal hazen que no aya necessidad desta informacion, y assí le supplicamos que le mande librar su despacho, si no fuere fecho, aviendo por muy encomendadas su persona y sus cosas.

Quanto á la yglesia de Tortosa, nos vamos en Spaña, y con nuestra presencia, visto lo que conviene, satisfaremos á Enckefort en ello ó en otra cosa, por manera que Vuestra Santidad tenga razon de quedar contento: que, por no avrir la puerta en la provision de las vacantes de aquellos reynos hasta nuestra llegada, no querriamos tocar agora en esto.

Vuestra Santidad save bien si tenemos necessidades para ayudarnos de lo nuestro y de lo ageno en el remedio y provision dellas : pero sin embargo desto scrivimos á don Francisco de Mendoça, teniendo por bueno lo que ha fecho, por mandado de Vuestra Beatitud, en lo de los frutos de Toledo : que en todo avemos de complazer y servirle, como es muy justo.

La provision de la encomienda mayor de Calatrava ha de hazerse por eleccion, como Vuestra Santidad save; y assí conviene ser nos llegado allá, ántes de entender en ello. Supplicamos á Vuestra Beatitud que lo tenga por bien, porque hazerse otra cosa seria dar mucho descontentamiento á los de la órden y aun á todo el reyno. Y en lo que me scrive de don Hernando de Silva, por contemplacion de Vuestra Santidad y por lo que él merece, se tendrá memoria dél, para gratificarle en lo que se pudiere hazer.

El conde de Haro savemos que ha muy bien servido, y demás desto hazérleha mucho fruto la recommendacion que Vuestra Santidad haze de su persona.

Nos conocemos que el obispo de Astorga nos ha muy bien servido y sirve, y assí miraremos con toda voluntad en su gratificacion; pero en lo de Pamplona no avrá lugar, porque, como Vuestra Santidad deve ya de saver, tenemos acordada aquella yglesia, con las condiciones que tenemos scrittas á Vuestra Beatitud, al cardenal Cesarino, y es persona benemerita de la sede apostólica, y á quien Vuestra Santidad es en cargo.

En lo de Portugal, tenemos por muy bueno el consejo de Vuestra Beatitud; y pues nuestra llegada en essos reynos será tan presta, plaziendo á Dios, entenderáse luego en assentar aquello, como lo scrivimos mas largo á mossur de Lacaulx, que lo dirá á Vuestra Santidad. Cuya muy sancta persona, etc. De Londres, á 9 de junio 1522.

XXIX.

ADRIEN VI A CHARLES-QUINT.

Le protonotaire apostolique Jean Borel, attaché à sa maison, qu'il avait envoyé à Rome pour notifier son acceptation au sacré collége, est de retour. Selon son rapport, tous les cardinaux s'en sont extrêmement réjouis; ils ont fait connaître au peuple romain le nom d'Adrien qu'il avait pris déjà et qu'il confirme maintenant, et ils ont fait imprimer l'instrument de son acceptation, pour qu'il en conste à toute la chrétienté. — Tous sont persuadés des grands dangers qu'ils courent, s'il n'arrive promptement à Rome. Ils ont envoyé à Barcelone le galion du siége apostolique, bien pourvu d'artillerie, avec deux galères et deux vaisseaux chargés de blé, de vin et des autres choses nécessaires à sa navigation. Ils ont, en outre, demandé à don Juan Manuel qu'il envoie en diligence les galères de l'Empereur : ce qu'il a promis, et, en effet, elles sont déjà arrivées à Livourne, et elles ne tarderont pas à être à Barcelone. De son côté, il s'occupe de lever des gens et de faire les autres dispositions qu'exige son voyage. — Le cardinal Césarin est débarqué à Barcelone; Adrien a chargé l'archevêque de Monréal de l'aller recevoir, de l'accompagner et de lui faire rendre les honneurs qui lui sont dus. — Il compte partir, dans quelques jours, pour Tortose, d'où il se dirigera sur Barcelone ou Valence, selon les renseignements qu'il recevra sur l'état sanitaire du pays : car la peste règne en beaucoup d'endroits, et à Barcelone plus qu'ailleurs; elle commence même à sévir à Saragosse. — Il écrit au confesseur de l'Empereur ce qu'il a négocié avec la reine mère de France. — Quelques-uns des prêtres qui ont été du parti de *la comunidad*, ont eu recours à lui, demandant que des juges leur soient assignés à Rome, devant lesquels ils puissent se disculper des délits qu'on leur impute, ou qui les châtient, s'ils sont trouvés coupables. Comme il est leur véritable juge, il lui paraît qu'il ne peut se refuser à les entendre. — Les Agramontais, qui, au nombre de plus de 400, sont bannis et errent dans les montagnes, lui ont présenté requête, disant qu'ils n'ont contribué en aucune manière à l'entrée des Français en Navarre, et que seulement ils leur ont obéi, après que Pampelune a été occupée par eux, et demandant rémission pour cela. Il est d'avis que l'Empereur use de clémence envers eux. — Plusieurs fois il a écrit à l'Empereur en faveur du docteur Manso, qui a beaucoup travaillé pour l'inquisition, et que peu d'autres, en Castille, égalent en vertu et en doctrine : il souhaiterait que l'Empereur le présentât pour quelque petit évêché de ceux qui sont vacants. — Il a fait connaître à M. de la Chaulx son avis sur la nomination à la charge d'inquisiteur général. — Il recommande à l'Empereur don Luis Ferrer, qui désire renoncer, en faveur de son petit-fils, à une commanderie qu'il possède.

Saragosse, 10 juin 1522.

Serenissimo é invictissimo príncipe, nuestro muy amado hijo, á cinco del passado, y despuès con el obispo de Astorga, tenemos scritto á Vuestra Magestad largamente. Ahora diremos por esta lo que al presente se offrece y conviene.

Ya es vuelto á nos el protonotario apostólico y familiar nuestro, Juan Borrel, al qual aviamos embiado á Roma, para intimar la acceptacion que de nuestra persona se hizo para al pontificado, y segun nos ha referido, todos los cardenales se han alegrado en grandissima manera de la dicha nuestra acceptacion, y que han publicado al pueblo romano el nombre de Adriano por nos de ántes tomado y por nos ahora confirmado; y para que esto llegasse á noticia de toda la christiandad, ordenaron que se imprimiesse el instrumento de la dicha nostra acceptacion; y que assí constasse en todo el universal mundo: pero con todo esso todos affirman los grandes peligros que corren, si con toda celeridad no fuessemos á Roma. Hánnos ya embiado el galeon de la sede apostolica, bien proveydo de artillería, y dos galeras, y dos naves cargadas con trigo, vino y otras cosas necessarias á nuestra navigacion. A mas desto, nos scriven que han rogado á don Juan Manuel que nos embiasse presto vuestras galeras para nuestra seguridad, el qual diz que ha prometido de lo hazer, y que assí se lo ha mandado Vuestra Magestad. Entendemos que ellas han ya llegado á Lyorna, y que dentro de pocos dias llegarian á Barcelona. Nos con toda celeridad damos órden en hazer gente y otras cosas necessarias á nuestro viaje, para que con presteza, con el ayuda de Dios, podamos llegar á Italia. El cardenal Cesarinis ha ya aportado á Barcelona, y avémosle embiado al arçobispo de Monreal á le recivir de nuestra parte, y para que le accompañe, y procure con sus amigos á que se le haga toda honra y buen tratamiento. Este miércoles primero siguiente, acordamos con la gracia de Dios de nos poner en camino hazia Tortosa, para que dende alli tomemos la via de Barcelona ó de Valencia, segun la disposicion de los lugares lo permitiere: ca cierto por estas partes hay muchos lugares y villas infectos de peste, y Barcelona harto mas, y aun en esta ciudad empieça ya. Nos, quanto pudiéremos, nos apartaremos de lugares infectos, á que por desgracia no se nos pegasse esta contagion en nuestra armada. Quando nos embarcaremos, avisaremos dello á Vuestra Magestad con toda diligencia.

Como quiera lo que con nos ha tratado el frayle menor á nos embiado por la madre del rey de Francia, y lo que á ello avemos respondido, á vuestro confessor lo scrivimos, para que á Vuestra Magestad solo lo refiera.

Algunos de los sacerdotes que contra Vuestra Magestad avian favorecido las partes de la communidad, pretendiendo ser innocentes dello, han recorrido á nos, pidiéndonos que se les assignassen jueces en nuestra corte, en presencia de los quales puedan expurgar y desculparse de los dichos delitos, para que no sean diffamados de lo que se les da culpa, y si fueren hallados tenerla, sean castigados. A unos parece que les devemos echar de cabe nos y de nuestra corte : pero, porque piden justicia, y la decision dello toca á nos y somos el verdadero juez de ellos, no parece cosa razonable que no les oyamos, y á demás desto, si los echassemos, tambien se irian à Francia y ayudarian á los enemigos. Aun dizen ser enemigos de aquellos que les dariamos jueces en el reyno, por lo qual han dañado á todos trahendo la communidad á sedicion y armas; y de derecho, quando por parte del culpado hay causa de inimicitia, aunque el juez dado no aya offendido á aquel, lo puede justamente recusar.

Una supplicacion nos ha sido dada por parte de los Agramonteses, que son mas de quatrocientos, y están desterrados de sus casas, y andan por los montes, diziéndonos por ella que no han induzido ni dado consejo ni favor á que los Franceses entrassen en Navarra (1), otorgándonos empero que después que ganaron á Pamplona obedecieron à los Franceses : de lo qual piden remission, con condicion que si fueren hallados culpables, y que ayan convidado á los Franceses á venir á aquel reyno, ó que les ayan dado para ello consejo ó favor, que en tal caso cada uno sea cas-

---

(1) Il y avait deux partis opposés en Navarre : celui des *Agramonteses* et celui des *Beamonteses*.

tigado conforme á la calidad del delito. Y cierto á nos parece que se les deve condecender á la dicha supplicacion, ca bien vemos que los principales que llamaron á los Franceses y les dieron consejo á invadir á aquel reyno, y para ello les ayudaron, que deven ser castigados: pero tambien vemos que con los otros se deve usar de toda clemencia.

Muchas vezes avemos scritto á Vuestra Magestad de la rectitud, bondad, doctrina y fidelidad del doctor Manso. Y assí cierto será gran loor vuestra le presenteys y nombreis á algun pequeño obispado destos que están aora vacos: ca en verdad él ha travajado mucho en el santo officio de la inquisicion, y teneys pocos en Castilla que le lleven ventaja en virtud ni en doctrina, aunque callo que pocos se le igualen.

De la provision de inquisidor general hablamos muchas vezes á moss^r de Laxao, y le dezimos sobre ello nuestro parecer. Y porque por sus cartas avrá savido Vuestra Magestad nuestra intencion, no lo replicamos por esta.

Las cosas de Castilla savrá Vuestra Magestad por cartas de los governadores, y assí las callamos con la presente.

Mucho rogamos á Vuestra Magestad tengays por encommendado á don Luys Ferrer, commendador de la Reyna, en un negocio que os scrivimos tocante á una encomienda que diz que quiere renunciar á don Luys Ferrer su nieto.

Guarde Nuestro Señor á Vuestra Magestad luengamente á su santo servicio. De Çaragoça, á 10 de junio de 1522 años.

Sacrae Majestatis Tuae,
Salva dignitatis ratione, servitor deditissimus,

A. Episcopus Catholicae Ecclesiae.

XXX.

LE SACRÉ COLLÉGE A CHARLES-QUINT.

Il représente à l'Empereur les dangers auxquels la chrétienté est exposée par l'invasion des Turcs en Hongrie et le siége qu'ils ont mis devant Rhodes. Il l'engage, par ce motif, à faire la paix ou du moins à conclure une trêve avec la France et la seigneurie de Venise, afin d'employer ses forces contre les ennemis de l'Église.

Rome, 4 juillet 1522.

Sacratissima Caesarea et Catholica Majestas, miseratione divina episcopi, presbyteri, diaconi sacrae romanae ecclesiae cardinales, Majestati Vestrae felicitatem. Quinas jam litteras ab obitu Leonis decimi a Majestate Vestra accepimus, quibus illa, pro suo sanctae romanae ecclesiae advocati officio praestantique pietate, nos assidue ad sedis apostolicae dignitatem tuendam hortata est, suamque ad id obtulit authoritatem, quam non frustra sensimus oblatam : illa enim suo nomine et clypeo ubique terras sanctae romanae ecclesiae tutata est et hodie tutatur. De quo quum gratias quantas Majestati Vestrae debebamus agere non possemus, litteris ejus respondere distulimus, animo habentes gratias potiusque agentes, referreque potius, si occasio foret, quam agere cupientes. Sed ad sanctissimum dominum nostrum interea scripsimus, pias oblationes Majestati Vestrae ei renunciantes, et pro ejus monitis ac nostro officio dignitatem sedis apostolicae (quantum absente capite nostro potuimus) tutati sumus, nostrasque terras, etsi attriti et exhausti diutino bello, tamen Deo authore servavimus : in quo fassi sumus et semper fatebimur praecipuam Majestatis Vestrae operam et pietatem in protegendis nostris fuisse, eique propterea, cum nos non possemus, Deum ipsum pro nobis gratias retulisse tot ei de hoste victoriis ubique concessis. Nunc autem Majestati Vestrae, quae sedem apostolicam intus a christianis defendit, est fides christiana foris a Turcis defendenda; atque utinam hoc liceret sponte a Majestate Vestra fieri, non necessario. Audivit enim Majestas Vestra quam impius Christi hostis Belgrado capto exultaverit, quas copias terra marique paraverit, armaverit, eduxerit : hinc Hungariae terra, inde Rhodo mari imminens. Scimus Majestati Vestrae Hungariam affinis regis provinciam non necesse esse commendare, quum jam percrebuerit conventus in Germania ad opem Hungaris ferendam celebratos; Rhodum potius atque Illyricum, imo Italiam atque Europam ceteram Majestati Vestrae commendamus : eo sane magis quo impius hostis non potest publice christianis caeteris nocere, quin noceat Majestati Vestrae privatim : sive enim ille Rhodo omissa, seu (quod Deus pro sua misericordia avertat) expugnata, in Occidentem se verterit, ubique ei Majestatis Vestrae regna occurrent Siciliense, Neapolitanum, Hispanicum, et in Illyrico non contemnendi portus; ad quae cum classe pervenire tam valida tam facile erit, nemine obstante quam nobis, nunc pronum est timere ne perveniat. Praeterea Majestati Vestrae, tamquam christianorum regum capiti, non solum suorum sed reliquorum Europae regnorum cura non est abjicienda, praesertim fidei tuendae rationibus accedentibus. Quae sane videtur a Majestate Vestra reposcere, ut cum tot victorias ei terrestres concesserit, ipsa Majestas Vestra, gladium pium ac sanctum pro sancta fide exerens, coelestes jam victorias promereatur, et Deo gratias reddat in ipsius defensione. Scimus Majestatem Vestram nostris stimulis in hac re non egere; meminimus enim insulam Jerborum paulo ante ejus auspiciis captam, portusque in Africa aliquot in mediis hostium oculis ac viribus ab ea possideri. Recordamur denique quid Majestas Vestra, tum Hispaniae regnum tenens, necdum ad romanum imperium evecta, quid ejus avus, tum imperator, clarae memoriae, legatis sedis apostolicae obtulerit, se scilicet ad hanc expeditionem sanctissimam non vires solum sed ipsa corpora ac vitas impensuros. En, serenissime Caesar, tempus nunc est ut fidei sacrosanctae caesarea et catholica fides exsolvatur. Non enim minus promissum Caesaris avique quam suum Majestas Vestra debet praestare, quum ut praestare posset eam Deus in Caesarem elegerit. Proinde, ne Majestatem Vestram nostris potius rationibus quam sua pietate et praestanti natura incitemus, omissis argumentis omnibus, ad pedes Majestatis Vestrae pro sancta fide provolvimur, eamque per Christum Dominum urgemus atque obsecramus, ut, initis cum Gallo et Veneto vel pace vel induciis, ad hoc bellum sese vertat totam, suo officio et consuetudini pariterque sanctissimi domini nostri desiderio satisfactura, interimque (quod ope subita indiget) velit omnibus omissis ad Rhodum tutandam validum auxilium quam propere destinare. Quae insula misera proximo hoste circumvallanda, Dei primum ac sedis apostolicae, inde Majestatis Vestrae, tamquam christianorum regum capitis, opem implorat; et quam omni affectu nec sine lacrymis Majestati Vestrae commendamus. Dominus Noster Jesus Christus Majestatem Vestram, suae ecclesiae advocatam, diu conservet. Datum Romae, in palatio apostolico, in nostra generali congregatione, die quarta julii M D XXII, sub sigillis nostrorum trium ex et a nobis deputatorum.

Caesareae Vestrae Majestatis devotissimi,

Episcopi, Presbyteri, Diaconi, sacrosanctae Romanae Ecclesiae Cardinales.

Blosius.

XXXI.

ADRIEN VI A CHARLES-QUINT.

Il a écrit en dernier lieu à l'Empereur le grand plaisir que lui avait causé son arrivée en Espagne. Depuis, le courrier qu'il avait expédié à l'archevêque de Bari, avec des dépêches pour le roi de France, est revenu. L'archevêque lui fait savoir que le roi lui envoie une personne de confiance pour communiquer avec lui, et qu'elle est à Narbonne, attendant un sauf-conduit de l'Empereur. Adrien prie l'Empereur d'ordonner, à la réception de sa lettre, l'expédition de ce sauf-conduit dans la plus ample forme : car le roi de France non-seulement lui en a fait délivrer un pour tous ceux et pour toutes les choses qu'il voudra faire passer par son royaume, mais encore il a donné des ordres dans tous ses ports pour qu'il puisse y débarquer ou s'y pourvoir des objets dont il aurait besoin, et lui a fait offrir l'escorte de toute son armée navale.

Tarragone, 25 juillet 1522.

—

Serenissimo é invictissimo príncipe, nuestro muy amado hijo, aora postreramente scrivimos á Vuestra Magestad del mucho plazer que huvimos de su venida á Spaña. Después es vuelto el correo que aviamos embiado al venerable arzobispo de Barri con el despacho para el rey de Francia, y scrívenos el mismo arzobispo como el rey nos embia una persona á él muy aceta para communicar con nos. Y el dicho correo nos dize que queda en Narbona, sperando salvoconducto vuestro. Y porque aora nos ha enviado con este despacho salvoconducto para todo lo que quisiéremos embiar por Francia y para todos los que fueren por ella, en compañia de nuestra familia y siguimiento nuestro, es menester que, luego en reciviendo esta, Vuestra Magestad mande despachar el dicho salvoconducto largo y en forma, y con toda diligencia embiárnoslo, para que luego gelo mándemos remitir á toda diligencia : ca pues Vuestra Magestad por gracia de Dios es en España, no se podria despachar sino por vuestra mano, y no pareceria honesto que este salvoconducto se le denegasse, pues el rey de

Francia con tanta liberalidad nos le dió para nuestro nuncio que allá reside. Y demás desto aveys de saver que embia salvoconductos á todos los puertos de mar para, si quisiéremos desembarcar en ellos ó tomar bastimientos, se pueda todo hazer seguramente, y tambien nos embia con el susodicho suyo otros salvoconductos, y nos ofrece toda la armada que tiene de mar, si de algo nos quisiessemos servir para este viaje : pero no acordamos de ampararnos della, aunque entendemos que Andrea Doria tiene buena voluntad de servirnos con sus quatro galeras. Y cierto holgaríamos de ampararnos dél para procurar de atraherlo á vuestro servicio, porque ganando á este seria gran medio para assegurar lo de Genoa. A todo lo susodicho rogamos y exortamos á Vuestra Magestad mandeys proveer con toda celeridad : á la qual Nuestro Señor guarde á su santo servicio. De Tarragona, à 23 de julio de 1522.

Sacrae Majestatis Tuae,
Salva dignitatis ratione, servitor deditissimus,

A. Episcopus Catholicae Ecclesiae.

XXXII.

LE SACRÉ COLLÉGE A CHARLES-QUINT.

Il l'informe des nouvelles, qu'il a reçues, de l'assiégement de Rhodes par les Turcs, et le supplie d'envoyer des secours à cette ville.

Rome, 26 juillet 1522.

Sacra Caesarea et Catholica Majestas, miseratione divina episcopi, presbyteri, diaconi, sanctae romanae ecclesiae cardinales,

Majestati Vestrae felicitatem. In ista hora nuntius de Rhodo venit cum magni magistri litteris, nuncians classem Turcarum Rhodum trajecisse et coepisse circumsedere; quarta decima praeteriti ipsum tyrannum Turcarum Rhodiis, nisi se dederint, bellum et excidium indixisse; decima septima classem trajici coeptam aliquotque villas in insula incensas; credibile jam esse nunc Rhodi muros toto ab exercitu obsideri. Haec nos cum eo dolore quo decet Majestati Vestrae, christianorum regum capiti, significamus, illam (quod et cum caeteris principibus christianis fecimus) orantes, per communem religionem et salutem, ut subitum aliquod subsidium Rhodiis transmittere velit, exemplumque se aliis principibus praebere, quod pie arripiant nec sine dedecore declinent. Scimus Majestatem Vestram a sanctissimo domino nostro super hoc eodem requirendam; sed et nos pro rei indigentia ad illam scribere voluimus, ad quos ut proximiores res primo delata est. Ad Majestatem Vestram pertinet, vel pro authoritate temporali summa, vel pro majorum suorum consuetudine, vel sua pietate maxima, gratiisque ob tot tantosque successus suos Deo omnipotenti referendis, curare ut Rhodii, et in eis christiana religio, non deserantur. Dominus Noster Jesus Christus prosperet et augeat Majestatem Vestram, cui nos sanctam fidem enixe commendamus. Datum Romae, die 26 julii, hora 15, 1522.

XXXIII.

ADRIEN VI A CHARLES-QUINT.

Il lui transmet une lettre de l'archevêque de Saint-Jacques, qu'il a envoyé dans le royaume de Valence, pour tâcher d'apaiser les troubles qui y ont éclaté. — L'Empereur verra, par cette lettre, que son arrivée en Espagne, au lieu d'engager les séditieux à se soumettre, n'a fait que les rendre plus opiniâtres dans leur révolte. — Adrien l'engage vivement à pourvoir sans délai à un mal qui, s'il n'était promptement arrêté, pourrait devenir irrémédiable.

Tarragone, 27 juillet 1522.

Serenissimo é invictissimo príncipe, nuestro muy amado hijo, entendiendo en estos dias passados los grandissimos excessos y alborotos en el reyno de Valencia, y por la mucha voluntad y desseo que teniamos del sossiego y buen assiento d'aquel reyno, nos scrivieron algunos que, si embiassemos allá alguna persona de autoridad, que facilmente podria aprovechar para al remedio dello; y nos, pensando que para esto conviniera y aprovechara mucho el arçobispo de Sant Iago, acordamos de embiarle allá, el qual despues de llegado en el dicho reyno, los de Xativa y Alzira han sido tambien criados que ni le han querido ver ni oyr; y assi acordó el mismo arçobispo de se venir á Valencia, y tentar alli quantos medios se han podido para la reduccion del dicho reyno, y no con poco travajo y destiento de su persona. Y como todo ha aprovechado poco, hános scritto la carta que Vuestra Magestad verá, la qual va con esta, en que parece que, si ántes stavan endurezidos, mucho mas lo stan ahora con la nueva de la felice venida de Vuestra Magestad á Spaña. Y porque el assiento de aquel reyno cumple mucho, por infinitos respetos, quan affectuosamente podemos, rogamos á Vuestra Magestad que, considerando lo que aquello importa, que ahora luego, y lo ántes que pudiéredes, lo mandeys veer y proveer con toda presteza, ántes que la cosa se ancone (?) y emponçone mas, porque à la verdad, segun aquel reyno stá ya destruydo, es de pensar y creer de cierto que, si en la provision dello huviesse dilacion, que se perderia del todo y sin remedio alguno. Y pues Vuestra Magestad vee el zelo y aficion que á esto nos mueve, por nuestro amor que lo recivays y os hagays en ello con la voluntad que nos deveys. Guarde Nuestro Señor á Vuestra Magestad á su sancto servicio. De Tarragona, à 27 de julio 1522.

Sacrae Majestatis Tuae,
Salva dignitatis ratione, servitor deditissimus,

A. EPISCOPUS CATHOLICAE ECCLESIAE.

XXXIV.

ADRIEN VI A CHARLES-QUINT.

Au moment de mettre à la voile, il croit devoir l'avertir de choses qui intéressent son service. — Il a appris que le prince Henri d'Albret est mécontent du roi de France, parce que le roi a voulu conquérir la Navarre, non pour lui, mais pour M. de Lautrec, et qu'il a poursuivi sa sœur avec une ardeur telle qu'on la soupçonne d'avoir cédé à son amour. — Il lui parait que l'Empereur devrait profiter de cette occasion, pour tâcher de s'arranger gracieusement avec ledit prince sur ses prétentions, et par là affermir la paix dans la Navarre. — Avis qu'il a reçus du gouverneur de Perpignan, et qui concernent, entre autres, ce qu'il y aurait à faire pour s'emparer de Narbonne : il se tait sur ce dernier point, parce qu'il s'agit d'une sorte de trahison, et qu'il ne veut pas parler de moyens contraires à l'honnêteté. — Il aurait désiré avoir une entrevue avec l'Empereur; mais les lettres qu'il reçoit de Rome, de Gênes et des autres parties de l'Italie ne lui permettent pas de différer son départ. — Il aurait surtout voulu communiquer avec lui de la négociation de la paix ou d'une trêve avec le roi de France, sachant qu'il y est contraire, parce qu'il parait qu'il n'y aura aucune sûreté dans la paix, sans qu'on ait tiré tant de plumes audit roi, qu'il ne puisse plus voler à sa guise : mais, d'autre part, il voit la chrétienté exposée à un grand péril par la puissance du Turc, et il trouve qu'il faut pourvoir au danger le plus grave; en subordonnant ses intérêts particuliers à ceux de la foi et de la religion chrétienne. — Il écrit là-dessus au roi d'Angleterre et au cardinal d'York. — Il a appris que le roi de Danemark a quelques pratiqués avec le roi de France; il engage l'Empereur à veiller à ce qu'il n'en résulte aucun mal pour lui ni pour le roi d'Angleterre. — Dans la situation où sont les royaumes d'Espagne, il craint que l'Empereur ne puisse supporter, sans grand dommage, les dépenses de la guerre : il estime donc qu'il ferait bien de prendre quelque repos, pour recouvrer des forces, et s'occuper de la bonne administration de ses États. — Conduite du roi de France envers Adrien. — Efforts du duc de Milan pour subjuguer Parme et Crémone. — Recommandation en faveur du cardinal Gilles. — Arrestation, en Aragon, du capitaine Barnabé, qui a été l'un des chefs des séditieux à Valence. — Demande d'une pension pour le fils du régent Figueroa. — Recommandation en faveur de Mafeo de Tassis.

De sa galère, dans le port de Tarragone, 5 août 1522.

—

Serenissimo, etc., porque el tiempo de nuestra navegacion se allega, y estamos ya para hazer vela, avemos acordado de admoner á Vuestra Magestad de las cosas que parecen convenir á vuestra utilidad. Nos avemos entendido de uno á quien es noto todo el secreto del príncipe don Enrique de Navarra, que se contenta mal del rey de Francia, porque quiso tomar el reyno de Navarra, no por el dicho príncipe, sino para monsur de Laustrec, hermano de monsieur de Masparros; y de otra parte parece que ha proseguido con grandissimo amor á la hermana del dicho príncipe don Enrique, y en tanta manera que hay grande sospecha dello de la inhonestidad della. Todo esto os dezimos, para que con medios de amigos procureys secretamente de atraher á vos al dicho príncipe, y hazer con él sobre el dicho reyno una composicion graciosa para firmeza de la paz en aquel reyno. Otrosí el governador de Perpiñan nos ha significado que el uno de los huetanos que traviessan la cerca de aquella villa sale á la casa de Beltran de la Sala : es menester que de aquello proveays y hagays gracia particular á la dicha villa. Aun nos ha significado otras cosas semejantes, con las quales facilmente os podriades procurar Narbona; mas, porque tacitamente avria de entrevenir en ello traycion, no queremos ablar de medios inhonestos.

Quisiéramos mucho ablar con Vuestra Magestad; mas tanto

nos spantan las cartas que nos vienen de Roma y de Genoa y de otras partes de Italia, affirmando que todas cosas van á perdicion y que summariamente no se les puede dar remedio sin nuestra presencia, que no osamos tardar ni dilatar nuestra partida. Y cierto quisiéramos mucho communicar con Vuestra Magestad sobre el negocio de paz ó treguas con el rey de Francia, porque savemos que vos stays movido á lo contrario, en tanto que parece que ninguna seguridad de paz podria aver sin que se saquen tantas plumas al rey de Francia, mayormente las agenas, á que á penas no pueda mas volar á su voluntad : pero, como de otra parte vemos el peligro de la christiandad por la grande y tyranna potencia del Turco y del grandissimo hervor que tiene á sujuzgar á sí la christiandad, nos parece que se deve proveer al mas grave peligro; y si guardaremos y defendieremos la razon de nuestra fe y religion christiana, y si tuvieremos por mejor padecer detrimento en nuestras cosas particulares que no consentir que las cosas de la christiandad se menguen, Dios nos ayudará en todo, y de su mano vencerá á los enemigos. Sobre esto escrivimos al rey de Inglatierra y al cardenal Eboracense. Plega á Dios que entiendan bien la materia y sigan en esto la voluntad de Christo.

Tambien avemos entendido que el rey de Dacia (1) platica algunas cosas con el rey de Francia, y que le ha embiado un Juan Vuese de corte romana (?), al qual ha dado en su reyno de Dacia un obispado y arçobispado : de donde sospechamos que querrá ordir algo contra el rey de Inglatierra, porque ab antiquo pretenden los de Dacia tener derecho al reyno de Inglatierra. Bien será que Vuestra Magestad esté prevenido en mirar á que el rey de Dacia á vos ni al rey de Inglatierra no dé algun impedimento por donde os haga algun daño.

Tambien aveys visto quan enxaguadas están las facultades de vuestros reynos, por lo qual cierto recelamos que Vuestra Magestad

---

(1) *Dacia*. Nous trouvons, dans les anciennes chroniques latines, ce mot employé assez fréquemment pour signifier le *Danemark*.

no podrá suffrir sin grande daño los gastos de guerra, y assí nos pareceria mejor que tomando algun reposo y assiento, cobrassedes algunas fuerzas, y avida paz con los estrangeros, ordenassedes de justicia y del buen govierno del reyno, para que finalmente con aquello podays seguramente castigar aquellos que levantaron en vuestros reynos las sediciones y estos tumultos passados.

El rey de Francia nos ha emviado salvoconductos, tanto para mar como para tierra, y nos offrece toda cosa que de hijo obediente se podria dessear. Plega á Dios que siempre permanesca en esta buena voluntad.

Dende Roma se nos ha scritto que el duque de Milan travaja en sujuzgar y en poner debaxo de su dominio á Parma y á Cremona, las quales con tan grande gasto se han cobrado y defendido para la Iglesia. Scrivale Vuestra Magestad que se abstenga de aquello, si quiere con gracia vuestra posseer aquel ducado.

El cardenal Egidio nos ha rogado acordassemos á Vuestra Magestad lo que diz que le aveys prometido de le proveer : él es grandissimo letrado y pobre, y ama mucho á Vuestra Magestad, y assí es razon que hagays memoria dél.

Un capitan, grand alborotador y comovidor de pueblos, qué stava en Valencia y se dize Barnabé, ha sido preso en Aragon adónde fué para hazer gente, de lo qual ántes dimos aviso al visorey, y assí hemos scritto al mismo visorey lo tenga á buen recaudo. Conviene que Vuestra Magestad le scriva y mande que lo haga bien squadriñar, y saver dél qué capitocios le movian á ello, por cuyos dineros pagava la gente.

Muchas vezes os he scritto de los servicios que el regente micer Figuerola os ha fecho, y de los daños que ha recevido en vuestro servicio en lo de Valencia : por lo qual cierto se le deve toda gratificacion. Gran plazer nos hareys que en alguno destos obispados vacos le consentays alguna pension para un hijo que tiene, que en verdad, á mas de devérsele, assí será obra meritoria, y nos la reciviremos en plazer.

Mafeo de Taxis es el levador desta, y os ha bien servido en todo. Rogamos á Vuestra Magestad que en lo que le tocare le hayays por encommendado, que cierto él merece bien toda gratificacion y merced.

En esta hora nos embarcamos. Plega á Nuestro Señor de nos dar buen viaje, y él os guarde á su santo servicio. De la galera, en el puerto de Tarragona, á 5 de agosto de 1522.

Sacrae Majestatis Tuae,
Salva dignitatis ratione, servitor deditissimus,

A. Episcopus Catholicae Ecclesiae.

XXXV.

ADRIEN VI A CHARLES-QUINT.

Il lui a fait savoir, par un courrier exprès, son arrivée à San Esteban. — Ayant continué son voyage, il a débarqué à Savone, où on l'a parfaitement reçu. — Il en est parti le jour suivant, et, le 17 août, il a pris port à Gênes, où il s'est arrêté jusqu'au 19 au matin. — Il ne peut assez se louer de l'accueil qui lui a été fait en cette ville. — Il y a été visité par le duc de Milan, Prosper Colonna et le marquis de Pescaire : il a été charmé de faire la connaissance du duc, qui lui paraît tout dévoué à l'Empereur. — Prosper Colonna doit lui avoir écrit les offres qu'il a reçues du roi de France. — Il prie l'Empereur de remercier, par lettre, Jérôme Adorno, des fêtes qu'il a données à l'occasion de son séjour à Gênes.

De sa galère, dans le port de Gênes, 19 août 1522.

A. PP. VI.

Carissimo in Christo hijo nuestro, salud y apostólica bendicion. Dende Santistevan scrivimos con correo propio á Vuestra Magestad de nuestra llegada allí. Después, continuando nuestro próspero viaje, venimos y desembarcamos á Sahona, en donde se nos hizo muy buen recojimiento, y en el dia siguiente partimos de aquella ciudad. Y porque el tiempo no era muy comodo, acordamos de aportar á esta ciudad y descansar en ella : en la qual entramos domingo 17 del presente, y avemos stado en ella hasta oy martes por la mañana. Y cierto en esta ciudad se nos ha fecho tan gran recivimiento y tantas fiestas, así en presentes como en otras cosas, que en verlo y en conocer tanto hervor y devocion general en todo el pueblo era cosa milagrosa y digna de toda memoria. Gracias sean dadas á Dios por todo, que assi lo guia. Plega á él por su clemencia de lo continuar y enderezar todo á su santo servicio, como desseamos y es menester.

Ayer lunes el duque de Milan y Prospero Colonna y el marqués de Pescara con otros cavalleros nos vinieron á ver por postas. Y porque no perdiessemos tiempo, y ellos se volviessen luego, los avemos despedido oy con toda congratulacion y amor. Y en verdad que hemos descansado en conocer al mismo duque, porque parece que nos ha de guardar todo acatamiento y assistencia.

De los offrecimientos que el rey de Francia ha hecho á Prospero Colonna no los scrivimos á Vuestra Magestad, porque él diz que os lo scrive.

Gerónymo Adorno nos ha fecho acá muchas fiestas : y cierto es persona que en consejo y en armas os puede mucho servir. Bien será que Vuestra Magestad procure de conservarle y hazerle toda honra, y aun agradecerle por cartas lo que nos ha fecho acá.

Datum en nuestra galera, dentro el puerto de Genoa, martes 19 de agosto de 1522.

XXXVI.

CHARLES-QUINT A ADRIEN VI.

Il répond à sa lettre du 5 août. — Il le remercie des conseils et des informations qu'il lui donne. — Il serait heureux de s'arranger avec Henri d'Albret, et il serait tout prêt à lui offrir des conditions honnêtes; mais il doute que ce gentilhomme soit de bonne foi, car il a en France tout son ancien patrimoine, qu'il aventurerait s'il traitait avec l'Empereur, et on ne saurait lui donner, en échange de ses prétentions sur la Navarre, rien qui équivalût à ce qu'il perdrait ainsi. — Il supplie donc Adrien de s'assurer des véritables intentions de Henri d'Albret, et des conditions auxquelles il serait disposé à traiter. — Il a écrit en Angleterre et en Flandre, pour qu'on y soit sur ses gardes contre les pratiques du roi de Danemark avec la France. — Il saura gré à Adrien de le tenir au courant de ce qu'il en apprendra encore. — Il lui certifie qu'on l'a mal informé sur les desseins et les sentiments du duc de Milan, qui est un très-bon et très-dévoué fils du siége apostolique.

Palencia, 25 août 1522.

Muy santo padre y señor reverendissimo, por su carta de los 5 de el presente fuimos advertido de su felice partida para su silla, de lo qual recevimos mucho plazer, por la necessidad grande que avia de ella para el beneficio de las cosas y negocios comunes de entrambos y de toda la christiandad. A Dios plega de averle dado próspera navigacion à buen salvamiento, que assí lo speramos de su infinita bondad, pues todos los fines de Vuestra Beatitud son endereçados à su servicio; y assí se trata en ello su propria causa. En todo quanto se offrece vemos el cuydado singular de verdadero padre que Vuestra Santidad tiene de nuestras cosas, haziéndonos en ellas y en todo continuo beneficio con buenos consejos y obras; y assí lo recivimos agora en lo que nos scrive por su carta. Tenga por cierto Vuestra Beatitud que no solamente con don Enrique de Labrit, mas con todos, holgaríamos summamente de tomar assiento, por manera que la paz se stabiliesse y perpetuase en la christiandad; y con este tendríamos por muy bueno de hazerle y darle condiciones honestas : pero occórrenos en ello una difficultad que nos parece grande, y para dudar que esta voluntad que Vuestra Santidad nos scrive que el dicho don Enrique muestra de tomar assiento con nos es fingida, y mas para desturbar nuestra intencion y ayudarse dello á otros effetos, que para passar la conclusion dello adelante, porque, como Vuestra Beatitud vee, aquel cavallero tiene en Francia todo el estado de su patrimonio antiguo, el qual es cierto que pondria en condicion, si con nos se concertasse, y no vemos qué partido se le podria hazer por lo de Navarra, que fuesse equivalente á lo que él aventuraria en Francia por ello. Supplicamos á Vuestra Beatitud que, continuando con nos sus officios de buen padre nuestro, tenga maña de saver certificadamente si esta plática procede de la voluntad propria del dicho don Enrique y de monsur de Labrit, su agüelo, y que juntamente con ello declare la forma del partido y condiciones que querrian que se les hiziessen, y le plega darnos aviso de ello, porque, certificado destas dos cosas, y con el consejo y parecer de Vuestra Beatitud, holgaremos en verdad de venir en ello todo lo que razonablemente y con honestidad se pudiere hazer.

Lo que nos scrive del rey de Dacia, lo tenemos en muy singular beneficio, y luego avemos dado aviso de ello en Inglatierra, y quedamos prevenido para lo que en las partes de Flandes fuere necessario proveerse. Suplicámosle, quanto podemos, que provea en tener forma de llegar al cabo de lo que en esto passa y de aquí adelante se tratare, para advertirnos de ello como á verdadero y buen fijo.

Scrívenos Vuestra Beatitud que es informado que el duque de Milan tiene fin de hazer novedad en lo de Parma y Carmona; y lo de Carmona deve ser yerro de peñola, porque lo dirá por Plazencia. En verdad nos desplazeria grandemente que Vuestra Beatitud conciviesse sospecha alguna del duque, porque, demás de no poder él llegar á estas dos plazas de Parma y Plazencia, conforme al tratado que se hizo con papa Leon, de santa memoria, savemos muy bien que es muy buen fijo de la silla apostólica, y que atiende al servicio de Vuestra Beatitud con toda observancia. Esta informacion avrán dado á Vuestra Beatitud personas que tendrán poca voluntad al duque, para que, colorando su mala intencion con el servicio de la Yglesia, le pongan en desgracia de Vuestra Beatitud por hazerle daño; y podria ser que lo huviessen sacado desto que, segun nos avisan del campo de Lombardía, para proveer á la conservacion del exército, y á la guarda y seguridad del Estado de Milan y de las dichas ciudades de Parma y Plazencia, y de otras tierras de la Yglesia que están vezinas, á lo qual se ha tenido siempre el mismo respeto que á lo proprio de la expedicion, acordaron los capitanes de repartir el exército por aposientos en todos los dichos lugares; y assí podrian aver puesto ó deliberado de poner alguna parte dél en Parma y Plazencia, Modena y Rezo, y otros lugares vezinos; y los que no tienen buena intencion havrán cogido mal fruto de la buena obra que en ello se haze, para scrivirlo á Vuestra Beatitud. Supplicámosle que esté satisfecho del duque, y le tenga por muy cierto y devoto fijo y servidor de Vuestra Beatitud y dessa sancta silla: que nos tomamos á nuestro cargo que le hallará tal por obras en todo lo que se offresca. Guarde Nuestro Señor, etc. En Palencia, á 25 de agosto 1522.

XXXVII.

CHARLES-QUINT A ADRIEN VI.

La lettre du 14 août, par laquelle Adrien l'a informé de son arrivée à San Esteban, lui a causé une joie infinie. On n'a cessé, en Espagne, de dire des prières publiques pour l'heureux succès de son voyage : dès qu'on y apprendra son arrivée à Rome, des actions de grâces en seront rendues à Dieu. — Il a toujours désiré la paix universelle de la chrétienté ; pour la conserver, dans ses débats avec le roi de France, il a fait de grands sacrifices, même au détriment de sa réputation et de son autorité : mais l'occupation du royaume de Navarre, la guerre que ce roi lui a faite en Flandre, l'ont forcé de prendre les armes et de s'allier avec le roi d'Angleterre. Les conditions de leur alliance sont que ni l'un ni l'autre ne peut traiter de paix ou de trêve avec les Français, sans le consentement de tous deux. Il a donc les mains liées dans la négociation qu'Adrien lui propose : s'il n'en était pas ainsi, il remettrait volontiers entre ses mains et en son pouvoir non-seulement l'article de cette guerre, mais encore tout ce qui touche sa personne et ses États. — Il le supplie donc d'avoir pour agréable qu'il garde la foi promise au roi d'Angleterre. — Si le roi de France veut proposer des conditions raisonnables de paix ou de trêve, Adrien peut être assuré que le roi d'Angleterre et lui les accepteront. — Il termine, en l'assurant que, malgré les dépenses que lui fait supporter la guerre avec la France, il aidera de tout son pouvoir à la résistance contre le Turc, ennemi commun de la chrétienté. — *P. S.* Il n'a pas laissé publier la nomination de don Bernardino Pimentel comme nonce et collecteur apostolique : son ambassadeur est chargé d'en dire les raisons au pape.

Valladolid, 7 septembre 1522.

—

Muy sancto padre y señor reverendissimo, muy grande alegría recivimos con la carta que Vuestra Santidad nos scrivió de los 14 de agosto, por saver de su bienaventurada llegada en el puerto de Santistevan, que en verdad no podia agora offrecerse cosa que mas contentamiento nos diesse : lo qual lo tenemos en muy singular beneficio. Y plega á Nuestro Señor haverle dado tan felice viaje, á salvamiento, como Vuestra Santidad dessea y es necessario para el beneficio público de la christiandad : el aviso de lo qual speramos con el desseo que es razon y soy obligado como verdadero hijo de Vuestra Beatitud. Y en este medio no se ha cessado ni cessará en estos reynos de rogar á Nuestro Señor por su próspera navegacion y buen viaje; y savido que huviéremos su felice llegada en su silla, se darán á la divina bondad quantas gracias pudiéremos por tan grande merced, como todos receviremos en ello.

La paz universal en la christiandad Vuestra Beatitud save bien que la avemos desseado y desseamos siempre, y que con el zelo dello tovimos con el rey de Francia todos los medios que en el mundo podimos para conservarla, teniendo por bien de padecer muchas desaventajas y agravios en nuestro particular interese, y no sin algun daño de nuestra reputacion y autoridad, solamente por atender al beneficio público y universal de toda la religion christiana. Tambien save por quien se rompió la guerra, y el çufrimiento grande que tuvimos, procurando que la cosa no passasse adelante con toda la negociacion que nos fué possible, hasta que, aviéndonos ocupado el reyno de Navarra y haziéndonos la guerra crudamente en Flandes, por las partes de Flandes nos fué forzado de tomar las armas para resistir á los enemigos, y propulsar las injurias y daños que se nos hazian en nuestros reynos. Plugo á Dios, porque es justo, hazer justicia y dar en las cosas el suceso que Vuestra Santidad ha visto. Y para ayudarnos en ello, por nuestra parte fué conveniente juntar y ligarnos con el serenissimo rey de Inglatierra, nuestro muy caro y muy amado tio y hermano, á quien no se le avia dado menos occasion de tomar las armas que á nos; y esta liga ha sido con tales condiciones que en ninguna manera podemos el uno ni el otro oyr ni platicar tratado alguno de paz ni de tregua con Franceses, sin comun acuerdo, voluntad y expresso consintimiento de entrambos. Por lo qual tenemos las manos atadas en esta negociacion que Vuestra Santidad nos scrive por la dicha su carta : que otramente bien puede ser cierto que no solamente el articulo desta guerra, mas aun todo lo que [toca] nuestra persona, fortunas y Stados, pondríamos libremente en vuestra mano y poder, porque todas las razones que se pueden pensar nos obligan á ello; y assi es lo que conocemos claramente que nos cumple en todo tiempo.

Suplicamos á Vuestra Beatitud, quanto podemos, que, inputando culpa del rompimiento de la guerra y dissension que ay en la christiandad á quien Vuestra Santidad save que dió causa á ello, le plega tener por bien que gardemos la fee á quien, assí por nuestra dignidad como por obligacion del tractado, como por el deudo y amor que nos tiene, la devemos. Y si el rey de Francia tiene el fin que deve á la paz ó tregua, y propusiere condiciones honestas y razonables que satisfagan communemente al dicho serenissimo rey de Inglatierra, nuestro muy amado tio y hermano, y á nos, y á la seguridad de las cosas, pacificacion y reposo de la christiandad, no dude Vuestra Beatitud que nosotros juntamente nos allegaremos á lo que fuere justo y razonable, con buena voluntad : advirtiendo á Vuestra Santidad que sin embargo de lo que esta guerra nos tiene impedido, y de los gastos muy grandes que en ello avemos sostenido y sostenemos, ayudaremos con todo lo que nos fuere possible á la oposicion y resistencia del Turco, enemigo comun de toda la christiandad, como ponemos ya por obra, y lo tenemos scritto postreramente á Vuestra Santidad. Datum en Valladolid, á 7 de setiembre 1522.

Haec verba subsequebantur aliquot lineis transversis obducta :

Los breves que Vuestra Santidad dió á don Bernardino Pimentel avemos visto, y no se ha publicado esta provision que él ha hecho de su persona en el cargo de nuncio y collector apostólico, por buenos respetos que importan mucho á mis cosas, los quales escrivimos particularmente á don Juan, que le hablará sobre ello y sobre todo lo demás mas largamente de nuestra parte. Plégale darle entera fe, y proveer specialmente en lo de don Bernardino conforme á lo que don Juan le supplicare : que por las causas que él le dirá, reciviré en ello muy singular beneficio (1).

---

(1) On lit en note, dans le registre : *Iste Bernardinus erat secularis et comes de Benavente.*

XXXVIII.

ADRIEN VI A CHARLES-QUINT.

Il lui envoie, par l'archevêque de Bari, son nonce en France, des duplicata de ses deux dernières lettres. — Il le prie, comme roi catholique, de songer au secours de l'île de Rhodes, et de faire, pour une œuvre si sainte, le sacrifice de ses intérêts particuliers. — S'il était à Rome, et qu'il entendit les supplications continuelles de ceux de Rhodes; s'il connaissait, en outre, les secours qui sont demandés au pape de divers lieux maritimes de la Hongrie, et la lettre que le roi de ce pays lui-même a envoyée à Adrien par un ambassadeur exprès, sur le besoin d'assistance qu'a tout son royaume, il verserait des larmes. — Adrien ne lui demande pas de traiter sans le roi d'Angleterre; mais il l'exhorte, comme catholique, à faire en sorte que ce roi consente au moins à une trêve, afin qu'on puisse rejeter le Turc hors des frontières de la chrétienté. — Il le prie de faire mettre en liberté le comte Pedro Navarro, qui pourrait rendre de bons services contre les infidèles. — Il l'entretient longuement de réclamations que lui ont adressées les troupes suisses qui sont à son service en Italie, et lui demande de l'aider à y satisfaire. — Il lui dit, à ce propos, que les Suisses abhorrent sa prospérité, parce qu'ils craignent de retomber sous le joug de l'Empire, et qu'ils ne le serviront jamais; il ajoute que, sans les Suisses, le roi d'Angleterre pourra faire peu, qu'avec eux il fera facilement beaucoup et tout ce qu'il voudra. — Nouvelle recommandation en faveur de don Hernando de Silva, qui a accompagné Adrien à Rome. — Sollicitation de l'évêché de Jaën pour l'archevêque de Bari.

Rome, 16 septembre 1522.

Charissime in Christo fili noster, salutem et apostolicam benedictionem. Las dos que van con esta son duplicadas de otras que ahora postreramente avemos scritto á Vuestra Magestad; y porque dudamos que no se ayan perdido por la mar, embiamos las mismas duplicadas por esta via de Francia, en pliego del venerable arçobispo de Bari nuestro nuncio que alli reside, y remitiéndonos ad aquellas, diremos tan solamente por esta lo que después ha acaecido.

Los Ginoveses, aviendo visto lo que en estos dias les scrivimos acerca del presto socorro de Rodas, y lo que aquello importa al bien de la christiandad, no embargante la presa que los Franceses hizieron de aquella carraca, y que no les ayan fasta aquí restituydo, ni sobre ello tengamos respuesta del christianissimo rey, acordaron de dexar yr las susodichas dos carracas para hazer el viaje del sancto socorro de aquella pobre isla, que stá puesta en tanta necessidad; y aora ha venido nueva que la una dellas se ha perdido por fortuna, y que aun no se save de la otra, y segun dizen que la tempestad de la mar ha sido grande, recelan que tambien se aya perdido: lo qual cierto ha sido grandissima desgracia. Loado sea Dios por todo, que assí le plaze. Y para que sepays lo que en esto passa, os lo scrivimos, rogando affectuosamente á Vuestra Magestad que, como cathólico rey que soys, penseys en el presto remedio y socorro de la susodicha isla, y que por agora dexeys interesses particulares, y para esta tan sancta obra tengays por bien de venir ad alguna paz ó tregua razonable. Que si Vuestra Magestad estuviesse acá, y oyesse las interpellaciones con que nos requieren los de Rodas, que continuamente stán cercados, no embargante la nueva que vino que se avia retirado el Turco, y si á demás desto supiesse los socorros que nos piden de diversos lugares maritimos de Ungría, y aun lo que el mismo rey nos ha scritto con propio embaxador para el socorro de todo su reyno, creemos firmemente que no podríades escusar de echar lágrima por ello. Y viendo que, stando como stá la religion christiana puesta en tanta necessidad, os descuydeys los príncipes de ella de lo que conviene para al remedio dello, nos ya hazemos todo lo que podemos; y cierto el dinero que postreramente avemos dado para esto, avemos tomado en prestado. No os exortamos que sin el rey de Inglatierra concerteys paz ó tregua, mas que cumplays por obra en esto á lo que como cathólico soys obligado, incitando al rey de Inglatierra que á lo menos venga á la tregua, para que con ella se pueda después echar el atrocissimo enemigo de los confines de la christiandad.

De muchos oymos que el conde Pedro Navarro podria servir

en muchas cosas contra infieles, el qual nos ha significado por sus cartas tener la voluntad muy presta para emplear su vida en esto. Rogamos á Vuestra Magestad que, con condicion y juramento que nunca contra vos ni los vuestros servirá, por respeto y contemplacion nuestra, tengays por bien de le restituyr en su livertad, para que con ella pueda servir en esto á Dios y á la religion christiana.

A nos han venido tres capitanes esguiceros y un secretario, por parte del canton Turcense, pidiéndonos con toda instancia dos pagas para tres mil y quinientos infantes; y en lo de la quarta paga, que entró á 25 de diziembre passado, apenas merecieron la mitad, porque, llamados por sus magistrados, desempararon el ducado de Milan y se fueron á sus tierras, y stuvieron en ellas asta cerca la fiesta Epifaniae Domini. A mas de esto, recivieron de nuestro governador de Plasencia mas de cinco mil ducados, los quales dizen que les fueron dados quando se volvieron. Replicámosles que, como ellos no tienen poder de remittirnos algo de esto, assí ni nuestro governador tuvo poder de darles algo de lo nuestro. A más desto, aunque otorgan la quinta paga ser extraordinaria, dizen que se les deve por razon del passo que cobraron de los Franceses, y que por ello todo aquel ducado fué cobrado; y quando nos les deziamos que aquella paga extraordinaria no es devida á ellos, sino quando por fuerza toman alguna ciudad o han alguna batalla, persisten en su consuetud, alegando que siempre que occupan tierra, se les deve aquella paga. Nos savemos que es gente poco fundada en derecho ni en razon : pero si les remitimos sin esperança ó certitud de paga, de creer es que ipso facto declinarán á las partes de Francia, y assí facilmente se perderia Milan. Toda esta perplexidad avemos dicho al duque de Sessa, vuestro embaxador, y á los del duque de Milan, y que nos meritamente no debríamos contribuyr á la paga de estos Suizos, acordándoles que papa Leo, nuestro predecessor, de pia memoria, gastó para la cobrança de aquel ducado mas de quatrocientos mil ducados. Y si Vuestra Magestad y el duque de Milan no nos quisiessen aliviar de esto, de manera que no quede á nos por cumplir sino el cargo de la tercia parte, es impossible contentarles; y aun no tenemos con que pagarles la dicha tercia parte, si no lo tomamos en prestado, lo qual es muy difficil de hallarse, porque todo el mundo save que en tiempo de Leo, de pia memoria, todo lo de la camera ha quedado vendido ó empeñado, y que aun ha dexado deudas de mas de trecientos mil ducados. Otros particulares capitanes de Suiços vienen tambien por deudas : uno por quatrocientos ducados, otro por quinientos, otro por otros tantos, los quales dizen que vinieron á servir en aquella guerra contra voluntad de sus magistrados, y han sido desterrados, y que por todos estos respetos han de ser pagados por lo que sirvieron. Una cosa ha de saver Vuestra Magestad, que los Suiços abhorrecen en vuestra prosperidad, porque temen que no sean subjuzgados al Imperio, del qual ellos mismos se han eximido y están ya en su livertad; y segun oymos de los que lo saven, *perdeys en valde allí el dinero vuestro, y si, so color de servir á la Yglesia, los Suyços no sirven contra Francia, nunca servirán á vos.* Nos travajamos de entretener y contentarles, tanto quanto nos fuere possible, pero mucho tiempo no podríamos continuarlo, si ya en semejantes casos no nos assistiessedes con obras. Assí que Vuestra Magestad mire y piense bien lo que á sí mismo y á la buena direction de sus negocios cumple. Sin Suyços el rey de Inglatierra podrá poco, y con aquellos facilmente mucho y todo lo que quisiere.

Mucho rogamos á Vuestra Magestad os acordeys de lo que muchas vezes os avemos scritto sobre las cosas de don Hernando de Silva, que tanto os ha servido en las tribulaciones passadas de essos reynos, y no con poco gasto y daño de su propria hazienda, y pensad que ahora stá acá en nuestro servicio, y que os merece toda merced y gratificacion. Y pues ahora ay con qué en lo de la encomienda mayor ó clavería de Calatrava, no le olvideys : que no seria razon que su ausencia le dañasse en algo, certificando á Vuestra Magestad que todo lo que por él se hiziere os ternemos en singularissimo plazer, assí por lo que se le deve como aun por lo que os merece y ha servido, segun dicho es.

Tambien os acordamos lo de la yglesia de Jaen para'l venerable arçobispo de Bari, que tanto os ha servido, como por otras os avemos scritto, y aora como veys sta en nuestro servicio en la corte de Francia. Y cierto él es persona tal y de tantas y tan buenas calidades, que no solamente la dicha yglesia, pero aun otra muy mayor, cavrá y stará bien en él. Y assí rogamos á Vuestra Magestad que por contemplacion nuestra y por sus servicios, etc. Roma, 16 de setiembre de 1522, y de nuestro pontificado anno primo.

A. PP. VI.

XXXIX.

CHARLES-QUINT A ADRIEN VI.

Il a reçu sa lettre datée de Gênes, le 19 août. — Il s'est beaucoup réjoui des marques de respect et de dévouement que lui a données Jérôme Adorno; il lui recommande les deux frères Adorno et l'État de Gênes : la conservation de cet État sous leur gouvernement importe beaucoup au bien public et à la pacification de toute l'Italie. — Il a été informé par Prosper Colonna des offres que lui font les Français; il ne doute pas qu'il ne se conduise comme doit le faire un bon sujet et serviteur. — La réponse qu'Adrien a faite à la communication de Jérôme Adorno touchant les affaires publiques est conforme à ce qu'on pouvait espérer de sa grande prudence et de son amour paternel pour l'Empereur : si les Suisses ne prennent pas le parti de la France, et se réunissent à l'Empereur et au roi d'Angleterre, ou du moins s'ils restent neutres, et si l'on peut gagner les Vénitiens, le repos de l'Italie sera assuré. — Il écrit audit roi pour qu'il envoie un ambassadeur en Suisse; lui-même il y enverra une personne d'autorité, et il mande à Jérôme Adorno de se rendre à Venise. — Il prie Adrien d'ordonner à l'évêque de Veroli qu'il seconde dans leur négociation ces deux ambassadeurs et celui que le duc de Milan enverra aussi en Suisse, et de donner ses pouvoirs à Jérôme Adorno, pour qu'il traite, au nom de tous deux, d'une ligue avec les Vénitiens. — Il serait bon, pour l'entière assurance des choses, de gagner le duc de Ferrare : Charles croit qu'on y réussirait, et que de plus on pourrait tirer de lui 200,000 ou 300,000 ducats, si on lui restituait Modène et Reggio, qui sont des fiefs impériaux engagés à l'Église, et si le pape lui donnait l'investiture de Ferrare et des autres fiefs du saint-siége qu'il possède, tandis qu'il serait investi de Modène et de Reggio par l'Empereur. — Il supplie Adrien de bien considérer cela, et de donner toute foi et créance à ce que don Juan Manuel, son ambassadeur, lui dira, de sa part, là-dessus et sur d'autres choses.

Valladolid, 27 septembre 1522.

Muy sancto padre y señor reverendissimo, la carta que plugo scrivirnos en el puerto de Genoa, á los 19 de agosto, nos dió suma alegría. Plega á Nuestro Señor averle dado el cumplimiento de buen viaje que Vuestra Beatitud puede dessear, la nueva del qual esperamos con grande desseo. De la devocion y observancia que ha hallado en Jerónimo Adorno avemos holgado mucho, y que Vuestra Beatitud vaya bien satisfecho de su persona, que en verdad lo merece, y por lo que la estimamos, lo reputamos en mucho beneficio de Vuestra Santidad, á la qual supplicamos que aya por muy encommendados aquellos dos hermanos, y el Estado de Genoa, que, demás de ser ellos buenos hijos y verdaderos servidores de la silla apostólica, la conservacion de aquel Estado debaxo de este govierno importa mucho al bien público y á la pacificacion y reposo de toda la Italia, como Vuestra Beatitud save. Prospero Colona nos ha scritto los partidos que Vuestra Santidad dize que le proponen Franceses, y no dudamos de su persona que haga otra cosa de lo que se ha de esperar de verdadero súbdito y servidor. Todavía receviremos merced de Vuestra Beatitud, que le plega darnos aviso de lo que en ello ha savido.

Hierónymo Adorno nos escrivió lo que por un suyo embió a dezir á Vuestra Beatitud acerca de los negocios públicos, avisándonos de la respuesta que le dió á ellos, la qual es conforme á lo que se esperava de su grande prudencia y del amor paternal que nos tiene; y la execucion della será grandemente al propósito de las cosas communes y beneficio de Italia, porque, si Suyços se apartan de Franceses y se atraen á nos, ó á lo menos se haze con ellos que sean neutrales, como lo speramos con la autoridad de Vuestra Beatitud y con lo que por nos y por el serenissimo rey de Inglatierra, nuestro amado tio y hermano, se hará en ello, y si Venecianos se ganan, como Vuestra Beatitud dixo al hombre de Hierónymo Adorno, está cierta, plaziendo á Nuestro Señor, la seguridad de las cosas y la pacificacion y reposo de toda Italia. Nos proveemos con el dicho serenissimo rey que mande á Ricardo Paceo yr á Suyça, y embiaremos allí otra persona de autoridad. Tambien mandamos yr á Venecia á Hierónymo Adorno. Suplicamos á Vuestra Beatitud que le plega embiar poder al obispo Verulano en Suyça, para tratar y assentar de reduzir aquella nacion, en conformidad de los embaxadores del dicho serenissimo rey y nuestro, y de otro que embiará allí el duque de Milan, y para prometer y assegurarles las pensiones que para el propósito desto se concertaren con ellos. Y porque, para mejor conduzir la negociacion de Venecia, haria mucho al caso ver los de aquella república que Vuestra Santidad siente una misma cosa con nos en el establimiento de Italia y cumplimiento de la empresa, le plega assimismo embiar poder á Hierónymo Adorno, que es persona de toda confiança, y porque la cosa sea avido secreta (que el legado que Vuestra Beatitud allí tiene no es qualquiera para esta negociacion), para que el dicho Hierónymo en nombre de Vuestra Beatitud trate y concluya una liga entre nosotros, apartando los Franceses, y assiente nuestras cosas de manera que la empresa se acave, y en Italia se cierre perpetuamente la puerta para mas bullicios y dissenciones, y se pueda mas facilmente atender á la sancta expedicion contra los enemigos comunes de la christiandad. Para lo qual, y para enteramente assegurar las cosas, haria mucho al caso ganar al duque de Ferrara : que creemos que, restituyéndosele Modena y Rezo, que son lugares imperiales y están empeñados á la Yglesia, y dándole Vuestra Beatitud la investidura de Ferrara y de los otros lugares feudatorios á la Yglesia, que él possee, y dándole nos la investidura de las dichas Modena y Rezo y otros lugares del Imperio que tiene, de lo qual nos contentaríamos (1); y demás desto

---

(1) Quelques mots paraissent manquer ici.

se podria sacar dél docientos ó trecientos mil ducados, para emplearlos en beneficio comun de la empresa, que importa principalmente á la seguridad y conservacion de vuestro Estado, para en seguridad de lo qual y de su reduction podria embiarnos aqui su hijo. Suplicamos á Vuestra Beatitud que atienda á ello, y tenga por bien que aquel Estado se reduzga y Franceses le pierdan : lo qual a nuestro juizio con lo que arriba está dicho es poner en todo ello la llave. Vuestra Santidad con su grande prudencia lo proveerá, como cumple á la salud universal de toda Italia y al beneficio comun de todos nosotros. A la qual plega dar entera fe á lo demás que en esto y en todo le dirá de nuestra parte nuestro pariente don Juan Manuel, nuestro embaxador, á quien scrivimos sobre ello mas largamente.

Postdata. Lo de la conducta de gente de armas, que por otras tengo suplicado á Vuestra Santidad para Hierónymo Adorno, le suplico que tenga por bien, que será muy bien empleado, y recivirélo por beneficio proprio. Datum en Valladolid, á 27 de setiembre de mil quinientos y veynte y dos años.

XL.

ADRIEN VI A CHARLES-QUINT.

Il a reçu ses lettres du 24 août et du 17 septembre. — Il est sensible aux témoignages d'amour que l'Empereur lui donne. Il le tient pour son très-bon fils et pour protecteur du saint-siége. — On n'a pas bien compris en Espagne ce qu'il a écrit touchant Henri d'Albret : il a voulu dire que, comme ce prince avait des motifs de mécontentement contre le roi de France, l'Empereur devait en profiter, pour s'arranger avec lui, au sujet de ses prétentions sur la Navarre. — Le roi de Danemark. — Le duc de Milan. — Il savait bien que l'Empereur ne pouvait traiter de paix ni de trêve avec la France sans le consentement du roi d'Angleterre : c'est pourquoi il a envoyé dans ce pays l'évêque d'Astorga, en le chargeant de faire savoir à l'Empereur, par lettres ou de bouche, ce qu'il aurait négocié avec ledit roi. — Il a écrit tout récemment à l'évêque, pour connaitre ce qu'il a fait. Le jour précédent, il a appris par une lettre de Maffeo de Tassis, qu'il est débarqué à Bilbao : de sorte qu'il sera bientôt auprès de l'Empereur. — Adrien attend avec anxiété les résultats de cette négociation. — L'oppression dans laquelle le Turc tient la chrétienté, lui fait désirer extrêmement la paix universelle. — S'il échouait dans ses efforts, et s'il pouvait, au prix de son sang, sauver Rhodes des dangers qu'elle court, il le répandrait volontiers, plutôt que de permettre qu'elle tombât aux mains des infidèles. — Il exhorte l'Empereur à prendre une résolution prompte et conforme au service de Dieu.

Rome, 30 septembre 1522.

A. PP. VI.

Carissime in Christo fili, salutem et apostolicam benedictionem. Después de scrita la otra que va con esta, recevimos dos cartas de Vuestra Magestad, la una de 24 de agosto, en respuesta de otra nuestra, y la otra de 17 del presente, y vimos largamente lo que por ellas nos scrive. Y quanto á lo de nuestra navegacion hasta Santistevan y á esta ciudad, no es cosa nueva á Vuestra Magestad, que se avrá alegrado y alegrará dello como nos lo scrive, porque le ha siempre sido y es cosa natural amarnos entrañablemente, de lo qual ha de suceder esto efeto, cargándonos una paternal obligacion sobre otra para teneros por muy buen hijo y protector desta sancta silla, y con la misma voluntad que nos tenemos para en todas vuestras cosas.

Lo que nos responde de lo de don Enrique de Labrit no nos parece que se ha tomado allá como lo escrivimos. Y si bien nos acordamos, lo que diximos era que después que el rey de Francia tomó á Navarra, no hizo en utilidad del dicho don Enrique, como él lo sperava, sino en utilidad de monsieur de Lautrech : por lo qual como supimos que el don Enrique estava sentido y tenia enojo contra el rey de Francia (1), aunque no teníamos conveniente para tomar algun concierto con el mismo don Enrique; y assí escrivimos á Vuestra Magestad que deviades concertaros con él, y en recompensa de lo de Navarra darle otra cosa en essos

---

(1) Quelques mots semblent encore avoir été oubliés par le copiste dans ce passage.

reynos. Y aunque sobre esto no nos aya platicado nadie, Vuestra Magestad deve pensar en ello, y viendo oportunidad para esto, no dexe de hazer tentar al dicho Enrique por alguna via indirecta; y si nos pudiéramos aprovechar en algo, crea que no faltaremos en lo que os tocare mas que á lo propio nuestro. Quanto á la prevencion que fizo sobre lo que le escrivimos del rey de Dacia, nos ha parecido muy bien; y siempre que otra cosa sentiremos dello, lo scriviremos á Vuestra Magestad. Mucho plazer tenemos que Vuestra Magestad esté tan satisfecho de la voluntad y amistad del duque de Milan, aunque algunos dizen que Vuestra Magestad dió sobre aquello que escrivimos mandato, lo qual no creemos.

Lo que por la otra nos scrive Vuestra Magestad sobre lo de la paz ó tregua con Francia, tenemos bien visto; y como ya savíamos que no lo avíades de platicar sin consentimiento del rey de Inglatierra, embiamos allá al obispo de Astorga, y le dimos órden que os scriviesse ó dixesse lo que con el mismo rey se concertasse. Y agora postreramente avemos scritto con persona propria al dicho obispo, que por carta ó de palabra nos scriva ó embie á dezir lo que ha fecho. Y aier entendimos, por carta de Mafeo de Taxis, que el obispo ha aportado á Bilbao y que seria ahy muy presto: del qual speramos cartas con mucho desseo, y que todo se avrá fecho bien, que cierto, por la opression en que el Turco tiene la christiandad, specialmente lo de Rodas que está en grandissimo peligro, desseamos summamente la paz universal de toda ella. Y quando todo faltasse, si con nuestra sangre pudiessemos redimir á Rodas de peligro, crea Vuestra Magestad que la derramariamos en socorro y subvencien de aquella isla y castillo, ántes que permittiessemos viniesse en manos de infieles. Y assi exortamos á Vuestra Magestad que como cathólico príncipe mireys lo que en la presteza desto va, y quanto cumple al servicio de Dios y á la defension y enzalçamiento de nuestra santa fe. Datum en nuestro sacro palacio de Roma, á 30 de setiembre 1522.

A. Episcopus Catholicae Ecclesiae.

XLI.

ADRIEN VI A CHARLES-QUINT.

Il répond à une lettre autographe de l'Empereur du 7 septembre. — Il le félicite du soin qu'il prend de la direction de ses affaires. — Il s'étonne qu'on ait pu dire à l'Empereur qu'il a une égale amitié pour le roi de France et pour lui : car ses œuvres passées témoignent suffisamment qu'il lui porte une affection et un amour plus grand qu'à tous les autres princes. Il s'est même, pour cela, rendu suspect à ceux-ci. — A la vérité, il n'a pas voulu prendre parti dans la guerre que l'Empereur a avec le roi de France : mais, d'abord, la situation misérable des États de l'Église ne le lui eût pas permis, et ensuite, l'eût-il pu, il n'eût pas été convenable à lui, qui doit travailler à la défense de la chrétienté, de la mettre dans un plus grand trouble. — Il s'excuse de n'avoir pu donner suite aux demandes que l'Empereur lui a faites touchant l'église de Pampelune et les trois grandes maîtrises des ordres.

Rome, 30 septembre 1522.

A. PP. VI.

Charissime in Christo fili noster, salutem et apostolicam benedictionem. Une lettre de Vostre Majesté, escripte de vostre main en Valladolid, à 7 de ce présent mois, avons receu, à 28 du mesme, par laquelle avons eu grand et singulier plaisir, ainsi pour par elle avoir esté cercioré de vostre saincté, que de véoir ce que tousjours fort avons désiré : c'est à sçavoir que prenez grand soing et courage de vous employer en la bonne direction de vos affaires, qui est la chose à vous plus utile et à nous plus agréable que pourroit estre : car communément voyons qu'ung chasqu'un tire plus à son particulier proufit qu'à celuy d'aultruy, et por ce très-nécessaire est que chascun soit vigilant et attendant. Et pour venir à la response de vosdictes lettres, nous nous esmerveillons fort de la relacion que par aulcuns de nous vous a esté faict, vous persuadans qu'avons esgale amytié à nostre fils le roy de

France que à Vostre Majesté, si ce n'est pour que, puis nostre élection, avons procuré et procurons diligemment de faire paiz ou respit de trèves entre vous aultres princes chrestiens : ce que faisons pour le comun profit de toute la chrestienté, affin que par ce moyen puissons obvier aux entreprises du Grand-Turc, ennemy de nostre foy, lequel, par occasion des guerres estans entre vous, les principaux chiefs de la chrestienté, se a donné vigueur et courage de invader le royaume de Hongrie et l'isle de Rodes, de tel sorte que sans espécial ayde de Dieu Nostre-Seigneur ne voyons remède que, sans traictement de ladicte paix ou trègues entre Vostre Majesté et ledit roy de France, lesdits royaulme et isle ne se ayent de perdre. Et nous semble que n'est bon chrestien, que sans larmes et pitié peut veoir le misérable estat en que de présent est la république chrestiène, et qui ne met tout sa force et vigueur pour y résister. Et pleust à Dieu qu'avec nostre sang puyssions remédier les grands maux, dangiers et périls qu'en la chrestienté voyons apareiller, et non nous seroit nécessaire molester autres, en leur demandant ayde et secours. Et quant à l'amour et l'affection, que le vous portons plus grande que à nul aultre de ce monde, nous samble que nos œuvres passées faictes ès affaires vostres en peuvent estre bon tesmoing à tout le monde. Et pour ceste cause sommes suspect aux aultres princes et leurs subjects : pour quoy pensent que vous et vos affaires voudrions porter et favoriser par équité et iniquité contres tous aultres, combien que en cela ils soyent bien loing de la vérité : car ne pour nul aultre ne pour nous-mesmes ne voudryons faire chose que fût contre Dieu et en charge de nostre conscience. Vray est qu'à tous chrestiens portons entier paternel amour, et voudryons de tout nostre pouvoir le bien et utilité temporelle et spirituelle de tous, et concorder les discordans, comme un bon pape doibt faire; mais la tendreté de l'amour qu'avons vers Vostre Majesté passe beaucoup à tous aultres et passerat tousjours. Et si par aventure aulcuns nous notent pourquoy ne nous avons monstré partye en la guerre qu'entre vous aultres est, à ce respondons, premièrement, que quant eussions eu la volonté de ce faire, ne avions pas la faculté, pourquoy sommes icy mis en ce siége tout plain de misères, où n'avons trouvé de quoy supporter les charges et nécessités ordinaires de l'Église, ains avons trouvé debtes infinies, de sorte que quasi ne oyons aultre chose que clameurs et lamentations de pouvres gens et de ceulx qui ont engagé leurs offices, de quoy ils vivoyent, pour le feu pape Léon nostre prédécesseur : par quoy on peut considérer l'oportunité qu'avons à présent de faire guerre. Et quand à ce seriesmes opulent, pense Vostre Majesté si convenable seroit à nous, que devons procurer la deffense de la chrestienté, que nous la mettissions en plus grande turbacion et péril de se perdre qu'elle n'est au présent, ou pour mieux dire en totale destruction.

Quant à ce que demandés touchant l'église de Pampelone et les trois magistrats (1), bien vous pouvés fier que tousjours procurerons vostre bien et prouffit plus que le nostre propre; mais èsdictes choses il faut un peu attendre le temps et opportunité, affin que ce que y ferions ne soit nullement faict. Datum Romae apud S. Petrum, die ultima septembris 1522.

Tuae Majestatis amantissimus,

A. Episcopus Catholicae Ecclesiae.

---

(1) *Magistrats* est ici comme traduction du mot espagnol *maestrazgos*, qui signifie les grandes maîtrises des ordres militaires d'Espagne.

XLII.

ADRIEN VI A CHARLES-QUINT.

Il lui a écrit par Rodrigo Niño, pour l'informer de son arrivée à Rome, et en même temps répondre à ses dernières lettres. — Il écrit maintenant à ses nonces, auxquels il prie l'Empereur de donner foi et créance, en ce qu'ils lui diront de sa part.

Rome, 14 octobre 1522.

A. PP. VI.

Carissime in Christo fili, salutem et apostolicam benedictionem. Con Rodrigo Niño avemos scritto á Vuestra Magestad de nuestra llegada á esta sancta silla, y tambien respondido á las ultimas que nos hallamos vuestras, segun que al recivir desta creemos lo avreys visto. Aora scrivimos á nuestros nuncios lo que por ellos savrá Vuestra Magestad.

Afectuosamente os rogamos y exortamos que á lo que acerca dello os dixeren de nuestra parte, los deys entera fe y creencia, y recivays en todo nuestra intencion y voluntad. Datum en nuestro sacro palacio de Roma, á 14 de otubre de 1522, y de nuestro pontificado anno primo.

CISTERER.   A. PP. VI.

XLIII.

ADRIEN VI A CHARLES-QUINT.

Il a reçu, le 26 octobre, sa lettre du 26 septembre, par le duc de Sesa, son ambassadeur : don Juan Manuel était déjà parti. — Il ne se rappelle plus bien quelles offres les Français ont faites à Prosper Colonna. — Il prie l'Empereur de ne rien déterminer touchant l'investiture de Modène et de Reggio, comme fiefs impériaux, en faveur du duc de Ferrare, jusqu'à ce qu'il l'ait informé des droits légitimes de l'Église sur ces deux villes. — Il ne doute pas que, pour les avoir, le duc ne donne volontiers 200,000 ou 300,000 ducats, et même plus ; mais cet arrangement préjudicierait trop à l'Église. — Il se propose d'envoyer en Suisse l'évêque de Coire, qui est agréable à cette nation. — L'envoi de Jérôme Adorno à Venise lui paraît bien ; mais, quant au pouvoir demandé pour lui, il ne lui en saurait donner d'autre que d'inviter la Seigneurie à s'arranger gracieusement avec l'Empereur, car il se montrerait partial, s'il faisait davantage : ce qui ne convient pas à l'état actuel de la chrétienté ; et un pouvoir ainsi limité n'a pas été admis par le duc de Sesa. — Il confierait volontiers à Jérôme Adorno la levée de gens de guerre ; mais, comme il n'aurait pas le moyen de les entretenir, il n'est pas d'avis de les lever. — Le roi de France étant disposé à envoyer plusieurs vaisseaux au secours de Rhodes, si l'Empereur consent à les laisser passer, et, en leur absence, à ne faire aucun mal au littoral français de la Méditerranée, Adrien le prie de concourir par son adhésion à cette bonne et sainte œuvre. — Il lui recommande le secrétaire Alonso de Soria, qui a été le premier dont il se soit servi, à sa venue de Flandre en Espagne.

Rome, 31 octobre 1522.

A. PP. VI.

Carissime in Christo fili noster, salutem et apostolicam benedictionem. Después de aver scritto á Vuestra Magestad con Rodrigo Niño de nuestra llegada á esta sancta silla y de otras cosas, recivimos, á 26 del presente, vuestra carta de 26 del passado, que nos dió el illustre duque de Sessa, vuestro embaxador ; y nos abló largamente todo lo que por la creencia della encommendastes á don Juan Manuel, que ya entonces era partido ; y cierto descansamos mucho en saver continuamente de vuestra salud, por el entero y filial amor que os tuvimos y tenemos siempre.

Y quanto á los partidos que Franceses proponian á Prospero Colona, cierto no nos acordamos quales eran; y porque entonces creyamos que el mismo Prospero escriviria sobre ello á Vuestra Magestad, no lo scrivimos por nuestra carta. Sobre lo de Modena y Rezo, entendemos que el duque de Ferrara insta allá de aver de Vuestra Magestad la investidura de aquellas dos ciudades, y segun vemos, ay se pretende que son lugares imperiales. Y porque es razon que esto se vea y averigue maduramente, rogamos y exortamos á Vuestra Magestad que no se determine ni apunte con el dicho duque cosa alguna acerca desto, sin que primero tomeys de nos informacion de nuestras scripturas legítimas y auténticas, é otras provanças de derecho que la Yglesia tiene á los susodichos lugares: que aunque lo vuestro y lo nuestro es y aya de ser todo uno, es bien y conviene mirar que la Yglesia no sea prejudicada ni agraviada en algo, á mas de la necessidad en que agora está por los excessos y gravissimos gastos passados. Y del partido que dize Vuestra Magestad que haria el dicho duque de los dozientos ó trecientos mil ducados, nos somos bien cierto dello, y que aun daria mas; pero no cumpliria á la Yglesia que con su perjuycio se tomasse este medio, mayormente estando, como está, este duque tan confederado con Francia.

A Suyça entendemos de embiar al obispo Curiense, que es hermano de Nicolas Zeghela y persona bien accepta á aquella nacion, y speramos que para en todo aprovechará mas que el obispo Verulano, el qual se vernia ya, sino que no tiene lo necessario para pagar Suyços, ni nos para embiárgelo.

La yda de Gerónimo Adorno á Venecia nos parece bien; pero lo del poder que nos escrivís, cierto nos no gelo podríamos buenamente dar, sino para procurar que graciosamente aquella Señoría se concertasse con Vuestra Magestad; y desta manera no ha parecido al duque de Sessa que se devia hazer, y assí no se ha despachado: que haziendo mas de lo susodicho en esto, nos mostraríamos parciales, lo qual no conviene á la christiandad ni al remedio de la necessidad en que nos ponen los infieles. La conducta de gente de armas para Gerónimo Adorno cierto daríamos de buena voluntad, pero como no tenemos con que poder sostenerla, no acordamos de tenerla; y assí no ay lugar de fazerse en esto lo que querríamos.

Ya avemos scritto á Vuestra Magestad sobre la necessidad de Rodas. Y porque el rey de Francia tiene ciertas naves para embiar en socorro de aquella Religion, sino que duda que pudiesse yr segura de la vuestra, y que en ausencia della no se le hiziesse algun daño en el mar Mediterraneo á sus fronteras, rogamos y exortamos á Vuestra Magestad que, advirtiendo, como cathólico que soys, á lo que la brevedad del socorro para aquella pobre isla importa, no estorveys tan buena y sancta obra al rey de Francia, y assegureys la dicha armada y mar Mediterraneo, que otro tanto es contento de hazer el dicho rey á vuestras fronteras.

El secretario Alonso de Soria fué el primero de quien nos servimos en su profession, quando venimos de Flandes á essos reynos. Y cierto en todo nos sirvió muy bien y lealmente, y en verdad le tenemos buena voluntad; y assí, por esto como por su fidelidad y habilidad, nos parece bien que esté á su cargo el despacho de la negociacion de acá, como de ántes. Rogamos á Vuestra Magestad que en ello y en todo le aya por encommendado, que á mas de devérsele assí, receviremos en ello plazer.

Datum in nuestro sacro palacio de Roma, á xxxi de octubre de 1522, y de nuestro pontificado anno primo.

A. PP. VI.

Cisterer.

XLIV.

CHARLES-QUINT A ADRIEN VI.

Débat qui s'est élevé, pour la préséance, entre l'évêque d'Astorga et ses nonces, le protonotaire Carracciolo et don Bernardino Pimentel : il le prie de le décider ; en attendant, il ne les réunira pas en sa présence, mais les appellera chacun séparément. — Il lui fait observer que, pour son autorité et le bien des affaires, il ne devrait pas avoir tant de nonces, et surtout des nonces qui s'entendent si peu.

Valladolid, 15 novembre 1522.

Muy sancto padre, después de aver scritto á Vuestra Beatitud sobre la differencia de la precedencia que ay entre el protonotario Caracciolo y don Bernardino Pimentel, sus nuncios, se ha recrecido otra : que el obispo de Astorga pretende que, por quanto Vuestra Santidad le a creado nuncio para tratar de las cosas de la paz y tregua, y postreramente, con un breve hecho en Tortosa, dándole facultad de assentar y firmar capitulaciones y tractados acerca dello, las quales son cosas de mayor calidad, y que aunque speciales no se derogan por la generalidad del poder de don Bernardino, y siendo como es la persona ecclesiástica, constituida en dignidad de obispo, ha de preceder á los otros dos. Nos lo avemos remitido á Vuestra Beatitud, para que provea en ello lo que le pluguiere, que no toca á nos averiguallo. Y en este medio tendremos forma que no se hallen juntos en nuestra presencia en cosas públicas, sino que cada vez que se offresca tomaremos uno dellos para escusar division. Suplicamos á Vuestra Beatitud que le plega proveerlo con celeridad, de manera que se ataje esta differencia : que en verdad no cumple á vuestra autoridad ni al bien de los negocios tanta pluralidad de nuncios, y specialmente tan mal avenidos. Certificándole que no nos mueve á escrivillo otra cosa, sino la devocion y observancia que á vuestra sancta persona tenemos; de la qual, después de su felice partida del puerto de Genoa, ni de don Juan Manuel, nuestro embaxador, no avemos visto fasta agora cartas, ni tenemos nuevas ciertas algunas, de que estamos con mucho cuydado. Nuestro Señor, etc. De Valladolid, á 13 de noviembre 1522.

XLV.

ADRIEN VI A CHARLES-QUINT.

A l'occasion de la prise d'une caraque de Gênes par les Français, dont les Génois sont si mécontents qu'ils ne veulent plus envoyer de secours à Rhodes, il exhorte vivement l'Empereur à conclure la paix ou une trêve avec le roi de France, et à faire en sorte que le roi d'Angleterre prenne le même parti. — Pendant sa traversée d'Espagne en Italie, et depuis son arrivée à Rome, il a reçu beaucoup de plaintes des dommages que font dans les terres de l'Église, nommément à Parme, Plaisance, Reggio, etc., les gens de guerre de l'Empereur; il en a écrit deux ou trois fois au duc de Milan et à Prosper Colonna : cela n'a servi qu'à faire encore plus souffrir le peuple, parce que, selon les lettres qu'il a reçues de son nonce en Lombardie, les chefs de l'armée impériale s'excusent sur des lettres de don Juan Manuel qui leur ordonnent de ne pas sortir des terres de l'Église. — Il ne saurait comprendre pourquoi don Juan Manuel se conduit si durement à son égard, à moins que ce ne soit parce que son élection a fait perdre à don Juan les 100,000 ducats qu'un autre lui avait promis; mais il voit que tout cela est peu conforme à l'amour que lui témoigne l'Empereur, et il en conclut que les faveurs qu'on lui offre de sa part ne sont que des paroles. — Il espère que les choses iront mieux avec le duc de Sesa et le marquis de Pescaire, quoique jusqu'ici il paraisse qu'on ne s'applique qu'à molester les terres de l'Église.

Rome, 21 novembre 1522.

A. PP. VI.

Carissime in Christo fili noster, salutem et apostolicam benedictionem. Por otra del 31 del passado, cuya duplicada va con esta, avemos aora postreramente scritto á Vuestra Magestad, y respondido á la última vuestra de 26 de setiembre, que nos dió el duque de Sessa, vuestro embaxador; y no teniendo después otra vuestra á que responder, diremos tan solamente por esta lo que al presente se offrece.

Por lo que cumple al bien de la christiandad y al presto socorro de Rodas, se ha procurado, en todo lo que se ha pudido, que partiessen dos carracas de Genoa para aquella isla, las quales por la fortuna de la mar se han vuelto ad aquella ciudad. Y porque después los Franceses han tomado una otra carraca, que dizen que venia de España, cargada de ropa y mercaduria, et toda ó la mayor parte de ella era de Ginoveses, stán sentidos dello, y aun determinados de tener las susodichas carracas, y de no las dexar yr, sin que primero se les restituya la dicha carraca y mercaduria : lo qual cierto es grandissimo inconveniente, porque á causa de ello se estorva y alarga este sancto socorro, que importa lo que Vuestra Magestad puede ver y pensar. Y como quiera que ayamos scritto á Genoa, exortándola que por intereses particulares no detenga las dos carracas, ni estorven esta tan sancta obra, demás desto avemos tambien scritto con correos, por duplicadas, al arçobispo de Barri, nuestro nuncio que agora reside en Francia, mandándole que con toda instancia able de nuestra parte al christianissimo rey, y que, por todos los medios que viere convenir, procure la restitucion de la dicha carraca, diziéndole el daño que resultaria de la dilacion dello, por lo que dicho es, y demás desto, que, en lo que pudiere, procure algun concierto de paz ó de tregua, porque ha de saver Vuestra Magestad que sin ella no se podria bien socorrer lo de Rodas, y que todo lo de aquellas partes stá en grandissimo peligro, y que tenemos nueva de muchas partes que el tiranno turco, no embargante que se aya retirado de Rodas, y que allí aya perdido mas de cinquenta mil Turcos, rehaze ahora muy grande exército, y que no se save si querrá tornar sobre Rodas ó dar sobre el reyno de Ungría : de manera que por una via ó por otra todo lo de aquellas partes corre grandissimo peligro. Y es tanta la necessidad que, si presto no se socorriesse lo susodicho, todo lo de allá seria perdido, y aun lo de acá se pornia en grandissimo travajo; y si lo de Rodas y Ungría se perdiesse, lo que Dios no quiera, quando Vuestra Magestad y todos los otros príncipes lo quisiessedes remediar, quiça no lo podríades. Y assí rogamos y exortamos quau affectuosamente podemos á Vuestra Magestad, tengays por bien de adheriros á ella, y procurar que el serenissimo rey de Inglatierra, al qual dias ha avemos scritto sobre ello, venga á lo mismo : que cierto no poco maravillado stamos de qualquier principe christiano que no dessee la paz ó la tregua, mayormente en esta sazon y en tanta necessidad como de presente stá la christiandad. Y pues veys lo que en todo esto va, por nuestro amor como por lo que toca á la universal christiandad, dexeys ahora intereses particulares, y por algun término razonable vengays á la paz ó á la tregua, y en lo que pudiéredes procureys que el dicho serenissimo rey de Inglatierra haga lo mesmo, segun dicho es, aviéndose en ello Vuestra Magestad con él en todo zelo que de un cathólico rey como él es se ha de sperar : que haziéndolo assí, demás que Dios seria grandemente servido dello, será en mucho bien y sossiego de la christiandad, y aun descanso de todo. Y de lo que en lo susodicho hiziere y acordare Vuestra Magestad, nos scriva.

Quando stávamos en nuestra navegacion, y después en aviendo llegado en esta sancta silla, huvimos muchas quexas de vuestros capitanes y gente sobre muchos agravios que hazian en nuestras tierras, es á saver Parma, Plazencia y Rezo, etc., acerca de lo qual escrivimos dos ó tres vezes al duque de Milan y á Prospero Colonna, y no ha aprovechado sino á mayor agravio del pueblo, porque, segun avemos entendido por cartas de nuestro nuncio que reside en Lombardía, todos se escusan con unas cartas de don Juan Manuel, fechas en Marino, á 10 de setiembre, con las quales les mandava que en ninguna manera sacassen vuestra gente de nuestras tierras, y ellos obedeciéronlas y no curaron de sacar la dicha gente. De lo qual cierto estamos maravillados y muy sentidos, porque no podemos creer que el don Juan Manuel fuesse tan temerario que semejantes cosas proveyesse sin mandamiento ó órden vuestro, ó á lo menos de los de vuestro consejo, ni podemos alcanzar por qué causa el don Juan Manuel se huvo tan asperamente en nuestras cosas, sino fuesse que, por nuestra election, no pudo alcanzar los cien mil ducados que le prometió otro por quien él instava para al pontificado, sino que nos vemos que todo esto no es conforme al amor que nos teneys y amostrays, y que los favores que por vuestra parte se nos offrecen son palabras y no obras, y de cada dia instán á nos que os las fagamos cumplidas. Nos speramos que con el duque de Sessa y con el marqués de Pescara nos irá mejor, aunque fasta aquí no parece que se ha atendido sino en agraviar nuestras tierras, y en quitarlas del Yglesia, y en applicarlas á otro. Assi que vea Vuestra Magestad todo esso, y signifique su intencion á los de su consejo que allá están, y á sus ministros de acá, para que en todo la sepan y se haga con nos como es razon, y se deve al grande amor que os tenemos y ternemos siempre. Y á todo nos responded particularmente, y saver (sic) de vuestra salud. Roma, 21 de noviembre 1522.

A. PP. VI.

Cisterer.

XLVI.

ADRIEN VI A CHARLES-QUINT.

Il a appris que Jérôme Adorno a ordre de l'Empereur de traiter, à son retour de Venise, avec le duc de Ferrare, touchant les terres de Modène et de Reggio. Il en est fort surpris, et lui rappelle la demande qu'il lui a faite, dans une lettre précédente, de ne rien déterminer, au sujet desdites terres, avant d'avoir été informé des droits qu'y prétend l'Église. — Il se plaint d'une commission donnée par l'Empereur à don Juan Manuel, et d'après laquelle son armée devait obéir à cet ambassadeur, qui en a abusé en faisant endommager les terres du saint-siége. — Si don Juan se trouvait encore dans les États pontificaux, il ne l'en laisserait pas partir sans qu'il se fût justifié de ses actions.

Rome, 22 novembre 1522.

A. PP. VI.

Carissime in Christo fili, salutem et apostolicam benedictionem. Después de aver scritto la otra que va con esta, avemos savido que Hierónimo Adorno tiene commission larga de Vuestra Magestad que, volviéndose de Venecia, entienda en tomar concierto con el duque de Ferrara sobre las tierras de Modena y Retzo : de lo qual cierto estamos muy maravillados. Y porque, como por otra os avemos escritto, es razon que esto se vea y averigue maduramente, rogamos y exortamos á Vuestra Magestad de ordenar á que no se determine ni apunte con el dicho duque cosa alguna acerca de esto, sin que primero tomeys de nos informacion de las escripturas legitimas y auténticas y otras provanças del derecho que la Yglesia tiene á los susodichos lugares : que aunque lo vuestro y lo nuestro es y aya de ser todo uno, es bien mirar que la Yglesia no sea prejudicada ni agraviada en cosa alguna, en demás por la necessidad en que agora está por los excessos y grandissimos gastos passados,

Oy recevimos una carta del obispo Feltrense, la qual os embiamos con la presente, por donde se parece la determinacion que don Juan Manuel tenia en que vuestra gente agraviasse las tierras de la Yglesia; y aunque los de vuestro exército cumplian vuestro mandamiento en obedecer lo que don Juan les ordenava, cierto nos maravillamos que Vuestra Magestad aya mandado despachar tal commission, de la qual parece que no resultava ninguna buena obra, sino en destruyr y alterar los de la Yglesia. Y si el don Juan se hallasse agora en alguna tierra de la Yglesia, crea Vuestra Magestad que no se fuera sin que diera razon de lo susodicho. Datum en nuestro sacro palacio de Roma, á 22 de noviembre de 1522, y de nuestro pontificado anno primo.

A. PP. VI.

Cisterer.

XLVII.

ADRIEN VI A CHARLES-QUINT.

Il s'étonne extrêmement que le roi d'Angleterre persiste à ne vouloir ni paix ni trêve avec le roi de France, lorsque la chrétienté, spécialement la Hongrie, l'île de Rhodes, même les royaumes de Naples et de Sicile, sont en si grand danger de se perdre, par les discordes qui règnent entre les chefs mêmes de la chrétienté, et qui profitent plus au tyran turc que s'ils l'aidaient de beaucoup de mille hommes. — Si les choses continuent ainsi, il craint qu'au printemps prochain les infidèles ne s'emparent des royaumes de Naples et de Sicile, et même de toute l'Italie. — Certes, les Machabées témoignaient plus de zèle et de ferveur pour la défense de leur religion et de la loi de Dieu, que les princes actuels, qui paraissent n'avoir de chrétien que le nom, se montrant plus soucieux de se venger de leurs ennemis particuliers que de ceux de Dieu et de sa sainte foi, et mettant ainsi en péril toute la république chrétienne. — Le roi de France offre de traiter à des conditions raisonnables. Adrien exhorte l'Empereur à les accepter et à les faire accepter par le roi d'Angleterre. — Il l'engage à ne pas trop compter sur plusieurs de ceux qui lui sont alliés à présent, plutôt par intérêt que par amour. — Il a longuement parlé avec le duc de Sesa et Lope Hurtado des choses qui ont été faites contre lui et ses sujets dans le duché de Milan, par induction de don Juan Manuel : ce dernier s'est conduit en cela de telle manière que, s'il l'avait en son pouvoir, il ne le laisserait pas sortir de ses mains avant qu'il lui eût rendu compte et donné satisfaction de tous ses actes. — Le même don Juan, après avoir délivré un sauf-conduit au cardinal d'Auch pour sa personne et tous les siens, a fait arrêter plusieurs de ceux-ci, ainsi que leurs biens, et n'a pas voulu les restituer, malgré la réquisition qui lui en a été faite. — Adrien demande, en termes très-vifs, que l'Empereur blâme publiquement cette conduite de son ministre, et l'en réprimande. — Dans un P.-S. de sa main, il dit que l'Empereur fut redevable de la victoire de Milan à une seule personne qui, contre l'ordre de Léon X, amena les Suisses de Zurich.

Rome, 16 décembre 1522.

A. PP. VI.

Charissime in Christo fili noster, salutem et apostolicam benedictionem. Maravillámosnos sobre manera como el rey de Inglatierra persevere tanto en no querer consentir en paz ni en guerra (1) con el rey christianissimo, stando como stá toda la religion christiana, y specialmente el reyno de Ungría y la isla de Rodas y muchas otras partes de la christiandad, y aun los reynos de Nápoles y de Sicilia, en tan grandissimo peligro de perderse por causa de estas discordias que ay entre vosotros, que soys caveças de la misma christiandad, ya ha tanto tiempo, con las quales mas ayudamos y esforçamos al immanissimo tiranno Turco que si le diessemos para su ayuda un exército de muchos mil hombres de guerra. Y cierto, si de esta manera va la cosa mas adelante y el dicho tyranno quisiere, no vemos forma para'l remedio de ello, y que al verano primero seguiente no hallará ni avrá impedimiento sufficiente para le estorvar de tomar los dichos reynos de Nápoles y Sicilia, y aun con menor travajo que el reyno de Ungría, y por consiguiente toda la Italia cási sin resistencia ninguna. Cierto los Machabeos otro zelo y hervor tenian para defender á su religion y ley de Dios que nosotros tenemos,

---

(1) *Sic* dans le manuscrit : mais c'est *tregua* que le sens exige.

en los quales parece que no queda mas de solo el nombre de christianos, y poca cosa de la virtud de aquel nombre, pues mas cuydado tenemos de vengarnos de nuestros enemigos particulares que de los de Dios y de su santa fe, y para cumplir este nuestro temporal desseo, ponemos à toda la república christiana en peligro de perderse. El dicho rey de Francia se offrece à acceptar con razonables condiciones paz ó tregua, y con el cardenal de Aux nos ha embiado mandato para aquel effecto. Exortamos y rogamos porende à Vuestra Magestad que para la defension y seguridad de la dicha christiandad y de su Stado, travaje en todas maneras en induzir al dicho rey de Inglatierra que tambien él juntamente con vos consienta en la dicha paz ó tregua. Pensareys por ventura que muchos que ahora os son confederados siempre os quedarán fieles y devotos, de los quales, haziendo conjectura del tiempo por venir por lo passado, nos parece que mucho devria dudar que en caso que sus enemigos prosperassen, no os dexassen para assegurar sus cosas, y que en el amistad que ahora guardan con Vuestra Magestad les mueva mas su proprio interesse que verdadero amor que á vos tengan (1). Pero este punto no lo particularizaremos, porque seria largo de dezirse por carta.

De las cosas que contra nos y nuestros súbditos se hizieron en el ducado de Milan, por induction de don Juan Manuel, avemos largamente ablado con el duque de Sessa y con Lope Hurtado, los quales creemos que por sus cartas harán relacion de todo ello á Vuestra Magestad. Y cierto este don Juan lo hizo de tal manera con nos que, si en nuestro poder le tuviessemos, le haríamos dar larga cuenta y satisfaction de todo lo fecho, ántes que le dexassemos salir de nuestras manos. El mismo dió salvoconducto al cardenal de Aux, para su persona y todos los suyos, del qual embiamos á Vuestra Magestad copia auténtica, y no ob-

---

(1) On lit ici à la marge du manuscrit : *Avia cifra, y dezia del mano del papa : Hanc partem opus est ut rex per suas cifras extrahat.*

stante esto, ni curando de la excomunion en que de fecho cayen los que dan empacho á los que vienen á esta corte, y mayormente á eclesiásticos y á criados de ellos, prendió á ciertos criados del mesmo cardenal con mucha hazienda suya, y requerido que la restituyesse, nunca la ha querido volver. Exortamos á Vuestra Magestad que cosa tan fea no quiera favorecer, ni callando ó dissimulando, dar occasion de sospecharse que Vuestra Magestad la tenga por bien, ántes luego proveays que al dicho cardenal sea restituydo todo lo que le fué tomado, y aun el daño que á esta causa ha recevido : otramente sepa Vuestra Magestad que lo fecho por el dicho don Juan redundará en vuestra vergüenza. Y si el don Juan ó otros le quisieren persuadir que el salvoconducto no fué absoluto, sino condicional, es á saver con condicion si el dicho cardenal nos truxesse la obediencia del dicho christianissimo rey, por aquella clausula *quia scimus se afferre*, etc., porque esta palabra *quia* no haze condicion, ántes es palabra de causa, ni por ella se haze ningun contracto ó testamento ó salvoconducto condicional, ni ayuda al propósito del dicho don Juan ser falsa la causa por la qual fué movido, segun dize, á conceder el dicho salvoconducto, porque la falsedad de la causa que en salvoconducto se pone y por la qual se concede, no haze inválido el salvoconducto, lo que tambien se entiende en testamentos : por donde parece que el don Juan fué engañado por si mismo y no por el cardenal, el qual es nuestro legado apostólico en Aviñon, y quiso venir sin licencia del dicho rey á Tarragona, quando allá stávamos, para darnos la obediencia y offrecerse al servicio de la sede apostólica y nuestro, y dexólo porque entonces le mandamos quedar. Assi que vea Vuestra Magestad si es bien que tal cosa se aya ni deva dissimular, ni suffrir que personas de tanta dignidad y que tienen tan alto grado en la yglesia de Dios, de la qual soy el soverano protector, de vuestros criados y aun representadores de vuestra persona sean tratados de tal suerte. Y si, como creemos, no os parecieren bien semejantes cosas, hazed entender á todos que lo fecho en lo susodicho se hizo contra vuestra voluntad. Y á esto y á todo lo demás que os tenemos scritto nos responded. Y sea esta solo para con Vuestra Magestad.

Datum en nuestro sacro palacio de Roma, á 16 de diziembre de 1522, y de nuestro pontificado anno primo.

A. PP. VI.

CISTERER.

Seguia escrito mano propia :

Y cierto quanto á la victoria de Milan, haveys de saver que, después de Dios, la deveys á una sola persona, que contra mandado del papa Leon truxo los Suichos de Çurich (1) á Milan, y los hizo adelantar para tomar el passo.

XLVIII.

CHARLES-QUINT A ADRIEN VI.

Il n'a pas reçu de lettre de lui, depuis celle qui est datée du port de Gênes, et ses ambassadeurs ne lui ont rien mandé qui soit postérieur à cette lettre : mais, par des avis particuliers, il a appris qu'Adrien est heureusement arrivé à Rome et y a été couronné. — Comme, d'après les mêmes avis, l'état sanitaire de Rome est mauvais, il est en grand souci, et il le supplie de lui donner des nouvelles de sa santé. — Il désirerait aussi avoir réponse à ses lettres. — Il écrit longuement, sur les affaires publiques, au duc de Sesa, son cousin, à qui il prie S. S. de donner entière foi et créance.

..... (Valladolid), 17 décembre 1522.

Muy sancto padre y señor reverendissimo, la postrimera carta que de Vuestra Beatitud tenemos es la que le plugo scrivir del

---

(1) Le copiste du manuscrit n'a pas su lire ce mot ; il a écrit *Tier*..... Mais il est évident, par la lettre de Charles-Quint du 8 février 1523, qui est à la page 158, qu'il faut lire *Çurich*.

puerto de Genoa, ni por nuestros embaxadores savemos cosa de las que después han succedido, como quiera que por cartas de particulares se ha savido acá su felice llegada y coronacion en su silla, y en vueltas de ello la mala dispusicion de salud que diz que ay en Roma, de que estamos con muy grande cuydado. Supplico á Vuestra Santidad muy umilmente que para nuestra consolacion le plega scrivir y avisarnos de la salud de vuestra sancta persona, que bien puede ser cierto nos será suma alegría su felicidad y buen stamiento. Y assimismo le plega responder á nuestras cartas, y á lo que por medio de nuestro confessor, que aya gloria (1), le havemos scritto, que, como de verdadero padre, speramos su parecer y consejo en todo ello. Y porque en los negocios públicos tenemos scritto y scrivimos agora lo que nos occorre al duque de Sessa, nuestro primo, largamente, supplicamos á Vuestra Beatitud que le plega darle en todo ello entera fe y proveerlo conforme á lo que nuestra filial devocion y observancia lo merece, y conviene al comun beneficio de entrambos y de toda la christiandad, como lo speramos de Vuestra Santidad. Cuya, etc.

A 17 de diziembre 1522.

---

(1) Le confesseur de Charles-Quint, Glapion, était mort à Valladolid à la fin du mois d'août précédent. L'année suivante, au mois d'août, l'Empereur le remplaça par fray García de Lodysa, général des jacobins, qui depuis fut évêque d'Osma et cardinal.

XLIX.

CHARLES-QUINT A ADRIEN VI.

Il a reçu, par le même courrier, quatre lettres d'Adrien, du 30 septembre et du 31 octobre. — Ces lettres, les premières qu'il ait eues depuis l'arrivée d'Adrien à Rome et son couronnement, l'ont fort réjoui, ainsi que ce que le duc de Sesa lui a écrit de l'heureux succès des affaires et de la bonne convalescence de S. S. Il la supplie de continuer à l'informer régulièrement de sa santé. — En lui écrivant qu'elle ne conclurait rien avec le duc de Ferrare, sans en avertir préalablement le vice-roi de Naples et don Juan Manuel, S. S. a agi en père véritable. Il a appris depuis qu'elle a traité avec le duc. Dans leur intérêt commun, il aurait beaucoup désiré qu'elle l'en prévînt : lui, en une affaire de cette importance, n'aurait traité avec personne, sans la participation de S. S. — Adrien n'est pas bien informé en ce qui concerne Modène et Reggio ; ces deux villes sont de l'Empire : si le duc de Ferrare, pour les ravoir, donnait 200,000 ou 300,000 ducats, qui seraient employés aux affaires de la guerre, le saint-siége y gagnerait plus que l'Empereur. — Arrangements proposés avec Henri d'Albret. — Ce qu'on a dit à Adrien, que le duc de Milan, avec l'appui de l'Empereur, voulait s'emparer de Parme et de Plaisance, n'a pu être inventé que par des personnes qui cherchent à les brouiller ; il a agi en bon père, en refusant d'y croire. — S'il révoquait, comme il en a exprimé l'intention, l'évêque de Veroli, son ambassadeur en Suisse, ou s'il différait de lui envoyer le pouvoir de traiter avec cette nation, de concert avec les ambassadeurs de l'Empereur, du roi d'Angleterre et du duc de Milan, il pourrait en résulter un très-grand dommage. — Dans la négociation de Venise, le chemin qu'il se propose de suivre ne peut que la rendre plus difficile, et l'Empereur lui en dit la raison : il l'engage donc à donner à Jérôme Adorno, ou à un autre, la commission de traiter avec les Vénitiens sur le pied qu'il le lui a demandé. — En l'engageant à faire la paix, Adrien s'est excusé des dispositions que, pour y parvenir, il témoigne au roi de France. L'Empereur lui rappelle qu'il a toujours désiré la paix universelle et l'union des forces de tous les princes chrétiens contre les ennemis de la foi, et que, si la paix a été troublée, c'est la faute du roi de France, et non la sienne. S'il pensait que l'inclination et la bonne volonté montrée par Adrien pour les affaires de la France pût conduire à la paix, il y applaudirait de grand cœur : mais les faits prouvent qu'il n'en est pas ainsi. Tant que le roi de France a douté des dispositions d'Adrien, et supposé qu'il avait plus d'inclination pour les intérêts de l'Empereur, comme il était naturel de le croire, il a offert des conditions de paix plus raisonnables : aujourd'hui qu'il voit le pape se déclarer neutre et ne pas s'unir avec l'Empereur pour la défense de la Lombardie, son orgueil s'en est augmenté; il met en avant des conditions tout à fait déraisonnables, et, non content de cela, il se prépare à recommencer la guerre d'Italie avec toutes ses forces. — Il faut donc s'attendre à une guerre plus affreuse encore que par le passé, et, pendant ce temps, les Turcs pourront entreprendre contre la chrétienté tout ce qu'ils voudront, non sans que S. S. et le saint-siége s'en ressentent. — L'Empereur regrette vivement que la bonté naturelle d'Adrien lui ait fait prêter l'oreille aux persuasions des Français. S'il eût déclaré ouvertement au roi de France que lui et le saint-siége ne pouvaient se séparer de l'Empereur et de la dignité impériale, avec lesquels, selon le droit divin et humain, ils doivent être toujours unis, et que, si la guerre se continuait, il ne pourrait s'abstenir d'aider l'Empereur, tout en offrant, comme bon pasteur et père universel, de s'employer à la conclusion de la paix entre eux, il n'y a pas de doute que ledit roi n'eût été obligé d'y consentir à des conditions justes et honnêtes. — L'Empereur le supplie de considérer tout cela avec sa grande prudence, et de pourvoir aux inconvénients qui peuvent en être la conséquence, avec toute célérité et avant que les choses en viennent à un point que le remède soit quasi impossible. Il appelle son attention sur le danger que courront Parme et Plaisance, au cas que l'armée française passe en Italie, et qu'elle soit supérieure à l'armée impériale. — L'archevêque de Bari. — L'évêché de Pampelune et les trois grandes maitrises. — Impossibilité de conclure une trêve particulière pour la Méditerranée.

Valladolid, 10 janvier 1523.

Muy sancto padre y señor reverendissimo, con un mesmo despacho avemos recevido quatro cartas de Vuestra Santidad, del postrimero de setiembre y postrimero de otubre, que son las primeras que avemos visto suyas después de su bienaventurada llegada y coronacion en su silla, con las quales nos avemos grandemente alegrado: que en verdad estávamos con mucho cuydado de la salud de su santa persona, y hánnosle quitado sus cartas, y lo que el duque de Sessa nos ha scritto, avisándonos del próspero successo de las cosas de Vuestra Beatitud y de su buena convalescencia, alabado sea Nuestro Señor, al qual plega de continuarlo con toda felicidad de Vuestra Beatitud, de que, como á verdadero fijo suyo, nos cavrá nuestra parte. Suplicámosle quanto podemos que para nuestro contentamiento le plega continuamente avisarnos de la salud de vuestra santa persona, que por lo que la desseamos nos hará en ello muy singular beneficio.

Lo que le plugo scrivirnos, que no passaria á concluir cosa alguna en el tratado que tenia con el duque de Ferrara, sin advertir de ello primero al visorey de Nápoles y á don Juan Manuel, fué officio de padre verdadero, y mereciaselo assí nuestra filial devocion y observancia. Avemos después entendido que Vuestra Santidad ha tomado ya resolucion con el dicho duque, de lo qual quisiéramos mucho ser advertido ántes, por el beneficio de nuestras cosas comunes, y porque en negocio de tal qualidad no huviéramos nos concluydo con nadie sin communicarlo primero con Vuestra Santidad, como era razon, y lo avemos hasta aqui fecho en todo lo que se ha offrecido.

Vuestra Santidad no está bien informado del derecho de Modena y Retzo; y el partido que le propusimos de aver alguna composicion de dozientos ó trecientos mil ducados del duque de Ferrara por la restitucion de las dichas dos pieças, para convertirlos en la comun empresa y defension de Lombardía, era á mucho mayor utilidad de la sede apostólica que del Imperio, porque las dichas dos ciudades, como Vuestra Santidad podrá ver, son derechamente imperiales, que el emperador Maximiliano, mi señor agüelo, de gloriosa memoria, huvo empeñado á Modena en quarenta mil ducados, los quales se han muy cumplidamente sacado después acá de los frutos de ella, que ordinariamente valen otro tanto cada año, y aun mas; y Rezo, que es de la misma natura que Modena, y le tenia el duque en feudo del Imperio, lo tomó el papa Leon, con promesa de restituir en restituyendo lo de Modena : de manera que pagando la dicha quantitad de quarenta mil ducados, las dichas tierras se havrian de restituyr al Imperio. Y assí, viniendo nos en que se den al duque por la dicha composicion para convertirla en la comun empresa, está cierto que saldrá de ello mas fructuoso effecto para la conservacion del Estado de la Yglesia, y specialmente de Parma y Plasencia, que no de dexar las cosas assí en avierto, á mucho peligro de un muy grande inconveniente.

Lo que Vuestra Santidad nos scrivió los dias passados de don Enrique de Labrit, entendimos muy bien, y assí le respondimos, mostrando las difficultades que en ello hallávamos por la parte del dicho don Enrique, dudando que esta plática fuesse alguna liviandad del hombre que la propuso á Vuestra Beatitud, mayormente porque no hacia mencion en ella del señor de Labrit, agüelo de don Enrique, el qual entonces vivia y de quien podia depender todo su fecho; y parécese agora mas claramente el poco fundamento que esta cosa traya, porque el hombre que abló en ello, no ha tornado mas á Vuestra Santidad como lo prometió, y cierto fuera mejor averle dexado prender entonces, para saver dél esta y otras cosas que hizieran bien al caso. Todavia, si en esto viéremos camino de algun buen apuntamiento con seguridad, no dexaremos de recojerlo como Vuestra Santidad nos lo aconseja, lo qual le tenemos en singular beneficio.

Vuestra Santidad nos haze officio de muy buen padre en no dar orejas á lo que nos scrive que le dixeron, que el duque de Milan con órden nuestro tenga fin á tomar Parma y Plasencia : la qual ha sido invencion de personas que no desean serviros, poniendo sospechas entre nosotros, donde no ay ni, plaziendo á Dios, ha de aver jamás causa para tenerlas; y la verdad es que nunca en ello avemos ni creemos que el duque de Milan haya pensado, porque le conocemos toda devocion y observancia á Vuestra Beatitud y á esta santa silla, y demás de esto no aya de osar emprender cosa de tal calidad, estando nos en medio de donde depiende todo su ser. Y lo mismo le dezimos en lo de Imola, que personas de malas intenciones procuran de dar á entender á Vuestra Beatitud.

No deve Vuestra Beatitud dexar de embiar á Suyça el poder al Verulano, para tratar con aquella nacion en conformidad de nuestros embaxadores, que están ya en camino, y de los del serenissimo rey de Inglatierra, nuestro tio y hermano, y del duque de Milan, por no tener presto el dinero, como nos lo scrive; que en este medio que negocian se podrá entender en aparejarlo, y ganársehá tiempo, que segun el estado de las cosas es muy necessario, y la dilacion podria causar grandissimo daño, el qual siguiria assimismo de revocar al Verulano de aquella provincia en esta sazon, porque, aunque el obispo de Curen sea hermano de Zigler y persona confidente, por su yglesia no osará ablar assi libremente como seria necessario, y como lo hará y lo ha acostumbrado de hazer el Verulano; y qualquier otra persona que para esto emviasse Vuestra Santitad, no estará instruido assí presto de la plática que se ha de tener con aquella gente, ni de las personas con quien particularmente convendrá guiar la negociacion.

En lo de Venecia, somos de parecer y es muy cierto que, por el camino que Vuestra Santidad piensa curar la negociacion y reduzirla á la paz, que como universal pastor y buen padre desea, la haze mucho mas difficultosa, porque no embiando Vuestra Santidad el poder á Hierónymo Adorno ó á otro, como selo tenemos supplicado, han de emprender Franceses y Venecianos la neutralidad de Vuestra Beatitud, y assí á los Franceses les ha de crecer la sobervia, y no han de venir en condiciones honestas de paz ni de tregua, y Venecianos estarán duros en tomar assiento con nos, de donde podria succeder harto mas daño al Estado y cosas de la Yglesia que no á las nuestras. Suplicámosle que le plega embiar el dicho poder, pues en aquella negociacion no se ha de tratar sino de la possession de lo que se possee, y esto no es cosa que no convenga con toda honestidad á Vuestra Beatitud, mayormente poniéndose las cosas á tanto riesgo en no hazerse, como lo savrá mas particularmente por el duque.

Por la carta que scrive en francés, nos persuade como buen padre á la paz, escusándose que para este propósito muestra alguna cara á Franceses. Vuestra Santidad ha de tener por cierto que en este artículo de la paz universal en la christiandad, para unir las fuerzas della contra los infieles, conforma nuestro deseo con el suyo enteramente, y save tambien como nos mismo que la guerra que ay agora entre christianos no es á nuestra culpa en ninguna manera, sino del rey de Francia, que nos ha provocado y puesto en necessidad de tomar las armas para defendernos y rehazer los daños é injurias que hizo en nuestros reynos y señoríos, contraviniendo publicamente á los tratados de la paz y aliança que con él teníamos. Y en verdad, si pensassemos que mostrar Vuestra Beatitud alguna inclinacion y buena voluntad en las cosas de Francia fuesse para suceder de ello alguna buena paz, y poder unir todas las fuerças de la christiandad contra los comunes enemigos de ella, nos lo tendríamos por muy bueno : pero viendo, como se vee notoriamente, y es cosa muy clara y averiguada por experiencia, que, quando el rey de Francia estava dudoso de vuestra voluntad y con mucha sospecha que la tendria Vuestra Santidad inclinada á nuestras cosas, como era razon de pensarlo, no solamente offrecia muy mejores y mas honestas condiciones de paz que no haze agora, mas aun después que ha visto que Vuestra Santidad se muestra neutral, y que le favorece en no se juntar con nos para la defension y conservacion de las cosas de Lombardía, se ha ensobervecido, proponiendo condiciones en el tratado de la dicha paz fuera de toda razon, y demás de esto se apareja con todo su poder y gran diligencia á tornar á la empresa de Italia, y passar en ella, de donde está cierta mas cruel y mas viva guerra y con mayor derramamiento de sangre que la passada, y los Turcos tendrán todo el lugar que quisieren para emprender contra la christiandad, de que á Vuestra Beatitud y á essa santa silla podria tocar su parte del daño, no podemos dexar de sentir gravemente que, por creer Vuestra Beatitud con su bondad natural esta persuasion de Franceses, cuvierta con el nombre de paz para dañados effectos, se pongan las cosas de la república christiana en mayor rompimiento de guerra y manifiesto peligro, si Vuestra Santidad guia por este camino la negociacion, porque, muy santo padre, es cosa muy clara que, si Vuestra Beatitud declarasse aviertamente al rey de Francia que, por todos los respectos que en esto pueden considerarse, como es la verdad, no puede Vuestra Santidad y essa silla por ninguna via apartarse de nos y de la dignidad imperial, con la qual segun derecho divino y humano ha de estar siempre junto y unido, y ser una misma cosa y para unos effectos y fines, y que, si la guerra se continuasse, no podria dexar de assistirnos á la defension de las cosas de Italia, en el stado que se hallan agora, offreciéndole juntamente con esto, como buen pastor y padre universal, de se emplear y poner sus partes en hazer una buena paz entre nosotros, no ay duda ninguna sino que el dicho rey de Francia de pura necessidad vendria en ello, sin poder hazer otra cosa, y se contentaria de condiciones justas y honestas, para satisfazer assí á nos como al serenissimo rey de Inglatierra, nuestro tio y hermano, juntamente: lo que otramente seria todo el contrario. Suplicamos á Vuestra Beatitud quanto podemos que, considerando todo esto con su grande prudencia, le plega mandarlo remediar y proveer con toda celeridad, ántes que las cosas vengan en estado que el remedio sea muy difficil y cási impossible, porque, si la armada de Franceses passa á Italia, como ellos lo procuran y, lo que á Dios no plega, superasse á la nuestra, Parma y Plazencia serian la primera cosa que se perderia, y no vemos la seguridad que tendria el resto del Stado de la Yglesia, quedando poderosos Franceses. Y si Vuestra Beatitud quiere palpar con las manos la buena intencion que en esto tiene el rey de Francia, hágale proponer por su nuncio, y declare lo que entiende de Parma y Plazencia, y si pretende algun derecho á ellas, que por lo respuesta verá si conviene continuar por el camino que Vuestra Santidad ha començado en esta negociacion, y confiando de palabras de Franceses, dexar assí las cosas al beneficio de natura, ó proveer con todos los medios possibles en impedirlos el passo de Italia y assistir á la defension de ella: que si passan, está muy cierto que no será para venir á la paz que Vuestra Santidad dessea, sino para mas incender el fuego, como tenemos dicho.

Con el arçobispo de Bari se hará conforme á lo que Vuestra Santidad nos ruega por su carta, que demás de los méritos del arçobispo, desseamos complazer á Vuestra Beatitud en todo lo que nos fuere possible.

Lo de Pamplona y de los tres maestrazgos suplicamos á Vuestra Beatitud que le plega mandar despachar, conforme á lo que tenemos dicho otras vezes y con brevedad, pues demás de lo que nuestra devocion y observancia filial lo merece, son cosas justas y necessarias para el beneficio público, seguridad y reposo de estos reynos.

El assegurar del mar Mediterraneo que Vuestra Santidad nos scrive, nos parece que, estando las cosas en el estado que agora se hallan, no seria conveniente hazer tregua particularmente por una parte que no se hiziesse por todas : sobre lo qual y sobre lo que mas nos ocorre de las cosas públicas le hablará mas largamente de nuestra parte el dicho duque. Plégale dar entera fe, como á nos mismo, y hazer en ello lo que tan devoto y obediente fijo de essa santa silla, como nos, merece á Vuestra Beatitud. Cuya, etc.

Valladolid, á 10 de enero de 1523.

L.

CHARLES-QUINT A ADRIEN VI.

Après avoir écrit son autre lettre de la même date, en réponse à quatre lettres d'Adrien, il en a reçu trois nouvelles de lui : l'une en créance de ses nonces, les deux autres du 20 et du 21 novembre. — Sur ce que ses nonces lui ont dit, il fait savoir ses intentions au duc de Sesa, son ambassadeur, qui en rendra compte à S. S. — Touchant le secours de Rhodes, il avait déjà écrit à Gênes pour que les deux caraques qu'on y destinait reprissent la mer, et elles sont parties ; il a, en outre, prescrit différentes mesures en vue de seconder les Génois dans cette entreprise. — Touchant la conclusion de la paix ou d'une trêve, il a répondu par son autre lettre. — Quant aux dommages que ses gens de guerre causeraient dans les terres de l'Église, il lui déplait beaucoup que ses capitaines et ministres donnent des motifs de mécontentement à S. S., et il aurait encore plus de déplaisir, s'il avait à se reprocher quelque chose, en cela et en quoi que ce fût, qui préjudiciât à S. S. et au saint-siége, desquels il a toujours été et sera toujours vrai fils et bon protecteur et défenseur, comme il appartient à sa dignité. — S. S. ne doit donc pas supposer que lui ou son conseil ait donné ordre à don Juan Manuel, ou à d'autres, de faire la moindre chose du monde dommageable à l'Église. — Il croit du reste S. S. mal informée en ce qu'elle dit de don Juan et des 100,000 ducats qui lui auraient été offerts : car, s'il en était ainsi, celui qui fit cette offre et celui qui l'accepta devraient être châtiés. Il n'y ajoute pas foi pour sa part, comme il ne croit pas non plus que don Juan, en logeant les troupes impériales sur les terres de l'Église, ait eu l'intention d'offenser S. S. Ce qu'il aura voulu, c'est le maintien de l'armée pour la conservation et l'avantage commun des États du saint-siège et de l'Empereur. — Dans ces circonstances, Adrien peut juger si c'était le cas de faire une démonstration publique de colère, telle que d'envoyer un nonce et un commissaire exprès, avec des brefs et des provisions apostoliques, pour soulever les peuples contre lesdits gens de guerre et les faire déloger des lieux conquis par eux-mêmes, et qu'ils ont défendus contre les ennemis, pour l'Église. — De telles mesures ne peuvent qu'amener la ruine des affaires publiques, en faisant connaître à tout le monde qu'il n'y a pas entre eux deux l'intelligence et l'union qui conviennent. Si ceux qui les ont conseillées eussent bien considéré les conséquences que pouvait avoir l'évacuation desdites terres par l'armée de l'Empereur, ils ne l'auraient pas fait, d'autant plus que Parme et Plaisance sont des fiefs impériaux, venus récemment à l'Église, auxquels Adrien n'a aucun titre qui préjudicie à l'Empire, et sur lesquels le traité fait avec le pape Léon ne donne pas non plus de droit nouveau au saint-siége, quoiqu'il lui ait attribué d'autres prééminences et avantages touchant la distribution du sel de l'Église. — Quand S. S. aura considéré tout cela, elle se convaincra que c'est bien par des faits, et non pas seulement par des paroles, que l'Empereur lui a donné des preuves de son respect filial, et de son désir de remplir les obligations que la dignité impériale lui impose. Aussi ne sait-il que penser, en voyant S. S., sans lui tenir compte de son dévouement et de son zèle pour la gloire et l'accroissement du saint-siége, prêter l'oreille à des informations sinistres qui lui inspirent des défiances de nature à lui faire prendre des résolutions contraires, aussi bien à l'avantage commun de leurs États et de toute la chrétienté, qu'à son bon naturel et à sa sainte inclination. — La commission donnée à Jérôme Adorno pour l'arrangement de l'affaire de Modène et de Reggio avec le duc de Ferrare, n'aurait pas dû étonner S. S., puisque l'Empereur l'en avait prévenue, en lui demandant même qu'elle envoyât aussi ses pouvoirs à Adorno. Quoique maintenant S. S. ait jugé à propos de traiter séparément avec le duc pour les intérêts de l'Église, et que l'Empereur pût en user de même pour ce qui touche l'Empire, il n'a investi Adorno du pouvoir de traiter que conjointement avec celui qui aura le même pouvoir de la part de S. S. Il engage le pape à ne plus différer cette négociation : autrement, et s'il ne veut pas restituer Modène et Reggio au duc de Ferrare, l'Empereur se verra obligé de les retraire comme fiefs impériaux, afin de s'arranger, pour ce qui le concerne, avec ledit duc, ou bien, au cas que cet arrangement n'ait pas lieu, d'en disposer ainsi que l'exigent les nécessités où le met la défense de l'Italie. — En preuve des droits de l'Empire sur lesdites terres, il envoie des copies des titres sur lesquels ils se fondent, au duc de Sesa, son ambassadeur, qui entretiendra là-dessus S. S. plus longuement. — *P. S.* Les nonces de S. S. lui ont délivré, par son ordre, un écrit renfermant plusieurs articles ; il a fait également par écrit la réponse qu'ils lui enverront, et sur laquelle le duc de Sesa lui fournira des explications plus détaillées.

Valladolid, 10 janvier 1523.

Muy santo padre y señor reverendissimo, despues de scritta la que va con esta, en respuesta de quatro cartas que aviamos recevido de Vuestra Beatitud, sobrevino un correo que truxo otras tres, la una en creencia de sus nuncios, de los 14 de otubre, y las otras de los 20 y 21 de noviembre : por responder á las quales avemos dilatado el despacho de este correo.

Acerca de lo que los nuncios nos dixeron por la creencia, scrivimos particularmente al duque de Sessa, nuestro embaxador : plégale darle entera fe.

En lo demás que Vuestra Santidad nos scrive sobre el socorro de Rodas, ya ántes de recivir su carta avíamos scritto á Genua para que en todo caso desenbargássen las dos carracas que avian de yr por la Religion, y tenemos respuesta de Antonioto Adorno, que, sin embargo de la presa que Franceses han fecho de la carraca Negrona, y de la falta que havian en aquella costa, las avia librado por obedecernos; y assí eran ya partidas. Y demás del socorro que mandamos hazer á la dicha Religion en el reyno de Nápoles, avemos agora de nuevo dexado una buena suma de dinero que devian dar de derecho á nuestra corte, y assimismo que se les preste el trigo que quisieren cargar en las dichas carracas ó en otros navíos, aunque speramos que, con el ayuda de Nuestro Señor, ya agora la isla de Rodas estará fuera de peligro : lo que á nuestro juizio no está Italia, de la qual dudamos mucho.

En lo de la paz ó tregua, tenemos ya respondido por la otra carta á Vuestra Beatitud. Y quanto á lo que dize de los agravios que la gente de nuestro exército es informado que haze en las tierras de la Yglesia, cierto nos desplaze mucho que Vuestra Beatitud reciva enojo de nuestros capitanes y ministros por el aposiento de la dicha gente en Parma, Plazencia y Retzo, y mas nos desplazeria, si tuviessemos culpa en ello ni en otra cosa que fuesse en perjuizio de Vuestra Beatitud ni de essa santa silla, de la qual avemos siempre sido y seremos tan verdadero fijo y buen protector y deffensor como á nuestra dignidad pertenece; y assí no devrá Vuestra Beatitud sospechar que por nos ni por los del nuestro consejo se huviesse dado órden á don Juan, ni á otro, de hazer la menor cosa del mundo en offensa ni daño de la Yglesia;

que, aunque el dicho don Juan tuviesse poder, como nuestro embaxador, para en todo lo de Italia, y especialmente en lo del exército de Lombardía, por aver passado por él todo el assiento de la empresa, y huviessemos mandado á Prospero y á los otros capitanes que hiziessen acerca de ello todo lo que el dicho don Juan les instruyria, no se pudiera buenamente entender, por esto, que se les huviesse mandado offender á Vuestra Beatitud ni á las cosas de la Yglesia, pues que en la generalidad del poder y mandamiento no avia de comprehenderse hazer delito. Y cierto dudamos mucho que Vuestra Santitad esté mal informado en dezir que don Juan trata asperamente sus cosas, porque no pudo aver los cien mil ducados que le estavan offrecidos por otro para quien él procurava el pontificado; que, si fuesse verdad, no seria cosa de dissimular, sino de passar adelante la averiguacion della, para que Vuestra Beatitud por su parte procediesse al castigo del que los offreció, y nos al castigo de el que los huviesse acceptado : pero háse de mirar mucho á no dar orejas para creer á todos spíritus, y mayormente no queriéndolo poner en claro los que lo dizen : lo qual sin mas certinidad no podemos creer; ni tan poco creemos que el dicho don Juan en el aposiento de la dicha gente en las tierras de la Yglesia tuviesse intencion de offender á Vuestra Beatitud, sino principalmente á poder sostener el exército para la conservacion y beneficio comun de los Stados de Vuestra Beatitud y nuestros, los quales no hallara Vuestra Santitad conservados, si se diera lugar á deshazer el exército, que no solamente no posseerya estas tierras de que ahora se agravia, pero tan poco huviera entrado tan pacificamente en su silla, como lo mostraron bien los intentos de los duques de Ferrara y Urbino, de los Ballones (sic), de Renco de Cheri y de los Ursinos, y otros muchos que, con temor de nuestro exército y de los que seguian nuestro servicio, se han allanado, viendo, como vieron, en un mismo tiempo desfechos, con el ayuda de Nuestro Señor, los exércitos de Franceses y Venecianos y Suyços. Y pues las dichas tierras se conquistaron y conservaron para la Yglesia con el dicho exército, puede Vuestra Beatitud ver con su prudencia si era caso de recevir tanto enojo que le moviesse á tan pública demostracion de ira, como embiar nuncio y commissario expresso con breves y provisiones, para mover y levantar los pueblos á desaposentar la dicha gente de armas de los lugares que ella misma ganó con sus armas y deffendió á los enemigos para la Yglesia; y supplicámosle que piense bien qué fruto hazen los que tales cosas aconsejan, que es echar á perder los negocios públicos, haziendo notoriamente conocer á todos que entre Vuestra Beatitud y nos no ay la intelligencia y union que conviene y quiere la razon. Y cierto, si los que aconsejaron esto huvieran bien considerado lo que podia seguir, si nuestro exército desamparasse las dichas tierras, huviéranlo mirado otramente, quanto mas que Parma y Plazencia son cosas imperiales, venidas de nuevo á la Yglesia, de las quales no hallará Vuestra Beatitud que tenga título que prejudique al Imperio, ni que por la capitulacion fecha con papa Leon, de pia memoria, se le aya tan poco dado nuevo título ó derecho, aunque se le diessen otras preeminencias y provechos acerca de la distribucion de la sal de la Yglesia, de la qual no podria usar Vuestra Beatitud, si no guardasse enteramente la dicha capitulacion : lo que no se ha fecho ni se faze hasta agora. Y quando Vuestra Santidad huviere bien mirado en todo ello, conocerá, lo que todos conocen, que es lo contrario de lo que le dan á entender, diziendo que son palabras y no obras lo que se le offrece de nuestra parte : que cierto con obras y no con palabras avemos siempre acudido, con todo lo que nos a sido possible, á lo que deviamos á nuestra filial observancia y á la obligacion de nuestra dignidad imperial en respeto de Vuestra Beatitud y de essa santa silla, como es notorio á todos. Y si, como Vuestra Santidad dize, huviessemos permitido que se atendiesse á agraviar vuestras tierras y á quitarlas á la Yglesia y aplicarlas á otro, las cosas estarian en otros terminos, y Vuestra Santidad no tendria quexa del aposiento de nuestra gente de armas en las dichas tierras. En verdad estamos muy maravillado, y no savemos qué pensar de ello, pues que vemos que, no acatando Vuestra Beatitud á nuestra devocion y al fin y intencion grande que tenemos al honor y acrecentamiento de essa santa silla, dá orejas á informaciones siniestras que le ponen en tantas sospechas, para le hazer desviar del camino que conviene al beneficio comun de nuestros Estados y de toda la christiandad, y obrar contrarios effetos á su buena natura y sancta inclinacion.

Quanto á lo que Vuestra Santidad dize que está maravillado de la commission de Hierónymo Adorno, para assentar con el duque de Ferrara lo de Modena y Retzo, nos parece, muy sancto padre, que no tiene para ello causa, porque de todo lo que el dicho Hierónymo Adorno llevó á cargo, dimos aviso á Vuestra Beatitud ántes de ablar en ello, suplicándola que, por el comun bien de todos y sostentacion de la empresa, tuviesse por bien de embiar su poder al dicho Hierónymo Adorno, para tomar un buen concierto con el dicho duque, pareciéndonos mucho mejor hazerle juntamente que no cada uno por si. Y aunque á Vuestra Beatitud ha plazido concertarse, por lo de la Yglesia, á parte con el dicho duque, y assi pudiéramos hazer nos lo mismo por la nuestra, en lo que toca al Imperio, no se dió al dicho Hierónymo poder de tratar, sino juntamente con la persona que tuviesse poder de Vuestra Beatitud; y pues es claro que Modena y Retzo son tierras imperiales, como por la otra nuestra carta lo scrivimos mas largo, no deve Vuestra Beatitud dilatar este assiento que es tan necessario, como avrá visto por cartas del dicho Hierónymo Adorno, porque, no veniendo Vuestra Beatitud en restituyr al dicho duque á Modena y Retzo, para mas ganar y assegurarle á la devocion de entrambos, y siendo la cosa tan clara y tan reciente que Modena se empeñó à papa Leon, de buena memoria, en quarenta mil ducados, con pacto de la poder redimir por el mismo precio y restituyrla al Imperio, y siendo Retzo feudo imperial de la mesma natura que Modena, y el negocio de qualidad que no sufre dilacion, ántes requiere celeridad grande, no podríamos dexar de usar de la facultad de redimir y cobrar las tierras, pagando los dichos quarenta mil ducados, para concertarnos con el duque por nuestra parte, como lo ha fecho Vuestra Beatitud por la suya, y servirnos en estas necessidades del dinero que del duque y de las dichas tierras podremos aver; ó, no pudiendo passar este concierto con el duque adelante, por el que Vuestra Beatitud tiene fecho con él, disponer otramente de las dichas tierras como mas convenga al remedio de estas necessidades, que por la deffension de Italia se nos offrecen y an de offrecerse, sin que en ello pueda pretender la Yglesia que se le haze agravio, porque, como dize Vuestra Beatitud, si, aunque nuestras cosas han de ser communes, conviene mirar en que la Yglesia no reciva perjuizio, por la misma razón somos nos obligado á mirar por los derechos de la dignidad imperial, la qual somos cierto de vuestra bondad natural y justa intencion que tendrá por bien, y no querrá que el Imperio sea perjudicado, pues cada uno de nosotros ha de dar quenta á Dios de la administracion destos cargos y dignidades en que nos ha puesto. Y para que vea claramente el derecho que á estas tierras tenemos, embiamos al duque de Sessa, nuestro embaxador, traslados de los titulos de ellas, el qual le hablará mas largo en ello, y en lo demás de nuestros negocios. Suplicámosle que le plega darle entera fe, y hazer en ellos lo que se ha de sperar de tan sancta y recta intencion, demás del respeto y amor que como verdadero y buen padre nos tiene, sin dar lugar á que malas intenciones de personas que tienden á otros fines, impriman contra nos [otros] effectos de los que convienen al beneficio público de la christiandad y de nuestros comunes Estados; que ya puede ver quan singular gracia y beneficio nos hará en ello Vuestra Beatitud. Cuya, etc.

Valladolid, á 10 de enero 1523.

Despues de scritta esta, nos dieron los nuncios unos articulos por scritto de lo que Vuestra Beatitud les avia mandado que nos dixiessen de su parte, á los quales avemos satisfecho tambien por scritto, como lo verá por las respuestas nuestras que le embiarán, y será más largamente informado dello y de todo lo demás que nos ocorre en la negociacion por el duque de Sessa, nuestro embaxador. Suplicámosle que le plega darle entera fe.

LI.

CHARLES-QUINT A ADRIEN VI.

Il répond à trois lettres du 16 janvier. — En lui écrivant familièrement comme un père, S. S. lui fait un singulier plaisir; il la supplie de continuer ainsi. — Il reconnaît que les dangers que court la chrétienté sont très-grands; il en est extrêmement affecté; comme chrétien et comme empereur, il voudrait y remédier; il a fait jusqu'à présent et il fera à l'avenir dans ce but tout ce qu'il pourra, jusqu'à y mettre sa propre personne; il souhaiterait que tous les autres princes fissent de même; et si le roi de France, qui est cause de la division qu'il y a dans la chrétienté, offrait des conditions de paix ou de trêve honnêtes et raisonnables, S. S. ne doit pas douter que le roi d'Angleterre et lui ne les acceptassent. Mais ce roi n'a fait jusqu'ici que des démonstrations de paroles, sans effet aucun : son but est de trainer les choses en longueur, et de tenir S. S. dans l'irrésolution, pour allumer un plus grand feu et continuer la guerre en Italie. — Il certifie à Adrien qu'il n'a pas été bien informé, en ce qu'il a écrit de celui qui fit venir les Suisses de Zurich à Milan. — Il s'étonnerait beaucoup que don Juan Manuel eût fait des choses qu'il ne pût justifier, surtout en ce qui touche S. S., pour le service de laquelle, avant comme depuis son élection, et jusqu'à son arrivée à Rome, l'Empereur peut témoigner que don Juan s'est conduit en très-bon serviteur : toutefois il lui fera rendre compte de ses actions, et après qu'il l'aura entendu, il prendra une décision telle que S. S. ait lieu d'en être contente. — Il a appris avec beaucoup de regret la perte de la caraque génoise qui était allée au secours de Rhodes. — Il aurait désiré être en état d'aider S. S. pour le payement de ce qu'elle doit aux Suisses; mais ses nécessités sont trop grandes : S. S. n'ignore pas d'ailleurs qu'il a fait la guerre en Italie à ses propres frais, sans profit aucun pour lui, et au grand avantage du saint-siége, qui y a gagné Parme et Plaisance. Ce serait tout autre chose, si, afin de s'assurer des Suisses pour l'avenir, quelque contribution était nécessaire; alors il serait content d'en payer sa part. Il n'a, du reste, pas besoin d'eux pour l'assurance de ses affaires, puisqu'il peut avoir des lansquenets, sans courir le risque de mal employer son argent. — Il lui eût été agréable que S. S. ne lui envoyât pas ses dépêches par le doyen d'Avila, pour l'exemple qu'en peuvent tirer ceux qui ont été coupables des séditions passées et ont été exempts du pardon. — Il fera ce que S. S. lui demande pour don Hernando de Silva. — Il tâchera de trouver des moyens d'arrangement avec don Iñigo de Mendoça touchant l'évêché de Jaën, de manière que cet évêché puisse être conféré à l'archevêque de Bari.

Valladolid, 8 février 1523.

Muy santo padre, etc., despues de averle escritto postreramente á los 10 del passado, avemos recevido otras tres cartas de

Vuestra Beatitud de los 16, y házenos muy singular beneficio en scrivirnos assi familiarmente como padre, lo qual le suplicamos quanto podemos que continue. Por esta responderemos particularmente á lo que nos escrive por las dichas sus cartas.

Desplázenos sumamente del peligro universal en que está la christiana religion, el qual conocemos que es muy grande, y desseamos por nuestra parte remediallo como lo devemos á christiano, demás de la dignidad en que Nuestro Señor nos ha puesto. Y lo que es en nos, avémoslo fecho hasta agora y harémoslo de aqui adelante, hasta poner en ello nuestra propia persona, con todo el cumplimiento que en nos fuere possible : á lo qual, como Vuestra Beatitud dize catholicamente, devrian disponerse todos los otros principes christianos, dexados á parte respetos y codicias particulares en que están puestos algunos dellos, por donde la christiandad padece y está puesta en division, y con poco aparejo de resistir á los comunes enemigos de ella. Y si, puesto que está notoria la causa y principio de la dicha division, el rey de Francia, que ha sido y es el todo de ella, tuviesse por bien de offrecer condiciones honestas y razonables á la paz ó á la tregua que Vuestra Beatitud escrive, no tenga duda que el serenissimo rey de Inglatierra, nuestro muy amado tio y hermano, y nos juntamente, vendremos con todo buen zelo en lo que fuere justo y convenga á la pacificacion y beneficio público de la christiandad : pero, como el dicho rey de Francia hasta agora no propone sino demostraciones de palabras, sin que aya en ellas algun effecto, y esto con fin de entretener las cosas suspensas, y á Vuestra Beatitud irresoluto, para poder con esto poner mayor fuego y continuar la guerra en Italia, en daño universal de toda ella y de los Estados de Vuestra Beatitud, y nuestros particularmente, como lo tenemos escritto por las postrimeras nuestras á Vuestra Santidad, no vemos, el dicho serenissimo rey de Inglatierra ni nos, camino para llegar á la conclusion de la dicha paz ó tregua, á la qual, pues sea con justas y razonables condiciones, ningun cathólico principe deve escusar de allegarse, specialmente en esta occurrencia de tiempo y necessidad general que agora se offrece á la christiana república, ni para ello seria justo que nos destorvasse la confianza que podríamos tener de nuestros amigos y confederados; que no hazemos de ella tanto fundamento como es razon que lo hagamos de la justa escusa que en esto tenemos, esperando que plazerá á Dios de ayudarnos en ella, contra los que han tenido y tienen studio de turbar siempre la paz y union de christianos : certificando á Vuestra Beatitud que no está bien informado de lo que nos ha scritto del que truxo los Suiços de Çurich á Milan, atribuyéndose la gloria de aquella victoria, por averlos traydo contra la commission de papa Leon, porque lo contrario de ello es notorio.

De lo que nos scrive de don Juan Manuel nos ha desplazido, y maravillámosnos mucho de que hiziesse cosa de que no pueda dar buena razon, mayormente en lo que toca á Vuestra Beatitud, en el servicio de la qual y de essa santa silla somos buen testigo que ántes y después de vuestra felice eleccion, y hasta llegar en ella, hizo el dicho don Juan officios de muy buen servidor : todavía le pediremos razon de lo que Vuestra Santidad nos escrive, después que fuere llegado; y oydo que le huviéremos, se proveerá en todo de manera que Vuestra Beatitud tenga razon de quedar contento. De la pérdida de la carraca genovesa que yva en el socorro de Rodas, nos ha desplazido mucho, y en aquello avemos proveydo todo lo que nos ha sido possible, como lo tenemos escritto á Vuestra Beatitud, y no cansaremos en todo lo demás que en nos fuere.

Mucho quisiéramos, muy santo padre, hallarnos en dispusicion de poder ayudarle en la paga de los Suyços que nos scrive. Pero, como Vuestra Beatitud sepa bien nuestras grandes necessidades en lo de acá y en lo de allá, donde, como save, avemos continuado la expedicion de la empresa á nuestras propias costas, sin utilidad alguna nuestra, y con mucho provecho de essa santa silla, que ha cobrado por ello á Parma y Plazencia, y con la distribucion de la sal, somos muy justamente escusado de la contribucion de lo que la sede apostólica deve á los dichos Suyços por lo passado : lo qual suplicamos á Vuestra Beatitud que tenga por bien. Que si, para ganar y conservar los Suyços en lo venidero, al beneficio comun de entrambos, fuere necessaria alguna contribucion, nos seremos contento de ella por la parte que nos tocare, pues aya de aprovechar con los dichos Suyços : que otramente seria perder el dinero; y el serenissimo rey de Inglatierra haga en ello lo que mas le cumpliere : certificando á Vuestra Santidad que, para en caso que no aya forma de assegurar los dichos Suyços en lo de aquí adelante, la tenemos nos para assegurar nuestras cosas sin ellos, proveyendo de lanzquenetes, sin peligro de gastar el dinero en vazio con ellos.

Para traer el despacho de Vuestra Beatitud, huviéramos holgado que se sirviera de otro correo que el dean de Avila, por el exemplo que pueden tomar desto los otros culpados en las sediciones passadas que están exceptados. Nos haremos informacion de lo que conforme á justicia se deve hazer en su causa, y avisaremos de ello á Vuestra Beatitud.

A don Hernando de Silva tenemos voluntad de hazer merced, por lo que él nos merece y porque es tan accepto á Vuestra Beatitud. Lo del ábito se hará en el primer capítulo; y en todo lo que se offrezca, conocerá en nos officio de príncipe exacto.

Nos procuramos de concertar lo del arçobispo de Bari con don Iñigo de Mendoça, por manera que la iglesia de Jaen quede en el arçobispo, y speramos de concluyrlo : que por esso se dilata la presentacion de aquella yglesia, hasta que los ayamos concertado. Y en verdad Vuestra Beatitud haze como quien es en encomendarnos la persona del arçobispo, que es persona digna y de quien avemos sido muy bien servido en las cosas passadas.

Nuestro Señor, etc. Valladolid, á 8 de hebrero de 1523.

Seguian aqui otras tres cartas del papa Adriano VI al emperador Carlos V : la primera, era su fecha á 1 de julio de 523, en recommendacion de Bartholo Bombino, ciudadano de Cosencia, para una plaça del consejo collateral de Nápoles, y las otras dos, su fecha 1 y 5 de julio, pidiendo á Su Magestad honrasse al duque de Sessa y favoreciesse para el Tuson.

LII.

CHARLES-QUINT A ADRIEN VI.

L'intention que les Français avaient eue, en faisant démonstration de vouloir traiter de paix ou de trêve, se découvre maintenant par l'envoi qu'ils font de leurs forces en Italie. — C'est S. S., comme chef de la chrétienté, et eu égard à l'intérêt du saint-siége, que la défense de l'Italie concerne principalement : pour sa part, il y a pourvu et pourvoira de tout son pouvoir, même en y mettant sa propre personne, comme le duc de Sessa le dira plus longuement à S. S. — Il la prie donc d'aider, au moyen des armes spirituelles, ses troupes et celles de ses alliés contre les Français, et principalement de charger le marquis de Mantoue de la garde de Parme et de Plaisance, dont la conservation est d'une importance majeure.

Valladolid, 16 mars 1523.

Muy santo padre, etc., la intencion que Franceses tenian en lo passado, tratando de paz ó de tregua en demonstraciones, se declara agora notoriamente, poniendo, como segun tenemos aviso, toda la diligencia que pueden en abaxar en Italia para poner todos aquellos Estados en confusion; la defension de lo qual es causa pública y comun á todos, y la principal parte de ello Vuestra Beatitud, como caveça de la christiandad y por el interesse dessa santa silla. Por nuestra parte avemos fecho y haremos en esto toda la provision que nos ha sido y fuere possible, hasta poner en ello nuestra propia persona, si será necessario, como lo savrá mas largamente por el duque de Sessa, nuestro embaxador. Muy humilmente suplicamos á Vuestra Beatitud que le plega darle entera fe, y tener por bien de disponer y ayudar, particularmente con las armas spirituales, al opósito y resistencia de los Franceses, juntamente con el exército que allí tenemos y con los otros aliados, confederados y servidores nuestros que nos seguirán en esta expedicion, y mayormente le plega proveer en poner órden á Parma y Plazencia, embiando á la guarda de ellas al marqués de Mantua, de manera que estén para se poder bien deffender, y que los Franceses, si abaxaren, no tengan lugar de aprovecharse de aquellas dos plazas que importan summamente al bien de la negociacion y á la seguridad de las cosas : advirtiendo á que, si los enemigos superassen, la mayor parte del daño recaeria en el Stado de Vuestra Beatitud y de essa sancta silla, el remedio de lo qual no podria ser tan fácil como lo querriamos. Nuestro Señor, etc. Valladolid, 16 de marzo 1523.

LIII.

CHARLES-QUINT A ADRIEN VI (1).

Il lui fait des représentations sur ce qu'il a révoqué subitement le marquis de Mantoue de la charge de capitaine général du saint-siége, laquelle il remplissait en vertu d'un traité conclu avec le pape Léon, et qui, aux termes de ce traité, ne pouvait lui être ôtée qu'en le prévenant trois mois d'avance. — Il lui expose les fâcheuses conséquences que peut avoir cette mesure, et le supplie de les prévenir, en s'arrangeant avec le marquis, de manière à lui donner satisfaction.

Valladolid, 8 mai 1523.

Muy sancto padre y señor reverendissimo, por un cavallero del marqués de Mantua, que es venido á nos, avemos entendido que aviéndole recevido papa Leon, de sancta memoria, por capitan general dessa sancta silla, y á su gente de armas en el

---

(1) Il y a, dans le MS., fol. 89, une lettre de l'Empereur au duc de Sessa, de la même date, par laquelle il lui envoie copie de celle-ci, lui ordonne d'aller remettre l'original au pape, et d'ajouter à son contenu tout ce qu'il trouvera à propos pour convaincre S. S. du mal qu'elle fait à ses propres affaires, en traitant de la sorte le marquis de Mantoue.

servicio de ella, con pacto expresso que no pudiesse ser revocado del dicho cargo en tiempo alguno, sin que se le notificasse tres meses ántes de la revocacion, como parece por el tratado que se assentó sobre ello, y aviéndolo Vuestra Beatitud confirmado despues de su felice election á essa sancta silla, le ha revocado repentinamente, y sin proveerle de la paga de setenta mil ducados que diz que monta lo que se le deve de sueldo del dicho cargo, que ha caydo hasta agora. Y en verdad, lo avemos tenido por cosa nueva, tanto por lo que stimamos la conservacion y prosperidad dessa sancta silla, como por lo que toca al beneficio público de toda Italia y al particular de Vuestra Beatitud y nuestro comunemente; y assí, como protector de la Yglesia y buen hijo de Vuestra Santidad, quisiéramos mucho que, ántes de hazer esta provision, huviera advertido al inconveniente grande que podria traer, porque Vuestra Beatitud save muy bien lo que el marqués ha servido á essa sancta silla en las cosas passadas con el dicho cargo, poniendo su persona y estado, con los de sus parientes y amigos, á todo peligro, valerosamente y con entera affliction y voluntad; y demás de esto save lo que importan su persona y su stado y de sus adherentes en Italia para el servicio y assistencia de las cosas de Vuestra Beatitud y nuestras, y que hazer con él este officio, es darle muy grande causa de desdeñar y apartarle de su devocion : de donde derechamente se podria seguir que los rebeldes y desservidores de la Yglesia procurassen de juntar el descontentamiento con los intentos dañados de ellos, para effetos muy lexos de vuestro servicio y del nuestro en qualquier sazon, quanto mas en la que agora se offrece, que toca generalmente á toda la christiandad; y, como Vuestra Beatitud nos ha scritto muy sanctamente, es tiempo de procurar con toda diligencia de unir y juntar las voluntades y fuerças de todos, y specialmente en Italia, para la defension de ella, porque está mas propincua al peligro imminente de la potencia del Turco. Por todos los quales respetos, y por lo que, como emperador y buen protector de la Yglesia y verdadero y observantissimo fijo de Vuestra Beatitud, zelamos el bien público de toda Italia y el comun de entrambos á dos, somos de parecer, y assí lo aconsejamos y suplicamos á Vuestra Beatitud quan caramente podemos, que le plega atender á la qualidad é importancia grande de esta cosa, y tener por bien de concertar y assentar con el dicho marqués la negociacion, de manera que esté satisfecho y pagado, y quede buen fijo y servidor de Vuestra Beatitud y de essa sancta silla, y no se le dé causa de descontentamiento que le desviasse de su buena devocion y observancia : lo qual si assí fuesse, en verdad reputamos por un grandissimo inconveniente, como lo savrá Vuestra Beatitud por el duque de Sessa, nuestro primo, nuestro embaxador y del nuestro consejo, á quien scrivimos sobre ello mas largamente. Nuestro Señor, etc. En Valladolid, á 8 de mayo de 1523.

LIV.

CHARLES-QUINT A ADRIEN VI.

L'archidiacre de Tarragone lui a délivré le bref par lequel il lui demande la Toison d'or pour le duc de Sessa. — Pour être agréable à S. S., et aussi eu égard aux mérites du duc, il l'en décorerait très-volontiers : mais les statuts de l'ordre exigent qu'il y ait pour cela une assemblée de tous les chevaliers. Il fera en sorte que ce chapitre ait lieu le plus tôt possible.

Valladolid, 25 août 1523.

Muy sancto padre y señor reverendissimo, despúes de aver respondido á otras cartas que Vuestra Santidad nos scrivió sobre esto, nos a dado el arcediano de Tarracona un breve suyo, requiriéndonos todavía por el velus aureo para el duque de Sessa. Y tenemos sumo contentamiento de persona á quien nos stimamos como es razon, á la qual, assí por contemplacion de Vuestra Santidad, como porque savemos que concurren en ella todas las calidades que son necessarias para decorarle en esta órden, nos contentamos por nuestra parte de dársela de muy buena voluntad : pero, como avemos fecho ver al arcediano por el libro de los statutos de ella, y lo verá Vuestra Beatitud por el traslado que le emviamos con esta del capítulo que dispone la forma que se ha de tener en esto, no solamente no se permite acrecentar el número de los cavalleros en alguna manera, mas aun tan poco poner otros en los lugares que vacan, sin hazer llamamiento de todos ellos particularmente; y después de congregados los que vienen, ha de passar por voto particular de todos la nominacion que se ha de hacer de cavalleros en lugar de los que stán vacos, y aviéndose de acrecentar el número, ó dispensar sobre la forma que en esto se tiene, a de ser á suplicacion de todos los que stán congregados, precediendo el dicho llamamiento : de manera que, haziéndose otramente, los cavalleros de la órden se scandalizarian, ni satisfaria al duque, porque nunca le tendrian por uno de ellos, que seria muy grande inconveniente. Suplico á Vuestra Santidad que tenga por bien que esto se haga conforme á las costumbres de la órden y á lo que conviene á la honra del duque : que en la primera congregacion, la qual procuraremos que se haga lo ántes que ser pudiere, nos tendremos forma como se satisfaga á la voluntad de Vuestra Beatitud y á los méritos del dicho duque. Guarde, etc. En Valladolid, á 25 de agosto 1523.

LETTRES

DE

CHARLES-QUINT

AU DUC DE SESSA,

SON AMBASSADEUR A ROME.

LETTRES

DE

CHARLES-QUINT

AU DUC DE SESSA.

—————

I.

Valladolid, 7 septembre 1522.

Il l'informe qu'il l'a nommé son ambassadeur à Rome, en remplacement de don Juan Manuel.

———

II.

Valladolid, 17 décembre 1522.

Il s'étonne de n'avoir pas reçu de réponse à ses lettres des 7, 27 septembre, 31 octobre et 13 novembre, et s'en plaint. Il ignore ainsi ce qu'il est advenu du pape, depuis son départ de Gênes. — Il lui donne des instructions sur différents sujets. — Il lui envoie la liste de ceux qu'il a exceptés du pardon général accordé aux communes de Castille, pour qu'il la communique au pape; le charge de demander à S. S. qu'elle ordonne aux personnes ecclésiastiques exceptées du pardon, de venir se justifier, etc.

III.

Valladolid, 10 janvier 1525.

Il le charge d'insister auprès du pape, pour qu'il entre dans la ligue défensive de l'Italie; il ne voit aucune raison qui doive l'en détourner : « Certes, dit-il, nous sommes fort émerveillé de son
» refus, et nous nous étonnons surtout que S. S. veuille traiter
» le roi de France comme nous, même qu'elle lui soit plus favo-
» rable, alors que nous sommes pour elle un si bon fils et élève
» qu'elle a formé de sa main, que tout le monde pensait que,
» dès son arrivée à Rome, elle devait embrasser et traiter nos
» affaires comme les siennes propres (1). » — Il lui recommande de chercher quelque moyen de faire sortir de Rome les séditieux de Castille qui s'y sont réfugiés, et, dans ce cas, de tâcher de les faire saisir et de les envoyer à Naples, s'il peut le faire sans esclandre. — Sollicitation de la bulle pour la *cruzada* et pour la perception de la 4me partie des bénéfices ecclésiastiques. — Le pape s'était plaint que ses négociations avec l'Empereur fussent dirigées par les ministres de ce prince, sans que sa volonté y fût

---

(1) « Cierto estamos muy maravillado dello, y mayormente que Su B^d quiera egualar al rey de Francia con nos, y ahun mostrándose mas por él, siéndole nos tan buen hijo y discípulo criado de su mano, que todo el mundo pensava que llegado en su silla, havia luego de abraçar y tratar nuestras cosas como proprias suyas. »

pour quelque chose : Charles se montre offensé de cette prévention : il dit que ceux de son conseil le servent comme ils doivent le faire, et que de plus ils sont les zélés serviteurs de S. S. Il a entretenu à ce sujet don Bernardo Pimentel, nonce de S. S. — Il se plaint lui-même des ministres du pape, qui cherchent à persuader à S. S. qu'il lui convient d'être difficile *(rezio)* dans les affaires de l'Empereur, parce qu'autrement il ne lui laisserait plus à gouverner que le patrimoine de saint Pierre : « S. S., » dit-il, peut considérer que, si nous visions à la tyrannie, nous » aurions bien pu l'exercer avant son élection et depuis (1). » — Affaires de l'armée de Lombardie, du royaume de Naples, etc.

IV.

Valladolid, 10 janvier 1523.

Sur la bulle de la *cruzada*, la ligue défensive au sujet de laquelle s'excuse le pape, qui a fait engager l'Empereur à conclure une paix ou une trêve avec le roi de France; le cardinal de Santa Cruz, le traité de Ferrare, les affaires d'Italie en général, l'entretien de l'armée impériale dans ce pays; sur les affaires de Rhodes; sur le cardinal de Médicis, etc. — L'Empereur a reçu les brefs pour la réformation de l'ordre de Saint-Benoît et pour le procès à faire à l'évêque de Zamora. — Ce dernier est insuffisant, parce qu'il n'autorise pas à appliquer la torture, qui serait nécessaire pour connaître les principaux fauteurs des troubles passés : l'Empereur charge donc son ambassadeur de solliciter un autre bref qui donne pouvoir à l'archevêque de Grenade et à l'évêque de Ciudad-Rodrigo d'user de la torture, jus-

---

(1) « Y puede considerar Su B^d que, si tuviéramos fin a tiranía, lo pudiéramos bien fazer ántes de su eleccion y despues. »

qu'à ce que l'évêque de Zamora ait confessé la vérité : « Si S. S.
» ne le faisait pas, dit l'Empereur, nous serions forcé d'y pour-
» voir autrement, par les meilleurs moyens que nous jugerions
» convenir (1). » — L'Empereur continue en ces termes, au
sujet des bruits qui courent à Rome, qu'il est en intelligence
secrète avec le pape, et de la demande que le saint-père a faite
au cardinal de Médicis des traités conclus entre Léon X et lui :

« Quanto á lo que dezís que algunos affirman que tenemos
inteligencia secreta con Su S^d, y que allí se fragua lo que en
público no se entiende, está bien por la reputacion nuestra lo
piensen los adversarios y desservidores, y que estén con recelo
dello, el qual deve acrecentárseles con todos buenos medios para
entretenerlos en esta sospecha, y hazer que siempre piensen que
hay práticas secretas entre Su B^d y nos : pero para con vos estais
muy cierto que no hay otra plática ni negociacion alguna con
Su S^d, sino la que passa por vuestra mano, y assí havemos ordenado que siempre se os envien los traslados de las cartas que le
escrevimos, como se haze agora con este despacho.

» En lo que dezís que haveis entendido que Su B^d ha pedido
al cardenal de Medicis las capitulaciones de los tratados que teníamos con papa Leon, y que sospechays que sea para ver lo que
tiene en lo de la sal del ducado de Milan, y tanbien para ver el
drecho de Parma y Plazencia, nos parece que haveis bien juzgado;
pero haveis de saber que no hallará Su S^d en la dicha capitulacion lo que piensa y le dan á entender, porque aquel tratado es
personal, y no se estiende á los successores, ni Su B^d podrá
usar dél, no guardando lo que papa Leon tenia prometido, en
que están la descomunion y censura contra Franceses, las con-
cessiones de la quarta parte de las rentas eclesiásticas y de la
indulgencia de la cruzada, que son todas cosas prometidas por
la dicha capitulacion, y no cumplidas; y, si Su B^d no las cumple,

---

(1) « Si esto no hiziesse Su B^d, será nos forçado provelerlo otramente por
los mejores medios que viéremos convenyr. »

no somos nos obligado á cumplir las otras que son en provecho de la sede apostólica. Lo qual podeis dezir claramente á Su S^d y á los otros que platicaren en ello, tratándolo siempre con blandura y acatamiento, para persuadirles, por todos los medios que convinieren, á que Su B^d nos conceda lo que tan justamente y para tan grande necessidad le pedimos, poniéndole siempre adelante nuestra filial devocion y observancia, y el zelo y desseo grande que tenemos al beneficio y acrecentamiento de sus cosas y de essa santa silla. »

V.

Valladolid, 10 janvier 1523.

Il le charge de présenter au pape don fray Diego de Deça, archevêque de Séville, pour le siége de Tolède.

VI.

Valladolid, 8 février 1523.

Sur l'irrésolution du saint-père relativement à la ligue défensive des potentats d'Italie; le peu de fondement des plaintes que fait S. S. de don Juan Manuel; l'entretien des Suisses en Lombardie; l'envoi qu'il a résolu de faire, à Rome, de don Gerónimo de Cabanillas, capitaine de sa garde, pour solliciter la bulle de la *cruzada* et de la 4me partie des fruits ecclésiastiques, etc.

VII.

Valladolid, 15 février 1525.

Le commandeur don Gerónimo de Cabanillas, en courant la poste, s'est cassé un bras : ce qui l'a empêché de passer outre. L'Empereur envoie, à sa place, Claude de Bissy, son grand maréchal des logis (*aposentador mayor*), flamand de nation, selon que le duc l'avait recommandé (1).

VIII.

Valladolid, 15 février 1525.

Il lui envoie un pouvoir pour traiter de la paix, ou d'une trêve, avec des instructions sur la manière d'en faire usage. Il lui recommande de les tenir secrètes, afin que ni l'ambassadeur d'Angleterre, ni celui de France, ni personne au monde n'en ait connaissance : il faut seulement en donner communication au pape, après que celui-ci lui aura promis de n'en rien dire à personne.

IX.

Sans date (mars 1525?).

Il le charge de présenter au pape, pour l'archevêché de Tolède, don Alonso de Fonseca, archevêque de Santiago, don Diego de Deça étant décédé.

---

(1) « .... Y es flamenco, como nos teneis scrito que lo devíamos enviar. »

X.

Valladolid, 16 mars 1525.

Gouvernement de Sienne. — Plaintes du pape de ce que Prosper Colonna a pris possession d'un lieu du Placentin que le pape dit appartenir à l'Église, et que les ministres de Charles soutenaient être un fief impérial; menaces de S. S. d'employer les censures et les foudres ecclésiastiques. L'Empereur charge le duc de tâcher d'apaiser le pape et de le persuader que, lorsque la chose aura été éclaircie, il sera fait droit à ses plaintes, s'il y a lieu; il doit s'attacher surtout à prévenir que le pape ne fasse des démonstrations publiques. — Autres plaintes du pape sur divers sujets. — Mal qu'a produit l'irrésolution de S. S. sur la ligue défensive : craintes fondées de la descente des Français en Italie; mesures que, dans cette prévision, l'Empereur a déjà prises; nécessité, pour le pape, d'en prendre d'énergiques de son côté. L'Empereur a envoyé en Allemagne des lettres de change pour 100,000 ducats, outre les 50,000 florins en or qu'a emportés le docteur Pranthner, envoyé ces derniers jours en Suisse, afin d'y lever des gens de guerre : il enverra aussi 100,000 ducats en Flandre, afin d'exciter les peuples de ce pays à l'aider : il espère qu'ils lui fourniront 300,000 autres ducats, qui serviront à payer les Allemands. — Arrivée de don Juan Manuel à sa cour.

XI.

Valladolid, 15 avril 1525.

Il a reçu un bref et deux lettres du pape, en date du 2 mars, ainsi qu'une lettre du collége des cardinaux. Par ces pièces, et par ce que lui a dit le nonce, il a connu la prise de Rhodes par le Grand Turc; il a été peiné dans l'âme de ce que, de son temps, une si grande plaie et un si grand dommage soient survenus à toute la chrétienté, et il voudrait pouvoir réparer ce malheur au prix de tout son sang. — Si, dans le principe, il avait obtenu de S. S. les grâces qu'il demandait, grâces que les autres papes avaient accoutumé de lui accorder, Rhodes eût été secourue à temps, et la chrétienté ne se trouverait pas dans un si grand danger. Aujourd'hui le pape veut qu'il rassemble une armée non-seulement pour empêcher les Turcs d'envahir l'Italie, mais pour les attaquer, et il se tait sur les grâces en question. Cependant, si le saint-père l'aide de son côté, ainsi que les autres princes chrétiens, il est prêt à y employer les forces de tous ses royaumes, seigneuries et sujets, et jusqu'à sa propre personne, « pour » la sacrifier à Dieu s'il en est besoin, et pour secourir et sou- » tenir la sainte religion chrétienne, comme vrai avocat et pro- » tecteur du saint-siége et chef temporel de toute la chrétienté. » — Afin de mieux témoigner sa bonne intention à cet égard, il envoie au duc un nouveau pouvoir pour traiter de la trêve, de concert avec l'ambassadeur d'Angleterre, et lui fait connaître les conditions auxquelles il pourra la conclure. — Il désirerait que le pape engageât le roi d'Angleterre à renoncer à la pension de 135,000 écus d'or qu'il est obligé de lui payer chaque année. — Il entre dans de grands détails sur les mesures à prendre par tous les princes de la chrétienté contre le Turc. — Il parle d'une lettre très-crue qu'il a reçue du pape, et charge le duc d'y répondre. — Il justifie don Juan Manuel, son précédent ambassadeur, que le pape accuse, et demande que le saint-père révoque les censures qu'il a fulminées contre lui, ainsi que contre les troupes impériales, etc.

Voici le texte de cette lettre importante, qui est tout entière minutée de la main du grand chancelier Gattinara :

« Illustre duque, etc., junctamente con vuestras cartas de 4 de marzo, à las quales, y tambien á las que truxo Figueroa, por otras nuestras se responde particularmente, havemos recibido un breve y dos cartas de Su S^d de 2 del dicho mes, y otra carta del colegio de los cardinales, y entendido muy anchamente todo lo que nos dixo su nuncio, en virtud de la crehencia, principalmente sobre la perdicion de Rhodas, nuevamente occupada del gran Turco, de la qual nos ha pesado hasta al alma, como es razon, haviendo acaecido en nuestro tiempo tan gran llaga y daño á toda la christianidad, y querríamos poderla reparar y sanar con nuestra propria sangre, ahunque esto sea sin culpa nuestra: que cierto desseávamos sobre todo remediar tan grande inconveniente. Y creemos firmamente que, si en el principio hoviéremos podido obtener de Su S^d las gracias que pedíamos, las quales no solian sus antecessores denegar, el remedio se hiziera á tiempo que Rhodas no se perdiera, y no fuera la christianidad en tan extremo peligro, ni fueran los inconvenientes tan difficiles de remediar, como agora son: que cierto nos parece ser cura muy peligrosa, y mayormente viendo que Su S^d, por sus breves, demás de la trengua, á la qual siempre havemos sido inclinado, concurriendo en ello la voluntad y consenso del serenissimo rey de Ingleterra, nuestro muy caro y muy amado tio y hermano, con el qual estamos vinculado en nuestros conciertos de no poder entender en ella sin el dicho rey, ahún Su S^d nos pide que hagamos luego armada y exército poderoso, no solamente para deffender la entrada del Turco en Italia, mas para offenderle y cobrar lo que es perdido; y Su S^d ni nos otorga las dichas gracias pedidas, ni nos da esperança dellas, sin las quales es impossible hazer lo que quiere, ni apparejar tan presto armada bastante para poder offender ne resistir á enemigo tan poderoso y tan victorioso como ha sido hasta agora el dicho Turco, specialmente estando nuestros reynos y señorios tan destruydos de los males y trabajos pasados: que ahun con las gracias pedidas, y con el ayuda de los otros reyes y principes christianos, terníamos por muy dudoso qu'el remedio pudiesse ser tan presto como la necesidad lo requiere: perho, haviendo las dichas gracias que en tal caso se suelen ordinariamente conceder, y concurriendo los otros que pueden buenamente ayudar en el socorro, ó con gente, ó con dineros, como conviene á obra tan sancta, emplearemos todas nuestras fuerzas y nuestros reynos, señorios y súbditos, junctamente con nuestra persona, para sacrificarla á Dios, si es menester, y por soccorrer y sostener nuestra sancta religion christiana, como verdadero advogado y protector dessa sancta silla y cabeça temporal de toda la christianidad. Y, por mas demostrar acerca desto nuestra buena intencion, y poder pervenir al bueno effecto della, havemos mandado despachar nuevo poder en vos, con las claúsulas que Su S^d desea, por acceptar y concluyr la trengua, segund que ahy con el embaxador de Ingleterra concertáredes; el qual poder va con esta, junctamente con las respuestas que sobre esto hazemos á Su S^d y al dicho collegio, de las quales os embiamos traslado; y demás desto havemos escrito al dicho serenissimo rey de Ingleterra, nuestro muy caro y muy amado tio y hermano, que, por los respectos tan notorios, y por el comun bien de la christianidad, se quiera condescender á embiar otro tal poder á su embaxador que ahí reside, para tractar y concluir la dicha trengua; provehiendo perho que no se dexe de su parte, ni de la nuestra, de hazer todos los preparamientos que stán ordenados para la guerra, á fin que si el rey de Francia, como suele, quisiesse, pendente el tractado de la guerra y ántes de la conclusion, tentar las armas, y hazer algun movimiento contra nos en Italia ó otra parte, qu'él no pueda hallarnos desapercebidos, y que viéndonos apparejados á las armas, no esté tan rezio ó difficultoso á la conclusion de la dicha trengua, ántes se incline á condiciones mas honestas y razonables, las quales nos parece deven ser tales que todas cosas queden de una parte y otra en el estado que agora son, y que se hallaren en el tiempo de la conclusion de la dicha trengua, y que los castillos de Milan y Cremona, junctamente con las villas y castillos de Fuentarabía y Hesdin, pendente la dicha trengua, se pongan en manos y poder de Su S^d hasta á la fin de la dicha trengua, para guardallos, y restituirlos en el estado que agora están; y si, por parte del rey de Francia, se pidiesse que tambien pusiessemos en mano de Su S^d la ciudad de Tournay, y que de otra manera no quisiesse poner las dichas villas y castillos en manos de Su S^d, que á lo menos esten como están, y no se puedan bastecer ní fortalecer, ó poner en ellos qualesquiera gentes, artillería, municiones, bastimentos ó victuallas, excepto solamente de dia en dia lo, que fuere necessario para vivir á la gente que agora residen en los dichos castillos y villas, y que la dicha trengua sea comunicativa y marchanta, y hayan las mercadurías libremente su curso de unos señoríos á otros, y se comprehendan en ella todos los confederados que se nombraren de una parte y de otra; y si alguno de los contrahentes rompiesse la dicha trengua, que todos los otros lo tengan por enemigo y le hagan la guerra, y que Su S^d haga lo mismo, y demás dello proceda con censuras ecclesiásticas contra el tal violador de trengua, y sea conservador y interpretador della; y si es posible, que la dicha trengua se haga por tres años, como Su S^d pide, ó por el tiempo que los Ingleses accordaren; y si los otros no se quisiessen condescender á tan largo tiempo, se haga lo que pudiere, con tanto que por lo menos se ponga una claúsula que dure tanto cuanto durará la guerra del Turco contra los christianos y seis meses después; y que s'entienda prorogada la dicha trengua pro facto qu'el Turco començase la guerra, pues no seria razon que en tanta calamidad, faltando la trengua, se diesse lugar que tan sancta obra se perdiesse y quedasse imperfecta.

» Y por quànto, por el concierto que tenemos con el dicho serenissimo rey de Ingleterra, stamos obligado, con censuras ecclesiásticas, de pagarle las pensiones que solia haver y recebir del dicho rey de Francia hasta á la somma de ciento y treinta cinco mil escudos de oro cada anno, y continuar la dicha paga hasta á tanto qu'el dicho serenissimo rey de Ingleterra tenga con la guerra cobrados tantos señoríos de los que occupa el rey de Francia, que puedan cada año rentar de claro la dicha summa, ó que con paz se pueda cobrar del dicho rey de Francia concierto y continuacion de las dichas pensiones, como ántes la guerra accostumbrava pagarlas, y que agora haziendo la dicha trengua por el tiempo que Su S^d quiere, nós seria gran cargo de continuar la dicha paga, y seria en grande perjuyzio de esta sancta impresa, y diminucion de las fuerças que entendemos emplear en ella, direys como de vos mismo á Su S^d que, por remediar á este inconveniente, y á fin que podamos mejor servir á Dios en esta sancta querella, y satisfazer á nuestro desseo y al bien de la religion christiana, os pareceria conveniente que, podiéndose hazer sin turbar ne irritar los Ingleses, ne ponerlos en sospecha, Su S^d, como de si mismo, se interponiesse con el dicho rey de Ingleterra, persuadiéndole que, por servicio de Dios y de toda la christianidad, quisiesse suspender la paga de las dichas pensiones del tiempo passado y venidero, hasta tanto que con la paz se pueda proveher á la paga dellas : promectiendo Su S^d que luego hecha la trengua, entenderá á tractar de la dicha paz, y con ella dará órden y conclusion que las dichas pensiones sean enteramente pagadas al dicho rey de Ingleterra, por todo el tiempo que quedaren assy suspensas, haciéndose la paga dellas ó por el dicho rey de Francia, ó por nos, como mejor se pudiere concertar con la dicha paz. Y en caso que Su S^d no pudiesse accabar esto con el dicho rey de Ingleterra, ó que no pareciesse á Su S^d que esto se pudiesse proponer sin sospecha ó turbacion de los dichos Ingleses, ó impedimiento de la trengua, en tal caso que se dexe esta práctica, y que no se hable desto á los Ingleses; perho que á lo menos, luego hecha la trengua, Su S^d, con un decreto general, á parte, y de su movimiento propio y cierta sciencia, por forma de constitucion, sin nombrar nos ni otras personas, suspenda todas censuras que fuessen indictas ó fulminadas contra qualquier rey, príncipe ó potentado, por qualquier accion, obligacion ó deuda, ó que de aqui adelante se pudiessen incorrer ó fulminar en virtud de qualesquier contractos hechos entre tales príncipes y potentados hasta agora : de manera que la dicha suspension tenga effecto quanto á los príncipes y potentados, los quales con sus personas, gentes ó dineros soccorreren esta sancta impresa contra los Turcos, y durante el tiempo que la dicha guerra y soccorro della se continuarán, y esto, tomando color que, por impressa tan sancta, sea menester que los que en ella intervenieren ó ayudaren, sean limpios y exemptos de tales censuras, á fin que Dios pueda mejor favorecer á dicha impresa.

» Tambien será menester que, tractando la dicha trengua, se tome conclusion de como y quando se devrá entender á la paz universal de christianos, y se provea como los Suyços, pendiente esta impresa contra el Turco, promectan no servir en guerra contra qualquieres otros príncipes ó potentados christianos, ántes queden neutros y promectan servir contra los dichos Turcos, á lo menos con tanto número de gentes quanto montaren los dineros de las gracias que Su S^d otorgare en sus tierras, á este effecto, los quales dineros se devan convertir en sueldo de su misma gente, y haga Su S^d que junctamente se tome conclusion en la convocacion general de todos los otros reyes, príncipes y potentados christianos, para tractar y concluir de comun accuerdo el soccorro que cada uno dellos podrá ó devrá dar, segund la necessidad del negocio, sea en gente d'armas, cavallos ligieros, infantería, dineros, municiones, victuallas ó otras cosas necessarias para la dicha impresa y continuacion della, y que á este effecto Su S^d ottorgue luego la cruzada general en toda la christianidad, con las indulgencias, remissiones, absoluciones y facultades en la mas ancha forma que ser pudiere, por todos los que en persona, ó con dineros, ó otras subvenciones, ayudaren en esta sancta impressa, y con tal órden y forma que los dineros sean muy fielmente cogidos y guardados, y que no se puedan gastar ó applicar en otras cosas, y que tambien todos los ecclesiásticos sean compellidos y astrictos, con censuras y otros medios razonables, á contribuir y ayudar en esta sancta impressa, á saber es : los que tienen rentas ecclesiásticas, que paguen, durante la dicha guerra, la quarta parte de todas las dichas rentas ecclesiásticas, de lo que claramente se pudiere percebir dellas, deduzido solamente lo que fuere menester para el gasto necessario del culto divino; dando poder á los commissarios que sobre esto se deputaren, con consentimiento de los reyes, príncipes y potentados, en sus señoríos, que puedan componer los dichos ecclesiásticos acerca de las dichas rentas y gastos, en lo que no fuere bien claro ó líquido. Y quanto á los religiosos mendicantes, los quales no tienen rentas ordinarias y viven de elimosnas, que den y entretenguan algun número de frayles escogidos, aptos á la guerra, tal que pareciere que convenga, á contentamiento nuestro, pues devemos ser cabeza de tal impresa, y emplear en ella nuestra persona, como es razon, y que resolviendo el número de la gente necessaria á tal impresa, se resuelva de todo lo que parecerá necessario hazer por mar y por tierra, y si será menester hazer solamente una armada, ó dos, y en qué tiempo y en qué lugar la gente nuestra y de todos los otros reyes, príncipes y potentados christianos se devrá junctar para executar la dicha empresa, á fin que, todas cosas bien dispuestas y ordenadas, sepamos mejor lo que, de nuestra parte, devemos hazer, y podamos preparar lo que convenga, de manera que cada uno conozca el deseo que tenemos á la buena execucion desta impresa, y que nada quede por nuestra falta.

. . . . (1).

» Demás desto, haviéndonos Su S^d escrito en ziffra una carta de la qual el traslado va con esta, y pareciéndonos ser muy cruda, y sus respuestas tan piquantes que á responderle particularmente no podríamos hazer respuesta bien pertinente que Su S^d no quedasse della mas indignado, lo que no convernia á los negocios presentes ni al bien de la christianidad, havemos acordado de screvirle tan sólamente una carta de nuestra mano en vuestra crehencia, la qual le presentareys de nuestra parte, y si él no pide que le digays la crehencia, no será menester renovar

---

(1) Dans ce passage, l'Empereur résume les conditions qu'il a énoncées plus haut, et auxquelles il est disposé à conclure la trêve. Il dit au duc que, si pour cette négociation il avait besoin d'un jurisconsulte, il pourra appeler de Naples Me Juan Bartolomé de Gattinara, régent de la chancellerie, et il lui recommande d'insister sur la remise de Fontarabie entre les mains du pape.

estas llagas, ny hablar de las cosas contenidas en las dichas cartas, sino solecitar los negocios conforme á lo que ántes os havemos escrito, y que con la otra nuestra carta, responsiva á las vuestras, escrivimos con esta misma posta. Perho, pidiendo Su S^d que le deys ó digays la dicha crehencia, podreis, con la mayor blandura y accatamiento que ser pueda, dezille que havemos sido muy maravillado de lo que nos escrive; que ciertamente crehemos que, si Su S^d hoviesse bien leydo y entendido nuestras cartas y el discurso de los negocios conforme á nuestra intencion, no dixiera que no son maduramente digestas, ni nos hiziera tales respuestas; y, quanto mas Su S^d pensare en ellas, conocerá mejor la observancia filial y veneracion grande que havemos siempre tenido y tenemos á Su S^d y á essa sancta silla, á la qual siempre havemos tenido el accatamiento que conviene, sin querer nos desmandar á tomar de nuestra mano lo que otros menores de nos toman en sus reynos y señoríos de su propria auctoridad, no haviendo ellos la necessidad que concurre agora; ántes, como buen hijo de Su S^d, advogado protector dessa sancta silla, le havemos pedido las gracias tales y tan justas que cierto en tal caso no se devian refusar ó dilatar. Y pues que Su S^d conoce el daño que se ha seguido y se sigue cada dia desta dilacion, le supplicamos, quan caramente ser puede, quiera con toda diligencia hazer en esto la resolucion qual deseamos, y que la necessidad requiere.

» En lo de Modena y Rezo, nos plaze que se vean los títulos, con los quales crehemos conocerá que lo que le havemos pedido era justo, y que licitamente no se nos puede negar la restitucion : perho, á conocer desto, fuera razon que fuessemos llamados y oidos, y que entreveniessen en ello algunos de nuestra parte y del sacro Imperio, tambien como de parte suya y de la sancta Yglesia, pues no conviene que sea solo juez en su causa. Y de allegar títulos del tiempo de Carlomagno, parece cosa mal pertinente, pues segund el concierto hecho con papa Leon, primero que conocer de tales, ne allegar drecho por la Yglesia, se devria de necessitad restituir la possession al Imperio; y,

quando començassemos á discutir de los títulos antiguos de la Yglesia y del Imperio, seria cosa de mayor consequencia, en la qual no parece conveniente ny á la Yglesia, ne á la christianidad, que se entienda agora. . . . .
. . . .

» La ligha deffensiva no la pediamos por impedir la paz ni por revolver la christianidad, como Su S^d dize, ántes nos parecia que fuesse el drecho camino por la quietud de Italia, y por mas atraher los Franceses á condiciones razonables de paz ó trengua. Perho, pues Su S^d no viene en ella, y que sin ella piensa mejor conduzir la trengua, nos remittimos, acerca desto, al buen juyzio de Su S^d, y esperaremos el effecto que desto se siguiere, el qual quiera Dios sea tal como conviene á la presente necessidad y al beneficio público. . . . .
. . . .

» La trengua de la mar Mediterranea, la qual Su S^d dize que fuera buena para Rhodas, nos ha siempre parecido que fuera mas dañosa que provechosa, y que con ella se daba lugar que todos los corsarios franceses se passassen en esta mar d'España, donde nos pudieran hazer mas grand daño que en la dicha mar Mediterranea; y tambien no se podia concluir en tiempo que fuesse bastante por embiar el socorro á Rhodas, como ha mostrado el effecto del socorro que stava ya ordenado ánte que se hablasse de la dicha trengua.

» Quanto á lo de don Juan Manuel, nos parece que Su S^d está muy mal informado dél y de sus servicios. Y porque Su S^d dize que vos estays bien informado de lo que le han dado á entender acerca de la práctica del cardinal Farnesio, y de la promessa de c. mil ducados, y de haver embiado su hijo en rehenes á Nappoles, y que sobre esto no haveis escripto cosa alguna, ántes dezis que no podeis conocer que Su S^d haya justa causa del ennojo que tiene contra él, y el dicho don Juan nos ha dado buena razon desta negociacion que fué toda en nuestro servicio, y sin promessa alguna de dinéro, y sin querer temptar cosa en perjuyzio de Su S^d ni de su sancta eleccion, haviendo el mismo don Juan, ántes que entrassen los cardenales in conclavi, propuesto que si entre ellos hoviesse lugar de elegir algun absente, tuviessen memoria de Su S^d, como de persona á nos mas accepta, y assy nos lo escrivió el mismo don Juan, al mismo tiempo que lo habló, y ántes que fuesse nueva de la dicha eleccion, como podriámos ahun mostrar las mismas cartas que estonces nos escrivió, os encargamos que, quando viéredes la opportunidad de poder hazer bien entender á Su S^d, sin ennojo, la limpieza del dicho don Juan, y que vos no teneys dél tal informacion como Su S^d escrive ni como le han dado á entender, vos por servicio nuestro lo informeys desto muy bien, lo mas templadamente que ser pueda. Y quanto á lo de las censuras fulminadas contra el dicho don Juan, comunicareys á Su S^d la narracion del caso, segund está escritto en un memorial que va con esta, y le dareis bien á entender, en la mejor manera que pudiéredes, que, segund la narracion que se haze, no staria la cosa en términos de salvo conducto, ni de represalias, ni se podria dezir que no fuesse servada la órden, como Su S^d escrive; ántes se podria dezir que licitamente, y de buena guerra, por ser cosas de Franceses, se hoviessen tomados los criados y ropas del dicho cardenal, los quales el dicho don Juan dexó en Genua para conservallos en nuestro nombre; y ahunqu'el dicho don Juan fuesse culpado de haver mal tomado las dichas ropas y criados, lo que no se puede bien juzgar sin oirlo en sus disculpas, cierto, por servicio nuestro, y por la desauctorizacion que se nos haze en esto, haviendo el dicho don Juan tenido en nuestro nombre tal cargo, y siendo ahun en nuestro servicio y de nuestro consejo mas secreto, no deviera Su S^d proceder tan publicamente á la fulminacion de las censuras, como ha hecho. Y, pués cumple tanto á nuestro servicio y al bien de nuestros negocios que esto se remedie con buen modo, y no passe mas adelante, supplicareys, de nuestra parte, á Su S^d que pues nos, por complazer á Su S^d, seremos contento, mas de gracia que de rigor, mandar soltar los dichos bienes y criados, se quiera tambien por su parte contentar que, restituiendo en poder de la persona que Su S^d

mandará las dichas ropas, y todo lo que fué preso de los bienes y criados del dicho cardenal, Su S^d conceda junctamente l'absolución de las dichas censuras al dicho don Juan y á todos los que fueron con él, y en las galeras y navíos de su compañia, quando se hizo la presa de las dichas ropas y criados, y tambien á los que con órden del dicho don Juan les han después detenido, y agora detienen en nombre nuestro : que cierto Su S^d nos hará cosa muy grata, por el cargo qu'el dicho don Juan tiene en las cosas de nuestra hazienda y de nuestro consejo d'Estado, del qual no nos podemos passar; y acerca desto hareis todas las diligencias possibles, usando de las mejores mañas que pudiéredes.

» En lo del monitorio contra nuestro exército y lo de Prospero de la prensa de Castel Sanct Juan, pues estas cosas están reparadas, no se deve mas hablar en ellas, y cierto nos pesaria mucho, como es razon, si nuestros ministros tuviessen en menosprecio á Su S^d, la qual tenemos en lugar de verdadero padre, y siempre havemos deseado de le honrar y observar como su verdadero hijo.

» Y, quanto á lo de Ferrara, no hay que hablar, ahunque no podemos pensar quo la investitura que Su S^d le dió, se pueda dezir hecha en favor nuestro y con indignacion de Franceses : que cierto se podria mas presto dezir el contrario, haviendo el dicho duque temptado las armas contra nos y en favor de los Franceses, y no siendo ahun concertado con nos. Que si haziendo el concierto de darle la dicha investitura, se fuesse tambien concertado en lo que nos toccaria, podríamos meritamente dezir y pensar que la dicha investitura se fuesse hecha en favor nuestro, y por indignar á Franceses. Y esto dezimos solo para vos, no por hablarlo á Su S^d, si dél mismo no hablasse sobre esto........ »

XII.

Valladolid, 21 avril 1523.

Satisfaction que l'Empereur a de ses services. — Il approuve les discours que le vice-roi de Naples a tenus au pape, quoiqu'ils aient peu profité; mais il espère que S. S. se reconnaîtra un jour, et prendra un autre chemin. — Il n'est pas disposé à révoquer la commission de capitaine général qu'il a donnée à Prosper Colonna. — Moyens de rendre le cardinal de Médicis favorable à sa cause. — Le marquis de Pescaire est arrivé à sa cour; il l'a reçu avec les démonstrations d'amour que méritent ses services, et il espère qu'il retournera content. — L'Empereur désire qu'il ne soit donné aucune cause de mécontentement au pape. — Il charge son ambassadeur de tâcher d'attirer dans ses intérêts Thierri, favori du saint-père : « A Thierri, lui dit-il, il nous
» paraît que vous devez parler comme de vous-même, lui rap-
» pelant qu'il est notre sujet, que le pape actuel ne vivra pas
» toujours, que les princes ont beaucoup de moyens de châ-
» tier ceux qui les desservent, et qu'ils ont aussi l'habitude de
» gratifier ceux qui leur rendent des services : de manière qu'il
» vienne à résipiscence (1). » — Les affaires du cardinal de Médicis, qui lui est si bon serviteur, doivent être traitées comme les siennes propres. — La citation que le pape a donnée contre la

---

(1) « A Theodorico nos parece que deves hablar como de vuestro, acordándole que es nuestro súbdito, y que el papa que ahora es no ha de durar para siempre, y que los príncipes tienen muchas formas de dar castigo á los que les dessirven, y tambien acostumbran gratificar á los que bien les sirven, por manera que se reconosca. »

Il s'agit ici de Thierri Hezius, sur lequel notre savant confrère M. de Ram a publié une notice pleine d'intérêt dans les *Bulletins de la Commission royale d'histoire*, 2ᵉ série, t. XI, pp. 59 et suiv.

Seigneurie de Florence lui paraît très-mal; il en a écrit à S. S. — Le pape ne doit rien négliger pour savoir la vérité au sujet du poison que les domestiques du duc de Camarino ont voulu lui donner, et aussi tenir souci des personnes qui le servent. — Il est peiné d'apprendre que les cardinaux montrent peu de respect au pape; si S. S. s'unissait plus étroitement à lui, ils n'oseraient pas le faire. — Le pape n'a pas eu raison de se montrer mécontent des lettres que l'Empereur lui a écrites, tant sur le fait de Catane que sur d'autres. — Il s'étonne que S. S. soit aveugle à ce point qu'elle n'aperçoive pas le mal que cause son indécision au sujet de la ligue. — L'Empereur charge le duc de Sessa de demander au pape qu'il pourvoie le docteur Narcisse, son médecin, des abbayes de St-Clément et de St-Vincent, devenues vacantes au royaume de Naples : si S. S. ne veut pas les lui conférer toutes deux, qu'elle lui en accorde une, ou au moins la même réserve de 1,000 ducats de rente, qu'il tenait du pape Léon.

XIII.

Valladolid, 9 mai 1525.

Il a écrit au pape, afin qu'il donne Corneille de Berghes pour coadjuteur à l'évêque de Liége, et il a appris que S. S. était contente de le faire : mais, comme le sieur de Berghes n'a pas les moyens de payer l'annate et les autres droits qu'entraînera l'expédition de ses bulles, l'Empereur charge son ambassadeur de demander au pape qu'il l'exempte du payement de l'annate, jusqu'à ce qu'il soit entré en la possession dudit évêché.

XIV.

Valladolid, 10 juin 1523.

Il le charge de presser le pape pour le fait de la ligue défensive. — Il persiste à refuser la naturalisation des serviteurs de S. S. pour ne pas scandaliser ses royaumes (1). — C'est à tort qu'on a dit au duc qu'il admettrait à composition certains de ceux qui ont pris part aux troubles de Castille; il n'en admettra aucun. Si le duc pouvait se saisir de la personne de quelques-uns d'entre eux, il lui rendrait un bon service de le faire. — Don Lope Hurtado (de Mendoça) lui a demandé de venir à sa cour; si le duc juge qu'il puisse se passer de lui à Rome, il l'autorisera à en partir. — Le pape devrait se contenter de la dîme du royaume de Naples que l'Empereur lui a accordée, et des 20,000 ducats qui lui ont été payés pour la bulle de St-Pierre, sans insister pour avoir la 3me partie de celle-ci (2). L'ambassadeur lui parlera à cet effet. Si Sa Sainteté ne veut pas se laisser persuader, comme l'intention de l'Empereur est de lui complaire en tout ce qui est possible, le duc lui offrira une certaine somme de deniers, jusqu'à 20,000 ducats, par manière de composition, pour l'expédition de la bulle, mais non à titre de 3me partie, ou d'autre droit, afin d'éviter les conséquences.

---

(1) Il y a, dans le registre, fol. 87-88, une lettre de l'Empereur au commandeur Lope Hurtado de Mendoça, en date du 8 mai, sur ce point des naturalisations. L'Empereur y dit que, si le roi de France naturalise des serviteurs du pape, il fait en cela ce qu'il veut, mais qu'il n'est pas disposé à l'imiter, parce que ce furent de semblables naturalisations qui produisirent les troubles de Castille. Il ajoute qu'il y a d'autres moyens de gratifier ceux qui se montreront ses serviteurs.

(2) Voy. pp. 48 et 51.

XV.

Valladolid, 10 juin 1525.

L'Empereur espère que le pape entrera enfin dans la ligue défensive, puisqu'il a dû reconnaître que la neutralité, qu'il a voulu adopter, au lieu de déterminer le roi de France à conclure la paix ou une trêve, l'en a éloigné. — Il a reçu le bref qui l'autorise à faire procéder contre l'évêque de Zamora; il en sera usé conformément aux intentions de Sa Sainteté. — Il a reçu aussi les bulles de la *cruzada* et de la 4me partie des fruits ecclésiastiques; quoiqu'elles ne soient que pour une année, et qu'il les espérât pour trois ans, il n'en est pas moins reconnaissant à Sa Sainteté. Il charge le duc de faire en sorte que, par les paroles *extra tamen superiorem et inferiorem Germaniam*, que contient la bulle du 4me des bénéfices, les seigneuries de Brabant, de Flandre et autres qu'il possède aux Pays-Bas ne soient pas exclues de ladite bulle, mais qu'elles y soient, au contraire, comprises, puisque la vérité est qu'elles ne sont pas de la Germanie, mais de la Gaule Belgique (1), et qu'il soit déclaré que ladite 4me partie pourra se percevoir sur les bénéfices du comté de Bourgogne, ainsi que sur ceux de toutes ses autres seigneuries, qui sont Hollande, Zélande, Frise, Luxembourg, Limbourg, Hainaut, Artois, Namur, Tournay, et que pour cela il soit expédié une autre bulle, puisque les nécessités où il se trouve l'exigent ainsi. — A propos de la provision que le pape voulait faire de l'église de Catane, l'Empereur dit : « Nous ne voulons pas non » plus reconnaître que nous tenions de l'Église le royaume de

---

(1) « .... Pues la verdad es que no son de Germania, sino de Gallia Bélgica. »

» Sicile : au contraire, il est plus exempt d'elle que tous les
» autres; ainsi, S. S. doit réparer immédiatement ce grief, et
» ne donner pas occasion à ce que, par la nécessité où nous
» serions de défendre nos prééminences, nous ne lui témoi-
» gnions pas une entière dévotion et un respect filial, et qu'elle
» aussi encoure le reproche de ne pas nous faire l'office de si
» bon père que nous l'espérions et la raison le voudrait, en
» intentant des choses qui nous seraient si préjudiciables et dom-
» mageables. Vous tiendrez vigoureusement la main à cela, et
» vous désabuserez clairement S. S. et le cardinal Colonna de l'idée
» que jamais nous puissions céder sur ce point (1). » — L'Empereur consent à ce que le pape prélève la dîme des fruits ecclésiastiques dans le royaume de Naples, puisque Léon X se l'était
réservée. — Il recommande de nouveau à son ambassadeur de
faire tout honneur au cardinal de Médicis, et de le favoriser en
tout ce qui dépendra de lui.

XVI.

Valladolid, 25 juin 1523.

Déclaration à demander au pape, touchant la bulle de la *cruzada* et de la 4me partie du fruit des bénéfices.

---

(1) « ... Ni queremos tam poco consentir que tengamos de la Yglesia el reyno de Secilia; ántes es mas exempto della que todos los otros; y assi deve Su B^d reparar luego este agravio, y no dar occasion á que, necessitado de defender nuestra preeminencia, no amostremos entera devocion y filial observancia á Su B^d, la qual tam poco sea notado de no hazernos officio de tam buen padre como esperamos y seria razon, intentando cosa en tanto prejubizio y agravio nuestro : sobre lo qual tendrés reziamente la mano, desengañando claramente á Su B^d y al cardenal Columna que jamás se dará lugar á otra cosa. »

XVII.

Valladolid, 13 juillet 1525.

L'Empereur approuve que son ambassadeur n'ait pas suivi les instructions qu'il lui avait données touchant la conclusion de la paix ou d'une trêve. Il continuera d'agir comme il l'a fait, rejetant la faute sur le roi de France; protestant au pape du désir de l'Empereur de conclure une trêve : mais, comme le roi d'Angleterre a peu d'inclination à ladite trêve, et qu'il a été récemment convenu entre eux de faire la guerre au roi de France jusqu'à la fin d'octobre, et ultérieurement, s'ils le jugent convenable, l'Empereur veut que, dans le cas même où le roi de France demanderait la trêve, le duc de Sessa use de moyens dilatoires, en alléguant qu'il ne peut y donner les mains tant que les conditions que désire le roi d'Angleterre ne seront pas obtenues; qu'il manifeste néanmoins toujours le désir de traiter, jusqu'à ce que l'on connaisse le résultat de l'invasion en France concertée entre les deux souverains. — L'Empereur a appris la maladie du pape : dans le cas où il viendrait à mourir, ce qui serait un grand malheur pour la république chrétienne, il ordonne à son ambassadeur d'employer tous les bons moyens, l'industrie et l'art qu'une affaire de si grande importance exige (1), afin que le cardinal de Médicis soit élu, mais il ajoute : « Vous aurez toujours
» égard à ce que l'élection se fasse avec toute liberté, à moins
» que du côté des Français on ne veuille agir par la violence :
» dans ce cas, vous vous montrerez avec vigueur pour nous,
» vous aidant à cet effet des vice-rois de Naples et de Sicile, et
» de notre armée, et de tous les secours et autres moyens que

---

(1) « Todos los buenos medios, industria y negociacion que cosa de tanta importancia como esta requiere. »

» vous aurez à votre disposition (1). » — L'Empereur charge son ambassadeur de faire redresser quelques fautes contenues dans le bref qui lui a été expédié pour le procès de l'évêque de Zamora. — Depuis qu'il a écrit ce qui précède, l'Empereur est convenu avec l'ambassadeur du roi d'Angleterre que, pour le 20 août, ledit roi entrera en France avec une puissante armée, à laquelle se joindront 3,000 gens de pied allemands et 3,000 chevaux, qui sont prêts en Flandre; que lui mettra aussi sur pied en Espagne une armée forte d'au moins 25,000 fantassins, 3,000 hommes d'armes et 2,000 chevau-légers, et qu'en même temps des ordres seront donnés à Prosper Colonna, qui commande l'armée de Lombardie, afin que, des trois côtés, la France soit attaquée à la fois. Le duc dira au pape que le refus du roi de France de conclure la paix, ou une trêve de plus de deux mois, et cela afin de pouvoir rassembler ses forces et envahir l'Italie, a déterminé les deux souverains alliés à le prévenir; que leur but est de le contraindre à faire la paix, ou du moins une trêve assez longue pour que les forces des puissances chrétiennes puissent être dirigées contre le Turc. — Le duc de Sessa est chargé de demander l'institution d'Alonso Manrique, évêque de Cordoue, auquel l'Empereur a conféré l'archevêché de Séville et la dignité d'inquisiteur général.

---

(1) « .... Teniendo siempre respecto á que la eleccion se haga con toda libertad, si ya por la parte francesa no se intentasse hazer alguna fuerza, que en este caso haveysos de mostrar reziamente por nuestra parte, ayudándoos para ello de los visorreyes de Nápoles y Sicilia y de nuestro exército, y de todos los subsidios y otros medios que pudiéredes. »

XVIII.

Valladolid, 2 août 1523.

Il se réjouit que la santé du pape se soit améliorée, et que S.S. se montre bien disposée en ce qui concerne ses affaires. De son côté, il veut agir à son égard comme un fils très-obéissant et très-respectueux (1). — Si S. S. ne se contentait pas de la dîme du royaume de Naples, il serait disposé à lui donner en outre quelque somme raisonnable. — Il fait connaître derechef à son ambassadeur qu'il lui est impossible de naturaliser les serviteurs *(criados)* du pape : un des articles que lui demandent les cortès en ce moment assemblées, est qu'il ne se puisse conférer de naturalisations à des étrangers, et que celles qui l'ont été se révoquent. — Le roi de Danemark, qui a été chassé de ses États, se trouve en Flandre. Pour l'y rétablir, une diète se tiendra à Hambourg le jour de la Toussaint, à laquelle interviendront les ambassadeurs des rois d'Angleterre et de Hongrie, et du marquis de Brandebourg. L'Empereur désire que le pape y envoie un légat, ou au moins, s'il veut éviter la dépense de cette ambassade, qu'il charge l'archevêque de Brême d'y assister en son nom, avec pouvoir, au cas que le duc de Holstein, qui est l'adversaire dudit roi, ceux de Lubeck et tous ses autres rebelles voulussent assister à ladite diète, de fulminer contre eux les censures ecclésiastiques et mettre l'interdit sur tout le royaume, en procédant au besoin contre les archevêques et évêques, jusqu'à privation de leurs bénéfices. L'Empereur charge son ambassadeur de s'employer à cet effet auprès du pape avec zèle et diligence.

---

(1) « Como hijo muy ubediente y observantissimo. »

XIX.

Valladolid, 23 août 1525.

Il est charmé d'apprendre que le pape se montre si bien disposé pour lui; de son côté, il ne négligera rien pour contenter S. S. Il apprend surtout avec plaisir que le pape est incliné à la ligue : c'est le seul moyen de salut pour l'Italie. Il attend avec impatience le résultat de la négociation. Le duc assurera S. S. du secret qu'elle demande. — L'Empereur se réjouit que le fait du poison donné au pape ait été de peu d'importance (*de poco momento*). — Il est inutile de faire de nouvelles démarches auprès de l'évêque de Cuenca, afin qu'il retourne dans son diocèse, puisque les fruits de son évêché sont maintenant séquestrés. Le duc délivrera aux autres prélats les lettres que l'Empereur leur écrit, pour les engager à revenir. — L'Empereur a reçu avec plaisir la bulle de la coadjutorerie de l'évêché de Liége en faveur de Corneille de Berghes. — Le nonce lui a remis un bref par lequel S. S. le prie d'ordonner, relativement à l'ambassade de la ville de Nuremberg qui est venue à Valladolid, que l'on publie et observe en Allemagne l'édit impérial qu'il fit à la diète de Worms, et par lequel il condamna les œuvres de Martin Luther, et en défendit l'impression et la vente. Il a donné les ordres nécessaires pour que les désirs du pape à cet égard soient accomplis.

XX.

Valladolid, 23 août 1523.

Il lui recommande, ainsi qu'il l'a fait au vice-roi de Naples, d'entretenir une bonne intelligence et correspondance avec Prosper Colonna.

XXI.

Valladolid, 24 août 1523.

Par les dépêches du duc du 28 juillet, et par un exprès d'Alonso Sanchez, il a appris la conclusion du traité avec Venise, et celle de la ligue. Rien ne pouvait lui faire plus de plaisir. Il charge le duc d'en exprimer toute sa satisfaction au pape. — La nomination qui a été faite du vice-roi de Naples, en qualité de capitaine général de la ligue, lui est très-agréable. — Maintenant il lui paraît qu'il faudrait songer à l'invasion de la Provence.

XXII.

Valladolid, 25 août 1523.

L'Empereur a jugé que l'occasion était favorable pour assurer l'Italie contre les entreprises des Français : 3,000 lansquenets, 8,000 fantassins et 500 lances sont prêts à entrer en France par le comté de Bourgogne. Si en même temps l'armée de Lombardie, avec quelques renforts, entrait en Provence, aidée de la flotte que conduira Ugo de Moncada, il semble que le succès ne serait pas douteux, et que les Français seraient mis pour longtemps dans l'impossibilité de rien entreprendre contre l'Italie. — Afin de parvenir à ce but, il conviendrait que la ligue défensive qui a été conclue, fût déclarée offensive : alors la dépense qu'il a été convenu de faire pour entretenir l'armée en Italie pendant deux mois, s'appliquerait au payement des troupes qui entreraient en Provence. L'Empereur charge le duc de Sessa d'employer tous les moyens qui sont en son pouvoir, pour engager les alliés à accéder à cette proposition : c'est le plus grand service, lui dit-il, qu'il puisse lui rendre. — Il informe son ambassadeur qu'un courrier vient de lui apporter la nouvelle que 15,000 gens de pied et 1,000 chevaux se sont embarqués en Angleterre, pour entrer en Picardie; ils trouveront à Calais 3,000 chevaux et 4,000 Allemands de ses troupes, outre des milices du pays et 2,000 pionniers. — Il a reçu aussi l'avis que 4,000 Allemands venaient d'être embarqués en Zélande pour aller rejoindre la même armée.

XXIII.

Logroño, 2 octobre 1523.

L'Empereur a appris, par la voie de Milan, que le pape était malade : au cas qu'il vienne à mourir, il veut que son ambassadeur s'emploie pour l'élection du cardinal de Médicis, comme il le lui a écrit précédemment (1). — Il lui recommande de nouveau de tâcher de faire déclarer offensive la ligue défensive : si le pape

---

(1) Voyez p. 192.

faisait des difficultés à cet égard, le duc n'en négocierait pas moins avec les autres princes. — Le pape, ainsi que le grand maître de l'ordre de Saint-Jean, ont écrit à l'Empereur touchant le lieu à choisir pour y établir le siége de l'ordre. Quelques-uns indiquent Raguse comme l'endroit le plus commode; l'Empereur y trouve des difficultés, à cause du voisinage du Turc; il pourrait arriver que les habitants eux-mêmes s'y montrassent contraires, pour n'être pas exposés aux attaques de celui-ci. Le choix de Malte ne serait pas non plus sans inconvénient pour le royaume de Sicile, à cause des intelligences que les Français pourraient avoir avec ceux de l'ordre qui appartiennent à leur royaume. Par ces motifs, d'autres inclineraient pour le choix de Tripoli. L'Empereur charge son ambassadeur de se concerter sur ce sujet avec les vice-rois de Naples et de Sicile, d'en entretenir ensuite S. S., et de lui faire connaître, avant qu'une détermination soit prise, ce qui aura paru le plus convenable. — L'expédition qui devait entrer en France par l'Espagne a été retardée, pour deux raisons : la première, que l'Empereur avait des intelligences dans Bayonne et un autre endroit très-important; l'entreprise de Bayonne a manqué, parce que, à cause des vents contraires, la flotte qui devait seconder l'armée de terre n'a pu arriver à temps; les intelligences avec l'autre endroit (que l'Empereur ne désigne pas) continuent, et il espère qu'elles auront le résultat désiré. La seconde raison qui a occasionné le retard, c'est que les troupes des grands n'ont pas été rassemblées avec toute la diligence qu'il aurait fallu. Maintenant que le fait de Bayonne s'est découvert, l'Empereur est résolu d'entrer en personne en France. Déjà, du côté de Bayonne, une partie de l'armée d'Espagne, avec 5,000 Allemands, est sur le territoire français; ces troupes viendront se joindre à celles qui se dirigent vers Saint-Jean-Pied-de-Port. Lorsque son armée sera réunie, il en prendra le commandement, et il espère qu'il pourra alors atteindre le but qu'il se propose.

XXIV.

Pampelune, 14 décembre 1523.

Par les lettres du duc du 27 septembre, l'Empereur a appris l'indisposition et la mort du pape Adrien (1), dont il était déjà instruit par d'autres voies. Depuis, il a reçu de Gênes des lettres en date du 21 novembre, qui l'ont informé que, le 19, le cardinal de Médicis a été élevé au siége pontifical : ce qui l'a comblé de joie. A son avis, il ne se pouvait faire un choix qui convînt davantage au service de Dieu et au bien de toute la chrétienté. Si le duc y a contribué, il a rendu à l'Empereur un service qu'il n'oubliera pas. — Quoiqu'il attende encore un avis officiel, il a résolu d'écrire au nouveau pontife et au collége des cardinaux les lettres qu'il remet au duc, pour les féliciter sur l'élection qui vient d'avoir lieu. — L'Empereur, voulant profiter des sentiments qu'a pour lui le nouveau pape, charge son ambassadeur de traiter avec lui, sans perdre de temps, les affaires qui l'intéressent et qui attendent une solution. — D'abord, il demandera que le pape confirme la ligue défensive, et même qu'il la convertisse en ligue offensive. — Ensuite, il demandera la confirmation de la bulle de la *cruzada*, avec l'ampliation que l'Empereur indique. — Il demandera une bulle pour la perception de la 4me partie des fruits ecclésiastiques dans ses seigneuries de Flandre, Bourgogne et autres non comprises dans la première concession. — Il priera le pape de donner le chapeau de cardinal à l'évêque de Maurienne, frère du maréchal de Bourgogne, grand majordome de l'Empereur. — Il le charge de plusieurs autres points concernant les affaires d'Espagne et d'Italie. — « Les Français ont raison de regretter la défection de mon» sieur de Bourbon, parce que, avec l'aide de Dieu, ce sera leur » perte (2). » — L'Empereur approuve la conduite qu'a tenue le

---

(1) Il était mort le 14 septembre.

(2) « Franceses tienen razon de sentir esto de mons^r de Borbon, porque, con el ayuda de Nuestro Señor, será su cuchillo. »

duc de Sessa envers les ambassadeurs d'Angleterre, au sujet de l'élection du nouveau pape. — Il l'assure qu'il peut compter sur la Toison d'or, aussitôt qu'il y aura moyen de le proposer en chapitre (1). — L'Empereur entre dans de grands détails sur ses opérations militaires contre la France. — Le duc dira aux gens d'Église espagnols qui se sont réfugiés à Rome, que, s'ils ne reviennent pas promptement dans leurs diocèses, il fera séquestrer leurs revenus. — L'Empereur charge son ambassadeur de demander des brefs au pape pour le châtiment des ecclésiastiques séditieux de la principauté de Catalogne et des comtés de Roussillon et de Cerdagne, ainsi que pour le châtiment de ceux du royaume de Valence qui ont pris part aux séditions passées. — Le nouveau pape possédait l'abbaye de Saint-Martin, à Tournay; l'Empereur a conféré cette abbaye à Georges d'Egmont, frère du comte d'Egmont. Le duc de Sessa demandera à S. S. qu'elle lui fasse expédier des lettres d'institution.

XXV.

Vitoria, 24 janvier 1524.

L'Empereur lui témoigne son étonnement de n'avoir pas reçu de lettres de lui, depuis celle du 28 octobre. — Son armée, qui était entrée en France, a été obligée, par le mauvais temps, de battre en retraite; elle est revenue vers Bayonne, avec le dessein de mettre le siége devant cette ville : mais enfin l'on s'est déterminé à attaquer Fontarabie, qui est étroitement resserrée. — La retraite de l'armée s'est faite sans désordre, et sans perte de gens ni d'artillerie; seulement il a fallu abandonner une trentaine de chariots contenant des piques et d'autres objets de peu d'importance.

---

(1) Voy. la lettre de Charles à Adrien, du 25 août 1523, p. 165.

XXVI.

Vitoria, 2 mars 1524 (1).

Il manifeste de nouveau au duc son étonnement de n'avoir pas de dépêches de lui postérieures au 28 octobre, tandis qu'il en a reçu, même du mois de janvier, de Lope Hurtado. Dans des circonstances comme celles où les affaires se trouvent, le duc devrait non-seulement faire en duplicata, mais en triplicata, sa correspondance. — Il l'informe de la reddition de Fontarabie.

XXVII.

Burgos, 16 mars 1524.

Il n'a pas encore reçu de lettres du duc : ce qui lui cause de vives inquiétudes. — Il est très-content du pape. S. S. a fait assurer le vice-roi de Naples qu'elle exécutera les conditions de la ligue; elle s'est refusée à des offres très-avantageuses que lui a faites le roi de France. Ce monarque, entre autres, proposait de marier le second de ses fils avec une nièce de S. S., et de l'aider à conquérir le duché de Milan, qui servirait de dot aux deux époux; S. S. a répondu qu'elle voulait observer ses engage-

---

(1) Il y a, dans le registre, une lettre du même jour écrite par l'Empereur au commandeur don Lope Hurtado de Mendoça, qui lui avait écrit que le pape et les siens étaient mécontents de la manière de négocier du duc de Sessa et l'avaient en haine. Charles répond qu'il attendra l'arrivée de l'homme que le commandeur lui envoie, pour se déterminer sur le parti qu'il devra prendre à cet égard.

ments envers l'Empereur. — Il charge le duc de Sessa de l'en remercier et de l'assurer qu'il emploiera, s'il le faut, sa personne et ses États à soutenir les intérêts de S. S. — Après la prise de Fontarabie, l'armée s'est trouvée si fatiguée, qu'il l'a renvoyée dans ses foyers.

XXVIII.

Burgos, 9 avril 1524.

L'Empereur a reçu ses lettres des 18 et 29 novembre, des 23 et 29 février, des 4, 7 et 24 mars; il reconnaît qu'il n'y a pas eu de sa faute, si elles ne lui sont pas parvenues plus tôt. — Bernardino de la Barba, secrétaire du pape, est arrivé à Burgos, chargé d'une mission de S. S. pour lui; il a répondu à tous les points que cet envoyé avait ordre de lui remontrer. — Son grand chancelier (1) partira pour l'Italie, aussitôt que l'archevêque de Capoue sera arrivé; il sera porteur des résolutions et instructions nécessaires. — Le roi de Hongrie (2) lui a écrit, pour l'engager à conclure la paix ou une trêve avec le roi de France, afin de le secourir contre le Turc, qui prépare une puissante armée. Il lui a répondu que, en mettant à sa disposition le subside dont l'Empire lui a fait don à l'occasion de son élection à la dignité impériale, il lui a bien prouvé son intention de le mettre à même, non-seulement de résister aux attaques des Turcs, mais de prendre l'offensive contre eux; que, quant à la paix, il s'est toujours montré disposé à la conclure à des conditions honorables, etc.

---

(1) Mercurino de Gattinara.
(2) Louis II, qui avait épousé Marie, sœur de Charles-Quint.

XXIX.

Burgos, 25 avril 1524.

Le duc s'était montré blessé de ce que l'Empereur voulait envoyer en Italie son grand chancelier. L'Empereur lui répond que son intention n'a été de lui faire aucun tort, mais que, pour traiter de la paix universelle, selon le désir que le pape en manifeste, il a jugé nécessaire de donner commission à quelqu'un qui fût imbu des intérêts de tous ses États; que c'est pour cela qu'il a désigné le Sr de la Roche (1), au lieu du grand chancelier, qui ne pourrait faire le voyage assez promptement; que, d'ailleurs, cet envoyé ne négociera rien sans le concours du duc. — Il ne doute pas que la victoire remportée par M. de Bourbon en Lombardie, et l'expulsion des Français de cette contrée, ne déterminent le pape à accomplir ce qu'il a promis.

XXX.

Burgos, 9 mai 1524.

L'Empereur lui annonce que le Sr de la Roche, de son conseil privé, ira en Italie, au lieu de son grand chancelier, celui-ci n'étant pas en disposition de faire le voyage avec la promptitude requise, et son assistance étant d'ailleurs nécessaire près de lui. — L'archevêque de Capoue est arrivé et reparti, avec les réponses de l'Empereur sur les points dont S. S. l'avait chargé (2).

---

(1) Gérard de Pleine, chevalier, Sr de Maigny et de la Roche, conseiller et chambellan de l'Empereur.

(2) Dans une lettre du même jour au commandeur Lope Hurtado de Mendoça, l'Empereur s'étend davantage à cet égard. L'archevêque de Capoue,

XXXI.

Sans date (1).

Il se félicite que le pape, à la demande du duc, ait réservé l'église d'Utrecht, pour le cas où les chanoines n'éliraient pas, ainsi que l'Empereur le désire, le neveu de M. de Montigny. — Il regrette de ne pouvoir, comme S. S. le demande, pardonner au doyen de Salamanque, qui a pris une part si active aux troubles des *comuneros*, à cause de l'importance qu'il y a, pour le bien et le repos de ses royaumes, de châtier ceux qui ont trempé dans cette sédition.

XXXII.

Burgos, 18 juillet 1524.

Quoique le pape ait raison de se défier de la conduite du roi d'Angleterre, à cause des pratiques que le cardinal d'York a eues avec les Français, l'Empereur n'ajoute pas à ces pratiques une grande importance; il croit que le cardinal n'a voulu qu'attirer à lui la conclusion de la paix, ou d'une trêve, dans l'espoir d'en tirer un parti plus avantageux pour son souverain, que si la négociation se traitait par S. S. — Les Anglais n'ont pas raison

---

lui dit-il, est arrivé à Burgos; il a été charmé de faire sa connaissance; il lui a fait donner un logement au palais, et l'a fait traiter avec la bienveillance et l'honneur que méritaient la commission dont l'avait chargé le saint-père et ses qualités personnelles. Ledit archevêque, de la part de S. S., lui a parlé de la conclusion de la paix ou d'une trêve; il lui a répondu comme il convenait. Il envoie à S. S., pour traiter de cette négociation, le Sr de la Roche, lequel sera muni d'amples pouvoirs.

(1) Cette lettre est placée dans le registre immédiatement avant celle du 18 juillet 1524.

de se plaindre qu'il ait licencié son armée, puisqu'ils avaient longtemps auparavant licencié la leur. — Il espère que la bonne amitié subsistera entre lui et le roi d'Angleterre; du moins, il ne donnera aucun motif de la rompre, et il ne voit pas ce que gagnerait ledit roi à cette rupture. — Lope Hurtado est arrivé à sa cour. — L'Empereur eût désiré que l'affaire de l'évêché d'Utrecht se fût arrangée au gré de madame Marguerite (1) : mais, puisque l'élection est consommée, il y aurait de grands inconvénients à y contredire. Ainsi le duc fera comme s'il s'en réjouissait; il demandera la confirmation de l'élu (2), et tâchera de faire insérer, dans les bulles, que c'est à la demande de l'Empereur qu'elle a eu lieu. — Le cardinal de Tortose (3) lui a écrit touchant l'érection des trois églises cathédrales en Flandre, en demandant d'être présenté à S. S. pour l'une d'elles, offrant en ce cas d'y annexer quelques bénéfices qu'il a en Brabant. L'Empereur, tant pour honorer cette province, où il a reçu le jour (4), que pour reconnaître les services dudit cardinal, charge son ambassadeur de solliciter cette érection, de concert avec le prélat, à la condition qu'il aura le patronage desdites églises, et la nomination chaque fois qu'elles viendront à vaquer. — L'Empereur a reçu le bref du pape touchant les bulles secrètes qui ont été expédiées pour la décharge de sa conscience; il mande à son ambassadeur d'en exprimer toute sa reconnaissance au saint-père. — S. S. lui a aussi écrit sur les choses de Luther et sur la conclusion qui a été prise, en la dernière diète de Nuremberg, de convoquer une nouvelle diète de toute la nation germanique à Spire, tant

---

(1) L'archiduchesse Marguerite, tante de Charles V, gouvernante des Pays-Bas.

(2) C'était Henri de Bavière qui avait obtenu la majorité des suffrages : il avait pour compétiteur Érard de la Marck, évêque de Liége. Clément VII le confirma.

(3) Guillaume Enckevordt, qui avait succédé à Adrien VI sur le siège épiscopal de Tortose.

(4) « Por ser nuestra propria naturaleza. »

pour délibérer sur lesdites choses que sur les mesures à prendre contre le Turc et sur d'autres intérêts de l'Empire. Le duc dira au pape que cette convocation lui a été très-désagréable, parce qu'il n'en peut résulter que beaucoup de scandale et de nouvelles erreurs, et qu'il en a écrit à l'infant son frère ainsi qu'aux états de l'Empire. Comme cette lettre pourrait ne pas produire l'effet désirable, il demandera conseil à S. S. sur le parti que l'Empereur devra prendre alors. La convocation d'un concile universel serait peut-être le meilleur moyen d'empêcher l'assemblée projetée de Spire. Voici le texte de cette dernière partie de la dépêche :

« Tambien nos ha scrito otro breve sobre las cosas de Luthero, y sobre la conclusion que se ha tomado en la última dieta imperial en Nurembergha, con la indiction de nueva dieta á Spira, por la convocacion de toda la nacion germánica, para entender en las cosas del dicho Luthero y otras cosas del Turco y del Imperio. Direys á Su B^d que nos ha mucho pesado desta convocacion y conclusion, porque veemos que no puede seguirse della, sino mayor escándalo y mayores errores, á los quales Dios sabe quanto querríamos con todo nuestro poder obviar, y para este effecto havemos mandado agora screvir cartas al illustrissimo infante nuestro hermano, y al regimiento, electores, príncipes y estados del Imperio, generales y particulares, traslado de las quales será con la presente, para que las podais mostrar á Su S^d. Pero, porque podria ser que las dichas cartas no hiziessen el effecto que convérnia para impedir la dicha convocacion, y podria seguirse un desacatamiento en no obedecer nuestras cartas, como hizieron el edicto tan solemnemente promulgado en la dieta de Vormacis, y viendo que este mal crece tanto, y toma tal aliento, que no se podria bien extirpar sin uno de dos remedios, ó con nuestra presencia para castigarlo con rigor, la qual no puede ser tan presto, ó con que se hiziesse una convocacion de un concilio universal para extirpar esta secta con razon y justicia, havemos acordado de remetirlo á Su S^d, para que vea y nos aconseje lo que mejor le pareciere que devemos de hazer por nuestra parte, porque no havemos de faltar, con nuestras fortunas y Estados, y con nuestra propria persona, como bueno y verdadero hijo de Su B^d y dessa sancta silla, al remedio desté tan evidente daño de la religion, quanto en nos fuere possible. Y, si Su S^d acordasse y fuesse servido de mostrar que quiere complazer á aquella nacion, en convocar el concilio universal de toda la christiandad, como ellos lo han requerido al cardenal Campegio, legado de Su S^d, seria por ventura mejor de prevenir la dicha conventícula de Spira, y hazer la indiction y publicacion del dicho concilio universal para el verano venidero, todo lo mas presto que se pudiesse hazer. Y pues piden que se haga en Alemania, podria Su S^d elegir para esto la ciudad de Trento, que es por ellos tenida por Alemania, ahunque sea Italia, y ántes que viniesse el plazo de la convocacion, se podria con justa causa mudar en otro lugar mas propicio, ó en Roma, ó en otra ciudad de Italia; y, ahunque el término de la convocacion fuesse para la primavera, por mas facilmente impedir la dieta de Spira, se podria despues á nuestra peticion prorogar. Direis á Su B^d que lo mire todo muy bien, y nos avise de su buen parecer, que nos no dexaremos de seguir su buen consejo, como de nuestro verdadero padre, y corresponder á ello, como buen hijo y buen protector de aquella sancta silla. »

XXXIII.

Valladolid, 18 août 1524.

Il a donné des ordres pour renforcer son armée de mer, qui était inférieure en nombre à celle des Français; il a envoyé dans le Roussillon les 5,000 Allemands qui étaient du côté de Fontarabie; il a ordonné au prieur de Castille d'entrer avec ses gens et les gardes en France. — Il tient en ce moment les cortès de Castille, dont il espère un puissant secours. Il fait aussi négocier avec celles des royaumes d'Aragon et de Valence et de la principauté de Catalogne, pour qu'elles lui fissent une aide de gens et de deniers. Il trouve dans les unes et les autres la meilleure volonté. — Le duc se conduira, dans l'affaire de l'érection des églises cathédrales de Flandre, selon les instructions qu'il recevra de madame Marguerite. — L'Empereur le charge d'inviter de nouveau les évêques de Salamanque et de Girone à revenir dans leurs diocèses, en les prévenant que, s'ils refusent, il fera séquestrer les revenus de leurs églises.

XXXIV.

Valladolid, 9 septembre 1524.

Il a appris que ceux de l'université de Louvain sollicitent du pape la confirmation de certains priviléges qui leur furent accordés par le pape Léon, et que S. S., avant d'accorder cette confirmation, a voulu connaître sa volonté. « Ces priviléges, » dit l'Empereur à son ambassadeur, sont non-seulement pré- » judiciables à nos prééminences, mais ils le sont à tout le » pays. Vous supplierez donc S. S. de ne pas les confirmer, et » même de les révoquer. »

XXXV.

Saint-Jacques (près de Valladolid), 7 octobre 1524.

Puisque le pape se montre si peu disposé à entrer dans la ligue et à concourir à l'entreprise de France, il ne faut plus lui en parler, mais attendre qu'il en parle lui-même. — Il se réjouit que S. S. ait nommé pour son nonce près de lui le comte Balthasar de Castillon ; il le recevra avec plaisir, et lui fera tout bon traitement. — Il a appris avec chagrin la mort de M. de la Roche (1); il perd en lui un bon serviteur, et, dans les conjonctures actuelles, cette perte lui est encore plus sensible. Il n'enverra personne à sa place, mais il traitera, avec l'archevêque de Capoue, qui doit le venir trouver de la part du pape, les points les plus importants dont M. de la Roche était chargé. En attendant, il désire que les papiers de celui-ci soient mis en sûreté; il a écrit à ce sujet au vice-roi de Naples, lequel tirera desdits papiers l'instruction dont était porteur M. de la Roche, et la remettra au duc, qui négociera en conformité de ce qu'elle prescrit, et avec l'aide de Juan-Bartholomé de Gattinara. — Le duc ne doit pas consentir à une trêve avec la France pour moins de trois ans. — Le pape lui a répondu touchant le fait de Luther par d'excellentes raisons et avec de bonnes intentions : ainsi, le duc ne lui parlera plus de ce sujet. — M. de Bourbon et le marquis de Pescaire, qui commandent son armée en Provence, lui ont envoyé les capitaines Loquenghien et Bracamonte, pour lui rendre compte de l'état où elle se trouve. L'Empereur avait d'abord résolu de faire lever, dans ses royaumes d'Aragon et de Valence et dans sa principauté de Catalogne, 4,000 fantassins, pour en renforcer ladite armée, avec l'infanterie allemande qu'il a dans le Roussillon ; depuis, il a considéré que cette levée pourrait exiger beaucoup de temps, et que peut-être le renfort arriverait trop tard. Il a préféré renvoyer de suite les deux capitaines munis de la provision de deniers la plus forte qu'il ait pu rassembler. — M. de Bourbon a dû son salut, à sa retraite de France, à M. de Pomperans, qui est auprès de lui. L'Empereur, informé que celui-ci a, à Rome, un frère qu'on appelle le protonotaire Pomperans, charge son ambassadeur de demander pour lui au pape un des premiers bénéfices qui viendront à vaquer.

---

(1) Voy. p. 205, note 1. Le Sr de la Roche était mort à Rome le 30 août.

XXXVI.

Madrid, 11 décembre 1524 (1).

L'Empereur approuve les discours que son ambassadeur a tenus au pape, touchant les projets des Français sur la Lombardie. Son intention bien arrêtée est de procurer la liberté et la tranquillité de l'Italie : pour cela, il ne négligera aucun sacrifice ni d'hommes, ni d'argent. Il a ordonné l'envoi d'une forte somme de deniers à son armée de Lombardie. Il fait préparer, sur le littoral de la Méditerranée, des navires qui transporteront en Italie 7,000 hommes d'infanterie espagnole. Il fait aussi renforcer sa flotte, qui est à Gênes. — Il a député au roi d'Angleterre, pour le persuader d'attaquer la France du côté des Pays-Bas, en joignant ses troupes à la cavalerie qu'il y a dans ces provinces. — Il charge son ambassadeur d'informer le pape de ces circonstances, et de l'exciter à concourir à la défense de la Lombardie. — Il ne peut pas croire que S. S. veuille rester neutre, comme le lui a fait entendre le duc; il s'exprime, à ce sujet, et sur la dissimulation à observer envers les ministres du pape, de la manière suivante : « No podemos persuadirnos en alguna manera
» que Su S^d esté todavía rezio á no declararse en la defension
» de Italia, como parece que lo demostrava, quando nos escre-
» vistes, porque seria no acudir á lo que deve en muchas ma-
» neras. Todavía, si quando recibierdes esta, no lo hoviere fecho,
» insistirés en ello, poniéndole al delante las cosas passadas, y
» que principalmente se emprendió esta expedicion, por preser-
» var de oppression y molestia essa sancta silla, porque las re-
» cebia cada dia de los Franceses, como Su B^d lo sabe, y que

---

(1) Cette lettre est commune au duc de Sessa et au protonotaire Gattinara.

» ponerse agora en neutralidades, seria fazer grandissimo daño
» á la empresa, y poner las cosas en peligro muy grande de
» constituyr á essa sancta silla, y toda Italia, en mucha mayor
» necessidad de la que tenia primero, y que si á Su B^d, y á su
» familia de Medicis y al Estado de Florencia les cabria parte
» del daño, puede facilmente juzgarlo Su S^d : demás de que no
» acudiria en ello á lo que le merecen los oficios que le have-
» mos fecho en lo passado, y á la devocion y observancia que
» tenemos á essa sancta silla; y todo lo demás que vierdes con-
» venir á este propósito, faziéndolo de manera que no se lo dexe
» de dezir cosa alguna de lo necessario; y que tanpoco se le dé
» causa de escandalizarse, ni de pensar que concebimos alguna
» manera de desconfianza ó sospecha dél, porque esto podria fazer
» daño. Y quando por agora, por sus respectos que podria pro-
» poner adelante, estoviesse todavía firme en que no deve decla-
» rarse publicamente en la negociacion, batireis reziamente en
» que á lo menos ayude con dineros de secreto á la sustentacion
» del exército, y tenga forma como Florentines fagan lo mesmo
» por su parte, que para esto no hay escusa que sea suficiente,
» tractando vosotros la cosa con todos los buenos medios et in-
» dustria que convenga, como somos cierto que lo sabreys bien
» fazer, y avisando siempre de todo. — La yda del datario, y su
» quedada en el camino, se puede razonablemente juzgar que
» fué por los respectos que escrevís. Agora es tiempo de dissi-
» mular con los que están cabe el papa, y fazerles caricias, y
» mostrar confianza dellos, ahunque no haya razon de haverla,
» porque los que fazen mal oficio no acaben de desvergonçarse :
» que con el tiempo se havrá la razon que se deve á los que
» sirven, y á los que no sirven. » — L'archevêque de Capoue
est arrivé, et il est reparti le 7 décembre. L'Empereur envoie au
duc copie des propositions que l'archevêque lui a faites, et de ses
réponses, touchant la paix ou une trêve. Ce prélat passe par la
France, et de là il ira en Angleterre, pour savoir les intentions
des ministres de ces deux pays. — Les Anglais paraissent plus
disposés à la trêve depuis la prise de Milan; il disent avoir envoyé

leurs pouvoirs pour la conclure jusqu'au mois de mai 1526. L'ambassadeur négociera en ce point selon ses instructions, et les avis qu'il recevra du vice-roi de Naples : si le vice-roi trouve que la trêve doive être conclue jusqu'au mois de mai 1526, pour éviter de plus grands inconvénients, il ne sera pas nécessaire d'attendre à cet effet de nouveaux ordres de l'Empereur.

XXXVII.

Madrid, 9 février 1525.

Le discours que le duc a tenu au pape, afin de l'engager à se déclarer pour l'Empereur, ne pouvait être mieux conçu; il aurait produit son effet, si déjà S. S. n'avait pris la résolution de s'arranger avec les Français. S. S. l'a prévenu de cette résolution par un bref, sans lui envoyer les articles accordés entre elle et eux; mais il y a lieu de croire qu'ils contiennent plus que ce qu'en rapporte ledit bref : car les Français ont publié partout qu'ils avaient fait alliance non-seulement avec le pape et les Florentins, mais encore avec les Vénitiens. — Quoique l'Empereur ait raison de se plaindre de S. S., qui, sans avoir égard à son respect filial, aux services qu'elle a reçus de lui dans sa jeunesse et lors de son élévation au pontificat, à laquelle, comme le duc en est bon témoin, il a pris tant de part qu'il en a été le principal instrument (1), sans se rappeler que la guerre qu'il a contre les Français est principalement pour sa cause, sans considérer enfin le péril dans lequel une telle alliance met toute

---

(1) « ... En lo qual, como vos soys buen testigo, se hizo por nuestra parte tanto que fuymos la principal causa de ponerle en la silla de san Pedro. »

l'Italie, et le saint-siége, et toute la chrétienté, et quoiqu'il ne manque pas de moyens pour remédier à cela, cependant, voulant décharger sa conscience envers Dieu, dont c'est la querelle propre qu'il a soutenue jusqu'alors, il aime mieux recourir à des moyens de conciliation qu'à des voies de rigueur, pour ne changer rien à l'état de la chrétienté en cette saison. Il charge en conséquence son ambassadeur de dire à S. S. qu'il est pourvu d'un ample pouvoir pour traiter de la paix ou d'une trêve, quoique, « ajoute l'Empereur, vous ne deviez en user que selon les instruc- » tions du vice-roi de Naples. » Le duc fera entendre aussi au pape que l'Empereur est décidé à employer les ressources de tous ses États, et même à exposer sa propre personne, pour le maintien de sa puissance en Italie, et que déjà il a pris des mesures à cet effet. L'Empereur ajoute que sa santé, qui avait été dérangée, se rétablit; que la fièvre l'a quitté; que déjà il monte des chevaux de course, galope, va à la chasse, tue le gibier de sa propre main, qu'il fait enfin les actes d'une personne bien portante (1), de sorte, dit-il, qu'il pourra bientôt se rendre en personne là où il sera nécessaire. — Il faut dissimuler avec le dataire et les autres qui l'ont desservi; le temps viendra de récompenser, comme ils l'auront mérité, ceux qui auront fait le bien et le mal. — Le duc de Ferrare pourra pleurer un jour l'aide qu'il a donnée et donne aux Français, et les Vénitiens aussi, dont l'Empereur a plus lieu de se plaindre que de tous autres, puisque, sans le moindre motif, ils ont manqué à leur foi envers lui. — Dans les circonstances actuelles, il ne faut point toucher l'article de Luther (2). Les serviteurs du feu pape Adrien lui ont écrit pour qu'il leur fasse

---

(1) « Y no dexamos de cavalgar cavallos saltadores, y passar carreras, y yr á caça, matando venados de nuestra mano, y haziendo otros actos de persona que tiene sanidad. »

(2) « En la materia de Luter, no es tiempo ahora de hablar. » Il y avait de plus, à la minute les mots suivants, qui ont été tracés : « en ella, segun » los officios que recibimos de Su S⁴. »

payer les pensions que S. S., avant sa mort, leur a assignées sur l'église de Cadix : il n'y peut consentir, car ce serait donner matière à ce que, sans son consentement, le saint-siége assignât des pensions sur les églises de ses royaumes.

XXXVIII.

Madrid, .. mars 1525 (1).

Il se réjouit de la victoire de Pavie; il l'attribue entièrement à la protection divine. Il regrette l'effusion de sang qui a eu lieu; mais c'est le roi de France qui a été l'agresseur. Il a résolu de suspendre les hostilités et de travailler à la paix générale de la chrétienté. Il veut traiter avec le roi de France en chrétien, et comme si celui-ci était libre. — Il envoie des ordres en conséquence au duc de Bourbon et au vice-roi. — L'Empereur charge le duc d'assurer le pape qu'il ne lui en veut pas pour avoir pris le parti du roi de France; qu'il attribue cela à ses conseillers. — Le nonce de S. S. est arrivé à Madrid le lendemain du jour où l'on y reçut la nouvelle de la victoire de Pavie. Détails sur les audiences que l'Empereur lui a données.

Voici le texte de cette lettre :

« Illustre duque, etc., y doctor micer Joan Bartolomé, etc., después de vistas vuestras cartas de xxvIIII de deziembre y vII de enero, y lo que después, á vIII del passado, escrevistes á nuestro gran canciller, nos llegó la nueva de la felicissima victoria que Nuestro Señor nos ha dado, la qual, por ser en causa propria suya, y por ser nuestros fines endreçados á su servicio, lo havemos assí siempre esperado de su summa bondad, y por ello le

---

(1) Cette lettre est commune au duc de Sessa et au protonotaire Gattinara.

damos y daremos siempre infinitas gracias, porque, como quiera que haya vuelto por su causa, conoscemos claramente que ha tenido y tiene especial cuydado de nuestras cosas : por lo qual, demás de los ótros muchos y muy grandes benefficios que dél havemos recebido, nos queda una perpetua y special obligacion para emplear nuestra propria persona, fortunas y Estados en el exaltamiento de su muy alto nombre, y extirpacion de los enemigos de nuestra religion, como en verdad estamos determinado de lo poner por obra, despúes de reduzida toda la christiandad en tranquilidad, paz y sossiego : que es lo que mas havemos desseado y desseamos, ca Dios sabe lo que nos duele y sentimos tanto derramamiento de sangre christiana como fasta aquí se ha fecho, como quiera que nos satisfazemos, con Dios y con el mundo, haver dado á ello todo la causa el rey de Francia, y nos no podemos escusar buenamente, por no faltar á lo que deviamos assí á nuestra honrra y reputacion, como al cargo que Dios nos ha encommendado. Pero, pues que á la divina bondad ha plazido poner de su mano las cosas en tal estado, mostrando á todos notoriamente que su voluntad es que los unos y los otros atendamos totalmente á lo de su servicio, y á lo que conviene al bien público de la christiandad, quitada á parte toda manera de particularidad nuestra, reconosciéndonos en todo quanto podemos este tan gran benefficio que por su bondad infinita le ha plazido hazernos, y queriéndonos disponer, en quanto en nos es, á seguir en ello y en todo su voluntad, dexada á parte la disposicion que con la victoria passada tenemos de vindicar las ofensas que nuestros enemigos nos han procurado de hazer, havemos acordado de suspender por agora las armas en todas partes, y attender á la paz universal de la christiandad, queriendo tractar con el rey de Francia, no embargante que está en nuestro poder, como con príncipe libre y miembro tan grande y tan principal, en christiano, y assí enbiamos al duque de Borbon, nuestro lugarteniente general en Italia, y á nuestro visorrey de Napoles, órden expresso que trateu y platiquen con el dicho christianissimo rey, de los capítulos y condiciones que justa y honestamente deven assentarse, para que desta fecha, y con la ayuda y gracia de Nuestro Señor, que parece que ha querido poner su mano en ello, quede establecida paz perpetua y universal en toda la christiandad, á loor y gloria de Dios, y beneffício público de la religion christiana, como serés particularmente avisados por ellos. De lo qual, si el rey de Francia lo toviere por bien, nos sea Dios testigo que holgaremos, quanto lo podemos encarecer, y otramente; pues para con Dios y con lo demás quede nuestra consciencia satisfecha, será necessario tomar nuevo consejo, procurando de reduzir con las armas á este propósito lo que en buena manera no se pudiere obtener, que para este fin provehemos agora de otros cien mil ducados de ayuda á entretener el exército.

» Direys à Su B^d, de nuestra parte, que por lo que ahora fazemos, puede notoriamente comprehender la intencion que fasta aquí havemos tenido, y que le supplicamos que esté descansado, de pensar que lo que ántes de havernos Dios dado esta victoria, tuvo Su B^d platicado y assentado con el rey de Francia, lo hayamos echado, ni echamos, sino á la buena parte, atribuyéndolo principalmente á lo que ha sido persuadido por algunos de sus ministros, teniendo mas fin á sus particulares respectos, que á lo que devian á su servitud y al respecto que se devia de tener á la filial devocion y observancia que le havemos siempre tenido, porque de la intencion y voluntad de Su B^d en nuestro respecto siempre havemos tenido y ahora tenemos la certinidad y confiança que le han merescido y merescen nuestras obras, y que assí verá en lo de aquí adelante que este artículo no havrá fecho en nos impression alguna, para dexar de le ser observantíssimo hijo y buen protector suyo y dessa sancta silla. Sobre lo qual le escrevimos la que va con esta. Dárselaeys, que por la copia vereis lo que le escrevimos.

» El conde Castillon, nuncio de Su S^d, llegó aquí á otro dia que vino la nueva de la victoria; y como halló las cosas en nuevo estado, no fizo mas de darnos el breve que trahia en su creencia, y congratularse de las nuevas que teníamos. Después, en otra audiencia que quizo de nos, nos dió un breve de que va traslado con esta, que es conforme á lo que allá se os respondió en la negociacion pública, y la respuesta ha sido conforme á lo que arriba dezimos. Presentó las facultades que trahe, las quales havemos remittido al consejo, para que se vea en lo que, sin prejuyzio del reyno, se devieren admitir, y hazérseha en ello todo lo que buenamente se pueda. Este nuncio parece virtuosa persona y de buenas intenciones, y assí en lo que se pudiere fazer por él, se le tendrá todo respecto..........

» Data en Madrid, á .. de marzo 1525. »

XXXIX.

Madrid, 2 avril 1525 (1).

Il approuve le langage qu'ils ont tenu au pape, après la bataille de Pavie. — Il les autorise à conclure la nouvelle ligue avec S. S.; mais, avant d'en arrêter les conditions, ils devront les lui soumettre. — Ils feront bien connaître à S. S. que, dans ce traité, il veut stipuler tout ce qui convient au respect qu'il doit au saint-siége, à l'utilité de S. S. et au bien de la république chrétienne, et qu'il sera beaucoup plus facile, lorsqu'eux deux seront d'accord, de traiter avec d'autres.

---

(1) Comme la précédente, cette lettre s'adresse au duc de Sessa et à Gattinara.

XL.

Tolède, 8 juin 1525.

Il lui envoie copie d'un écrit que le docteur Juan-Bartholomé de Gattinara lui a remis de la part du pape, et de la réponse que le duc pourra y faire. Il envoie une pareille copie au vice-roi de Naples. Si des circonstances nouvelles faisaient juger au duc que quelque modification fût nécessaire à cette réponse, il la concerterait avec le vice-roi.

XLI.

Tolède, 20 juillet 1525.

Le roi de France est arrivé à Valence avec le vice-roi de Naples. L'Empereur désire vivement établir les affaires publiques conformément à ce qu'exigent le service de Dieu et la paix universelle de la chrétienté, et il trouve dans ledit roi de bonnes dispositions pour cela. Il a résolu de donner un sauf-conduit à madame d'Alençon, pour qu'elle vienne à Tolède; il a appelé M. de Bourbon, afin qu'il intervienne à la négociation. De son côté, le roi d'Angleterre a envoyé des pouvoirs suffisants à ses ambassadeurs. Le duc demandera au saint-père de donner aussi les siens, soit à son nonce, soit au cardinal de Salviati, soit à tout autre. Voici le texte de cette partie de la lettre : « El visorey
» de Nápoles tomó la via d'España con el rey de Francia, como
» havés sabido. El rey está agora en Valencia, y allegárseha mas
» cerca de nos. Desseamos summamente assentar las cosas públi-
» cas, à todo servicio de Nuestro Señor, y paz y sossiego uni-

» versal de la christiandad, reconociendo que la vitoria que le
» plugo darnos, fué para este propósito; y conocemos en el
» dicho rey buena inclinacion á ello. Y para la plática y as-
» siento de todo, havemos acordado de dar salvoconduto á
» madama de Lanson, hermana del rey, que está ya en camino
» para venir aquí. Tanbien madamos venir á mus^r de Borbon,
» porque intervenga en lo que le toca de la negociacion. Y el
» serenissimo rey de Inglaterra inclina assimismo á la paz, el
» qual ha enbiado poderes bastantes á sus enbaxadores que resi-
» den aquí, para entender en el assiento della. Bien sabemos
» que el principal desseo de Su B^d es ver quietadas y assose-
» gadas las cosas de la christiandad, porque siempre nos ha
» persuadido y persuade á ello; y pues en esto y en todo le ha-
» vemos de tener por padre, no seria conveniente proceder en
» esta negociacion sin su intervencion y decreto, demás de la
» parte que della cabe á essa sancta silla, y á Su B^d y familia
» de Medicis en su particularidad, sobre lo qual le screvimos la
» que va con esta en vuestra crehencia. Suplicarésle de nuestra
» parte que tenga por bien de enbiar aquí sus poderes bastantes
» para entrevenir eu el tratado y conclusion desta negociacion,
» en la qual plazerá á Nuestro Señor de poner la mano por ma-
» nera que él sea servido y su sancto nombre exaltado, y, si el
» cardenal Salviatis estoviere tan adelante en su camino que
» pareciera que llegara á tiempo, vendrán muy bien los poderes
» en su persona, y si no, puédelos Su S^d mandar enbiar á este
» su nuncio, que en verdad es persona calificada y de muy
» buena intencion; ó si mas le pluguiere enbiar con ellos al-
» guna otra persona en quien Su S^d descansare, pues venga en
» diligencia. Apretarés la cosa con Su B^d, de manera que, por
» una via ó por otra, los poderes sean aquí presto, y no esté pa-
» rada, por falta dellos, la negociacion; y avisarésnós, con
» mucha diligencia, de todo : que saveys lo que importa. » —
L'Empereur dit plus loin : « Nous nous sommes beaucoup réjoui
» de la venue du roi de France en ce pays, parce que les affaires
» publiques s'arrangeront avec plus de facilité en sa présence,

XLII.

Tolède, 15 août 1525.

« Nous avons vu le bref que S. S. nous écrit sur la matière de
» Luther, de laquelle vous nous mandez que S. S. est offensée;
» nous y répondons comme vous le verrez par les copies ci-
» jointes. Certes, S. S. a grandement raison; et pour ce qui nous
» touche, comme prince chrétien et bon protecteur du saint-
» siége, le progrès que la doctrine de Luther a fait jusqu'à présent
» nous fâche tant que nous ne pourrions assez l'exprimer. C'est
» surtout pour y remédier que nous donnons nos soins à l'éta-
» blissement de la paix universelle, comme nous vous l'avons
» écrit : ce point réglé, qui est l'essentiel, et dont dépend le re-
» mède de tout le reste, nous entendons, avec l'aide de Dieu, ne
» pas abandonner l'affaire jusqu'à ce que nous ayons, en son
» nom béni, extirpé cette erreur (1). » — Il espère un bon résultat des négociations entamées pour la paix; déjà une suspen-

---

(1) « La materia de Lutero que escreví que agravia Su S^d, havemos visto el breve que nos escrive sobrello, al qual respondimos como verés por los traslados que van con esta; y cierto tiene mucha razon; y por la parte que della nos toca, como á principe cristiano y buen protector dessa sancta silla, nos duele tanto el progresso que hasta ahora ha fecho, que no os lo podriamos encarecer. Para el remedio de lo qual principalmente attendemos á assentar las cosas del establecimiento de la paz universal, como os lo tenemos escrito : porque, concluydo esto, que es lo que haze al caso, y de donde depende el remedio de todo lo otro, no entendemos, con el ayuda de Dios, de partir la mano de la negociacion, hasta haver, en su bendito nombre, extirpado aquel error. »

sion d'armes est conclue, et il attend dans un bref délai madame d'Alençon et M. de Bourbon. — Le cardinal Salviati est arrivé à Barcelone; l'Empereur espère que ce légat sera porteur des pouvoirs de S. S. — Il veut que le duc parle au pape sur ce qui concerne le logement des gens de guerre et d'autres points dont il s'est plaint, de manière à convaincre S. S. de sa bonne volonté pour elle, et à ôter de son esprit tout soupçon et scrupule, car son intention est véritablement d'être toujours son fils très-soumis et protecteur du saint-siége. — La venue du vice-roi en Espagne avec le roi de France sera certes très à propos; les choses s'arrangeront beaucoup mieux par sa présence. — Les ambassadeurs d'Angleterre qui sont à la cour de l'Empereur affirment que ce n'est pas leur souverain qui a demandé l'ambassadeur que lui a envoyé la régente de France, mais que c'est celle-ci qui l'a envoyé de son propre mouvement. L'Empereur ne sait que croire, jusqu'à ce que les faits manifestent la vérité. En attendant, il fait tout ce qu'il peut pour conserver l'amitié du roi d'Angleterre.

XLIII.

Tolède, 23 août 1525.

Il doit travailler de tous ses moyens à contenter le pape, et lui parler avec la plus grande douceur. — Il insistera auprès de S. S. afin qu'elle fasse expédier la bulle pour la *cruzada*, et le bref qu'il a demandé pour que l'évêque de Sigüenza, son lieutenant général en Catalogne, puisse exercer la justice criminelle : le pape faisait difficulté de donner ce bref, qu'un de ses prédécesseurs avait accordé à l'archevêque de Saragosse, oncle de l'Empereur, disant que cela avait été cause des révolutions passées. Le duc lui fera observer que, en Aragon et en Catalogne, où ledit archevêque commandait, il n'y a pas eu de mouvement populaire. — L'Empereur n'ira pas en Italie cette année, ni jusqu'à ce qu'une paix universelle ait été signée. — Dans un P.-S., il annonce à son ambassadeur qu'il vient de conclure son mariage avec la princesse Isabelle de Portugal.

XLIV.

Tolède, 31 octobre 1525.

La venue de la duchesse d'Alençon en Espagne non-seulement n'a pas fait avancer les négociations, mais il paraît, au contraire, qu'elle n'a servi qu'à faire rétracter par le roi de France les offres qu'il avait faites à Ugo de Moncada, avant d'être en Espagne, de manière que la duchesse est partie sans qu'aucune résolution ait été prise. L'Empereur croit que c'est le concert qu'ils ont avec les Anglais, et leurs pratiques en Italie, qui font agir ainsi les Français; toutefois il ne peut penser qu'ils rompent la négociation, tandis qu'il a leur roi en son pouvoir. — La difficulté, relativement à la Bourgogne, a consisté en ce que les Français voulaient que cette question fût décidée par les pairs de France avec le parlement de Paris, et l'Empereur, que la décision en fût remise à des arbitres. La duchesse y avait consenti d'abord; mais ses conseillers lui dirent qu'elle ne le pouvait pas. — De tout ce qui a été négocié, il a été donné part au nonce, qui a fait ce qu'il a pu pour concilier les parties. Il lui a été proposé aussi un nouveau traité avec le pape, déclaratoire de la première ligue; l'Empereur en envoie le projet au duc, et le charge de le faire approuver par le pape, de manière qu'il puisse promptement sortir ses effets. Les ambassadeurs anglais qui sont à sa cour affirment que leur roi n'a pas traité avec celui de France, et qu'il veut au contraire conserver ses relations d'amitié avec l'Empereur : il n'en a pas moins cru devoir conclure son mariage avec l'infante de Portugal, par paroles de présent. Quoiqu'il possède un bref général pour pouvoir se marier avec quelque femme que ce soit, et quel-que soit le degré de consanguinité ou d'affinité, le premier excepté, il charge son ambassadeur d'en solliciter un du pape pour son mariage avec l'infante. — Si le duc voyait que le pape usât de moyens dilatoires au sujet de la nouvelle convention qu'il a à lui proposer, et cela en vue des pratiques qui ont lieu, il dirait, comme de lui-même, à S. S. qu'il sait d'où cela procède, et qu'elle doit bien peser l'état des affaires; il lui rappellerait combien, non-seulement en cette occasion, mais dans tout le passé, l'Empereur lui a été bon ami; il lui remontrerait l'importance qu'ils soient toujours unis, pour le service de Dieu, pour l'union et l'exaltation de son Église, « pour le re- » mède des erreurs de Luther » qui pullulent et s'accroissent, comme le voit S. S., et généralement pour le repos et la pacification de la république chrétienne, etc.

XLV.

Tolède, 31 octobre 1525.

Il le remercie des avis qu'il lui donne des intelligences du pape avec les Français, les Anglais, les Vénitiens et d'autres puissances. Il espère que le cardinal légat, arrivé à sa cour, fera à S. S. des rapports tels de ses intentions qu'elle en demeurera satisfaite. — Si les Anglais se plaignent de lui, c'est sans motif aucun, et s'ils abandonnent son alliance, ils n'auront pas à s'en louer. Du reste, il ne sait rien de positif qui annonce en eux cette intention ; au contraire, ils lui ont fait dire qu'ils veulent rester en bonne amitié avec lui, et qu'ils sont contents qu'il épouse l'infante de Portugal. — C'est sans fondement que le pape et les Vénitiens ont conçu des soupçons de ce que le vice-roi est venu en Espagne avec le roi de France, puisque l'Empereur, depuis l'arrivée dudit vice-roi, a envoyé à Venise pour renouveler les traités. — L'Empereur s'en remet à ce qui conviendra au pape touchant le mariage d'Hippolyte de Médicis avec la nièce de S. S., et le projet de donner le chapeau de cardinal à Alexandre, fils de Laurent. — Le refus du saint-père de lui accorder la *cruzada* n'est en vérité pas fondé, puisqu'il est évident que l'Empereur en a besoin contre les infidèles et les luthériens; l'ambassadeur lui fera donc des représentations à cet égard. — Quant à Luther, si S. S. estime que le vrai moyen d'extirper cette secte soit sa présence, elle devrait disposer les choses de manière qu'il pût se rendre brièvement et avec satisfaction en Allemagne. Il regrette de n'avoir pour le moment personne qu'il puisse envoyer à l'infant, son frère, afin d'empêcher des nouveautés de mauvaise conséquence (*de mala digestion*), sinon Jean Hannart (1), qui est peu agréable à ce prince, et le prévôt de Valchebeck (*sic*), qui est hors d'état d'entreprendre ce voyage; mais il a fait écrire à l'infant et aux électeurs de manière à empêcher que les demandes exorbitantes formées contre l'Église n'aillent plus avant. — Le légat est arrivé à Tolède; il lui a fait l'accueil qui convenait. Si S. S. désire véritablement traiter avec lui, elle le trouvera disposé à faire, pour l'Église en général et pour sa maison en particulier, tout ce qui sera en son pouvoir. — Les Anglais se sont arrangés avec la France, et, quoiqu'ils disent que c'est sans préjudice de leurs relations d'amitié avec l'Empereur, leurs œuvres démontrent autre chose.

---

(1) Jean Hannart, chevalier, vicomte de Lombeke, est qualifié, dans un compte de l'argentier de Charles-Quint, Nicolas Rifflart, pour l'année 1519, de « premier secrétaire et seul signant ès finances du roy durant son voyage » d'Espaigne. » Dans des comptes postérieurs, on lui attribue, de plus, les titres et qualités de chevalier de Saint-Jacques, seigneur de Liedekercke et trésorier de l'épargne. Par des lettres données à Grenade, le 20 septembre 1526, l'Empereur le nomma « son conseiller ordinaire, ayant entrée en ses » grant et privé consaulx, oultre et par-dessus le nombre de tous les autres » conseillers et maistres des requestes... »

XLVI.

Tolède, 8 février 1526 (1).

Il leur envoie un sommaire de la paix qu'il a conclue avec le roi de France. — Le vice-roi de Naples partira sous peu en compagnie dudit roi, et le conduira jusqu'à Bayonne, où il recevra les otages qui viennent pour l'exécution du traité. De là il prendra le chemin de Naples. — Le duc de Bourbon partira aussi prochainement; l'Empereur l'a nommé son lieutenant et capitaine général en Lombardie. — Il leur envoie des modifications au projet de traité avec le pape, dont le commandeur avait été porteur. — Il se réjouit que, de son propre mouvement, le pape ait désigné le vice-roi de Naples pour être capitaine général de la ligue.

XLVII.

Séville, 30 mars 1526.

Cette lettre concerne la condamnation et l'exécution de don Antonio de Acuña, évêque de Zamora, qui avait été l'un des principaux chefs des révoltés dans les troubles de Castille, qui ensuite avait cherché à faire entrer les Français en Navarre, et qui enfin avait été pris vers la frontière et conduit à Simancas. Là, en vertu de commissions successives des papes Léon, Adrien et Clément, les juges apostoliques délégués procédèrent à l'in-

---

(1) Cette lettre s'adresse au duc de Sessa et au commandeur Miguel de Herrera, chambellan et du conseil de l'Empereur.

struction de la cause. Pendant qu'ils y étaient occupés, un jour que le concierge du château entra dans sa prison, comme il le faisait habituellement, l'évêque se jeta sur lui et le tua : il voulut ensuite s'enfuir, mais il en fut empêché. L'Empereur, informé de ce fait, envoya à Simancas un alcade de sa cour, avec l'ordre exprès de faire mettre à la torture (*al tormento*) un prêtre avec qui l'évêque entretenait des intelligences, et de procéder au châtiment de celui-ci comme s'il fût un laïc. L'alcade exécuta les ordres qu'il avait reçus : après avoir donné la question au prêtre (*puesto el sacerdote al tormento*), et reçu de l'évêque l'aveu de l'homicide qu'il avait commis, il le fit étrangler (1). — « La » chose est faite, poursuit l'Empereur, et en vérité, nous don- » nâmes ces ordres, ne pensant pas qu'ils fussent de tant de » conséquence que nous avons trouvé ensuite qu'ils l'étaient; » nous tenions pour certain, au contraire, qu'il serait très- » agréable à Dieu de voir ôtée de ce monde une personne si » infecte et qui avait fait tant de mal (2). » — Quoique son intention en cela, ajoute-t-il, n'ait pas été, comme elle ne sera jamais, de manquer à Dieu, il charge son ambassadeur de demander au pape qu'il l'absolve, ainsi que l'alcade et tous autres qui sont intervenus dans le fait ci-dessus, des peines qu'ils auraient encourues.

---

(1) « Ahogándole, como le bizo ahogar. »
(2) « La cosa está fecha, y en la verdad fué provehido por nos, no pensando que fuesse de tanto momento, como despues de fecho havemos hallado que es, ántes teniendo por cierto que Dios havia de ser muy servido de echar deste mundo cosa tan infecta y que tanto daño havia hecho. »

XLVIII.

Séville, 26 avril 1526.

Quoique le pape n'ait pas voulu accéder au traité, avec les modifications que l'Empereur a envoyées en dernier lieu, il n'en rend pas moins justice au zèle avec lequel le duc a traité cette affaire. — Il enverra prochainement à Rome Ugo de Moncada avec des instructions sur les difficultés qu'élève S. S. Jusqu'à l'arrivée de ce personnage, le duc laissera la négociation en suspens. — Le pape n'a aucune raison de différer l'expédition de la bulle de la *cruzada* : s'il en résulte des dommages pour la chrétienté, l'Empereur n'en pourra être responsable.

XLIX.

Séville, 12 mai 1526.

L'Empereur s'en remet, en ce qui concerne les négociations avec le pape, à ce que dira au duc Ugo de Moncada, parti de Séville le 1ᵉʳ mai. — Il le charge de remercier S. S. du bref d'absolution pour la mort de l'évêque de Zamora, et du bref de dispense pour son mariage.

L.

Grenade, 15 mai 1526 (1).

« Jusqu'à présent, le roi de France n'a pas accompli le traité,
» alléguant impossibilité en la restitution de la Bourgogne,
» mais offrant en échange jusqu'à deux millions de ducats, et
» qu'il observera toutes les autres clauses du traité. Nous n'avons
» pas accepté, et nous n'entendons admettre aucun changement
» à ce qui est convenu; nous y persistons au contraire, ou nous
» demandons que le roi accomplisse sa foi et sa parole de venir
» se constituer prisonnier, comme il l'était auparavant. »

LI.

Grenade, .. septembre 1526.

Les discours qu'il a tenus au pape, ainsi que don Ugo de Moncada, ont été conformes aux intentions de l'Empereur : mais puisque, malgré tous leurs efforts, S. S. n'a pas voulu entendre au traité, il faut s'en remettre à Dieu, et s'occuper des moyens de résister à toutes entreprises hostiles.

---

(1) Cette date doit être erronée : ou la lettre ne fut pas écrite de Grenade, ou elle est postérieure au 15 mai. Nous voyons, par l'itinéraire de Charles-Quint contenu dans les comptes de sa maison conservés aux archives de Lille, que, du 5 au 15 mai, l'Empereur séjourna à Séville; que, le 14, il fut à Carmona, le 15 à Fuentès, etc. Le 4 juin seulement, il arriva à Grenade, et il y résida presque constamment depuis, jusqu'au 9 décembre.

LETTRES DIVERSES

DE

CHARLES-QUINT

ET

D'ADRIEN VI.

LETTRES DIVERSES

DE

CHARLES-QUINT

ET

D'ADRIEN VI.

I.

CHARLES-QUINT AU LICENCIÉ VARGAS, SON TRÉSORIER GÉNÉRAL DE CASTILLE (1).

Il lui ordonne de payer au doyen de Louvain, son ambassadeur en Espagne (Adrien d'Utrecht), 60,000 maravédis par mois, pour son traitement pendant tout le temps qu'il remplira cette charge.

24 avril 1516.

El Rey.

Licenciado Vargas, mi tesorero general en los reynos de Castilla, el dean de Lobayn, mi embaxador é del mi consejo, ha de haber de salario, por todo el tiempo que estuviere ó se ocupare

---

(1) Nous n'avons trouvé ni la commission ni l'instruction d'Adrien comme ambassadeur ; mais nous avons vu, dans le compte de la recette générale

en el dicho oficio, á razon de trecientos florines de moneda de á cuarenta gruesos por mes, que son reducidos á dinero e maravedis desos reynos sesenta mil maravedis. Por ende yo vos mando que recudades é fagades recudir al dicho mi embajador, á razon de los dichos sesenta mil maravedis cada mes, todos los maravedis que montare desde el dia que él dixiere que le son debidos fasta fin deste mes de abril deste presente año, sin le pedir ni demandar otra cuenta ni averiguacion alguna, ni otro recabdo ni diligencia, é desde primero dia del mes de mayo luego seguiente, é dende en adelante, cada un mes á razon de los dichos sesenta mil maravedis, como dicho es. E de todo lo que le dierdes é pagardes, así en lo que montare fasta fin del dicho mes de abril, por la dicha su declaracion, como en los dichos

---

des finances de 1515, qu'il partit pour l'Espagne le 1ᵉʳ octobre de cette année, et que, quelques mois auparavant, Charles-Quint l'avait chargé d'une mission auprès du seigneur de Montfort. Voici des extraits de ce compte :

Fol. 278 vº « A messire Adriaen Florencii, prévost d'Oudemuster à Utrecht et doyen de Louvain, etc., la somme de vingt livres dudit pris (de 40 gros), que, par le commandement et ordonnance de mondit seigneur (le prince), ledit receveur général luy a baillé et délivré comptant, pour semblable somme que iceluy seigneur luy a tauxé et ordonné prendre et avoir de luy pour une fois, oultre et par-dessus ses gaiges ordinaires comptez par les escroiz de son hostel, pour, par son commandement et ordonnance, avoir esté par deux diverses fois par-devers le seigneur de Montfort, pour y communiquer avecq luy d'aucuns affaires secretz dont n'est besoing icy faire déclaration; assavoir : la première fois, se partist de la ville de Dordrecht, oudit an XVᶜ XV, le iiiiᵐᵉ de juing, et revint à Delf, et l'aultre fois, se partist de Bois-le-Duc le xviᵐᵉ de juillet ensuyvant, et revint à Anvers devers mondit seigneur luy faire rapport de son besoigné... »

Fol. 281 vº « Audit maistre (sic) Adriaen Florencii, la somme de dix-huit cent livres, dudit pris, que, par le commandement et ordonnance de mondit seigneur, ledit receveur général luy a baillé et délivré comptant, en prest et payement sur le voyage que, par ordonnance d'iceluy seigneur, il alloit faire, le premier jour dudit mois d'octobre, en Espaigne, par-devers le roy d'Arragon, pour aucuns grans affaires secretz dont n'est besoing icy faire déclaration. »

otros meses dende en adelante, á razon de los dichos sesenta mil maravedís, tomad su carta de pago, con la cual y con esta mando á los mis contadores mayores de cuentas, que agora son ó fueren, que vos lo reciban é pasen en cuenta de cualesquier maravedís que son ó fueren á vuestro cargo, asi de los años pasados como deste presente año, en cualquier manera; é non fagades ni fagan ende al. Fecho á 24 dias del mes de abril de mil é quinientos é diez é seis años. Mando que así se haga y cumpla, no embargante que esta mi cédula non vaya señalada de contadores ni de otros oficiales segund el uso y costumbre.

Yo el Rey.

Gonzalo de Segovia.

Archives de Simancas: Cámara, Libros de cédulas y relaciones, n° 36, fol. 35 v°.

II.

CHARLES-QUINT A GERMAINE D'ARAGON.

La reine lui avait recommandé, pour l'évêché de Tortose qui venait de vaquer, le doyen de Louvain, son ambassadeur. — Quoique de très-dignes et de très-méritantes personnes se soient mises sur les rangs pour le même évêché, il veut, puisque c'est la première chose que la reine lui demande, lui complaire en cela, et il écrit au saint-père en faveur dudit doyen, dont la vie exemplaire et la saine doctrine lui sont d'ailleurs connues.

Bruxelles, 28 juin 1516.

La carta de Vuestra Alteza recibí, por la qual manda y ruega que de el obispado de Tortosa, que nuevamente a vacado, tenga por bien de proveer y mandar y fazer merced al dean de Lobayn, mi embaxador. É como quiera que yo he seydo suplicado por algunas dignas personas, que por sus méritos y servicios devian ser proveydos y collocados, no lo havemos admitido, por vuestra contemplacion; é vista la gana é voluntá que mostrays tener á su collocacion y acrecentamiento, y la sufficiencia, huena vida y sana conciencia del dicho dean, á mi me plaze, por ser la primera cosa que me pedís, de os complazer en esto. Por lo qual yo embio á nuestro muy santo padre mi suplicacion, y la presentacion y nominacion del dicho obispado, en favor del dicho dean, é Su Santidad lo acordará. . . . .

De la villa de Brussellas, á xxviii dias del mes de junio DXVI.

> Obediente fijo de Vuestra Alteza y sus reales manos besa,
> EL REY.

Archives de Simancas : Cámara, Libros de cédulas y relaciones, n° 56, fol. 57.

III.

ADRIEN D'UTRECHT A MARGUERITE D'AUTRICHE.

Il la remercie des félicitations qu'elle lui a adressées à l'occasion de sa nomination à l'évêché de Tortose, et lui dit pourquoi il ne lui a pas écrit souvent.

Madrid, 13 juillet 1516.

Madamme, le plus humblement faire que je puis, à vostre bonne grâce me recommande.

Madamme, je vous remercye très-humblement qu'il vous a pleust avoir souvenance de moy, touchant ma promotion de l'éveschée de Dertuse. Je prye à Dieu que me veulle donner grâce et puyssance de vous faire service agréable : en quoy jamais ne me fauldra la voulenté ne diligence.

Madame je pries humblement pour que je puis à votre Grace me
recommander

Madame il vous reste que la prière que vous a present nos frères
que ma volonté sera de vous De s'emploier De s'emploier je pries je pries il vous
j'ay jamais je ne vous faudrai en vous estre De Dilligence
Madame faite bien vous faveur je prie à vous si ne fust pour mon service Requise
vous se que je fay à Bordeaux en recevant vos souhaits je feras que vous m'en
soubtenu le reste, après vous il n'ay Rien fors que vous qu'il vous plaise
Madame je prie il vous que vous Dois je serais vostre humble obéissant fils
vous redevable Dites
Eprouf il Madame le soigneur De Justice Roy

[signature]

Madamme, j'eusse bien voulu souvent escripre à vous, si ne fust par aucuns, lequelz tout ce que je fay regardent de mauvaix yeulx. J'espère que Dieu faira en aulcuns temps apparoir si j'ay bien fait ou mal.

Madamme, je prye à Dieu que vous doint le entier compliessement de vous très-nobles désires.

Escript à Madrid, le xiiime jour de juillet l'an XVI.

Vostre très-humble serviteur,

Adrian d'Utrecht (1).

Suscription : A Madamme.

Original autographe, aux Archives du département du Nord, à Lille.

IV.

CHARLES-QUINT AU CARDINAL XIMENÈS.

Conformément à son avis, il a écrit à Rome, pour que le doyen de Louvain, élu de Tortose, son ambassadeur, soit pourvu de la charge d'inquisiteur général de ses royaumes d'Aragon. — Il prie le cardinal d'instruire et exhorter Adrien, de manière qu'il prenne immédiatement des mesures pour que le saint office s'exerce convenablement dans les provinces de sa juridiction.

Bruxelles, 20 juillet 1516.

Reverendísimo in Christo padre, cardenal d'España, arçobispo de Toledo, primado de las Españas, canciller mayor de Castilla, general inquisidor y governador de los reynos de Castilla, nuestro muy caro é muy amado amigo, señor, visto vuestro parecer en que la general inquisicion de nuestros reynos de Aragon se

---

(1) Voy. le facsimile.

encomendase y proviesse en persona del reverendísimo déan de Lobayna, electo de Tortosa, nuestro embaxador, nos lo tovimos assí por bien, y screvimos luego á Roma sobrello (1), para que, obtenido el breve ó comission apostólica, se embie á essa corte. Y pués Vuestra Reverendísima Paternidad tiene dello mas experientia, y esto ha respecto á la honra de Dios y conservacion de su fé cathólica, rogamos vos affectuosamente que vos instruyays y exorteys al dicho nuestro embaxador, para que luego provea que el sancto officio se faga como deve en las provincias de su jurisdiction, y por personas de letras y conscientia, y tenga buenos ministros como gelo screvimos, porque Dios se sirva y nuestra conscientia se descargue : que de vos lo recebiremos en muy singular complacencia. Reverendísimo in Christo padre, cardenal d'España, arçobispo de Toledo, etc., nuestro muy caro y muy amado amigo, señor, la sanctísima Trinidad sea en vuestra continua protection. De Bruselas, á xx dias de julio del año mil DXVI.

Yo el Rey.

Archives de Simancas, *Estado*, leg. 3.

(1) Adrien fut nommé inquisiteur général des royaumes d'Aragon et de Navarre par un bref de Léon X, du 14 novembre 1516, et il conserva cette charge lorsque le même pontife, par un autre bref du 4 mars 1518, lui eut conféré celle d'inquisiteur général des royaumes de Castille et de Léon, vacante par la mort du cardinal Ximenès. (Archives de Simancas, *Inquisicion*, lib. 925, fol. 325.)

Par des lettres patentes datées du 12 septembre 1520, à Bruxelles, Charles-Quint lui donna le pouvoir de nommer, durant son absence, tous les inquisiteurs et autres officiers de l'inquisition. (*Ibid.*, lib. 75, fol. 105.)

V.

COMMISSION DE GOUVERNEUR DES ROYAUMES DE CASTILLE, ETC., DONNÉE PAR CHARLES-QUINT A ADRIEN D'UTRECHT.

Zámora, 17 mai 1520.

—

Don Carlos, por la gracia de Dios rey de Romanos, emperador, etc.; Doña Juana, etc. Al illustrissimo infante don Fernando, nuestro muy caro é muy amado hijo é hermano, é á los infantes, perlados, duques, condes, marqueses, adelantados, priores, comendadores é subcomendadores, alcaides de los castillos é casas fuertes é llanas, é al nuestro justicia mayor é á los nuestros consejos é contadores mayores, é contadores mayores de cuentas y otros nuestros oficiales de la hacienda, é oidores de las nuestras audiencias, alcaldes, alguaciles de la nuestra casa é corte é chancillerías, é á los nuestros capitanes generales de la gente de nuestras guardas, é á sus lugares tenientes, é á todos los concejos, justicias, regidores, caballeros, escuderos, oficiales é omes buenos de todas las cibdades, villas é lugares de los nuestros reynos é señorios de Castilla, de Leon é Granada é Navarra, é de todas las islas de Canaria, é de las islas é tierra firme del mar Occeano descubiertas é por descubrir, é á otras cualquier personas, de cualquier estado ó condicion, preheminencia ó dignidad que sean ó ser puedan, á quien esta nuestra carta fuere mostrada, ó su traslado de escribano público, salud é gracia.

Bien sabeis é á todos es notorio como estando, como yo el Rey al presente estoy, en los dichos nuestros reynos de Castilla, entendiendo en la gobernacion é administracion de la justicia dellos, plugo á la divina clemencia que, por los príncipes electores del imperio romano, en unánime concordia, fui elegido por emperador, é la dicha eleccion los dichos electores por sus embajadores é mensajeros me enviaron á manifestar, é con grande instancia me pedir é suplicar que fuese al dicho imperio á tomar la posesion dél, y recibir el juramento de la fidelidad que como á emperador y señor dél me era debido é se me habia de hacer, é á me consagrar é recibir las coronas del dicho imperio; y por ser, como es, la dicha dignidad imperial tan grande é sublime sobre todas las otras dignidades temporales de la tierra, por mí fué aceptado, é juré en forma de guardar los estatutos y establecimientos imperiales é el tenor de la bulla, á bien que entre otras cosas especialmente dispone qu'el electo emperador, luego como fuere elegido, ha de ir á la ciudad de Aquisgrana á se consagrar é recibir la corona de rey de Romanos, y de ahí á tomar las coronas imperiales. É después acá continuamente he sido é soy con mucha instancia requerido é suplicado, así por los dichos electores como por los otros principes é perlados é feudatarios é cibdades é villas é lugares del dicho imperio, que guardando los dichos estatutos y establecimientos imperiales é el tenor de la dicha bulla aurea, vaya á tomar la posesion del dicho imperio é recibir el juramento de fidelidad, é como á emperador é señor dél me es debido é se me ha de hacer, por estar é á me consagrar, recibir las dichas coronas, é á poner en órden las cosas del gobierno é justicia del dicho imperio, é hacer todas las otras cosas que como electo emperador debia hacer, é mis antecesores, de cualquier nacion que fuesen, hicieron : lo cual ansimismo nos han suplicado é continuamente suplican los embajadores de los señoríos é cibdades é tierras en que, por fallecimiento de la Cesarea Magestad del emperador mi señor abuelo, subcedí. É como quiera que, por el mucho é grande amor que he tenido é tengo de estos dichos nuestros reynos, é por la gran nobleza é grandeza é lealtad que en ellos hay, á los cuales yo vine con voluntad é determinacion de estar é vivir en ellos, por tener, como los tengo, por fortaleza é amparo de seguridad de todos los otros nuestros reynos, no puedo sin gran tristeza é pena apartarme é ausentarme dellos, pero de las causas susodichas necesitado é forzado, por cumplir con lo que debo á Dios Nuestro Señor, é á la dignidad imperial á que soy elegido, é con los dichos estatutos y establecimientos imperiales, y con la dicha bulla aurea, y con lo que en ella se contiene, é con el juramento que tengo hecho é prestado, é hize é presté, è al tiempo de la dicha mi eleccion me fué presentado, é seguiendo en esto lo que los otros electos emperadores mis antecesores han hecho é hicieron; é porque entiendo é conozco mi ida al dicho imperio ser cumplidora al servicio de Dios Nuestro Señor é á toda nuestra religion cristiana, é acrecentamiento de todos nuestros reynos é señoríos é paz perpetua dellos, é los grandes inconvenientes que de no ir é dilatar mi ida se podrian seguir, forzando en esto mi voluntad, he determinado de ausentarme de estos dichos reynos é señoríos, é ir en el dicho imperio á me consagrar é coronar, é tomar la posesion dél é rescibir el juramento é solenidad de la fidelidad que como á electo emperador se me ha de hacer é prestar, é poner en órden las cosas del gobierno é justicia dél, é otrosí las de los dichos señoríos é tierras que ánsi nuevamente heredé por fallecimiento de Su Cesarea Magestad, los cuales, como sabeis, son grandes é ricos é poderosos, en lo cual, luego en llegando en el dicho imperio, entenderé con toda diligencia é cuidado é trabajo á mi posible, porque mas brevemente cumpliendo mi deseo é voluntad, pueda tomar é tome á gozar, estar é vivir en estos dichos reynos, é administrar en ellos la justicia é hacer los otros oficios de príncipe. É porque deseamos é querríamos que, entretanto que yo el Rey estoy ausente de los dichos nuestros reynos é señoríos, estén en toda paz, tranquilidad, é haya quien en nuestra ausencia y en nuestro lugar represente nuestra propia persona, por manera que los dichos nuestros reynos é señoríos, é los súbditos é naturales dellos, no sean fatigados ni se gasten en ir á nos por el remedio y despacho de las cosas que subcedieren y se debieren proveer, con muy maduro acuerdo, habiendo mirado é pensado á qué persona podrá quedar la administracion de los dichos nuestros reynos é señoríos, que igualmente haga é administre en ellos el oficio de buen gobernador, sin aficion ni parcialidad, he mirado é platicado en ello, é, habido consejo con algunos é perlados é otras personas de santa vida constituidas en dignidad destos nuestros reynos, pareció que debiamos dejar la dicha gobernacion é administracion al muy reverendo in Cristo padre cardenal de Tortosa (1), por ser, como es, persona de buena, limpia, sana é honesta vida é costumbres, celoso del servicio de Dios Nuestro Señor é nuestro, é bien é conservacion de los dichos nuestros reynos, constituida en tan alta dignidad, en quien concurren todas las calidades que para ello convienen. Por ende nos, acatando las calidades é cosas susodichas que en su persona concurren, y confiando de su idoneidad é fidelidad, entendiendo que cumple asi á servicio de Dios Nuestro Señor é bien de los dichos nuestros reynos y señorios, por la presente, de nuestra cierta ciencia é poderío real absoluto, de que en esta queremos usar é usamos como reyes é señores no reconociendo superior en lo temporal, elejimos, señalamos é nombramos al dicho muy reverendo cardenal de Tortosa por administrador é gobernador de los dichos nuestros reynos é señorios de Castilla, de Leon, de Navarra é Granada, yslas de Canaria, yslas, Yndias é tierra firme del mar Occeano descubiertas é por descubrir, é le damos é otorgamos todo nuestro poder cumplido, libre, llenero, bastante, segun que nos le habemos é tenemos, é de fecho é de derecho mas puede é debe valer, para que, entretanto que yo el Rey estubiere ausente de los dichos nuestros reynos é señorios, é por el tiempo que fuere nuestra merced é voluntad, tenga é use, por nos y en nuestro nombre é como nuestras mismas personas, la gobernacion é administracion de los dichos nuestros reynos é señorios, é pueda hacer é mandar hacer é cumplir é ejecutar generalmente todas las cosas, de cualquier calidad que sean, que él viere que conviene é se debe hacer para la buena gobernacion de estos dichos nuestros reynos, é paz é sosiego dellos, y ejecucion de la nuestra justicia, é pueda proveer é provea, en nuestro nombre é como nos lo podiamos proveer, é haga é despache é pueda hacer é despachar é proveer todos é cualesquier oficios é beneficios de los dichos reynos, asi por

---

(1) Adrien avait été créé cardinal par Léon X, en 1517.

vacacion como por eleccion, que á nos son de proveer é despachar, é haga é pueda hacer despachar todas las otras que nos mismos podemos proveer é hacer. Por qué vos mandamos à todos é cada uno de vos, como dicho es, que, entretanto que nuestra merced é voluntad fuere, hayais y tengais al dicho muy reverendo cardenal de Tortosa por gobernador de los dichos nuestros reynos de Castilla, de Leon é de Navarra é de Granada, islas de Canaria, islas, Indias é tierra firme del mar Oceano descubiertas é por descubrir, é lo mireis é reverencieis como á persona que tiene nuestras veces é lugar, que en este caso representa nuestras personas reales, é hagais é cumplais sus mandamientos é cédulas é cartas en todo é por todo, segun que lo dijere é mandare é fuere contenido en las dichas cédulas é cartas, sin poner en ello escusa ni dilacion alguna, sin dar á ello ni á parte de ello glosa ni entendimiento, interpretacion ni declaracion: lo cual vos mandamos que así hagais é cumplais, so pena de caer en mal caso é de las otras penas en que caen é incurren los que no obedecen las cartas é mandamientos de sus reyes é señores naturales, sin mas requerir ni consultar ni esperar sobre ello otro nuestro mandado; bien así como si lo que él dijere, ordenare é mandare, nos por nuestras mismas personas, por nuestras cartas firmadas de nuestros nombres, lo dijésemos, ordenásemos é mandásemos, é las dichas nuestras cartas é mandamientos que él diese fuesen firmadas de nuestra propia mano: que nos por la presente le damos, concedemos é otorgamos, para ello é para todo lo de ello dependiente, en cualquier manera é por cualquier razon, todo nuestro poder cumplido é bastante, segun que nos lo habemos é tenemos é de derecho mas puede é debe valer, con todas sus incidencias é dependencias, anexidades é conexidades. Queremos qu'el dicho muy reverendo cardenal de Tortosa tenga la dicha administracion é gobernacion segun dicho es, no embargante que sea ó pueda ser en todo ó en parte contra cualesquier leyes é derechos é usos é costumbres, y que para lo susodicho no hayan intervenido ni intervengan las solemnidades é cosas que se requieren: lo cual todo nos, por la presente, en cuanto á esto toca, abrogamos é derogamos é dispensamos con ello, quedando en su fuerza é vigor para adelante; é decimos é otorgamos é damos nuestra fe é palabra real que todo cuanto el dicho muy reverendo cardenal de Tortosa, en nuestro nombre é como nuestro gobernador, acordare, dijere, ordenare é mandare, por escripto ó por palabra, conforme á este dicho poder, que lo habemos é habremos por firme, estable é valedero, para agora é para siempre jamás, é que no lo revocaremos, ni iremos ni mandaremos ir contra ello, ni contra parte de ello, agora ni en algun tiempo ni por alguna manera.

Dada en la cibdad de Zámora, á 17 de mayo de 1520 años.

Yo el Rey.

Yo Francisco de los Cobos.

Archives de Simancas, *Estado : Poderes é instrucciones*, leg. 1º.

VI.

ADRIEN AUX MAGISTRATS DE VALLADOLID.

Il s'excuse d'une lettre qu'il leur avait adressée, et dont ils s'étaient montrés indignés et scandalisés ; proteste de la pureté de ses intentions ; attribue au secrétaire qui a écrit la lettre les termes qui les ont blessés, et la redemande pour le convaincre et le punir ; les assure qu'il aime leur ville autant que celle où il est né, et leur offre ses services.

Rioseco, 19 décembre (1520).

Muy nobles señores, Artiaga, criado de Sus Magestades, llevador de esta, me ha dicho que vosotros, señores, estais algo indignados y escandalizados de una carta que en dias pasados os escribí, porque diz que hay en ella algunas palabras que no os parecen bien. Y porque mi intencion nunca ha sido ni es sino de ser dulce y provechoso á esa villa, asi en palabras como en obras, y si algo de la dicha carta era contra esto, seria por culpa del secretario que la despachó, para cuyo castigo y reprension deseo haber la dicha carta ó su copia auténtica, por tanto os ruego caramente que me la enviéis, para que yo haga lo susodicho. Y para agora y para adelante, tened por cierto que yo tengo á esa villa tanto amor como á la en que nací, y que agora mas que nunca deseo su bien, paz y sosiego; y si para ello me quisiéredes emplear en algo, á la esperiencia os doy por testigo de lo que en ello haré, si fuere en mi mano, y si fuere en la de Sus Magestades, la instancia é intercesion que porné por lo acabar. Y si de mí no os quisiéredes aprovechar, podré decir con verdad que no es mia la culpa ni la negligencia. Nuestro Señor os conserve á su santo servicio. De Rioseco, 19 de diciembre.

Vuestro amigo,
A. Card. Tortusensis.

Archives de Simancas, *Estado*, leg. 10.

VII.

CHARLES-QUINT A LÉON X.

Il l'informe de la mort du cardinal de Croy, archevêque de Tolède. — Il charge don Juan Manuel, son ambassadeur à Rome, de demander à S. S. trois choses : 1º qu'elle approuve ce que le défunt a ordonné touchant ses biens; 2º qu'elle pourvoie des abbayes d'Affligem et de Haumont, que celui-ci tenait, Charles de Croy, à condition qu'il prenne l'habit de l'ordre; qu'elle le fasse, de plus, coadjuteur de Saint-Pierre de Gand ; 3º qu'elle n'admette aucune demande, relativement à l'archevêché de Tolède, jusqu'à ce que l'Empereur lui en écrive.

Worms, 11 janvier 1521.

Muy sancto padre, por otra posta he advertido á Vuestra Santidad de la indisposicion del cardenal de Croy, mi primo (1), y agora ha plazido á Nuestro Señor de llevarle para sí. Don Juan le suplicará de mi parte tres cosas : la una, que le plega tener por bueno lo que ha ordenado de su hazienda; la otra, que provea

---

(1) Guillaume de Croy, neveu du Sr de Chièvres. Il mourut à Worms le 6 janvier.

las abadias de Affligem y Haulmont, que tenia en las mis tierras de Flandes, á Charles de Croy (1), con esto que tome el ábito de la órden, como el cardenal lo tomó, y assimismo le haga coadjutor de San Pedro de Gante, como el dicho cardenal lo era; y la otra, que, como quiera que tengo por cierto de Vuestra Beatitud que, visto lo que la yglesia de Toledo importa á mi stado, y mayormente en esta sazon, estará bien advertido dello, le plega mirar en que, ni por postulacion ni en otra manera ninguna, se able en esta yglesia hasta que yo lo scriva á Vuestra Santidad, como se deve fazer. Supplicole que, por me fazer singular beneficio, le crea y haga, en esto que toca á mí mismo, lo que yo spero y le merece mi intencion y zelo en respeto de esa santa silla y de Vuestra Beatitud. Guarde Nuestro Señor luengamente su muy sancta persona y stado á su sancto servicio. De Wormes, á 11 de enero 1521.

MS. de la Bibliothèque de Hambourg, fol. 6.

VIII.

ADRIEN A CHARLES-QUINT (2).

Un quidam nommé Martin Luther ayant été condamné par le saint-siége et persistant néanmoins dans son obstination, Adrien exhorte l'Empereur à montrer qu'il est l'ennemi des ennemis de Jésus-Christ, et à châtier ledit Luther, ou bien à l'envoyer au pape, pour que S. S. le châtie.

Tordesillas, 9 avril 1521.

Sire, comme ainsi soit que riens n'est plus salutaire à l'homme que estre bien instruit en la sainte foy catholicque, laquelle est

---

(1) Frère puîné du cardinal de Croy. Il fut en effet pourvu des abbayes d'Affligem et de Haultmont, devint plus tard évêque de Tournay, et réunit à ces dignités celle d'abbé commendataire de Saint-Ghislain. Il mourut le 2 décembre 1564.

(2) Lettre autographe.

le fundement de nostre salut, et sans laquelle toutes aultres choses ne sont ne poent estre de quelque valeur, à bonne cause ung chascun à qui, ou par charge que de Dieu et sainte Église luy a esté commise, ou pour le deu de charité, compète entendre et avoir regard au bien commun et salut des hommes, doibt songner sur toutes choses que nulluy ne puist ne ose corrumpre la sainte foy, ne semer ou espardre en l'entendement et courage des bons chrestiens quelque hérésie ou infidélité. Et pourtant, veu q'ung quidam nommé Martin Luther, a esté condemné deuement et légittemement par le saint-siége apostolicque de plussieurs hérésies et erreurs, et ce nonobstant il persiste obstinément et ne cesse de diffundre et espardre par escript, par enhort et aultrement, sesdittes hérésies et erreurs, meismement ès parties subjectes à l'Empire, au déshonneur grandement et desservice de Dieu et de nostre mère saincte Église, en quoy aussi il infère quelque tace et macule à Vostre Majesté, d'autant que l'on soubchonne qu'elle n'entend assés ferventement à résister ni soy opposer à ceux qui font contre Nostre-Seigneur Jésuchrist et sa sainte foy; et pourtant, sire, très-humblement je vous supplie que, pour l'honneur de Dieu et la révérence et obligation que Vostre Majesté doibt à nostreditte mère sainte Église et à la foy catholicque, qu'elle estande sa force et vertu, et donne à entendre par effect à tout le monde qu'elle est ennemie des ennemis de Jésuchrist et de sa sainte foy. Et sy la chose aloit par aventure si mal, ce que ne puis croire, que Vostre Majesté ne vousist ad ce entendre pour l'honneur de Dieu, et que sa cause ad ce ne le moeuve, au mains vous incite vostre propre honneur à prohiver et défendre à ce mauvais et pestillent homme de corrumpre appertement et publicquement ladite saincte foy catholicque; ainsi Vostre Majesté, pour le deu et obligation de son estat impérial, se monstre protecteur et deffenseur, comme elle doibt, de icelle nostre mère sainte Esglise, et envoye et transmette celluy Martin Luther à son juge, nostre saint-père le pape, pour le justement chastier et punir comme il le désert. Et en ce elle fera service à Dieu très-agréable, et chose condigne et convéniente à son estat et personne impériale.

Sire, non aultre chose pour le présent, sinon que Dieu Nostre-Seigneur soit garde de tout ce que bien aymés, et accroisse tousjours en tout bien vostre estat impérial.

De Tordesillas, ce noeufvième jour du mois d'abril an 1521.

Vostre très-humble serviteur,

A. Card. Tortusensis.

Archives de Simancas, *Estado*, leg. 8.

IX.

ADRIEN A CHARLES-QUINT.

Entrée des Français dans la Navarre, dont ils s'emparent presque entièrement. — Incursions faites par eux en Castille. — Siége qu'ils mettent devant Logroño. — Dispositions prises par les gouverneurs, et par lui particulièrement, pour leur résister. — Ils se retirent de Castille. — Nécessité de la venue de l'Empereur. — Éloge du duc de Nájera, du connétable de Navarre et de plusieurs autres.

Santo Domingo de la Calzada, 11 juin 1521.

S. C. C. R. M^t, el postrero del pasado, escrebí dende Torquemada á Vuestra Alteza lo que hasta entonces se ofrescia. Y después, estando nosotros en Burgos, llegó allí, á seis del presente, Barsena, y nos dió las cartas de Vuestra Magestad de diez y ocho del pasado, con las cuales nos habemos alegrado y descansado mucho, así en saber de Vuestra Alteza como aun en que la entrada de los Franceses en Navarra se haya tenido allá por cierto; y en verdad ellos han pasado adelante con tanta diligencia y esfuerzo la entrada de aquel reino, que con algunas buenas voluntades que en él hallaron luego le ganaron cási todo, ecepto alguna parte que quedó; y no contentos de esto, empezaron á correr algunos lugares de Castilla y saquearon los Arcos y parte de un lugar que dicen es del conde de Aguilar; y después, viendo que no hallaban gente que les resistiese, vinieron á cercar á la ciudad de Logroño. Y en habiendo nosotros sabido esto, yo luego me partí de Burgos, y me vine primero á esta ciudad, aunque parece que el condestable se enojó de ello; y escribí á muchas partes por gente, y á los de Logroño, esforzando y animándoles; y aunque fueron socorridos con presteza, y los Franceses les hayan dado recia batería, crea Vuestra Magestad que los de aquella ciudad estaban tan esforzados, y con mi venida ellos y los de acá cobraron tanto ánimo, que no tubieron en nada á los dichos Franceses, aunque son muchos; y en la ciudad no habia sino tres mil hombres ó pocos mas; y batiéndola les tubieron, el sabado pasado, las puertas abiertas, y jamás osaron entrarla : ca en ella habia muy buena gente y bien esperimentada, y entre los otros eran don Pedro de Beamont y Diego de Vera y Palomino; y cierto el Diego de Vera vino á serbir por instancia é importunacion mia, que, segun estaba descontento por el cargo que se le habia quitado de la artillería, creo que otro sino yo no abastara á l'atraer á esta jornada. Navarra está muy falta de bastimentos; y como los Franceses no pudieron haberlos de estos reynos, después que, en el domingo siguiente en la tarde, batieron buen rato, constreñidos y apretados de pura hambre, diz que les fué forçado alzar el cerco de la dicha ciudad, y retiráronse por el mismo camino que hicieron en la venida hacia Navarra; y aunque después de esto tornaron hacia la dicha ciudad, diz que ayer á la noche se volvieron. Nosotros quisiéramos bien que estubieran quedos, para que en llegando esta gente que esperamos recibieran allí su pago y castigo; pero yo espero en Dios que en llegando toda la que viene, que luego les daremos á los alcances, y con ella y con la parte que Vuestra Magestad tiene en aquel reyno, así del condestable de Navarra, de don Francés y de don Pedro de Beamont, del señor de Góngora, del señor de Guendulain y del señor Dezparia, y con el artillería buena que tenemos, luego se cobrará aquel reyno: mas crea Vuestra Magestad que, sin su presta y real presencia, no habrá en estos reynos cosa firme, y que, aunque tenemos falta de dinero, pienso que con la venida de Vuestra Alteza se hallarian hartos. Plega á Dios de lo encaminar todo como cumple á su santo servicio y al de Vuestra Magestad.

El duque de Nájera y el dicho condestable de Navarra se han ya adelantado, y cierto sirben muy bien, y Vuestra Alteza debe mercedes á ellos y al don Francés y don Pedro, y á los otros susodichos. Don Pero Laso de la Vega es ido tambien adelante, y en verdad en todo se ha muy bien.

El almirante y condestable entraron ayer noche aquí, y esperamos de dia en dia toda nuestra gente.

A las otras cosas contenidas en la carta general que para todos venia, pienso que ellos responden á Vuestra Alteza particularmente.

Gonzalo Franco de Guzman ha serbido á Vuestra Alteza en las cosas pasadas, y ahora va á serbir á Vuestra Magestad en lo de Navarra, como buen serbidor. Será bien que Vuestra Magestad se lo agradezca. Suplico á Vuestra Alteza haya memoria de mandar despachar lo que le escribi de don Hernando de Silva y del comendador Juan de Hinistrosa y del alcalde Zárate, pués lo merecen y han serbido y sirben muy bien en todo á Vuestra Alteza. Cuya vida y real estado Nuestro Señor luengamente guarde con toda prosperidad.

En Santo Domingo de la Calzada, á once de junio de 1521.

Vostre très-humble serviteur,

A. CARD. TORTUSENSIS.

Archives de Simancas, *Estado*, leg. 9.

X.

CHARLES-QUINT A LÉON X.

Il a appris, par don Juan Manuel, son ambassadeur, et Raphael de Médicis, son chambellan, le traité qu'ils ont fait avec S. S. — Comme il se rend à Bruxelles et ne peut s'arrêter en chemin, il n'envoie pas les dépêches par lesquelles il doit confirmer ce traité; mais il les fera partir bientôt.

Curange, 12 juin 1521.

Muy santo padre y señor reverendissimo, veniendo de camino para Brusselas, he recevido cartas de don Juan Manuel, mi embaxador, y Raphael de Medicis, mi chamerlan, con que me avisan del assiento que con Vuestra Beatitud se ha tomado (1). Y en verdad, Vuestra Beatitud se muestra en ello conocer claramente mi devocion y filial observancia en su respeto y dessa santa silla, y assi esta union es natural. Por yr de camino y no suffrir el tiempo detenerme, no podrá yr con esta posta el despacho que tengo de embiar conforme á lo que allá se ha assentado : muy presto estará en órden, y será lo primero que se embiare, y con correo proprio, como gelo dirán mas largamente de mi parte los dichos don Juan y Raphael, á los quales le supplico que le plega dar entera fee. Nuestro Señor, etc. De Curingen, á 12 de junio 1521.

MS. de la Bibliothèque de Hambourg, fol. 57.

---

(1) Le traité dont parle ici l'Empereur avait été signé le 8 mai. Les deux parties contractantes s'y engageaient à établir dans le duché de Milan François Sforze, après avoir détaché de ce duché Parme et Plaisance, qui, aussi bien que le duché de Ferrare, seraient réunis aux États du saint-siége. (Voy. *Histoire des républiques italiennes*, par Simonde de Sismondi, t. VII, p. 549.)

XI.

ADRIEN A CHARLES-QUINT.

Il lui recommande instamment, pour l'archevêché de Tolède, l'archevêque de Saint-Jacques de Compostelle.

Vitoria, 1er janvier 1522.

S. C. C. M., humillimam commendationem. Nuper ad quintam octobris scripsi Majestati Vestre, quam grave onus consciencie mihi esse videretur ecclesiasticas dignitates distribuere : quod illas non qualibuscunque viris sed rectis duntaxat oculatis et zelum Dei habentibus conferre liceat, multoque sit perniciosius cecis vel claudis, hoc est imperitis et improbis, dominici gregis custodiam quam ignavis et rei bellice ignaris atque infidelibus exercitus ducatum committere; nec dubium est quin Deus multo severius vindicet ea que animabus quam que rebus detrimentum afferunt. Hec autem eo tendebant ut Majestatem Vestram, pro fide quam ei uti domino meo debeo, commonere facerem ut, cum de ecclesiis Hispanis modo vacantibus seu etiam post vacaturis provisura esset, maximeque de Toletana, cui plurimos inhiare dubium non est, summopere caveret ne carnales favores sequeretur, aut ad generis nobilitatem propinquorum potentiam, aliasve causas seculares ad hanc rem impertinentes aspiceret, sed illas duntaxat qualitates in preficiendis spectaret, que ad honorem Dei et edificationem animarum plurimum momenti afferre possent. Expressi insuper eodem tempore Majestati Vestre dignitatem et fidem archiepiscopi Compostellani, dixique prelatis prudentia, honestate, fide erga Majestatem Vestram ergaque populos gratia inferiorem esse, cui si Majestas Vestra de dicta ecclesia Toletana provideret, primum quidem ex ejus promotione vacaturam ecclesiam suam Compostellanam, ad quam alius vir dignus assumi posset, et insuper illum libenter consensurum in pensionem super fructibus ecclesie Toletane reservandam alicui Majestati Vestre grato. Adjeci et intellexisse me ex ejusdem archiepiscopi de pinguiore ecclesia provisione cessura Majestati Vestre trecenta millia maravetinorum, que illi de regis reditibus quotannis pendi debent; item quod idem, casu quo dictam ecclesiam obtineret, paratus esset Majestati Vestre mutuo dare centum millia ducatorum et mox se conferre personaliter ad eidem inserviendum. Que omnia commemorare me dixi, non ut Majestas Vestra hec aut similia in dignitatum provisione attenderet, seu propter illa quibusvis aut quantumcunque alioqui dignis ecclesiastica beneficia conferret, quod procul dubio improbum et execrandum foret, Deumque supremum dominum ad iram provocaret; sed ut intelligeret Majestas Vestra quod, quandoquidem in personis alioqui (ut dixi) dignis nefas esset hujusmodi motiva attendere, multo execrabilius fuerit ea in pueris (1) aut illiteratis aut perdite viventibus spectare. Denique rogavi Majestatem Vestram ut memoratum archiepiscopum, ob virtutes suas, prudentiam, morum probitatem, et alia que in hujusmodi ecclesiasticis rebus merito movere debent, dignaretur habere peculiariter commendatum, prout et nunc iterum rogo ut facere velit. Et valeat, regnetque diu felicissime C. Majestas Vestra, cujus bone gratie me iterum atque iterum omni cum devotione commendo. Victorie, prima januari MDXXII.

Vostre très-humble serviteur,

A. CARD. TORTUSENSIS.

Archives de Simancas, *Estado*, leg. 18.

---

(1) Adrien fait assez clairement ici allusion au précédent archevêque, Guillaume de Croy, qui, à peine arrivé à l'adolescence, avait obtenu, par la faveur du seigneur de Chièvres, la première dignité ecclésiastique d'Espagne.

XII.

ADRIEN A CHARLES-QUINT.

Il le prie de recevoir et entendre bénignement un gentilhomme que la reine de Portugal lui envoie. — Il a appris les victoires que les armées impériales ont obtenues à Milan et à Tournai, ainsi que la miraculeuse apparition des trois croix de l'apôtre saint André qui se montrèrent au-dessus de la tête de l'Empereur la veille de la fête de ce saint, après vêpres : on en a rendu, à Vitoria, des grâces infinies à Dieu, et il en a été fait part à ses royaumes pour les réjouir. — Adrien le supplie de ne pas se laisser enivrer par ces prospérités, mais de s'en montrer reconnaissant envers Dieu, à qui il en est redevable. — Demande des grands et du royaume de Portugal pour le mariage de la reine.

Vitoria, 17 janvier 1522.

S. C. C. M^t, el llevador de esta es un gentilhombre de la serenísima reyna de Portugal (1), la cual le envia á V. Alt. por sus propios negocios, segun que dél lo sabrá. A V. M. suplico tenga por bien de le oir benignamente en todo lo que, en nombre y por parte de ella, le dijiere y suplicare, y proveherlo como es razon y sele debe, y como de V. M. se ha de esperar.

Ayer recibí una carta del obispo de Badajoz y de Elva (2), en que me escribe la grande y señalada victoria que Dios por su clemencia ha dado á V. Alt. de lo de Milan y Tornay (3), y de la mila-

---

(1) Éléonore d'Autriche, sœur de Charles-Quint, veuve d'Emmanuel le Fortuné, roi de Portugal, qu'elle avait épousé en 1519 et perdu le 15 décembre 1521.

(2) Bernardo de Meza, ambassadeur de Charles V en Angleterre. Il remplit cette charge jusqu'au 17 mars 1525, qu'il quitta Londres, pour retourner en Espagne. Il fut remplacé par Louis de Flandre, écuyer, seigneur de Praet.

(3) Prosper Colonna et le marquis de Pescaire, généraux de l'armée du pape et de l'Empereur, étaient entrés dans Milan le 19 novembre. Tournay s'était rendu par capitulation, le 1er décembre, au comte de Nassau, lieutenant général des troupes impériales.

grosa aparicion de las tres cruces del glorioso apóstol sant Andres que se mostraron sobre V. M., en la vigilia del mesmo santo, despues de visperas, de lo cual se han dado acá infinitas gracias á Nuestro Señor, y de todo ello escrevimos á diversas partes de estos reynos para animar y alegrar los pueblos. Suplico á V. M. que con estas prosperidades no se eleve ni mueva á soberbia, y que ántes recorra al soberano Dios, de quien ha recibido tanto beneficio, y que humilmente conozca V. M. la obligacion que tiene de le dar gracias por ello, y todo esto haga para escusar ingratitud, y para que Dios no le echase de sí como echó á Saul, cuando dejó de obedecer sus sacros mandamientos.

Allá entenderá V. M. lo que parece que piden los grandes y reyno de Portugal sobre el matrimonio de la serenísima reyna, acerca de lo cual sera bien y conviene que V. M. oya el consejo de personas prudentes y sabias, ántes que en una parte ó en otra se determine V. Alt. en alguna cosa cierta. Cuya vida y real estado Nuestro Señor luengamente guarde con toda prosperidad. En Vitoria, á 17 de enero de 1522.

Vostre très-humble serviteur,

A. Card. Tortusensis.

Archives de Simancas, *Estado*, leg. 10.

XIII.

ADRIEN VI A HENRI VIII.

Quoiqu'il n'ait encore reçu aucune notification officielle du sacré collège, il a appris par diverses lettres son élection au souverain pontificat. — Il lui recommande la protection de l'Église, et l'exhorte à travailler, d'accord avec l'Empereur, à l'établissement de la paix dans toute la chrétienté.

Vitoria, 2 février 1522.

Serenissime princeps, rex potentissime, ex Urbe et aliis diversis partibus, per litteras diversis temporibus scriptas, publicatum est per hoc regnum Meam Humilitatem in summum pontificem electum esse, cum ego id non solum directe vel indirecte non sollicitaverim, sed nec unquam concupierim nimis, ob oneris annexi immensitatem, cui vires meae longe impares esse et agnosco et ingenue profiteor : propter quod et procul dubio illud recusaturus essem, nisi inde et Dei offensam et Ecclesiae sanctae discrimen formidarem. Nondum ad me allatae sunt litterae sacri collegii cardinalium (1), quae ob maris tempestatem in civitate Genuensi moratae sunt, unacum veredario seu nuncio, detineri. Volui autem hoc ipsum Celsitudini Vestrae significare, non quod illum putem novum hoc, si verum est, usquam modo latuisse, sed ut simul cum illo intelligat sibique persuadeat nil forte me accrevisse quod non vere suum reputare possit. Quo affectu semper quidem erga eam fui, licet usquam modo ob defectum, vel facultatis vel occasionis vel utriusque, illum eidem non satis potuerim manifestare; causa vero hujusce mei erga

---

(1) Ce fut le 9 février seulement qu'Adrien reçut la nouvelle positive de son élection; elle lui fut apportée par un serviteur du cardinal de Santa Cruz. (Lettre de l'amiral et du connétable de Castille à Charles-Quint, du 25 mars 1522, aux Archives de Simancas, *Estado*, leg. 10.)

eandem affectus fuit, quod cernerem in ea maximum totius christianae reipublicae momentum situm esse. Quippe qui semper studuerit et pacem inter christianos conciliare, et superbiam eorum, qui pacem nolunt, reprimere, rogo Celsitudinem Vestram, ut christiano amore toto pectore velit Ecclesiae sanctae patrocinium atque praesidium suscipere, et unacum electo Imperatore, sibi conjunctissimo, incumbere ut pax universalis in tota christianitate stabiliatur, idque conditionibus tam aequis ut nemo principum eas recusare queat, quin ab omnibus merito pro christianitatis turbatore et haberi et humiliari seu pessumdari valeat, et, ut paucis dicam quod volo, taliter cohaereant Sacra Caesarea Majestas et Celsitudo Vestra, ut toti mundo notum fiat, quicumque pacem hanc tamdiu desideratam perturbare praesumpserit, meritas poenas a christianissimis principibus recepturum. Sed de his latius scribo reverendo episcopo Pacenci (1), dictae Caesareae Majestatis apud Celsitudinem Vestram oratori, et item de meo erga eandem et hanc pacem animo. Ei Celsitudo Vestra fidem habeat, et felicissime valeat. Victoriae, 11ª februarii MDXXII.

Celsitudinis Vestrae humillimus servitor,

A. Card. Dertusensis.

Suscription : Serenissimo potentissimo principi regi Angliae, domino meo colendissimo.

Original, au Public Record Office, à Londres.

---

(1) L'évêque de Badajoz, nommée anciennement *Pax Augustorum*. Voy. la note 2, à la page 252.

XIV.

ADRIEN VI AU CARDINAL WOLSEY.

Le bruit s'est répandu dans toute l'Espagne qu'il a été élevé au souverain pontificat; mais jusqu'ici il n'en a pas reçu avis du sacré collége. — Il prie le cardinal, comme une des principales colonnes de l'Église, et comme celui qui s'est toujours appliqué à maintenir la paix entre les princes chrétiens, d'y travailler avec plus de ferveur que jamais. — Cela sera aisé, si Wolsey persuade au roi d'Angleterre de rester indissolublement uni avec l'Empereur. — Quant à lui, s'il est pape, il persévérera dans son zèle pour le salut de la république chrétienne, dans ses vœux pour la prospérité de la maison d'Angleterre et dans ses sentiments pour le cardinal.

Vitoria, 2 février 1522.

—

[Reverende in] Christo pater et domine, domine mi colendissime, humilis commendatio. Ex Urbe et aliis diversis partibus huc scriptum est Meam Parvitatem in summum pontificem electam esse, [ja]mque fama haec totam Hispaniam pervolavit. Quamquam res non usquequaque scrupulo careat, quod de ea nullas adhuc litteras sacri cardinalium collegii acceperimus, quas tamen scriptum est Genuae unacum nuncio detineri ob maris intemperantiam, mihi quidem haud credere libet novum hoc de onere quod scio meas vires longe superare, proindeque illud vehementer abhorreo, at ex altera parte ea est scribentium multitudo, auctoritas et concordia, ut novum ipsum non omnino vanum credi possit. Utcumque autem sit, rogo Reverendissimam Dignitatem Vestram ut, quandoquidem una est ex principalioribus Ecclesiae columnis, et semper studuit Ecclesiae protectioni atque universali inter christianos paci procurandae, idem nunc etiam cum cumulo aliquo fervoris et diligentiae praestare satagat. Fient autem praedicta commodissime, si Reverendissima Dignitas Vestra serenissimo regi Angliae persuaserit, ut cum electo Imperatore arctissimam et indissolubilem firmitatem juret, seu potius initam perpetuo conservet : duobus enim his principibus in bonum et non in malum cohaerentibus, si qui pacem hujusmodi reipublicae christianae tam necessariam perturbare praesumpserint, impedireque ne infidelibus Dominum jugiter blasphemantibus bellum inferri possit, facile erit eos affectos meritis poenis in chamo et freno constringere, ne quod male velint, pejus exequi et perficere valeant, maxime juncto dictis principibus summo pontifice, sicut exigente tam sancta confoederatione junctum fore spero, quicumque tandem . . ille fuerit. Nam de me, si ad pastorale officium (uti ferunt) sublimatus sum, dubitari non debet quin eodem affectu futurus sim erga salutem et augmentationem reipublicae christianae, necnon erga prosperitatem domus Anglicanae, in qua non ignoro quantum christianitatis momentum situm existat; sed et erga Reverendissimam Dignitatem Vestram quo semper esse me prae me tuli, immo (ut paucis dicam) talis erga gregem sibi creditum existere. Valeat Reverendissima Dignitas Vestra feliciter. Victoriae, 11ª febr. MDXXII.

Reverendissimae Dignitatis Vestrae humillimus servitor,

A. Card. Dertusensis.

Suscription: Reverendissimo in Christo patri et domino cardinali Eboracensi, domino meo colendissimo.

Musée Britannique : Collection Cottonienne, Vitellius, B v, fol. 32.

XV.

ADRIEN VI AUX DOYEN ET CHAPITRE DE TOLÈDE.

Il les remercie, les félicite de leur conduite durant les troubles de Castille, et les exhorte à y persévérer.

Vitoria, 10 février 1522.

Reverendi domini amici nostri, incredibili voluptate affecti fuimus, ubi intellexerimus vos optimorum virorum et fidelium Sacrae Caesareae Majestatis servitorum officio functos fuisse, in eo nimirum quod pro reducenda ac liberanda civitate Toletana prompta voluntate vos grandi discrimini exposuistis, ut salutem istius civitatis sanguine vitaque vestris chariorem habuisse videamini. Et quidem cessit res prout pietas, qua eam aggressi estis, merebatur, et negotii justitia aequitasque exposcebat; itaque restituistis regi regnum, patriae libertatem, et toti Hispaniae egregium reliquistis virtutis exemplum. Hortamur vos ac rogamus, quantum possumus, ut omni cum vigilantia provideatis ne insigniter parta victoria per incuriam (uti nonnumquam evenire solet) e manibus vestris elabatur et irrita fiat. Deus piis votis initiisque sanctis aspirare consuevit: id ipsum in hoc tam sancto opere credi debet facturus, si in spe auxilii sui conservare curaverimus, quod tanta cum pietate ac fortitudine est acquisitum. Nobis certe semper in memoria haerebit hoc tam splendidum facinus vestrum, sed multo altius infigetur si (quemadmodum diximus) victoria tam prudenter usi fueritis, quam eam strenue peperistis. Valete in Domino feliciter, et nos sedulis precibus vestris Altissimo commendate. Victoriae, x^a februarii MDXXII.

Vester amicus,

A. Card. Dertusensis, electus Pontifex Romanus.

Suscription : Reverendis dominis, amicis nostris praedilectis, decano et capitulo sanctae ecclesiae Toletanae.

Bibl. nat., à Madrid, MS. Dd 134, fol. 109.

XVI.

ADRIEN VI AUX VICE-ROIS D'ESPAGNE (1).

Il a reçu leur lettre et vu les instructions qu'ils ont données au commandeur don Pedro de Acuña. — Il leur explique les raisons qu'il a eues de révoquer le bref de Léon X relatif à la prédication en Espagne de la bulle de Saint-Pierre, et celles qui le portent à réserver pour les nécessités du saint-siège un tiers du produit de cette bulle, dont les deux autres tiers appartiendront à l'Empereur. — Il termine, en se plaignant des termes dans lesquels les vice-rois lui ont écrit et fait parler par don Pedro de Acuña.

Logroño, 10 mars 1522.

Dilecti filii nostri, salutem et apostolicam benedictionem. Litteras vestras viii^a hujus ad nos datas accepimus; vidimus etiam instructiones quas commendatori domino Petro de Acuña dedistis nobis exponendas. Miramini quod de emolumentis obventuris ex praedicatione bullae quae concessa est basilicae Sancti

---

(1) Voy., p. 47, la lettre de Lope Hurtado de Mendoça à l'Empereur, du 15 mars 1522, et p. 50, celle d'Adrien lui-même, en date du 25 mars. Les vice-rois envoyèrent à l'Empereur copie de l'instruction qu'ils avaient donnée au commandeur d'Acuña, ainsi que la réponse du pape. Ils lui firent observer que, dans cette affaire de la bulle de Saint-Pierre, il avait été abusé : car d'abord Léon X lui en avait donné tout le produit pour la guerre contre les Maures, moyennant une subvention de 20,000 ducats, et ensuite il avait autorisé les collecteurs à la percevoir à leur profit, à condition de payer 100,000 écus à l'Empereur. Aussi à peine les vice-rois avaient-ils appris l'élection d'Adrien, qu'ils avaient sollicité de lui la réformation de la bulle, et demandé qu'il en confirmât tout le produit à l'Empereur. Le nouveau pontife accorda, sans hésiter, la révocation du bref de son prédécesseur, mais il ne se montra disposé à en accorder un nouveau, qu'à la condition de recevoir la troisième partie des produits de la bulle pour les dépenses de sa flotte. Les vice-rois lui firent là-dessus des objections; et enfin, *comme il avait quitté Vitoria*, ils lui envoyèrent Pedro de Acuña. (Lettre des vice-rois à l'Empereur du 25 mars 1522, aux archives de Simancas, *Estado*, leg. 10.)

Petri in Urbe per hoc regnum, Sacrae Caesareae Majestati, in tanta hujus regni necessitate, solum obtulerimus ducenta millia ducatorum, sine expensis, vel duas tertias partes, cum onere solvendi expensas pro rata. Miramini vero multis de causis : primum quod haec novitas per nullum retro pontificum tentata fuerit, et in futurum magnum praejudicium regno allatura videatur ; deinde, quod papa Leo, tempore quo regnum hoc pace frueretur, xxiiii dumtaxat millia ducatorum exegerit, cum tamen ille non tanta quanta nos necessitudine Sacrae Caesareae Majestati conjunctus fuerit. Non possumus satis suspicari, quinam vobis haec scribenda suggesserint : nam, si ad priora tempora recurrere volueritis, invenietis pontifices quandoque omnia emolumenta sibi sumpsisse, aliquando vero dimidium eorum, nonnumquam tertiam partem dumtaxat. Quod autem ad praejudicium attinet, sciunt litterati praejudicium non habere locum, nisi ubi jus alienum laeditur, in iis vero quae gratiosa sunt, sive plus detur sive minus, nullum fit praejudicium, quia is cui ea dantur nequaquam laeditur. Et quidem indignum nobis videtur quod pridem rationabile reputaveritis, ut quidam laici, de rege et regno parum meriti, duas tertias emolumentorum hujusmodi caperent, et unicam tertiam Catholicae Majestati dimitterent, quod in Barchinona conclusum vos novissime in Burgis, anno scilicet proxime elapso mense septembri, tamquam aequum et rationabile approbavistis, nunc vero iniquum censeatis et regno praejudiciale, si sedes apostolica, cui totum debetur, tertiam unam capiat, et duas tertias Caesareae Majestati dimittat. Certe exemplum papae Leonis et necessitas hujus regni propositum vestrum perparum adjuvat : nam ille per officiales suos, muneribus seu pecuniis emptos, circumventus fuit, et per bullam regi, pro gerendo bello contra infideles, ad quod jam parare exercitum dicebatur, omnia hujusmodi emolumenta concessit, vi° kalendas julii anno 1521, statim vero post, die xiii^a septembris ejusdem anni, eadem ab rege abstulit, et Alphonso Gutierrez de Madrid, Ferdinando de Spinosa et Roderico Ponce, laicis, libere dedit, et non in utilitatem regis nec in subsidium belli contra infideles, cum clausula quod nec ipsi successoribusve ejus nec regi rationem reddere tenerentur. Ecce videtis, quid rex a papa Leone acceperit, etiam tempore quo sedes apostolica nulla necessitate urgebatur; nunc vero, omnibus consumptis, ad Sacrae Caesareae Majestatis instantiam seu sollicitationem, in bellum contra Gallos, ut eadem sedes apostolica maximo aere alieno gravata dicatur usque ad decies centena millia ducatorum, quomodo possumus, sitientibus agris propriis, alienos irrigare et proprios prorsus negligere? Tacemus quod, cum vos pro servitiis regi ac regno impensis amplas ab ejus Majestate mercedes exposcatis, indignum non debeat videri si nos, qui eadem pericula vobiscum experti non minus fideliter, neque etiam forte minus utiliter, regno servivimus, aliquid amplius de nostris quasi in remunerationem capiamus.

Caeterum jubetis dicto commendatori ut, si perstiterimus in dicto proposito de dandis regi dumtaxat ducentis millibus vel duabus tertiis partibus emolumentorum, etc., clare nobis dicat vos nequaquam consensuros, Majestatis ejus nomine, ut bulla ipsa in hoc regno praedicetur, imo malle expectare pericula necessitatum ex defectu denariorum, quaerendo alia remedia, quam pati introductionem tam perniciosam ac tam praejudiciale exemplum. Certe condolemus vobis, quod tam acerbe movemini erga rempublicam vestram, sedem apostolicam et amicum vestrum, qui tanta benevolentia et amore vos semper est prosequutus, ut ex fundamento non vero praesumptae novitatis ac praejudicii tam praecipitanter veneritis in sententiam de prohibenda praedicatione bullae, inconsulta Caesarea Majestate, quae vobis per Lupum Hurtado expresse mandavit, ut *nos permitteretis bonis sui regni libere uti, sicut ipsamet illis uti potest.* Si placet, utamur hoc medio ut scribamus junctim quid in negotio basilicae Sancti Petri per nos jure actum sit, et de emolumentis quid Majestati Suae oblatum : si ipsi displicuerit, ex ejus mente ac voluntate prohibeatur praedicatio; sin vero placuerit, cessat apud vos omnis contradicendi ratio. Quod si vero forte nec in hoc medium consentiendum duxeritis, prospicite conscientiis vestris, et cavete ne hoc facto vobis ipsis comparetis materiam et occasionem postea graviter poenitendi. Qualitercumque autem egeritis, nostra erga vos paterna dilectio unquam deficiet. Ex Lucronio, xa martii 1522.

A. Episcopus Sanctae Romanae Ecclesiae.

MS. de la Bibliothèque de Hambourg,
fol. 27 v°.

XVII.

ADRIEN VI A FRANÇOIS Ier (1).

Il a reçu, par Bernard Barthold, la réponse du roi aux premières lettres qu'il lui a écrites, ainsi que le sauf-conduit qu'il a demandé pour l'archevêque de Bari. — Il est charmé que dans cette réponse le roi lui ait parlé avec franchise. — Il lui explique pourquoi il ne lui a pas incontinent, selon l'usage de ses prédécesseurs, notifié son élection et l'acceptation qu'il en a faite. — Il lui aurait envoyé l'archevêque de Bari, si le sauf-conduit ne se trouvait pas insuffisant. — Il insiste sur la mise en liberté de plusieurs gentilshommes espagnols qui lui étaient envoyés de Rome, et qui ont été pris par un corsaire français. — Il assure le roi que l'affection qu'il a pour l'Empereur ne lui fera rien faire contre la justice ni au préjudice de la république chrétienne ni d'aucun prince. — Enfin il ne se montre pas mécontent de la difficulté élevée par le roi au sujet du sauf-conduit qu'il avait désiré pour lui et sa suite.

Saragosse, 21 avril 1522.

Charissime in Christo fili noster, salutem. Iis diebus rediit ad nos dilectus filius Bernardinus de Bartholdo cum litteris responsalibus Serenitatis Tuae ad priores nostras, quas ipse eidem reddidit, detulitque simul litteras patentes commeatus seu salviconductus, quem venerabili fratri archiepiscopo Barensi popos-

---

(1) Il y a, dans le manuscrit de Hambourg, fol. 55 v°, une traduction espagnole de la réponse faite, le 24 juin 1522, par François Ier à cette lettre et à une autre d'Adrien, qu'il avait reçues toutes deux des mains de l'archevêque de Bari.

François s'y félicite d'abord de l'élévation d'Adrien à la dignité papale,

ceramus. In primis, in litteris clausis Majestatis Tuae hoc nobis valde placuit quod, nullo verborum circuitu vel ambage usa, plane ac libere mentem nobis suam tam circa electionem nostram quam circa alia litteris ipsis comprehensa exposuerit, quod ex

espérant que, par sa bonté, la rectitude de sa vie, sa prudence, son expérience et la volonté qu'il témoigne pour le bien universel de la chrétienté, les divisions qui y règnent s'apaiseront, l'union et la paix y seront rétablies, et toutes les forces seront dirigées contre les infidèles. Il ajoute que jamais l'Église et le saint-siége n'eurent autant besoin d'un bon, sage et vigilant pasteur : car plusieurs de ceux qui l'ont été jusqu'à présent ont pris un chemin contraire à celui qu'ils devaient suivre, semant la zizanie entre les princes chrétiens, dans le but de s'élever, et courant aux armes sans nécessité aucune, ce dont l'Église a beaucoup souffert. Adrien annonçant la sainte intention d'y pourvoir, il s'en promet les meilleurs résultats; il est persuadé qu'il se montrera le père commun ; que, pour parvenir à la paix, il ne fera acception de personne, et qu'il exhortera tous les princes chrétiens, chacun selon son pouvoir, à résister à l'invasion desdits infidèles. Quoiqu'il soit le plus éloigné du péril, voulant marcher sur les traces de ses prédécesseurs et tenant le lieu de roi très-chrétien et de fils aîné de l'Église, il sera des premiers qui prendront les armes contre tous ceux qui tenteront, directement ou indirectement, d'offenser S. S. et l'Église et le saint-siége. Il est assuré qu'en le voyant agir ainsi, Adrien lui sera bon père. Quant à la paix, il ne l'a pas seulement désirée, mais voulue et cherchée par tous les bons et honnêtes moyens qu'il lui a été possible; il a même fait des sacrifices et souffert des dommages pour la conserver; et quoique, grâce à Dieu, ses affaires ne se trouvent pas réduites à une telle extrémité qu'elle lui soit nécessaire, néanmoins, pour se mettre en son devoir, il ne refusera pas de prêter l'oreille à toutes propositions honnêtes et raisonnables, surtout si Adrien en est l'intermédiaire. « Enfin, très-saint père,
» lui dit-il, nous souhaiterions qu'il plût à V. S. de prendre son chemin par
» notre royaume : nous voudrions vous y recevoir, vous honorer, vous obéir
» et vous traiter, ainsi que notre cour, avec toute la révérence qu'il appar-
» tient au vicaire de Dieu sur la terre; nous vous ferions accompagner par
» tout notre royaume, provinces et seigneuries, et administrer toutes les
» choses dont vous auriez besoin; et si vous consentiez à le faire, nous le
» réputerions pour une singulière grâce de V. S. »

Antérieurement à la lettre que nous donnons ici, Adrien avait écrit à François Ier, ainsi qu'à Louise de Savoie, sa mère, et à la duchesse d'Alençon, sa sœur, pour leur inspirer des sentiments de paix, et leur promettre sa bienveillance. On trouve, dans les *Lettere de' Principi*, fol. 102, les réponses de la régente et de madame d'Alençon.

hoc indicio animi ejus sinceritatem regiamque ingenuitatem facile perspeximus : unde hoc boni consecuti sumus, ut, animum Majestatis Tuae plene cognoscentes, de iis quae ei nobis nonnihil suspecta sunt, probabiliorem possimus rationem reddere. Igitur, quod nostram tum electionem tum electionis ipsius acceptationem Majestati Tuae, non protinus ac factae sunt, significaverimus, prout a Romanis pontificibus, antecessoribus nostris, fieri consuevit, in causa fuit quod electio quidem ipsa nisi post acceptationem indicari non solet, acceptationem vero illius solemnem per plures dies distulimus, expectantes adventum trium ex venerabilibus fratribus nostris, sanctae Romanae ecclesiae cardinalibus, quos a sacro eorum collegio intellexeramus designatos ut ad nos venirent, ut solemnius acceptationis actum in manibus illorum faceremus. Quos ubi compertum habuimus vel non venturos, vel adventum suum in nimis longum diem dilaturos, ne sancta Romana ecclesia diu maneret pastore viduata, et ne omnis tam justitiae quam gratiae expeditio nimium suspenderetur, in grande ipsius ecclesiae et Christi fidelium praejudicium, sapientum consiliis et quotidianis populorum efflagitationibus cedentes, ad octavam martii electionem ipsam coram multis episcopis aliisque praelatis acceptavimus : quod factum nulli prius quam dicto sacro collegio significandum videbatur, nec per cujusquam litteras prius quam per nostras id illi notum fieri debuit, quas jam dudum in Urbem pervenisse speramus. Visum est Serenitati Tuae harum rerum rationem reddere, ut sibi certe persuadeat, nos nullo sinistro respectu, sed probabili ratione motos, veterem electionem significandi nequaquam pontificatus morem praetermisisse.

Litteras salviconductus gratas habuimus, misissemusque illico ad Barensem archiepiscopum, nisi litterae ipsius nimis breve [tempus] praefigerent, puta unici mensis, quod tali viro in accessu atque reditu vix sufficere possit (1) : quod potius lapsu

---

(1) Voy. p. 74.

seu inadvertentia secretarii quam jussu Serenitatis Tuae accidisse credendum est. Hortamur perinde Serenitatem Tuam ut, quandoquidem pacem inter christianos principes, cujus tractationem a dicti nuntii missione inchoandam duximus, tantopere desiderare se ostendit, si nostram operam ad eam componendam nonnihil conferre existimat, tantum temporis vel dicto archiepiscopo vel alii praelato a nobis mittendo concedi jubeat, quantum illi non solum ad tuto eundum redeundumque, sed etiam ad tuto apud Majestatem Tuam, quamdiu negotii utilitas exegerit, manendum, sat esse queat.

De captivis, qui ex Urbe ad nos venere (1), non credimus Majestatem Tuam a suis satis recte informatam, asserentibus navem illorum alteram Majestatis Tuae subditorum hostiliter invasisse; nam praeterquam neque quod hoc verisimile videatur, multi probi et fide digni viri, qui ex eadem navi ad nos venerunt, constanter affirmant rem longe aliter quam Majestati Tuae relatum est se habere. Unde, si Majestas Tua capitaneis suis, qui dictam navim rapuere, serio mandaverit, ut sibi in hac re veritatem fateantur sincere, futurum confidimus ut, quemadmodum jus et ratio exigit, omnes captivos carceribus relaxet. Et de his quidem hactenus.

Caeterum ex litteris Majestatis Tuae apparet, eam nondum satis constituisse secum, utrum gaudere magis an tristari debeat de personae nostrae assumptione, nimirum trahentibus eam in contrarias sententias, hinc odore nominis boni, qui ex nonnullorum relatione ad eam pervenisse videtur, inde amore nimio quo nos electum Imperatorem prosequi existimat, quo impellente timendum putat, nos potius privatum illius quam omnium christianorum principum in connumeratione habituros. Accedit huic et auget suspectionem, quod nuper ad Helvetios Prospero Columnensi et marchioni Mantuano litteras dederimus,

---

(1) Voy., p. 62, ce que Lope Hurtado de Mendoça écrivait là-dessus à l'Empereur, le 28 mars 1522.

quibus nos partem facere videamur. Nos, lecto hoc capitulo, proferri jussimus minutas litterarum quas ad praedictos misimus, in quibus post diligentem relectionem nihil invenimus quo vel infirmo homini, necdum Serenitati Tuae, praejudicium fieri petierimus : in summa enim ad hoc tantum litterae tendebant, ut nihil deperire sinerent ecclesiae Romanae, quae jam defensore carere videretur. Quod vero electum Imperatorem amemus, Majestatem Tuam inducere non debet, ut credat nos propter illum quidquam facturum contra aequitatem atque in reipublicae christianae vel cujuscumque principis praejudicium. Amorem certe nostrum servitia quae illi impendimus, vel nobis tacentibus, loquantur; sed ut antehac illi nunquam sumus in causa injusta obsecuti, ita nunc, in Christi vicarium assumpti, multo minus vellemus illi in alterius praejudicium favere : quis enim amor esset procurare illi lucrum bursae, cum damno conscientiae suae pariter ac nostrae? Testis est nobis Deus, quod onus pontificatus numquam ambivimus, et facta de nobis praeter spem electione, nec honoris nec opum illecebra nos ad illud acceptandum induxerunt, sed solus Dei timor, ne ex nostra recusatione ecclesia Dei in discrimen aliquod grave induceretur.

Porro, quod Majestas Tua difficilem se exhibet in concedendo nobis et comitatui nostro salvoconductu, in mitiorem partem interpretamur : quod scilicet nolit post datam fidem quemquam fallere vel circumvenire; sed credere certe potest Majestas Tua, non esse nos tam alienatos a Deo, ut qualicumque salvoconductu nobis ab ea dato abuti vellemus in suum praejudicium. Verumtamen, sive illum per terras sive per mare dederit, seu etiam forte decreverit sententiam super hoc adhuc suspendendam, existimamus eam nihil tentaturam adversus Christi vicarium, unde hereditarium Christianissimi cognomen perdere merito posset. Hoc tamen non tacebimus, esse nonnullos qui nobis affirment, Majestatis Tuae sumptibus Ecclesiae patrimonium a tyrannis invadi, quod de rege tam christiano nequaquam libet suspicari.

Datum Caesaraugustae, sub annulo piscatoris, 24ª mensis

aprilis 1522, suscepti a nobis apostolatus officii anno primo.

MS. de la Bibliothèque de Hambourg,
fol. 42.

XVIII.

ADRIEN VI A CHARLES-QUINT (1).

Il le remercie de l'envoi qu'il lui a fait du seigneur de la Chaulx, le félicite du soin qu'il prend de ses affaires et de la manière dont il les règle; l'assure qu'il nommera à l'évêché de Pampelune la personne qu'il lui désignera, et lui adresse quelques observations au sujet de la grande maitrise des ordres militaires.

Saragosse, 18 mai 1522.

A. PP. VI.

Très-chier et très-amé filtz, salut et bénédiction apostolicque. Je vous remercie très-affectueusement de la visitation qu'il vous a pleut m'envoyer faire par monsieur de la Chaux (2), duquel j'ay eu très-grande consolation, pour l'amitié et cognoissance que j'ay à luy, et principalement que par luy j'entendz la bonne diligence que vous prenés de voz propres affaires, et que les réglés en crainte de Dieu et selon sa benoite volunté. Il m'a aussi présenté, de vostre part, voz biens et voz deniers pour en user et moy aider à mon besoing : de quoy ne vous sçauroie assés remercier. Je prie Dieu Nostre-Seigneur, qu'il vous en donne le guallardon, comme j'espère qu'il fera.

La disposition de mes affaires, le soing et diligence que je prens pour moy en aler hastivement à Rome, vous escripvera ledit la Chaux.

Quand aux deux pointz, desquelz l'ung est du patronage de

---

(1) Autographe.
(2) Voy. p. 75.

Pampelone, s'il vous plait nommer personage ydonne, nous luy donnerons très-volentiers, pour l'amour de voz, l'évescié de Pampelone, et avec le temps vous entendons donner ledit patronage (1).

Touchant les magistratz (2), il fault que se face du consentement des cardinaux, car il contient deux grandes difficultés : l'ugne, que, selon costume de Castille, le royaulme puelt venir en mains de femme, laquelle ne pouroy tenir l'administration desditz magistratz ; l'aultre, que le saint-siége apostolicque sera fraudé des drois de novelle investiture, en cas de la mort de l'administrateur. Mays soiés seur que je vous feray, d'en cela et aultres plus grandes choses que vous toucheront, si bonne assistence que, avec l'ayde de Dieu, serés très-content de moy : de sorte que à moy non tiendra que ne parvendriés à l'accompliesement de tous voz bonnes et vertueux désires. A tant, sire, je prie à Dieu vous donner bonne vie et longe.

Donné en la Jafferie (3), ce xviiime jour de may an° 22.

Le tout vostre,

ADRIANUS, EPISCOPUS SANCTAE ROMANAE ECCLESIAE.

Suscription : Charissimo in Christo filio nostro Carolo, Romanorum regi catholico, in imperatorem electo.

Archives de Simancas, *Estado*, leg. 847.

---

(1) Le cardinal Césarin avait été nommé par Léon X à l'évêché de Pampelune ; mais l'Empereur n'avait pas voulu lui en laisser prendre possession. Il demandait que la cour de Rome ne conférât ce siége qu'à celui qu'il désignerait, et qu'Adrien, par une bulle, donnât à lui et à ses successeurs, rois de Castille et de Navarre, le droit de patronage sur le même évêché. (Lettre de Charles-Quint à la Chaulx, du 25 février 1522.)

(2) Il s'agit évidemment ici des grandes maîtrises des ordres militaires d'Espagne.

(3) *L'Aljaferia*, ancien château des rois d'Aragon, à une portée de fusil des murs de Saragosse.

XIX.

ADRIEN VI AU CARDINAL WOLSEY.

Il lui recommande Roger Basin, qui a sollicité à sa cour l'expédition des bulles de l'évêque de Londres, et qui est un des grands amis de ce prélat.

Saragosse, 20 mai 1522.

A. PP. VI.

Dilecte fili noster, salutem et apostolicam benedictionem. Cum non modicum afficiamur dilecto filio Guberto Tunstallo, pro quo charissimus in Christo filius noster Henricus, Angliae rex illustris, fidei defensor, super promotionem suam ad episcopatum Londoniensem scripsit, ejus doctrinam, prudentiam, mores, honestatem et alias ejus virtutes summopere commendans, non possumus affectionem nostram etiam ad suos non extendere, eos praesertim quos ipsum Gubertum amare agnoscimus, inter quos est Rogerius Basin, qui apud nos expeditionem dicti episcopatus summa cum fide et diligentia sollicitavit. Is nobis exponi fecit cupere domino Henrico regi serenissimo nonnullis ejus negotiis commendari, qua re moti supradictis ex causis Circumspectionem Tuam hortamur ut dominum Rogerium in toto vestro Majestati Suae commendet, super quo nobis rem gratissimam faciet. Datum in palatio Aljaferiae, apud Cesaraugustam, die xx^a maii MDXXII, suscepti a nobis pontificatus officii anno primo.

T. Hezius.

Suscription : Dilecto filio nostro Tho. Sancte Cecilie presbytero, cardinali Eboracensi, in Anglia nostro et apostolicae sedis legato de latere.

Original, au Public Record Office, à Londres.

XX.

ADRIEN VI AUX DOYEN ET CHAPITRE DE TOLÈDE.

Il les exhorte à prier pour l'heureux succès de son voyage à Rome.

Tarragone, 26 juillet 1522.

A. PP. VI.

Dilecti filii, salutem et apostolicam benedictionem. Si electionis vas et gentium doctor, a Corintho in Jherusalem profecturus, tenere adhuc plebecule et parum instructe in fide orationibus juvari per suas litteras petebat, dicens : « Obsecro vos, fra- » tres, per Dominum Nostrum Jesum Christum et per charita- » tem Sancti Spiritus, ut adjuvetis me orationibus vestris ad » Deum, » quanto magis nos, quibus nulla prope merita suppetunt, longum et periculis plenum iter aggressuri, et tam intoleranda negotiorum mole, quam nobis divinorum judiciorum abyssus imposuit, pregravati, populorum fidelium orationum suffragia requiremus. Quam ob rem, cum jam divina benignitate operante in procinctu simus itineris, et ex hoc Tarraconensi portu in almam Urbem nostram citra ulteriorem moram omnino proficisci constituerimus, vobis id significandum duximus, in eodem Domino Nostro, qui nos licet immerentes ad summi apostolatus apicem evocavit : devotionem vestram hortantes, ut pro itineris quod inituri sumus prosperitate, nostraque et classis exercitusque nostri incolumitate et securitate, donec noster in eandem Urbem adventus vobis innotuerit, quotidianas ad Deum preces fundatis; et quem plures jam annos in vestra hactenus Hispania tam amice atque honorifice tractastis, ac tam reverenter confovistis, ex ea corpore quidem non animo decedentem, piis vestris votis prosequamini, ut, si quid boni Dei gratia et miseratione fecerimus, ejus vos participes et cooperatores effecti nostram ac Dei benedictionem, quam in ejusdem Dei nomine vobis elargimur, pietatis vestre merito consequamini. Datum Tarracone, sub annulo piscatoris, die xxvi^a julii MDXXII°, suscepti a nobis apostolatus officii anno primo.

T. HEZIUS.

Suscription : Dilectis filiis decano et capitulo ecclesiae Toletanae.

Bibliothèque nationale, à Madrid,
MS. Dd 154, fol. 100.

XXI.

CHARLES-QUINT AU DUC DE MILAN (1).

Il a reçu sa lettre du 8 juillet, qui témoigne de son respect pour le saint-empire, et correspond à l'amour et à la bonne volonté que l'Empereur lui porte. — Le duc ne doit pas perdre de temps pour traiter avec les Suisses. — Jusqu'à présent ceux-ci n'ont pas encore répondu aux dépêches que l'Empereur et le roi d'Angleterre leur ont adressées : mais, de son côté, il importe qu'il presse les négociations avec eux, et s'occupe avec grand soin de soutenir l'armée.

Palencia, 11 août 1522.

Ill. princeps, consanguince et amice carissime, lo que nos scrivis por vuestra carta de los 8 de julio no es cosa nueva en vuestra devocion y observancia al sacro Imperio, ni agena del amor y voluntad que os tenemos. Parécenos muy bien que no

---

(1) François-Marie Sforze.

perdays punto en tratar con Suyços, por lo que importa á la seguridad de las cosas. No tenemos respuesta del despacho que llevó el araute que el serenissimo rey de Inglatierra y nos les embiamos juntamente ántes de nuestra partida de aquel reyno, para que, segun lo que respondieren, se provea de embiar las personas que en nombre de los dos communemente traten y assienten las cosas con ellos, al propósito de lo que á todos conviene. Deves estar vos descansado que en lo que nos huviéremos de hazer no se perderá punto; y en lo demás que á vos toca es apretar todavía la plática con Suyços, y atender con gran diligencia á sostener el exército, en lo qual está principalmente la salud de vuestras cosas, hasta que del todo se assiente y assegure la expedicion.

Datum en Palencia, á xi de agosto 1522.

MS. de la Bibliothèque de Hambourg, folio 97 v°.

XXII.

ADRIEN VI A CATHERINE D'ARAGON, REINE D'ANGLETERRE.

Après lui avoir rappelé ce que le roi et la reine catholiques ont fait pour l'exaltation et la défense de la foi et la prospérité de la chrétienté universelle, il l'exhorte et la prie affectueusement de s'employer auprès du roi, son mari, afin que, vu le danger où la chrétienté se trouve par la perte de Rhodes, il consente à faire la paix, ou au moins à conclure une bonne trève avec le roi de France.

Rome, 25 février 1523.

Carissima in Christo filia nostra, salutem et apostolicam benedictionem. A todo el mundo es manifiesto que el rey y reyna cathólica, de pia memoria, siempre tomaron toda diligencia y vigilancia en el exaltamiento y defension de la santa fe cathólica y prosperidad de la universal christiandad : de donde tenemos por cierto que, como Vuestra Serenidad hasta quí en ello y en todo lo demás ha seguido las pisadas de sus padres, ansi agora, viendo mayormente la necesidad y oppression de la christiandad, por la pérdida de Rodas y por otros infinitos peligros que della se pueden ofrescer, mirará, en lo susodicho y en todo lo demás que convenga, catholicamente, como la qualidad dello lo requiere y lo acostumbra en todo. Y aunque acerca dello scrivamos al serenissimo rey, su marido, con todo esto, por la confiança que tenemos en Vuestra Magestad, aunque por el buen zelo que teneys al servicio de Dios no sea menester acordaros esto, pero, en el entrañable amor que en lo spiritual y temporal tenemos á Vuestra Magestad y á los susodichos vuestros padres, y por satisfazer á nos mesmo, nos havemos movido á escrivir esta á Vuestra Magestad, por la qual muy affectuosamente la rogamos y exortamos que, considerando lo susodicho, como cathólica que es, y lo que á esto nos mueve, y teniendo en memoria lo que importa, aya por bien Vuestra Serenidad de procurar que Su Magestad venga á toda paz, ó en especial por este tiempo en alguna buena tregua, para que, mediante aquella, se pueda reprimir la potencia del Turco, diziéndole todo lo que para el buen effecto desto con su grande prudencia viere convenir; que segund son los malvados progressos del immanissimo comun enemigo, cierto paresce tener de emplearse en todo el daño que pudiere hazernos; previniendo tambien á Su Magestad que es defensor de la santa fe, y que siempre ha sido principal protector della, y que, para cumplir con lo que á esto se deve, tenga agora por bien de dexar todos intereses á parte, por que en la verdad, haziéndolo ansi, demás que hará lo que es obligado, se seguirá dello un accepto servicio á Dios y universal bien á la christiandad, y grande honrra dél y de todos. De lo qual recebiremos singularissimo plazer y beneficio, y quedaremos para les gratificar en todo lo que spiritual y temporalmente se les ofresciere y pudiéremos, con la voluntad que es razon y merescen.

Datum in nuestro sacro palacio de Roma, á veyntitres dias de hebrero de mill quinientos y veyntitres, y de nuestro pontificado anno primo.

A. PP. VI.

T. Hezius.

Suscription : Charissimae in Christo nostrae Katherinae, Angliae reginae ill.

Original, au Musée Britannique : collection
Cottonienne, Vitellius, B v, fol. 145.

XXIII.

CHARLES-QUINT A ADRIEN VI (1).

Après lui avoir rappelé les mesures qu'il a prises contre Martin Luther et ses doctrines, il lui dit qu'il ne négligera rien, auprès des ambassadeurs que les villes de l'Empire lui ont envoyés, pour qu'ils ramènent leurs peuples à la raison.

Valladolid, 22 août 1523.

Beatissime in Christo pater, domine reverendissime, cum conventum Germanie apud Vangiones ageremus, labefactatamque religionem constituere ac firmare omni studio cuperemus, Lutherum, hominem post homines natos scelestissimum, publice damnavimus, combustisque libris in eam diem ab illo impie editis, omnibusque a studio improbissime secte gravissima pena deterritis, pro hostibus habituros esse declaravimus quotquot aliquid commune cum eo habere comperissemus; paucisque seorsum vocatis, fidem omnino per antiquam Germanorum pieta-

---

(1) Voy. la lettre de l'Empereur au duc de Sessa, du 25 août 1523, p. 195.

tem obtestati, gravissime contendimus, ne privatis studiis rem christianam perpetua spectatissime provincie notâ in discrimen adducerent; nec, si quid auxilii postea serpenti pesti a nobis afferri potuit, usque omissum est, cum ad populorum plebem a turpissimo errore revocandam plerosque impietatis convictos in Gallia Belgica gravissimo supplicio etiam affici jusserimus; sed tanta seculi labes his accepta referri debet qui, cum adolescentia monstra a primo tollere potuissent, vitiorum novitate illecti, publico damno fovere atque alere voluisse videntur. Nos a pietatis studio et instituto nostro et Sanctitatis Vestre precepto nulla in re discedemus, cum oratoribusque civitatum Imperii ad nos missis nihil pretermittemus, ut cognita sententia nostra populos suos ad sanitatem revocare contendant. Cetera ad hanc rem facientia orator dicet, cui fidem a Sanctitate Vestra haberi rogamus. Bene valeat Sanctitas Vestra, quam Deus omnipotens in suo sacrosancte Romane ac universalis ecclesie regimine diu feliciterque conservet.

Ex oppido nostro Vallisoleti, xxiiª augusti MDXXIII.

Bibliothèque nationale à Madrid, MS. E 59, fol. 128 v°.

XXIV.

ADRIEN VI A L'ÉVÊQUE DE FELTRE, SON NONCE A VENISE.

Il envoie à l'évêque une lettre pour le doge; le charge de la lui présenter, de lui donner l'assurance, ainsi qu'au Sénat, des sentiments affectueux qu'il leur porte; de leur rendre compte des mesures qu'il a prises pour satisfaire de sa part au traité conclu entre eux, et enfin de les exhorter à remplir, de leur côté, avec vigueur et promptitude, les obligations que ce traité leur impose.

...... (Rome), 31 août 1525.

Dilecte, etc., in novissimae hujus aegritudinis nostrae afflictionibus, qua fere per totum hunc mensem potius moleste quam periculose laboravimus, magnae consolationi et perjucundum nobis fuit, ex litteris tuis et relatu dilecti filii, dilectorum filiorum ducis et inclyti istius Dominii hic oratoris, cognoscere maximam et in dies crescentem eorundem erga nos et hanc sanctam sedem devotionem, necnon optimam et constantem eorum voluntatem et studium ac promptitudinem ad pacis et concordiae nuper per eos initae ejusque capitulorum exactam observationem, Italiaeque defensionem ac tutelam adversus eos qui hoc periculosissimo tempore illam perturbare ac omnia confundere moliuntur. Super quibus rebus scribimus inpraesentiarum dicto duci ea, quae ex litterarum nostrarum exemplo videbis (1). Tu igitur litteras ipsas ejus Nobilitati quamprimum exhibebis, et quae in iisdem litteris super praemissis brevius attingimus, tua discretione ac dexteritate ipsi duci ac senatui, aliisque quibus operae pretium videbitur, plenius et copiosius expones : illos videlicet tam de mutua ac peculiari constantique nostra erga eos animi propensione ac benevolentia plene certificando, quam de eximia eorum erga nos devotione pleno ore commendando; et insuper exponendo eisdem, nos super vires et facultates nostras praesentes pecunias et armatos in ducatum Mediolani partim jam misisse, partim in dies mittere, ut et capitulis ligae satisfaciamus, et funesti conatus hostium efficacius reprimi valeant; eosque proinde hortando ut et ipsi similiter facere curent, nec in hoc articulo, quo maxima ruina, servitus atque confusio praefatae Italiae totique christianitati (nisi celerrime provideatur) imminet, ullis parcant sumptibus, ut tanta mala a suis et Italorum omnium cervicibus depelli possint. Et quidquid in hac re facturi sunt, hortaberis ut summa cum celeritate facere studeant, ne ab adversariis cunctantes et oscitantes, nos et eos opprimi contingat : quod, sicut dictae Italiae ac toti christianitati ipsique duci ac Dominio perniciosum et exitiale, ita nobis et ipsis dedecorum et perpetuo infame foret. In his

---

(1) Voy. la lettre suivante.

itaque tua prudentia ac discretione hic uti studeas, ut inde Dei honor publicaque salus et utilitas consequi ac promoveri valeat, et tu ad priora merita obsequiaque tua quam maximum cumulum adjicias. Datum, etc., ultima augusti 1523.

MS. de la Bibliothèque de Hambourg, fol. 89 v°.

XXV.

ADRIEN VI AU DOGE DE VENISE (1).

Il a appris avec joie, par les lettres de l'évêque de Feltre, son nonce, et la relation de Marc Foscari, ambassadeur de la Seigneurie, l'intention où elle est d'observer le traité conclu entre eux, et qui a pour but non-seulement le salut de l'Italie, mais encore celui de toute la chrétienté. — Il exhorte le doge, ainsi que la Seigneurie, à persévérer dans ces sentiments, et à envoyer au duché de Milan, ou sur les autres points qui leur paraîtront le plus exposés à l'attaque des ennemis, le plus de troupes qu'ils pourront réunir. — De son côté, il n'omettra rien pour les seconder.

..... (Rome), 1er septembre 1523.

A. PP. VI.

Dilecte, etc., proximis diebus, ex dilectorum filiorum, Thomae electi Feltrensis, nostri et hujus sanctae sedis isthic nuntii, litteris, et Marci Foscari, Nobilitatis Tuae et inclyti istius Dominii apud nos et dictam sedem oratoris, viva relatione, plene intelleximus, quam exuberans quamque in dies auctior tua et ejusdem Dominii erga nos dictamque sedem devotio ac animorum propensio, et cum quanta fide, diligentia atque constantia pacis et concordiae, nuper nostra procuratione et vestra condescen-

---

(1) André Gritti, élu doge le 20 mai 1523.

sione isthic initae atque conclusae, ejusque capitulorum observationi per eosdem Nobilitatem Tuam et dictum Dominium intendatur et studeatur. Unde maximam animo laetitiam recreationemque, inter molestias aegritudinis, quae tunc cum dictae litterae ad nos venere et dictus Foscarus orator nos allocutus est, nos nondum dimiserat, percepimus : non quidem quasi res haec nova et antea nobis ignota fuisset, neque enim umquam dubitavimus, quin Nobilitas Tua Dominiumque praedictum et singulari nos amore pietateque prosequerentur, et rem sanctissimam, quam tanta cum maturitate tamque prudenti consilio amplexi fuere, constanter servaturi essent, sed quod perjucunda nobis fuit eorundem Nobilitatis ac Dominii optimae mentis ac voluntatis ad salutem et conservationem publicam non solum Italiae sed etiam totius christianitatis (cujus illa potior et importantior pars est) tendentis commemoratio. Nobilitatem itaque Tuam idemque Dominium propter praemissa plurimum in Domino commendamus, eosque, etsi opus non est, in eodem Domino et instanter praecipueque requirimus ut in sanctissimo hoc instituto ac proposito persistere ac perseverare velitis, hoc maxime tempore quo grandes et copiosi exercitus quorundam, sua ac privata potius quam publica et quae Dei sunt quaerentium, in Italiam ad eam invadendam et perturbandam infestis animis ac signis adventare pro certo asseruntur. Qua re cum nihil hoc ancipiti tempore christianae reipublicae ac religioni perniciosius et exitialius contingere possit, Nobilitatem Tuam dictumque Dominium decet, id quod sedulo faciunt, omnem adhibere curam, diligentiam et (quae in hoc casu maxime necessaria est) celeritatem, ut copias suas equestres ac pedestres, quas jam coactas esse, vel saltem summo studio ac sedulitate cogi, non dubitamus, mittant in ducatum Mediolani, seu in illas partes unde pro sua prudentia viderint hostibus aditum in Italiam facilius praecludi posse : praefecto eisdem copiis duce seu capitaneo generali, qui, ultra strenuitatem et rei militaris peritiam, et militibus acceptus amabilisque et hostibus ipsis merito formidabilis existat. Nos nostra ex parte, quantum vires nostrae sufficiunt, nihil omittimus aut omittemus, quod vel ad rependendas vices filiali vestrae erga nos dictamque sedem observantiae, vel ad pessimos hostium conatus praevertendos infringendosque opportunum esse judicabimus, quemadmodum praefatus Thomas nuntius eidem Nobilitati Tuae et dilectis filiis senatoribus, dictum Dominium repraesentantibus, plenius exponet : cui in his et aliis, quae is nostro nomine dicturus est, plenam fidem adhiberi petimus. Datum, etc., prima septembris 1523.

MS. de la Bibliothèque de Hambourg, fol. 90 v°.

XXVI.

ADRIEN VI AU MARQUIS DE MANTOUE, CAPITAINE GÉNÉRAL DE L'ÉGLISE (1).

A cause des nouvelles qu'il reçoit de la prochaine descente des Français en Italie, sous le commandement du roi très-chrétien en personne, il le requiert de se porter sur Plaisance avec toutes les troupes qu'il commande, et de se charger au besoin de la garde d'Alexandrie.

...... (Rome), 1er septembre 1523.

Nuper, 28ª mensis augusti proxime praeteriti, scripsimus ad Nobilitatem Tuam, eam instanter hortantes ut, statim atque litteras ipsas accepisset, omnem numerum equitum, tam gravis quam levis armaturae, quem ex contractu nuper inter nos et eam inito ad servitia nostra et hujus sanctae sedis haberet ac habere teneretur, unacum locumtenente suo, ad copias carissimi in Christo filii nostri Caesareae Majestatis, et ad dilectum filium

---

(1) Frédéric II de Gonzague, cinquième marquis de Mantoue. Charles-Quint l'éleva à la dignité de duc en 1530.

Voy., p. 163, la lettre de l'Empereur à Adrien, du 8 mai 1523.

nobilem virum Prosperum Columnam, illis praesidentem, mittere curaret : significantes eidem quod, si major necessitas ingrueret, etiam ipsammet, ut personaliter illuc se conferret, requisituri essemus. Cum itaque quotidie certius intelligamus, hostilem exercitum Italiae magis ac magis appropinquare, regemque christianissimum in persona ad partes Italiae contendere ac properare, ut nostra ex parte omnibus remediis adversus pericula ipsi Italiae, et ex consequenti toti christianitati, imminentia, non jam dubia neque exigua, sed certa et magna, uti debeamus, nec ulla in re, quae per nos et confoederatorum quemque praestari possit, amplius cunctandum videatur, Nobilitatem Tuam expresse et attente in Domino requirimus, ut ipsa, cum omni equitatu quem sub se habet, videlicet tam nostro et ecclesiastico quam Mediolanensi et Florentino, absque ullius morae interpositione, Padum flumen trajicere ac versus civitatem nostram Placentiam proficisci festinet (1) : inde cum praefato Prospero Columna per litteras ac nuncios consultaturi, utrumne conveniret eam ad tutelam et custodiam civitatis Alexandriae accedere. Cum enim civitas illa, sicut Nobilitas Tua novit, venientibus Gallis primum obvia futura sit, putentque prudentes, vel solam, ubi bene defensa sit, hostiles vires ac impetum citra Padum sustinere posse, maxime laborandum est ut aliquis magnae authoritatis ac nominis vir, cujusmodi Nobilitas Tua est, illius custodiae ac deffensioni praeficiatur. Et siquidem dicto Prospero omnino videbitur ut Nobilitas Tua onus hoc suscipiat, cupimus eam ocyssime ad civitatem ipsam accedere, unacum toto equitatu praefato et cum mille peditibus, si videbitur sclopetariis, quos statim acceptis praesentibus ab ea conduci ad nostra et praefatorum Florentinorum stipendia, pro quibus solvendis absque mora pecuniae per nos et illos transmittentur, necnon cum duobus vel tribus millibus peditum Hispanorum vel Germanorum, prout Nobilitas Tua elegerit.

---

(1) Dès le 16 mars 1523, l'Empereur avait engagé le pape à charger le marquis de Mantoue de la garde de Parme et Plaisance. Voy. p. 162.

Hortari autem Nobilitatem Tuam ad fortiter strenueque se hac in re gerendum, superfluum merito videtur, cum et animi ejus generositas ac fides multis magnisque in rebus comprobatissima, ac rei de qua agitur importantia, et periculorum imminentium propinquitas ac magnitudo, et denique magnus suus erga communem salutem Italiae zelus, eidem ad praemissa satis incitamenti additura sint. Hoc unum dumtaxat in fine dicimus Nobilitati Tuae, tota vita sua non esse expectandam occasionem qua nos et dictam sedem, ac praefatam Caesaream Majestatem, necnon Italiam ac universam christianitatem sibi magis promereri, verioremque laudem sibi apud omnes recte sentientes comparare possit, quam si omnibus ingenii industriaeque suae viribus, unacum praefato Prospero ac aliis partium nostrarum, concorditer et absque aemulatione (quae saepe magnas res et alioquin tutissimas perdere ac destruere solet), Italiae deffensioni contra eos qui illam ac dictam christianitatem perturbare veniunt, incubuerit. Datum, etc., prima septembris 1523, pontificatus anno secundo.

MS. de la Bibliothèque de Hambourg, fol. 91 v°.

FIN.

ERRATA.

Page 31, ligne 1re : Lope de Hurtado ; *lisez :* Lope Hurtado.
— 34, — 2 : que ha de guardar ; *lisez :* que he de guardar.
— 44, — 19 : del buen público ; *lisez :* del bien público.
— 123, — 12 du texte : que nos tenemos ; *lisez :* que os tenemos.
— 143, — 3 de la note : fray Garcia de Lodysa ; *lisez :* de Loaysa.
— 252, — 7 du texte : obispo de Badajoz y de Elva ; *lisez :* de Elna.

TABLE.

PRÉFACE.

§ Ier. Origine et idée générale de ce Recueil. — Comment l'attention de la commission royale d'histoire est appelée sur un manuscrit de la bibliothèque de Hambourg renfermant la correspondance de Charles-Quint avec Adrien VI, et d'autres pièces relatives aux affaires de leur temps, i. — Histoire de ce manuscrit, ouvrage du conseiller et maître de la chambre des comptes de Lille, Lucas Van Torre, ii. — Importance qu'a toujours attachée la commission royale d'histoire aux documents sur Charles-Quint, v. — Raisons qui donnent, à ses yeux, un prix particulier au manuscrit de Hambourg, ib. — Elle en sollicite la communication, avec la faculté de le mettre en lumière, vi. — Le haut sénat de Hambourg accorde l'une et l'autre, ib. — Elle prend la résolution de le publier, et m'en confie le soin, ib. — Pièces qui me paraissent en devoir être retranchées, vii. — Lettres de Charles-Quint au duc de Sessa, conservées à la bibliothèque de l'Académie royale d'histoire à Madrid, viii. — La commission décide de faire suivre de l'analyse et des extraits que j'en ai pris en 1843, la correspondance de Charles-Quint avec Adrien VI, ix. — Elle m'autorise encore à ajouter à cette correspondance des lettres diverses de Charles et d'Adrien tirées du manuscrit de Hambourg; des archives royales de Simancas, de la Bibliothèque nationale à Madrid, du Musée Britannique et du Public Record Office à Londres, des archives de Lille, ib. — Aperçu de ces trois séries de documents, xi. — Parallèle avec les lettres sur la retraite et la mort de Charles-Quint au monastère de Yuste, xii.

§ II. Élection d'Adrien VI. — Charles apprend, à Gand, la mort de Léon X, xiii. — Engagements éventuels qu'il avait contractés envers le cardinal Wolsey, xiv. — Instructions qu'il donne à Bernardo de Meza, évêque de Badajoz, son envoyé à Londres, ib. — Lettre qu'il écrit au cardinal, xv. — Satisfaction de Henri VIII et de Wolsey; reconnaissance de ce dernier, *ib.* — Ils envoient le secrétaire Pace en ambassade extraordinaire vers le conclave, *ib.* — Pace vient trouver l'empereur à Gand, et lui communique ses dépêches, xvi. — Lettres de l'empereur à Henri VIII et à Wolsey, *ib.* — Pace arrive trop tard à Rome, xvii. — Joie, mêlée d'étonnement, que cause à l'empereur l'élection d'Adrien, *ib.* — Il se met en mesure d'en profiter, *ib.* — Il prend la résolution d'envoyer au nouveau pape le seigneur de la Chaulx, et, en attendant que celui-ci puisse se mettre en route, don Lope Hurtado de Mendoça, xviii. — Instruction de Lope Hurtado, xix. — Son arrivée à Vitoria, xx. — Avertissements défavorables à don Juan Manuel, ambassadeur de l'empereur à Rome, que donne à Adrien le cardinal de Santa Cruz, xxi. — Mécontentement d'Adrien, augmenté par le langage trop libre de don Juan Manuel, *ib.* — Vains efforts de l'empereur et de don Juan Manuel lui-même pour le faire revenir de l'impression qu'il avait conçue de ce dernier, xxii. — L'empereur est obligé de le rappeler, *ib.* — Accueil distingué fait par Adrien à Lope Hurtado, xxiii. — Sentiments qu'il lui témoigne pour l'empereur, *ib.* — Lettre qu'il écrit à Charles-Quint touchant son élection, et sur le chemin qu'il prendra pour passer en Italie, xxiv. — Autre lettre sur le même sujet, *ib.* — Réponse de Charles-Quint : il attribue à son influence et à ses recommandations le choix que le sacré collège a fait d'Adrien, xxvi. — Il écrit au pape une *seconde lettre, pour le détourner de prendre son chemin par la France,* le prier de ne laisser entrer en Espagne aucune personne attachée au service du roi de France, et l'engager à hâter son départ pour Rome, xxvii. — Il insiste sur ce dernier point dans une lettre postérieure, xxviii. — Lettre autographe d'Adrien, où il s'exprime catégoriquement sur la part qu'il attribuait à l'empereur dans son élection, xxix. — Arrivée de la Chaulx à Saragosse, xxx. — Causes qui l'avaient retardée, *ib.* — Bienveillance avec laquelle il est reçu par Adrien, xxxi. — Ce qu'il négocie avec lui touchant les troupes qui devaient l'accompagner, les prélats espagnols qu'il désirait emmener à Rome, la conclusion d'une ligue avec l'empereur et le roi d'Angleterre, la légation du cardinal Wolsey, le gouvernement de Parme et de Plaisance, et d'autres points, *ib.*

§ III. Arrivée de Charles-Quint en Espagne; Départ d'Adrien VI pour l'Italie. — Charles-Quint s'embarque à Calais, xxxiv. — Il est reçu à Douvres par le cardinal Wolsey, et bientôt après par Henri VIII, *ib.* — Il fait avec Henri son entrée à Londres, *ib.* — Ils visitent en-

semble différentes villes, et se lient par de nouveaux traités, xxxv.
— Charles met à la voile de Southampton ; il descend à Santander,
xxxvi. — Il dépêche le sieur de Zevenberghe à Adrien VI à Tarragone, pour lui proposer de l'attendre, *ib*. — Réponse d'Adrien : il
élude l'entrevue proposée, et s'excuse d'accorder diverses demandes de l'empereur, *ib*. — Surprise que cette conduite cause en
Europe, xxxviii. — Explication qui en est donnée par Adrien lui-
même, *ib*. — Lettre d'Adrien à Charles avant son départ pour
l'Italie, *ib*. — Détails sur son voyage et sa réception à Gênes, xxxix.
— Son entrée dans la ville éternelle et son couronnement, xl. —
Prières que fait dire l'empereur pour l'heureux succès de sa navigation, et actions de grâces qu'il fait rendre à Dieu de son arrivée à
Rome, *ib*.

§ IV. Négociations d'Adrien VI pour la Paix. — Désir ardent d'Adrien de rétablir la concorde entre les princes chrétiens, xl. — Ce qu'il écrit à l'empereur et au roi de France aussitôt après son élection, xli. — Nouvelles instances qu'il fait à l'empereur en quittant l'Espagne, *ib*. —
Charles-Quint rejette la cause de la guerre sur le roi de France, et
déclare ne pouvoir faire de paix ni de trêve sans le concours du roi
d'Angleterre, xlii. — Lettre autographe et notable qu'Adrien lui
écrit pour justifier la neutralité qu'il a embrassée, xliii. — Il le
prie d'user de son influence sur Henri VIII, xlv. — Il fait directement des démarches, dans ce but, auprès de Henri et de Wolsey, *ib*.
— Insuccès de ses efforts à Londres aussi bien qu'à Valladolid, xlvi.
— Dispositions pacifiques de François Ier, *ib*. — Nouvelles et énergiques remontrances d'Adrien à Charles-Quint, xlvii. — Il s'excuse
des égards qu'il montre au roi de France, *ib*. — Réplique de l'empereur sur ce dernier point, xlviii. — Ordre à son ambassadeur
d'insister afin que le pape entre dans la ligue défensive de l'Italie, *ib*.
— Bruits contradictoires répandus à Rome sur les sentiments
d'Adrien à l'égard de la France et de l'Empereur, l. — Le pape ne
se rebute point dans ses tentatives pour la paix, *ib*. — Lettres
qu'il écrit à l'empereur et au roi d'Angleterre, *ib*. — Réponse de
l'empereur, qui envoie au duc de Sessa un pouvoir et des instructions pour traiter, li. — Préparatifs considérables de François Ier
dans le but de descendre en Italie, *ib*. — L'empereur l'accuse de
mauvaise foi, *ib*. — Il sollicite le pape de prendre des mesures de
résistance énergiques, lii.

§ V. Conclusion d'une Ligue défensive entre Charles-Quint et Adrien VI.
— Prise de Rhodes par Soliman II, lii. — Douleur et consternation d'Adrien, *ib*. — Lettres qu'il écrit à François Ier, à Henri VIII,

à Catherine d'Aragon, à Wolsey, à Charles-Quint, LIII. — Ce qu'il leur demande, *ib.* — Réponse peu satisfaisante de François Ier, LIV. — Résolution de Henri VIII d'envoyer un ambassadeur à Rome et un ambassadeur en Espagne, afin de traiter de la paix ou d'une trêve, LV. — Réponse de Charles-Quint, qui adresse au duc de Sessa un nouveau pouvoir pour négocier, LVI. — Remontrance qu'il fait faire par ses ambassadeurs au roi d'Angleterre, *ib.* — Instruction qu'il donne au duc de Sessa, *ib.* — Recommandation particulière afin d'être déchargé des pensions qu'il payait à Henri VIII, LVIII. — Dispositions peu favorables de Henri à cet égard : conditions qu'il met à son consentement à la trêve, LIX. — Impartialité d'Adrien, LX. — Refus qu'il fait de donner ses pouvoirs à Girolamo Adorno, chargé par Charles-Quint de traiter avec Venise, *ib.* — Événement qui le fait pencher du côté de l'empereur, LXII. — Arrestation du cardinal de Volterra, LXII. — Adrien renouvelle ses démarches en Espagne, en France et en Angleterre pour la conclusion d'une trêve triennale, *ib.* — François Ier persiste dans la prétention inadmissible d'être remis en possession de Milan, *ib.* — Il rappelle ses ambassadeurs de Rome et retient prisonnier le nonce, LXIII. — Il écrit au pape une lettre pleine de hauteur et de menaces, *ib.* — Charles-Quint et Henri VIII en profitent pour solliciter le pape de conclure une ligue avec eux, *ib.* — Répugnance d'Adrien pour une démarche aussi décisive, LXIV. — Charles de Lannoy vient exprès de Naples afin de l'y décider, *ib.* — Il cède enfin, et signe une ligue défensive avec l'empereur, le roi d'Angleterre et les princes et États d'Italie, LXV. — Traité entre l'empereur et les Vénitiens, *ib.* — Satisfaction que fait éprouver à Charles-Quint ce double triomphe de sa politique, LXVI. — Ce qu'il écrit à Lannoy, *ib.* — Il lui ordonne de prêter l'obéissance au pape, *ib.*

§ VI. Autres Négociations entre Charles-Quint et Adrien VI. — *Cruzada* et levée de la quatrième partie des revenus des bénéfices ecclésiastiques, LXVII. — Bulle pour la fabrique de Saint-Pierre et Saint-Paul, LXVIII. — Alphonse d'Este, duc de Ferrare : moyen de le détacher de la France; traités particuliers de Charles-Quint et d'Adrien VI avec lui; discussion des droits respectifs de l'Empire et du saint-siége sur Modène et Reggio, LXIX. — Serviteurs du pape : l'empereur refuse de les naturaliser en Espagne, LXXII. — Don Antonio de Acuña, évêque de Zamora : caractère de ce prélat; part qu'il prend aux troubles de Castille; son arrestation; son emprisonnement à Navarrete; sa translation à Simancas; son procès, LXXIII. — Ecclésiastiques réfugiés à Rome : l'empereur demande leur extradition ; le pape la refuse, LXXV. — Martin Luther : indignation qu'Adrien ressent contre lui ; il supplie l'empereur de le faire châtier ou de le livrer au saint-siége ; il réclame l'observation de l'édit de Worms ; réponse de l'empereur, LXXVI. — Nuages qui s'élèvent entre Charles-Quint et Adrien VI, LXXVII. — Ils se plaignent mutuellement de leurs ministres, *ib*. — Occupation d'un lieu du Placentin par Prosper Colonna ; menaces du pape, LXXVIII. — Lettre piquante d'Adrien à Charles ; réponse de celui-ci, LXXIX. — Cantonnement des troupes impériales dans les terres de l'Église ; doléances du pape ; son mécontentement contre don Juan Manuel ; lettre qu'il écrit à l'empereur ; injonction qu'il fait aux troupes impériales d'évacuer les terres de l'Église, sous peine d'excommunication, LXXX. — Arrestation des serviteurs et saisie des bagages du cardinal d'Auch : le mécontentement d'Adrien contre don Juan Manuel est au comble ; sommation qu'il lui adresse ; censures dont il le frappe ; ce qu'il écrit à l'empereur, LXXXII. — Perplexité de Charles-Quint ; comment il justifie sa conduite et celle de son ambassadeur ; il fait relâcher les serviteurs et les bagages du cardinal d'Auch, et demande que le pape lève les censures fulminées contre don Juan Manuel, LXXXIII.

§ VII. MORT D'ADRIEN VI ; SON PORTRAIT. — Charles-Quint veut convertir en ligue offensive la ligue défensive qu'il a conclue avec Adrien ; instruction qu'il donne à ses ambassadeurs, LXXXVII. — Altération de la santé d'Adrien, LXXXVIII. — Double cérémonie où il assiste et à la suite de laquelle il tombe malade, *ib*. — Sa mort, *ib*. — Portrait que fait de lui l'ambassadeur vénitien Louis Gradenigo, *ib*. — Nouveaux détails donnés sur son caractère, sa vie et ses habitudes par d'autres ambassadeurs de la république, LXXXIX. — Adrien n'est pas aimé des Romains : pourquoi, XCI. — Jugement sur ce pontife, XCII. — Conclusion, XCIII.

APPENDICES.

Appendice A. — Lettres du cardinal de Tortose à l'empereur, conservées dans les archives royales de Simancas. . . XCV

Appendice B. — Mémorial présenté à Adrien VI par le duc de Sessa, ambassadeur de Charles-Quint à Rome. . . . XCVIII

CORRESPONDANCE DE CHARLES-QUINT AVEC ADRIEN VI.

I. Le sacré collége à Charles-Quint : Rome, 2 décembre 1521 . 1
II. Le sacré collége à Adrien VI : Rome, 9 janvier 1522 . . . 3
III. Don Juan Manuel à Charles-Quint : Rome, 9 janvier 1522 . 5
IV. Don Juan Manuel à Adrien VI : Rome, 11 janvier 1522. . . 6
V. Avertissements de don Juan Manuel pour Adrien VI : Rome, 11 janvier 1522. 7
VI. Instructions du sacré collége pour les cardinaux Colonna, des Ursins et Césarin, envoyés à Adrien VI, en Espagne : Rome, 19 janvier 1522 10
VII. Don Juan Manuel à Charles-Quint (extrait) : Rome, 20 janvier 1522. 20
VIII. Instruction de Charles-Quint à Lope Hurtado de Mendoça, envoyé vers Adrien VI, en Espagne : sans date (25 janvier 1522). 24
IX. Adrien VI à Charles-Quint : Vitoria, 11 février 1522 . . . 26
X. Lope Hurtado de Mendoça à Charles-Quint : Vitoria, 15 février 1522 31
XI. Adrien VI à Charles-Quint : Vitoria, 15 février 1522 . . . 35
XII. Adrien VI à Charles-Quint : Vitoria, 19 février 1522 . . . 37
XIII. Adrien VI à Charles-Quint : Vitoria, 20 février 1522 . . . 39
XIV. Adrien VI à Charles-Quint : Vitoria, 26 février 1522 . . . 42
XV. Charles-Quint à Adrien VI : Bruxelles, 9 mars 1522. . . . 45
XVI. Lope Hurtado de Mendoça à Charles-Quint : Santo Domingo, 15 mars 1522 47
XVII. Adrien VI à Charles-Quint : Alfaro, 25 mars 1522 50
XVIII. Don Juan Manuel à Adrien VI : Rome, 26 mars 1522 . . . 55
XIX. Adrien VI à Charles-Quint : Pedrola, 28 mars 1522 . . . 59
XX. Lope Hurtado de Mendoça à Charles-Quint : Pedrola, 28 mars 1522 60
XXI. Charles-Quint à Adrien VI : Bruxelles, 29 mars 1522. . . . 65
XXII. Don Juan Manuel à Adrien VI : Rome, 21 avril 1522 . . . 69
XXIII. Adrien VI à Charles-Quint : Saragosse, 5 mai 1522 71
XXIV. Adrien VI à Charles-Quint : Saragosse, 6 mai 1522 79
XXV. Adrien VI à don Juan Manuel : Saragosse, 17 mai 1522 . . 81
XXVI. Adrien VI au sacré collége : Saragosse, 19 mai 1522 . . . 82
XXVII. Le seigneur de la Chaulx à Adrien VI : sans date (.. mai 1522?) 86
XXVIII. Charles-Quint à Adrien VI : Londres, 9 juin 1522 89

		Pages.
XXIX.	Adrien VI à Charles-Quint : Saragosse, 10 juin 1522	92
XXX.	Le sacré collége à Charles-Quint : Rome, 4 juillet 1522	96
XXXI.	Adrien VI à Charles-Quint : Tarragone, 23 juillet 1522.	99
XXXII.	Le sacré collége à Charles-Quint : Rome, 26 juillet 1522.	100
XXXIII.	Adrien VI à Charles-Quint : Tarragone, 27 juillet 1522	102
XXXIV.	Adrien VI à Charles-Quint : de sa galère, dans le port de Tarragone, 5 août 1522.	103
XXXV.	Adrien VI à Charles-Quint : de sa galère, dans le port de Gênes, 19 août 1522.	107
XXXVI.	Charles-Quint à Adrien VI : Palencia, 25 août 1522.	109
XXXVII.	Charles-Quint à Adrien VI : Valladolid, 7 septembre 1522.	112
XXXVIII.	Adrien VI à Charles-Quint : Rome, 16 septembre 1522.	115
XXXIX.	Charles-Quint à Adrien VI : Valladolid, 27 septembre 1522.	119
XL.	Adrien VI à Charles-Quint : Rome, 30 septembre 1522.	122
XLI.	Adrien VI à Charles-Quint : Rome, 30 septembre 1522.	125
XLII.	Adrien VI à Charles-Quint : Rome, 14 octobre 1522.	128
XLIII.	Adrien VI à Charles-Quint : Rome, 31 octobre 1522.	129
XLIV.	Charles-Quint à Adrien VI : Valladolid, 13 novembre 1522.	132
XLV.	Adrien VI à Charles-Quint : Rome, 21 novembre 1522.	133
XLVI.	Adrien VI à Charles-Quint : Rome, 22 novembre 1522.	137
XLVII.	Adrien VI à Charles-Quint : Rome, 16 décembre 1522.	138
XLVIII.	Charles-Quint à Adrien VI : ... (Valladolid), 17 décembre 1522	142
XLIX.	Charles-Quint à Adrien VI : Valladolid, 10 janvier 1523	144
L.	Charles-Quint à Adrien VI : Valladolid, 10 janvier 1523	151
LI.	Charles-Quint à Adrien VI : Valladolid, 8 février 1523	158
LII.	Charles-Quint à Adrien VI : Valladolid, 10 mars 1523	162
LIII.	Charles-Quint à Adrien VI : Valladolid, 8 mai 1523	163
LIV.	Charles-Quint à Adrien VI : Valladolid, 25 août 1523	165

LETTRES DE CHARLES-QUINT AU DUC DE SESSA, SON AMBASSADEUR A ROME.

I.	Valladolid, 7 septembre 1522	169
II.	Valladolid, 17 décembre 1522	ib.
III.	Valladolid, 10 janvier 1523	170
IV.	Valladolid, 10 janvier 1523	171
V.	Valladolid, 10 janvier 1523	173
VI.	Valladolid, 8 février 1523	ib.
VII.	Valladolid, 15 février 1523	174

		Pages.
VIII.	Valladolid, 15 février 1523	174
IX.	Sans date (mars 1523?)	ib.
X.	Valladolid, 16 mars 1523	175
XI.	Valladolid, 15 avril 1523	ib.
XII.	Valladolid, 21 avril 1523	187
XIII.	Valladolid, 9 mai 1523	188
XIV.	Valladolid, 10 juin 1523	189
XV.	Valladolid, 10 juin 1523	190
XVI.	Valladolid, 23 juin 1523	191
XVII.	Valladolid, 13 juillet 1523	192
XVIII.	Valladolid, 2 août 1523	194
XIX.	Valladolid, 23 août 1523	195
XX.	Valladolid, 23 août 1523	196
XXI.	Valladolid, 24 août 1523	ib.
XXII.	Valladolid, 25 août 1523	ib.
XXIII.	Logroño, 2 octobre 1523	197
XXIV.	Pampelune, 14 décembre 1523	199
XXV.	Vitoria, 24 janvier 1524	200
XXVI.	Vitoria, 2 mars 1524	201
XXVII.	Burgos, 16 mars 1524	ib.
XXVIII.	Burgos, 9 avril 1524	202
XXIX.	Burgos, 25 avril 1524	203
XXX.	Burgos, 9 mai 1524	ib.
XXXI.	Sans date	204
XXXII.	Burgos, 18 juillet 1524	ib.
XXXIII.	Valladolid, 18 août 1524	207
XXXIV.	Valladolid, 9 septembre 1524	208
XXXV.	Saint-Jacques (près de Valladolid), 7 octobre 1524	ib.
XXXVI.	Madrid, 11 décembre 1524	210
XXXVII.	Madrid, 9 février 1525	212
XXXVIII.	Madrid, .. mars 1525	214
XXXIX.	Madrid, 2 avril 1525	217
XL.	Tolède, 8 juin 1525	218
XLI.	Tolède, 20 juillet 1525	ib.
XLII.	Tolède, 13 août 1525	220
XLIII.	Tolède, 23 août 1525	221
XLIV.	Tolède, 31 octobre 1525	222
XLV.	Tolède, 31 octobre 1525	223
XLVI.	Tolède, 8 février 1526	225
XLVII.	Séville, 30 mars 1526	ib.
XLVIII.	Séville, 26 avril 1526	227

	Pages.
XLIX. Séville, 12 mai 1526.	227
L. Grenade, 13 mai 1526	228
LI. Grenade, .. septembre 1526.	ib.

LETTRES DIVERSES DE CHARLES-QUINT ET D'ADRIEN VI.

I. Charles-Quint au licencié Vargas, son trésorier général de Castille : ...., 24 avril 1516.	231
II. Charles-Quint à Germaine d'Aragon : Bruxelles, 28 juin 1516.	233
III. Adrien d'Utrecht à Marguerite d'Autriche : Madrid, 13 juillet 1516.	234
IV. Charles-Quint au cardinal Ximenès : Bruxelles, 20 juillet 1516.	235
V. Commission de gouverneur des royaumes de Castille, etc., donnée par Charles-Quint à Adrien d'Utrecht : Zamora, 17 mai 1520.	237
VI. Adrien aux magistrats de Valladolid : Rioseco, 19 décembre (1520)	242
VII. Charles-Quint à Léon X : Worms, 11 janvier 1521.	243
VIII. Adrien à Charles-Quint : Tordesillas, 9 avril 1521	244
IX. Adrien à Charles-Quint : Santo Domingo de la Calzada, 11 juin 1521.	246
X. Charles-Quint à Léon X : Curange, 12 juin 1521	249
XI. Adrien à Charles-Quint : Vitoria, 1er janvier 1522	250
XII. Adrien à Charles-Quint : Vitoria, 17 janvier 1522	252
XIII. Adrien VI à Henri VIII : Vitoria, 2 février 1522.	254
XIV. Adrien VI au cardinal Wolsey : Vitoria, 2 février 1522.	256
XV. Adrien VI aux doyen et chapitre de Tolède : Vitoria, 10 février 1522	258
XVI. Adrien VI aux vice-rois d'Espagne : Logroño, 10 mars 1522	259
XVII. Adrien VI à François Ier : Saragosse, 21 avril 1522.	262
XVIII. Adrien VI à Charles-Quint : Saragosse, 18 mai 1522	267
XIX. Adrien VI au cardinal Wolsey : Saragosse, 20 mai 1522	269
XX. Adrien VI aux doyen et chapitre de Tolède : Tarragone, 26 juillet 1522	270
XXI. Charles-Quint au duc de Milan : Palencia, 11 août 1522	271
XXII. Adrien VI à Catherine d'Aragon, reine d'Angleterre : Rome, 23 février 1523	272
XXIII. Charles-Quint à Adrien VI : Valladolid, 22 août 1523	274

		Pages.
XXIV.	Adrien VI à l'évêque de Feltre, son nonce à Venise : ... (Rome), 31 août 1523.	275
XXV.	Adrien VI au doge de Venise : ... (Rome), 1er septembre 1523.	277
XXVI.	Adrien VI au marquis de Mantoue, capitaine général de l'Église : ... (Rome), 1er septembre 1523	279

FIN DE LA TABLE.

www.ingramcontent.com/pod-product-compliance
Lightning Source LLC
Chambersburg PA
CBHW071859230426
43671CB00010B/1407